本书是司法部 2020 年度法治建设与法学理论研究部级科研项目 "社区矫正法适用研究"（20SFB2013）阶段性成果之一。

王顺安◎主编

SHEQU JIAOZHENG FAZHI YANJIU

社区矫正法治研究

中国政法大学出版社

2021 · 北京

图书在版编目（ＣＩＰ）数据

社区矫正法治研究/王顺安主编. —北京：中国政法大学出版社，2021.6
ISBN 978-7-5620-9319-0

Ⅰ.①社… Ⅱ.①王… Ⅲ.①社区-监督改造-法规-研究-中国 Ⅳ.①D926.74

中国版本图书馆 CIP 数据核字(2021)第 115610 号

出 版 者	中国政法大学出版社
地　　址	北京市海淀区西土城路 25 号
邮寄地址	北京 100088 信箱 8034 分箱　邮编 100088
网　　址	http://www.cuplpress.com（网络实名：中国政法大学出版社）
电　　话	010-58908586（编辑部）　58908334（邮购部）
编辑邮箱	zhengfadch@126.com
承　　印	固安华明印业有限公司
开　　本	720mm×960mm　　1/16
印　　张	21.25
字　　数	370 千字
版　　次	2021 年 6 月第 1 版
印　　次	2021 年 6 月第 1 次印刷
定　　价	89.00 元

编 委 会 成 员

社区矫正法治建设任重道远

王顺安*

　　肇始于 21 世纪之初的社区矫正理论研究与实践探索，是中国改造罪犯理论与刑事司法改革历程中最值得大书特书的事。揭幕于 2003 年，在北京、上海、天津、山东、江苏和浙江六省（市）正式开展的社区矫正试点工作，对中国的刑事执行工作而言，是行刑模式转变的重大战略性转型，将逐渐改变高度依赖监狱、看守所实施封闭式行刑的现状，逐渐转向以社区开放式为主的行刑模式，这是值得充分肯定的司法改革成果。诞生于 2019 年 12 月 28 日的《中华人民共和国社区矫正法》，更是一部具有划时代和里程碑意义的法律。

　　* 王顺安，中国政法大学刑事司法学教授、法学博士、博士生导师，中国政法大学犯罪与司法研究中心主任，长期担任中国政法大学犯罪学研究所所长、中共支部书记。兼任中国法学会律师法学会副会长、中国行为法学会执行行为研究会副会长、海德智库社区矫正法治研究院院长。曾组织策划编纂、主编：中国犯罪学会《犯罪学大辞书》《中国刑事法学系列丛书》、国家哲学社会科学重点研究项目《中国狱政法律问题研究》《中国预防犯罪通鉴》《中国犯罪原因研究》《中国特色社区矫正制度研究》；司法部法治建设与法学理论研究部级课题《监狱法适用问题研究》《社区矫正法适用研究》；最高人民检察院科研项目《刑罚执行检察监督研究》；中国法学会重点研究项目《社区矫正研究》；北京市法学会和北京市司法局委托的科研项目《社区矫正的理论与实践》《监狱（社区矫正）在重大突发事件中的应对作用》；北京市政治文明建设研究基地开放课题《邪教与恐怖主义犯罪及其治理》；主编：《犯罪学》《犯罪学教程》《犯罪学教科书》《劳动教养学》《医用法学教程》《治安管理法学》《市场经济条件下犯罪与对策》《中国治安管理法学通论》《黑社会性质组织犯罪案例法律适用》；独著：《刑事执行法学》《刑事执行法学通论》《社区矫正研究》《扫黑除恶教育知识读本》。《创刑事司法教学实践模式　做社区矫正罪犯帮教工作》项目获得北京市高等教育教学成果一等奖、国家级教学成果二等奖，《中国预防犯罪通鉴》荣获北京市哲学社会科学优秀著作一等奖，《社区矫正研究》获得司法部优秀科研成果二等奖，曾荣获北京市社区矫正工作先进个人奖励。

众所周知，社区矫正的理念、概念及其工作方式方法等都来源于英美法系国家。因其刑罚适用的人道、文明与经济，实现了将监禁刑为核心的刑罚结构向非监禁刑和各种替刑措施为核心的刑罚结构转变；由教育性司法向更加公正的恢复性司法转变，更有利于治理犯罪、社会整合和国家安全，因而深受世界各国的欢迎。但是在引进与移植过程中，历史文化和政治经济等诸多因素导致的国情、社情、犯情等不同，专家、学者的理解和引介差异，以及立法、司法的认识需要各异，又演绎出不同的社区矫正类型，故在世界范围内仍未有统一的社区矫正的概念、定义。

从最狭义的社区矫正来看，社区矫正就是对社区刑罚的执行及其矫正活动，其目的是克服监禁刑的诸多缺陷与不足。由于社区刑罚是采取非监禁的方式，并依托社区开展刑罚惩戒和教育矫治技术运用，所以此类社区矫正的性质就是典型的非监禁刑罚执行。其矫正对象，仅是被法院判处社区刑罚的罪犯。由于缓刑和假释是监禁刑的变通执行方式，是监禁刑的延伸，属于"传统项目"，因而并不在此列。其矫正期限，只能在法院刑事判决生效之后，因此西方国家在刑事诉讼中广泛采用的转处、缓起诉、缓判决和缓执行等措施并不包括在内。其矫正措施，主要是社区服务、家庭监禁、复合刑罚（split sentence）、间歇监禁（intermittent confinement）等，且不排除各国根据国情创设出新的非监禁性刑罚。

从中义的社区矫正来看，社区矫正就是非监禁刑罚执行和监禁刑罚替代性、变更执行措施的非机构性处遇及矫正活动，其目的是给轻微罪犯自我更新的机会、克服短期监禁刑的不足和长期监禁刑的弊端，防止再犯并巩固改造成果。由于中义的社区矫正不仅包括了非监禁刑罚的执行，而且还包括了各种替代短期监禁刑措施和长期监禁刑余刑处遇的执行，甚至在日本还包括缓判决的保护观察等非刑罚方法及其矫正措施，所以社区矫正的性质不能认定为非监禁刑罚执行，而应是体现了犯罪性、刑罚性、替刑性、社会性和司法处遇性质的非监禁刑事执行活动。其矫正对象，既包括非监禁刑罚即社区刑罚正在服刑的罪犯，还包括缓判决的被告人或被保护观察人、缓执行原判全部刑罚的缓刑犯和缓执行剩余刑罚的假释犯。其矫正期限，包括生效刑事判决和裁定的非监禁刑罚的交付执行，还包括短期监禁刑罚的附条件暂不执行、附条件替刑措施的缓刑考验期执行、所附条件保护观察期的缓宣告执行。其矫正措施，包括各种社区刑罚、监禁刑适用过程中的各种暂缓执行措施、监禁刑罚执行过程中的各种非监禁性执行措施（保外就医、监外执行、学习和劳动释放、假释）等。

从广义的社区矫正来看，社区矫正是在刑事诉讼各环节对犯罪人采取的各种非监禁措施的执行与矫正活动。广义的社区矫正不仅是对已决犯执行监禁刑罚和监狱行刑的替刑措施，而且还包括未决犯在看守所被羁押的非监禁替代措施，因此是指在监狱和看守所环境之外监督犯罪人并向他们提供服务的一个矫正领域，其性质可归类为《联合国非拘禁措施最低限度标准规则》（《东京规则》）中的非拘禁措施的执行及其矫正活动。其目的是解决未决羁押和监禁刑罚执行场所的弊端与经济压力，防止刑讯逼供、超期羁押、以审代侦、监狱拥挤和交叉感染等诸多问题。其矫正对象，既包括已决犯、缓刑犯、假释犯，还包括未决的犯罪嫌疑人、被告人和被保护观察人。其矫正期限，涉及刑事立案后的侦查羁押、检察起诉、审判量刑和行刑处遇的全过程。其矫正措施，主要是取保候审、监视居住、转处赔偿、暂缓起诉、暂缓判决、暂缓执行、电子监控，以及各种形式的缓刑、假释、宽恕和赦免等。

从最广义的社区矫正来看，社区矫正是指一切在社区并依靠社区力量对违法犯罪人员尤其是对未成年人所采取的各种教育矫治措施的总称。由于最广义的社区矫正不仅针对犯罪行为和非监禁刑罚方法，而且还针对违法行为和非拘禁措施，甚至针对未成年人的越轨行为、罪错行为而采取非监禁的社区帮扶教育、生理心理的矫正和感化挽救项目，因此其性质是各种非监禁教育矫治措施的集合，既有刑罚执行性质，又有保安处分性质，既有保护处分性质，又有特殊教育福利性质。其目的是将社区矫正工作向行刑环节之前、之中和之后延伸，以更好地体现刑事司法的人道和少年司法的文明，最大限度地化消极因素为积极因素，构建平安与和谐社会。其矫正对象，不仅限于刑事诉讼全过程中的未决犯和已决犯，而且还包括特殊保护程序中的无刑事责任能力和限制刑事责任能力的人、刑满释放人员（出狱人）、强制性教育机构执行教育性强制措施期满等需要更生保护和安置帮教的人员。其矫正时间，贯穿于刑事诉讼的全过程。其矫正措施，不仅种类众多，而且仍在不断更新与创设。如美国品种繁多的缓刑、假释类型和中间刑罚正不断向社区刑罚转换；日本的保护观察制度中，部分缓刑和更生保护的内容在向社会化、民间化、非罪化、非刑化、非监禁化迈进。

我国 2003 年开展的社区矫正试点工作，实际上是将《中华人民共和国刑法》（以下简称《刑法》）和《中华人民共和国刑事诉讼法》（以下简称《刑事诉讼法》）规定的被判处管制、宣告缓刑、裁定假释、被决定暂予监外执行、被剥夺政治权利并在社会上服刑的五类罪犯，由公安机关负责的监督考察转为由司法行政机关来负责，并增加了监督管理和教育帮扶的社区矫正工作新理念和新要求。具体职能分工与要求是：司法行政机关负责牵头组织有关单位和基层社区组织开展社区矫正试点工作，会同公安机关搞好对社区矫正对象的监督考察，组织协调对社区矫正对象的教育矫治和帮扶工作。设立在乡镇、街道的司法所要具体承担社区矫正的日常管理工作。监狱管理机关要依法准确适用暂予监外执行，对符合假释条件的人员要及时报请人民法院裁定假释，并积极协助社区矫正机构开展社区矫正工作。公安机关要配合司法行政机关依法加强对社区矫正对象的监督考察，依法履行有关法律程序。对违反监督、考察规定的社区矫正对象，根据具体情况依法采取必要的措施，对重新犯罪的社区矫正对象应及时依法处理。人民法院要严格准确地适用刑事法律，依法适用非监禁刑罚措施和减刑、假释等鼓励罪犯改造、自新的刑罚执行变更措施。在判处非监禁刑和减刑、假释的案件审理中，可以征求有关社区矫正机构的意见，并在宣判后，及时将判决书、裁定书、决定书送达有关社区矫正组织。人民检察院要加强法律监督，完善刑事执行监督程序，保证社区矫正工作依法、公正地进行。最高人民法院、最高人检察院、公安部、司法部[1]《关于开展社区矫正试点工作的通知》（司发〔2003〕12号）（已失效，下同）将社区矫正的概念定义为："社区矫正是与监禁矫正相对的行刑方式，是指将符合社区矫正条件的罪犯置于社区内，由专门的国家机关在相关社会团体和民间组织以及社会志愿者的协助下，在判决、裁定或决定确定的期限内，矫正其犯罪心理和行为恶习，并促进其顺利回归社会的非监禁刑罚执行活动。"此概念将社区矫正的性质定位于行刑方式、非监禁刑罚执行活动，有五类适用对象，又规定"在符合上述条件的情况下，对于罪行轻微、主观恶性不大的未成年犯、老病残犯，以及罪行较轻的初犯、过失犯等，应当作为重点对象，适用上述非监禁措施，实施社区矫正。"由此确立了社区矫正试点工作的适用对象是狭义的社区矫正，但其性质又是最狭义的刑罚执

---

[1] 以下简称"两高两部"，即最高人民法院、最高人民检察院、司法部、公安部，全书统一，后不赘述。

行和广义的非监禁措施，由此带来了社区矫正试点工作中存在定性、定位（社区矫正与监禁矫正成为刑罚执行的一体两翼）的偏差，导致了在社区矫正试点工作中，普遍追求建立专业化的非监禁刑罚执行机构、机构性的集中教育基地（社区矫正中心、中途之家）、"两个八小时"的集中教育和社区服务劳动、工作人员热衷警察身份并在某些省市私发仿警服并佩戴类似警戒具，而专家学者们又对此提出了不同的看法，在性质和定位问题上始终争论不休。但是，作出上述规定的《关于开展社区矫正试点工作的通知》仅属于依照党和国家作出的宽严相济刑事政策而制定的规范性文件，不能取代《刑法》《刑事诉讼法》的规定，因此司法行政机关仅属于改革试点中的实际组织和落实社区矫正的工作机构，而公安机关仍然属于社区矫正的执法机构，社区矫正五类对象的定性定位只能严格依照罪刑法定和罪刑相适应的刑事法律基本原则而认定，不能和法律的基本精神和价值取向相冲突，这就是社区矫正试点工作十余年过程中的"两个主体"的特殊现象，及其社区矫正性质和定位争议始终不断的缘由。

2019 年 12 月 28 日，第十三届全国人大常委会第十五次会议以 168 票赞成，全票表决通过了《中华人民共和国社区矫正法》（以下简称《社区矫正法》）并决定于 2020 年 7 月 1 日起施行。这是我国首次就社区矫正工作进行专门立法，也是世界范围内主权国家通过最高立法机关制定的第一部社区矫正基本法。该法共 9 章 63 条。第一章"总则"，共 7 条，规定了立法宗旨、适用对象、基本原则、基本任务、矫正标准、人权保障、信息化建设、经费保障、表彰奖励。第二章"机构、人员和职责"，共 9 条，规定了社区矫正工作的纵向管理机关和横向相互配合部门、社区矫正委员会、社区矫正机构、被委托承担社区矫正相关工作的司法所、社区矫正机构工作人员、社区矫正社会工作者、基层群众组织、社会参与、国家鼓励和支持社会力量参与社区矫正工作、社区矫正机构工作人员的职业道德、社区矫正工作人员的职责保护和队伍建设。第三章"决定和接收"，共 6 条，规定了社区矫正决定机关的基本职责、决定前社会危险性和对所居住社区影响的调查评估、决定程序、教育和通知义务、社区矫正对象自行报到、暂予监外执行社区矫正对象的移送、社区矫正机构的接收和宣告程序。第四章"监督管理"，共 12 条，规定了社区矫正对象的义务、社区矫正机构的职责、矫正小组的构成及职责、社区矫正机构的核实工作方式、考核奖惩措施、电子定位装置、脱管查找、违规违法的立即制止和到场处置、限制人身自由的有关机关通知义务、减刑的程序、社区矫正对象的权益保障。第五章"教育帮扶"，共9条，规定了政府、人民团体、社区矫正机构、基层组织和社会力量等教育帮扶的义务、内容方法、国家优惠政策。第六章"解除和终止"，共8条，规定了解除和终止的条件及程序、缓刑假释的撤销和逮捕的条件及其程序、暂予监外执行对象被决定收监执行的条件及其程序、追捕由公安机关负责、社区矫正对象的死亡处理。第七章"未成年人社区矫正特别规定"，共7条，规定了对未成年社区矫正对象有针对性的矫正措施、监护人的责任、保密和查询的要求、义务教育的完成、就业指导和帮助、人民团体和未成年保护组织的职责、平等和不受歧视的权利、连续性特殊保护。第八章"法律责任"，共4条，规定了社区矫正对象违反监督管理规定行为和行凶、威胁、侮辱、骚扰、报复社区矫正工作人员等的法律责任、社区矫正机构工作人员和其他国家工作人员违法犯罪的法律责任、人民检察院对社区矫正的检察监督。第九章"附则"，仅有1条，规定了法律生效的时间。

《社区矫正法》的亮点很多，包括以下内容：

一是明确了制定《社区矫正法》的五大目的，即推进和规范社区矫正工作，保障刑事判决、刑事裁定和暂予监外执行决定的正确执行，提高教育矫正质量，促进社区矫正对象顺利融入社会，预防和减少犯罪。

二是将"正确执行刑罚"修改为"保障刑事判决、刑事裁定和暂予监外执行决定的正确执行"，其理由主要是因为："社区矫正的对象有四类，其中主要是缓刑，根据刑法规定，缓刑是附条件的不执行刑罚，考验期满原判刑罚就不再执行。"[1]

三是将"社区矫正人员"的称谓改为"社区矫正对象"。2003年"两高两部"《关于开展社区矫正试点工作的通知》将"社区矫正对象"称为"罪犯"和"社区服刑人员"。2012年在刑法修正案（八）颁布后"两高两部"又联合印发的《社区矫正实施办法》则改称为"社区矫正人员"。此后，在社区矫正工作并未贯彻落实"社区矫正人员"的称谓，基本上都是采用的

---

[1] "全国人民代表大会宪法和法律委员会关于《中华人民共和国社区矫正法（草案）》修改情况的汇报"，载王爱立、姜爱东主编：《〈中华人民共和国社区矫正法〉释义》，中国民主法制出版社2020年版，第338页。

"社区矫正服刑人员"的提法。

四是将社区矫正的基本任务由监督管理、教育矫正和适应性帮困扶助的3项任务，改为"监督管理、教育帮扶"2项任务。

五是确定了依法实行社区矫正，坚持监督管理与教育帮扶相结合，专门机关与社会力量相结合，采取分类管理、个别化矫正等4项基本原则。

六是规定了社区矫正工作的目的标准，即有针对性地消除社区矫正对象可能重新犯罪的因素，帮助其成为守法公民。

七是规定了社区矫正对象的法律地位及其非常具体的权利义务，突出了人权保障，堪称是罪犯权益保障的"小宪章"。

八是强调社区矫正的信息化建设，国家支持社区矫正机构提高信息化水平，运用现代信息技术开展监督管理和教育帮扶。社区矫正工作相关部门之间依法进行信息共享。

九是明确规定各级人民政府应当将社区矫正经费列入本级政府预算。居民委员会、村民委员会和其他社会组织依法协助社区矫正机构开展工作所需的经费应当按照规定列入社区矫正机构本级政府预算。

十是专门增加了"机构、人员和职责"一章，地方人民政府根据需要设立社区矫正委员会，负责统筹协调和指导本行政区域内社区矫正工作。县级以上地方人民政府根据需要设置社区矫正机构，负责社区矫正工作的具体实施。司法所根据社区矫正机构的委托，承担社区矫正的相关工作。社区矫正机构应当根据社区矫正对象的情况，为其确定矫正小组，负责落实相应的矫正方案。

十一是社区矫正决定机关根据需要，可以委托社区矫正机构或者有关社会组织对被告人或者罪犯的社会危险性和对居住社区的影响，进行调查评估，提出意见，供相关机关决定社区矫正时参考。居民委员会、村民委员会等组织应当提供必要的协助。

十二是社区矫正对象离开所居住的市、县或者迁居，应当报经社区矫正机构批准。社区矫正机构对于有正当理由的，应当批准；对于因正常工作和生活需要经常性跨市、县活动的，可以根据情况，简化批准程序和方式。

十三是将不可拆卸的电子腕带和脚带等专门电子定位装置的适用，仅限于违反人民法院禁止令；无正当理由，未经批准离开所居住的市、县的；拒不按照规定报告自己的活动情况，被给予警告的；违反监督管理规定，被给予治安管理处罚的；拟提请撤销缓刑、假释或者暂予监外执行收监执行的等五类特定情形之一的社区矫正对象。同时规定县级司法行政部门负责人才有权批准，其目的是为加强监督管理，每次使用审批时间为 3 个月。社区矫正机构对通过电子定位装置获得的信息应当严格保密，有关信息只能用于社区矫正工作，不得用于其他用途。

十四是社区矫正机构可以通过公开择优购买社区矫正社会工作服务或者其他社会服务，为社区矫正对象在教育、心理辅导、职业技能培训、社会关系改善等方面提供必要的帮扶。社区矫正机构也可以通过项目委托社会组织等方式开展上述帮扶活动。国家鼓励有经验和资源的社会组织跨地区开展帮扶交流和示范活动。

十五是取消了"双八"强制性教育和劳动，但规定社区矫正机构可以根据社区矫正对象的个人特长，组织参加公益活动，修复社会关系，培养社会责任感。

十六是被提请撤销缓刑、假释的社区矫正对象可能逃跑或者可能发生社会危险的，社区矫正机构可以在提出撤销缓刑、假释建议的同时，提请人民法院决定对其予以逮捕。被裁定撤销缓刑、假释和被决定收监执行的社区矫正对象逃跑的，由公安机关追捕，社区矫正机构、有关单位和个人予以协助。

十七是将"未成年人社区矫正特别规定"专列一章，规定社区矫正机构应当根据未成年社区矫正对象的年龄、心理特点、发育需要、成长经历、犯罪原因、家庭监护教育条件等情况，采取有针对性的矫正措施。对未成年人的社区矫正，应当与成年人分别进行。

十八是增设"法律责任"一章，有别于《监狱法》的规定，更加体现了《社区矫正法》的规范性和严谨性。尽管法律责任仅规定了执行主体和执行对象两方面，包括执行主体不作为或滥作为的法律责任；执行对象不履行法定义务的法律责任，但已使《社区矫正法》具有刑事执行法属性，尤其是其刚性特征表露无遗。

十九是进一步明确了人民检察院对社区矫正的检察监督，规定人民检察院发现社区矫正工作违反法律规定的，应当依法提出纠正意见、检察建议。有关单位应当将采纳纠正意见、检察建议的情况书面回复人民检察院，没有采纳的应当说明理由。

《社区矫正法》作为规范社区矫正制度的专门性法律，其颁布实施，为处在新时代、新发展阶段中的社区矫正工作开展提供了法律保障。该法是我国社区矫正法治建设的最新成果，是中国特色社会主义刑事法律体系的重要组成部分，体现了我国司法理念和司法制度的进步，对推进和规范社区矫正工作、促进社区矫正制度的良性发展具有重大意义。主持《社区矫正法》制定工作的全国人大常委会法工委刑法室主任王爱立认为，制定出台社区矫正法，也是贯彻落实党的十九届四中全会提出的"坚持和完善共建共治共享的社会治理制度，坚持和发展新时代枫桥经验，构建基层社会治理新格局"的重大举措，这对于贯彻落实党的十九届四中全会提出的加强系统治理、依法治理、综合治理、源头治理和坚持依法治国、依法执政、依法行政共同推进的要求，具有重要战略意义。同时，制定《社区矫正法》对于完善刑事执行制度，建设中国特色社会主义法律体系，实现国家长治久安具有重要作用。为此，建议各方要充分认识制定《社区矫正法》的重要意义，做好普法宣传工作，积极宣传社区矫正制度对教育、挽救犯罪人，化消极因素为积极因素的作用和意义，为法律顺利实施营造良好舆论环境和社会环境。

然而，由于新冠肺炎疫情防控产生的阻碍和各地对《社区矫正法》学习理解的差异，《社区矫正法》的普法宣传与贯彻落实并非如愿！

从普法宣传方面来看，除全国各地司法机关以不同形式宣传《社区矫正法》外，司法部仅在 2020 年 5 月联合最高人民法院、最高人民检察院召开了数次全国司法行政系统学习贯彻《社区矫正法》的电视电话会议；司法部预防犯罪研究所于 2020 年 11 月邀请了包括中国政法大学教授在内的理论与实务专家举行了一场视频会议，未见在《社区矫正法》正式实施和颁布一周年的节点召开任何形式的纪念活动。

从机构和队伍建设方面来看，2020 年初，司法部公布的 2020 年司法行政改革任务清单中有 57 项改革措施，将"健全刑事执行体制机制"排在第 5 项。《2020 年司法行政改革亮点工作台账》共有 7 项亮点工作，有 3 项与社区矫正工作有关。第 5 项亮点是：修订"两高两部"制定的《社区矫正实施办法》，提高社区矫正规范化、法治化水平，促进社区矫正对象成为守法公民。第 6 项亮点：以"全国民主法治示范村（社区）"建设为载体，推动法治乡村建设，着力夯实基层社会治理的法治根基，不断增强人民群众的获得感幸福感安全感。第 7 项亮点：要健全完善刑事执行体制机制。继续深化监狱体制和机制改革，健全完善监狱制度，严格规范监狱执法活动。认真贯彻实施《社区矫正法》，健全完善管理体制和工作机制，依法开展社区矫正监督管理。

一年之后，按照《社区矫正法》相关规定的县（市）一级的具有独立法人资格，能全面履行法定职责，委托乡镇街道司法所开展日常工作的社区矫正机构几乎都还没有建立起来，队伍建设更未达到法定的"国家推进高素质的社区矫正工作队伍建设"的标准。司法部2020年12月31日对第十三届全国人大第三次会议第9023号建议的答复中揭示：社区矫正在我国是对被判处管制、宣告缓刑、裁定假释和暂予监外执行的罪犯依法开展的刑事执行活动，需要由具有法律等专业知识的专门国家工作人员负责执行，以维护刑事执行工作的严肃性和权威性。从国际上看，国外普遍由具有专业知识和丰富工作经验的缓刑官、假释官专门从事社区矫正工作，担负着执法和教育矫正的双重职能。担任缓刑官、假释官需要具有较高的学历和经过长时间的专门训练。我国自2003年社区矫正工作试点开展以来，各地司法行政机关主要通过系统内调剂、轮岗、抽调等方式组建社区矫正工作队伍，同时借助司法所力量开展社区矫正的日常工作，存在工作队伍流动性大、专业性不够、整体素质有待提高的问题。目前，全国社区矫正国家工作人员有1.2万人，与社区矫正对象比率仅为1.7%，还远不能满足社区矫正工作的需要。在国家配套法规方面，2020年6月，司法部会同最高人民法院、最高人民检察院、公安部在2012年"两高两部"《社区矫正实施办法》的基础上，结合《社区矫正法》的新规定新要求，制定出台了《中华人民共和国社区矫正法实施办法》，但此办法仍然属于规范性文件，并非是与《社区矫正法》相配套的如《社区矫正法实施条例》之类的行政法规，其适用范围及效力仅限于四家单位职责权限范围之内，对于其他的国家机关和参与社区矫正的组织和个人、其他社会力量不具有约束力，远远达不到建立科学的社区矫正法律体系的期待与要求。更何况《社区矫正法》实施办法本身还存在不科学、不准确和难以操作与落实的问题，2021年司法部的立法规划已确定对其修改与完善。

从地方制定的配套法规情况来看，各地则普遍模仿司法部的做法，对原有的地方性社区矫正规范性文件进行修改，不仅制定主体和名称五花八门，而且其理念与内容也存在与《社区矫正法》的基本要求相悖离，这违背了依社区矫正法"废改立"原有政策法规的底线要求，甚至有的省份在教授、学者和实务专家等通过立法监督的形式和渠道告知其规定的"两个八小时"的教育和社区服务存在违法之嫌时，仍然拒绝改正。根据国务院办公厅《关于加强行政规范性文件制定和监督管理工作的通知》规定的精神要求：要严格落实权责清单制度，行政规范性文件不得增加法律、法规规定之外的行政权力事项或者减少法定职责；不得设定行政许可、行政处罚、行政强制等事项；不得违法减损公民、法人和其他组织的合法权益或者增加其义务，侵犯公民人身权、财产权、人格权、劳动权、休息权等基本权利。

很显然，《社区矫正法》的贯彻实施并非想象的那么轻而易举。相反，《社区矫正法》的依法执行将会面临严峻挑战。看来西北政法大学方强教授关于立法后系统工程比立法更重要、更关键的理论观点，可谓是真知灼见！

由于本人自2000年以来一直从事罪犯改造和社区矫正的教学与研究工作，配合首任中国犯罪学会会长康树华教授主持的时任中共北京市常委、政法委书记委托的《小康社会经济发展与犯罪问题》的课题研究，参加了北京市法学会组织的有关社区矫正试点工作的专家论证会，独立承担了北京市司法局委托的《社区矫正理论与实践》、北京市法学会一级课题和中国法学会重点课题《社区矫正研究》，以及主持国家哲学社会科学基金重点项目《中国特色社区矫正制度研究》和司法部2020年度法治建设与法学理论研究部级科研项目《社区矫正法适用研究》，所以与社区矫正事业及相关部门的同志建立了广泛的联系和深厚的友谊，曾在北京市社区矫正集中教育培训中心和深圳市福田区司法局建立了"中国特色社区矫正法治建设研究"理论与实践相结合的教学研基地，多次开展社区矫正立法问题研讨会，其诸多问题调研与立法建议受到最高立法机关等高度重视与采纳。故在《社区矫正法》颁布实施后，积极响应党和国家、立法机关和实务部门的号召，自觉自愿地投入《社区矫正法》的普法宣传与适用问题研究之中。

在我成功举办了"刑事执行法治建设暨《监狱法》修法热点问题与立法建议高峰论坛"视频会议之后，以中国政法大学犯罪与司法研究中心和海德智库社区矫正研究院的名义，携手中国最具影响力的社区矫正宣传网纪金锋主编及其团队，在2020年10月11日即《社区矫正法》正式实施100天时联合举办了以"《社区矫正法》法治意义与适用问题"为主题的首届社区矫正法治论坛线上视频会议。著名的犯罪学和社区矫正专家张荆教授做了非常精彩的主题演讲，江苏省南通市社区矫正管理局王义兵局长，河南司法警官职业学院连春亮教授，中央司法警官学院司法人权研究中心主任贡太雷，浙江嘉兴学院讲师、中国政法大学刑事司法学院马聪博士后，北京政法职业学院教授颜九红博士，上海市杨浦区社区矫正管理局副科长徐琪，浙江省台州市社区矫正局局长周孟龙，东南大学法学院博士生导师李川教授，安徽省人民检察院第五检察部副主任王宁，西南科技大学法学院副院长何显兵教授，西南政法大学博士生导师王利荣教授等分别进行了主题发言，最后由以色列耶路撒冷孔子学院院长、北京大学博士生导师王世洲教授进行了"国际刑法学家第三只眼看社区矫正"的精彩点评。2020年12月27日为纪念《社区矫正法》颁布一周年，中国政法大学犯罪与司法研究中心、海德智库社区矫正法治研究院和社区矫正宣传网三家联袂举办了以"学习习近平法治思想　促进社区矫正法实施"为主题，纪念《社区矫正法》颁布一周年暨第二届社区矫正法治论坛，除主办方王顺安教授和纪金锋主编致辞和演讲外，中国廉政法制研究会常务副会长兼秘书长、最高人民检察院首任刑事执行检察厅厅长、全国检察理论专家袁其国，全国人大常委会法制工作委员会刑法室马曼，司法部法律援助中心副主任金勇，东南大学博士生导师、中国犯罪预防与社会修复研究中心执行主任李川教授，中央司法警官学院司法人权研究中心主任贡太雷，江苏省司法厅社区矫正局（社区矫正管理总队）副局长沈叶波，甘肃省司法厅社区矫正管理局局长李建成，安徽省合肥市包河区司法局局长、党组书记李远波，中国政法大学刑事司法学院在读博士原静，安徽省人民检察院第五检察部副主任王宁、上海政法学院武玉红教授，中国刑事诉讼法学会副会长、中国律协刑事辩护专业委员会副主任顾永忠教授，吉林省司法警官职业学院副教授孔祥鑫，福建省心理咨询师协会副会长、爱思心理创始人吴痕，福建农林大学金山学院副教授、中国政法大学刑事司法学院博士研究生李红梅，西南科技大学法学院副院长何显兵教授等作了精彩的主题演讲，以色列耶路撒冷孔子学院院长、北京大学博士生导师王世洲教授作了更加深入全面的大会点评与学术演讲。此次视频会议吸引了众多的网友关注和包括中央政法委所属法治网在内的数家媒体的报道，起到了很好的普法宣传活动效果，也起到了立法后适用疑难问题的研讨交流功能。"徒法不能以自行"，立法后的普法宣传、人才培养、法律适用、配套法规制度完善等工作更加重要且艰辛。我们将举办的两次社区矫正法治论坛的实录、综述和报道，以及围绕《社区矫正法》实施后的疑难、热点问题的研究论文汇编出版，就是为了更好地宣传和贯彻落实《社区矫正法》，力所能及地为学法、用法、尊法、执法、守法、普法工作做点事情，也为我们的论坛留下文字交流、相互学习和永远纪念的东西，供读者参考、专家斧正和后人研究之用。在此，我要衷心地感谢所有支持论坛创建，并在百忙工作中牺牲大量宝贵时间，无私奉献社区矫正法治研究成果的各位院校的教授学者、实务部门的领导和政法院校的学生朋友们，以及海德智库和社区矫正宣传网的朋友们的辛苦工作与鼎力相助！

　　社区矫正制度因其人道、文明、法治，已经成为世界范围内广泛认可的罪犯矫正工作方式。但因其工作对象的类型复杂、相关学说理论的根基浅薄、工作的长期性和艰巨性，以及实践过程中出现纷繁复杂的问题，这对在缺乏立法蓝本和参考经验的前提下，所制定的具有中国特色的社区矫正法而言，其在贯彻落实的过程中自然也会遭遇各种问题。但瑕不掩瑜，我们正视问题就是为了分析问题、解决问题；我们肯定成绩则是为了更好地推动社区矫正法治建设，要在习近平法治思想的引领下，在习总书记关于社区矫正法治建设重要讲话精神的指引下，学习法律、践行法律、完善法律！

CONTENTS
目 录

第一编　多维视角下的《社区矫正法》

第二编 《社区矫正法》法治意义与适用问题

——纪念《社区矫正法》实施一百天暨首届社区矫正法治论坛

第三编 学习习近平法治思想　促进社区矫正法实施

——纪念《社区矫正法》通过一周年暨第二届社区矫正法治论坛

后　记

附　录

多维视角下的《社区矫正法》

《社区矫正法》 的立法目的调整及意义

王顺安

立法是将治国理政的方针政策和成熟有效的经验做法予以规范化，并用国家强制力保障实施的活动。社区矫正是为了适应我国政治、经济、社会及文化的发展要求，根据当今世界各国刑罚制度轻刑化、非监禁化的发展趋势，借鉴国外社区矫正制度的成熟经验，结合中国国情而逐步开展的司法体制领域的深化改革活动，同时也是刑罚制度改革完善的重大举措。通过这种开放性改造罪犯的活动，实现完善刑事执行制度、推动国家治理体系和治理能力现代化的改革目的。中国的社区矫正工作从 2003 年开始试点，历经 2005 年扩大试点，2009 年在全国全面试点，2014 年在全国全面推进，17 年来社区矫正取得了举世瞩目的成就。官方 2019 年底公布的数据显示，目前全国累计接受社区矫正对象达到 478 万人，累计解除矫正对象 411 万人。近几年，随着宽严相济的刑事政策得到深入贯彻，刑事速裁程序、认罪认罚制度的不断发展和完善，社区矫正对象的数量变化趋势，呈现出明显特点：每年都接受 50 多万人，2019 年新接收 57 万人，解除矫正 59 万人，全年正在列管的有 126 万人，社区矫正对象的再犯率一直保持在 0.2% 的较低水平，取得了良好的法律效果和政治效果，为维护社会和谐稳定、节约国家刑罚执行成本，推进平安中国、法治中国建设，促进司法文明进步发挥了重要的作用。面对社区矫正如此优异的成绩及社区矫正实务工作长期缺乏专门法律指导的时代呼唤，国家立法机关理所当然要将此纳入规划并尽快制定与颁布社区矫正法典，以规范和保障社区矫正工作的正确开展与茁壮成长。但为什么在 2011 年《中华人民共和国刑法修正案（八）》(以下简称《刑法修正案（八）》) 和 2012年《中华人民共和国刑事诉讼法》(以下简称《刑事诉讼法》) 修订后仅原则性规定了社区矫正的制度内容、在司法部根据中央司法体制和工作机制改革部署和国务院立法工作计划后[1]，历经多年才由全国人大常委会全票通过《中华人民共和国社区矫正法》（以下简称《社区矫正法》）呢？显然是存在许多立法争议问题，而其中最为核心的问题之一，就是立法目的——社区矫正的性质之争。为此，法律作出了重大的调整，这充分体现了立法者坚持民主立法和科学立法的精神，以及务实和平衡的立法艺术，所以非常值得就此问题予以阐述与研讨，以便更好地推动《社区矫正法》的学习宣传与正确适用。

一、《社区矫正法》立法目的的调整

立法目的，也叫立法宗旨，是一部法律的出发点与归宿点，是统率一部法律的灵魂。立法目的一般在法典的第一条就开宗明义地作出规定，以便大家知道这个法是什么、为什么，其立法的目的和依据是什么？每一段话，每一个词甚至每一个字都关系到整部法律的体系结构及内容的设计与调整，真正的是牵一发而动全身，因此异常重要！

《社区矫正法》的立法工作在我国是第一次，当然在世界各国也不多见，尤其是主权国家制定一部适用全国的《社区矫正法》，在世界上还没有先例。为了做好立法工作，立法者几乎穷尽了一切资源，收集所能见到的域外社区矫正法及其他相关法律作为立法参考资料，我国的社区矫正工作一直都在学习与借鉴监狱行刑工作。为克服社区矫正专职工作人员严重不足的问题，监狱人民警察长期派驻司法所承担执法监管、教育帮扶和突发事件应急管理工作，同时也力图建构以监禁刑执行的监狱行刑与非监禁刑执行的社区矫正为两翼的司法行政刑罚执行一体化模式，以实现党的十八届四中全会的《中共中央关于全面推进依法治国若干重大问题的决定》提出的"完善刑罚执行制度，统一刑罚执行体制"的战略部署与要求，自然要重点参考《中华人民共和国监狱法》（以下简称《监狱法》）的体例结构及内容规定。《监狱法》第1条规定："为了正确执行刑罚，惩罚和改造罪犯，预防和减少犯罪，根据宪法，制定本法。"该条规定了《监狱法》的立法目的有三层基本意思：一是"为了正确执行刑罚"；二是"惩罚和改造罪犯"；三是"预防和减少犯罪"。为此，2013年司法部《社区矫正法（草案送审稿）》第1条规定："为了正

---

[1] 2013年2月4日《中华人民共和国社区矫正法（草案送审稿）》上报国务院。

确有效执行刑罚，对非监禁的罪犯实行社区矫正，预防和减少犯罪，维护社会和谐稳定，根据宪法，制定本法。"社区矫正的立法目的有四层意思：一是"为了正确有效执行刑罚"；二是"对非监禁的罪犯实行社区矫正"；三是"预防和减少犯罪"；四是"维护社会和谐稳定"。此稿在征求意见过程中，就有不少刑法、刑事诉讼法学专家提出不同的看法，关键是不认同将我国《刑法》[1]《刑事诉讼法》规定为社区矫正适用范围的"四类对象"即管制刑、缓刑、假释和暂予监外执行全都认定为刑罚及刑罚执行。管制刑是我国刑法典明确规定的主刑，属于非监禁刑罚，其执行的性质属于刑罚执行没问题。暂予监外执行尽管不是刑法典规定的刑罚种类，但是我国《刑事诉讼法》"执行篇"明确规定的因人道主义精神对保外就医和年迈体弱且丧失自理能力的罪犯、怀孕或处于哺乳期的女犯暂予在监狱和看守所外执行的一项变更执行场所的刑罚变更执行制度，其监外执行的期限除法定事由外（如欺骗和脱逃）计算为刑期，将其认定为刑罚执行没有问题。对于缓刑和假释是不是刑罚和刑罚执行则存在不同看法。根据刑事法律的罪刑法定基本原则，两者肯定不是刑法典规定的刑罚种类，其执行活动肯定不能认定为刑罚执行，这从逻辑上看，肯定没问题。但是，放眼世界，社区矫正搞得最早的美国、英国等英美法系国家普遍在 20 世纪末将缓刑和假释改造成为带有更多惩罚属性的"中间刑罚"，实际上是刑制加短期监禁刑或社区服务或电子管束等内容的"复合型刑罚"，因此认为缓刑和假释是非监禁刑，是新形态的"社区刑罚"，社区矫正是非监禁的"社区刑罚"的刑罚执行活动。由于此问题涉及我国从2003 年以来社区矫正定性是否存在偏差的问题，关系到十多年来社区矫正体制机制、队伍建设、用警制度和"两个八小时"（每月组织社区矫正对象八小时社区服务和八小时集中教育）的本质问题，因此司法部多次组织专家论证并安排著名专家在权威报纸上署名文章讨论社区矫正就是刑罚执行。在强大的舆论压力下和司法行政部门的坚持下，2016 年原国务院法制办向社会公布的《中华人民共和国社区矫正法（征求意见稿）》第 1 条仍然规定："为了规范社区矫正工作，正确执行刑罚，帮助社区矫正人员顺利回归社会，预防和减少犯罪，制定本法。"这一《社区矫正法（征求意见稿）》的立法目的为四层意思：一是为了规范社区矫正工作；二是正确执行刑罚；三是帮助社

---

[1]　《中华人民共和国刑法》，以下简称《刑法》。

区矫正人员顺利回归社会；四是预防和减少犯罪。此规定显然与司法部送审稿存在较大差距，尤其是取消了"根据宪法"的立法根据，但是保留了"正确执行刑罚"。

从上面的《监狱法》《社区矫正法（草案送审稿）》和《社区矫正法（征求意见稿）》的比较分析来看，监狱法规定的立法目的最准确和简洁明了，而且还层层推进，层次感和逻辑性极高。首先制定监狱法的目的就是"为了正确执行刑罚"，我国监狱是狭义的刑罚执行机关，没有包括看守所和其他拘禁场所。根据我国《刑法》《刑事诉讼法》的规定，监狱仅负责执行3个月以上有期徒刑、无期徒刑和死刑缓期二年执行。有期徒刑和无期徒刑属于剥夺自由的监禁刑罚，如果要进一步仔细分析的话，"徒刑"在我国古代就有，即无偿给国家做工的劳役性刑罚，清末修律大臣沈家本于1908年请日本监狱学家小河滋次郎起草《大清监狱律草案》时，就拟借鉴日本刑法典和监狱法典规定的两个剥夺自由刑罚种类：一个是纯粹剥夺自由的监禁刑罚种类——禁锢，另一个是不仅剥夺自由而且还要无偿地为国家做工的刑罚种类——劳役，对中华刑制研究透彻的沈家本，考虑用词的本土化和大清国的积贫积弱、国力空虚根本就没有多余的财产养活囚犯，遂采用了中国古代五刑（笞、杖、徒、流、死）中的徒刑，并将刑罚种类仍然限定在"五刑"（主刑为死刑、无期徒刑、有期徒刑、拘役、罚金五种，从刑分褫夺公权和没收财产两种）之内，随后北洋政府和南京国民政府的刑事法律和监狱行刑法一直沿用。尽管中华人民共和国成立以后废除了国民政府的"六法全书"（宪法、民法、刑法、民事诉讼法、刑事诉讼法、行政法），但仍在刑种和刑制上继续保留了包括徒刑在内的"五刑"。严格地说，有期徒刑和无期徒刑都属于"劳役"刑，只是我们都没有很好地研究，总有些害怕什么的，担心戳穿了"皇帝的新装"，但我认为这是具有中国特色的"劳动改造刑"。死刑缓期二年执行更是中华人民共和国的独创，充分体现了以毛泽东主席为代表的第一代领导人慎杀少杀的思想。

从中华人民共和国一直以来的刑事政策、相关司法文件以及《刑法》《刑事诉讼法》《中华人民共和国劳动改造条例》（已失效）的相关规定来看，死刑缓期二年执行尽管不是单独的刑种，但是属于死刑两种执行方法之一（死刑立即执行和死刑缓期二年执行）。因罪大恶极但还没达到必须立即执行的程度，网开一面缓期二年在监狱中严管监区执行，以观后效。显然，监狱是典型的执行剥夺自由和生命刑罚的场所，并非唯一的监禁刑罚执行的机构，因此《监狱法》第1条将监狱的性质和《监狱法》的立法目的之一定位为刑罚执行非常准确，再加上立法是为了正确地执行刑罚，则更加简洁明了且不歧义、模糊。而《社区矫正法》将其定为"为了正确有效执行刑罚"就有问题了，一是上述社区矫正的四种对象中的缓刑和假释是否是刑罚执行始终存在争议，即使假释作为监狱有期徒刑和无期徒刑的累进处遇措施的最后一个环节，属于开放性利用社会资源进行再社会化教育的措施，可以归结为刑罚执行过程中的变更执行场所制度，是真出狱、假（刑满）释放，只要不犯新罪、发现漏罪和严重违反社区矫正监督管理规定，剩余刑期的假释期满，就视同为刑罚执行完毕。这作为长期监禁刑罚的特别性执行方式，被认定为刑罚变更执行制度，但也不能简称"刑罚执行"。更何况缓刑在我国是附条件的原判刑罚暂缓不执行制度，根本就不是非监禁刑罚执行制度，更不可能是刑罚执行。缓刑的原判刑罚是3年以下有期徒刑和拘役刑，因其犯罪行为较轻，危害性不大，社会调查评估又不存在再犯罪可能性，再加上主要适用的对象是刑法典明确规定的应当适用的未成年人、75岁以上的老年人、怀孕或处于哺乳期的妇女，以及过失犯、初犯等罪犯，基于人道主义考虑和避免短期监禁刑罚收监执行的副作用，给他们一个重新做人的机会，在法官根据每个人的具体情况所确定的原判刑期以上的考验期内，接受社区矫正的考察监督，如果在考察期间内又犯新罪、发现漏罪和严重违反社区矫正监督管理规定的，随时可以依法收监执行。反之，如果"缓刑期满，原判的刑罚就不再执行"。此外，我国《刑法》第65条规定的一般累犯是，"被判处有期徒刑以上刑罚的犯罪分子，刑罚执行完毕或者赦免以后，在五年以内再犯应当判处有期徒刑以上刑罚之罪的，是累犯"。为此，最高人民法院发布的司法解释，强调被判处有期徒刑并宣告缓刑的犯罪分子，如果在缓刑考验期满后又犯罪，不构成累犯。因为缓刑是附条件的不执行刑罚，考验期满原判的刑罚就不再执行了，而不是刑罚已经执行完毕，不符合累犯的构成条件。从缓刑制度的创立与发展来看，缓刑就是一种对短期监禁刑罚的弊端予以补救的一种制度，是一种非常好的替刑措施。缓刑执行的是替刑措施，在日本叫保护观察，对成年人而言是预防性措施属于保安处分，对未成年人而言是教育性措施属于保护处分。

在笔者看来，首先我国的附条件暂缓原判刑罚不执行制度，不属于刑罚执行，但毕竟是因罪而生、因刑而在的替刑措施，在缓刑考验期限内原判刑罚是"头顶上悬挂着的利剑"，时刻在提醒并警戒着缓刑社区矫正对象，这一切应该属于刑事执行。更何况《刑法》第 72 条第 3 款还明确规定："被宣告缓刑的犯罪分子，如果被判处附加刑，附加刑仍须执行。"如果缓刑社区矫正对象属于法定附加刑的状态，主刑 3 年以下有期徒刑和拘役刑不执行，但附加刑还必须执行，对于此种极罕见的现象，缓刑社区矫正对象肯定处于刑罚执行状况，哪怕是时间很短的财产刑和相对时间较长的单独剥夺政治权利刑。因此用比刑罚执行更加广义的刑事执行来概括归纳社区矫正的性质，仅一字之差就能够化解难题。其次，《社区矫正法（草案送审稿）》还特意在执行刑罚之前加了"有效"二字，强调社区矫正立法的目的，不仅仅是"正确"执行刑罚，而且还要"有效"执行刑罚。动机很好，但难度太大，更为关键的是如何认定与评估"有效"执行刑罚，相对的"无效"执行刑罚一旦出现，又如何考核与责任追究？因此，其在目前的条件下不具备操作性。再次，《社区矫正法（草案送审稿）》在第二层次上规定"对非监禁的罪犯"实行社区矫正存在着对"非监禁"的理解问题。根据逻辑分析，非监禁既包括非监禁刑又包括非刑罚措施，本来"非监禁刑"的外延已经被专家们阐释，早已不是与监禁刑罚相对的非监禁刑罚即管制刑，而且还包括剥夺政治权利刑和罚金刑、没收财产刑，以及对外国人、无国籍人的驱逐出境。我国目前的社区矫正，因《刑法》《刑事诉讼法》根据社区矫正试点过程出现的问题仅规定了适合于社区矫正的四类对象，而将不适合社区矫正的"剥夺政治权利"交还给公安机关继续执行，显然不准确。更何况"非监禁措施"更加广泛，对于定罪但依法免予刑事责任的罪犯，《刑法》第 37 条还规定了非刑罚性处置措施，因其是时间短暂的名誉罚、财产罚和行政罚，一般即时或很短的时间就可以执行完毕，不符合社区矫正针对自由刑而适用的监督管理和教育帮扶活动所必需的一定时间的连续性，更何况此类非监禁措施更不是该草案送审稿所追求的"刑罚执行"性质，所以不可取。此外，《社区矫正法（草案送审稿）》在第 1 条立法目的第四层意思规定的"维护社会和谐稳定"，的确与时俱进具有新意，将中共十六大精神之一的化解矛盾构建和谐社会的国策和理念纳入《社区矫正法》中并确定为立法目的。笔者认为，此项目的是社区矫正工作完全能够做得到的基本功能，也是社区矫正与监狱行刑在社会功能与作用方面最大的区别，理应得到褒扬与宣传。

但是，"维护社会和谐稳定"的口号提得太高亢，政治色彩太浓厚，具体指标不好细化，所以也有不少专家和教授提出了最好不写的建议。原国务院法制办在征求专家意见时就已察觉到这几点问题，因而在其拟定的《社区矫正法（征求意见稿）》中将其删除。但是其在立法目的第三层意思确定的"帮助社区矫正人员顺利回归社会"，却也欠妥。首先，"帮助"的格局太低，在社区矫正工作中，监督管理是核心，不仅体现了刑事执法，而且本身也具有心理强制和行为养成的监管改造功能，教育矫治是核心，其思想改造和心理矫正是积极能动地将罪犯改造成为守法公民的措施，而帮助常常被理解为对有困难的社区矫正对象的帮困扶助，属于社区矫正工作感化改造，其本质上属于社会福利与救济工作。其次，将司法部《社区矫正法（草案送审稿）》中规定的"社区矫正服刑人员"改为"社区矫正人员"，尽管想去标签化，以便更好地让社区矫正对象改过自新，重新做人，同时该称谓也是2012年"两高两部"发布的《社区矫正实施办法》（已失效，下同）规定并适用的，但"人员"一词毕竟易混淆社区矫正工作人员和被工作者，缺乏精准性。此外，征求意见稿最有争议的是"帮助社区矫正人员是顺利回归社会"中的"回归社会"，尽管是社会学术语，并且形象生动，但是除占比很小的暂予监外执行和假释罪犯存在从监狱、看守所出狱后，经过社区矫正的多方面工作令其顺利"回归社会"以外，管制和缓刑罪犯根本就没离开过社会，即使存在着社会学意义上的"回归社会"，但是从常理而言，还是有所不同，因而《社区矫正法》改用"融入社会"就比较好。

尽管社区矫正立法目的存在如此重大的核心争议问题，但是立法机关仍将性质争议及其立法目的问题搁置，持续数年之久广泛、深入地调查研究，社区矫正工作实务部门反映出的问题，几乎都是更难解的社区矫正用警问题、强制手段问题、监管信息化建设问题、机构设置和工作模式及其经费保障等问题。

党的十八大以来，司法部根据《刑法修正案（八）》和2012年修订的《刑事诉讼法》有关社区矫正的实体法和程序法的原则性规定，大力推进社区矫正法律制度的建设，先后会同最高人民法院、最高人民检察院、公安部先后制定出台了《社区矫正实施办法》《关于对判处管制、宣告缓刑的犯罪分子适用禁止令有关问题的规定（试行）》《关于全面推进社区矫正工作的意见》和《关于进一步加强社区矫正工作衔接配合管理的意见》，2014年还专门会同中央综治办、教育部、民政部、财政部、人力资源和社会保障部联合发布了《关于组织社会力量参与社区矫正工作的意见》，对社区矫正执行体制、执行程序、矫正措施、衔接配合、法律监督、政策保障和社会力量参与等作出了明确的规定。同时，健全完善了适用社区矫正社会调查、交付接收、监管教育、考核奖惩、收监执行、解除矫正等各个环节的工作规定和相关部门之间的衔接配合制度。此外，全国各地尤其是司法行政系统也相应地制定了贯彻落实意见，对《社区矫正法》早日出台的期望越来越高。以习近平同志为核心的党中央十分关心与重视社区矫正和监狱行刑工作，党的十八届三中、四中全会均明确提出要"健全社区矫正制度""制定社区矫正法"。党的十九大进一步明确指出："全面依法治国是国家治理的一场深刻革命，必须坚持厉行法治，推进科学立法、严格执法、公正司法、全民守法。"要求"推进科学立法、民主立法、依法立法，以良法促进发展、保障善治"。党的十九届四中全会明确要求，"必须加强和创新社区治理，完善党委领导、政府负责、民主协商、社会协同、公众参与、法治保障、科技支撑的社会治理体系，建设人人有责、人人尽责、人人享有的社会治理共同体"，由此确定了社区矫正立法的社会治理理念，加快了社区矫正立法的步伐。

2019年6月25日《中华人民共和国社区矫正法（草案）》提交全国人大常委会审议，这标志着社区矫正法草案已正式进入最高立法机关审议阶段。全国人大常委会官方网站公布并征求全民讨论的《中华人民共和国社区矫正法（草案）》即全国人大常委会审议的一审稿第1条规定："为了保障和规范社区矫正工作，正确执行刑罚，提高教育改造质量，促进社区矫正对象顺利融入社会，预防和减少犯罪，制定本法。"该条规定的社区矫正立法目的有五层意思：一是保障和规范社区矫正工作；二是正确执行刑罚；三是提高教育改造质量；四是促进社区矫正对象顺利融入社会；五是预防和减少犯罪。显然，正式提交给全国人大常委会的社区矫正法草案比以往的送审稿和征求意见稿要好许多。首先，立法目的强调的是制定《社区矫正法》是为了"保障"和"规范化"社区矫正工作。在依法治国、依法行政、依法治理的新时代，对社区矫正四类对象的管理必须有法可依、有法必依、执法必严、违法必究，否则容易侵犯被监管罪犯的人权，同时也会危及社区群众尤其是被害人的安全。由于社区矫正是在开放性的社区开展的对特定罪犯的监督管理和教育帮扶工作，没有高墙电网的封闭式管理作安全保障，其工作难度要比监狱行刑高出许多，同时《社区矫正法》所要调整的社会关系也比监狱更为复杂，所以要做好社区矫正工作就必须有法律作保障，并尽可能地将各种法律关系主体间的权责利规范清晰。依法监管才是最民主、公平的管理,也是最好的教育矫治活动,守法者奖、违法者惩,奖惩分明才能更好地激励罪犯改造,鼓舞矫正工作者不断进取,使得矫正双方及所有参与者都不用担心法外非难和不当责任与义务的加持。其次,增加的第三层意思是"提高教育改造质量",这是中外开展社区矫正工作的初衷。剥夺自由的监禁刑及监狱行刑工作,曾经在18世纪末到19世纪末被称为人类刑罚文明之花,但人们很快发现纯粹通过剥夺自由的物理强制和单纯报应威慑的监禁刑罚及监狱行刑的效果并不好——成本高昂,交叉感染和深化感染严重,缺乏教育和再社会化理念的监狱行刑不外乎"人类奴隶国"。刑事实证学派创立的目的刑理念,将教育、矫正和改造注入监狱行刑过程之中,但封闭性的监狱工作仍然摆脱不了目的与手段不能统一的悖论,即使罪犯服从管理,接受教育,也只是脱离了社会迅速发展需要的监狱人格者,更何况监狱难以获得有效的教育资源,更何况人性的弱点致使每一个监狱管理者都有可能出现变态性人格或虐待狂。尤其是短刑犯监狱很难达到监管矫正的效果,更容易形成惩罚无力、改造无效,学好不能、学坏正好的负效应。因此必须从监狱的入口把好关,扩大缓刑,尽量让未成年犯、女犯、老弱病残犯、过失犯、偶犯等不用收监执行。同时把好监狱出口关,扩大假释,尽可能通过累进处遇的最后一个环节让改悔有据的罪犯尽早离开监狱,在社区矫正过程中重新再社会化,由监狱人转变为社会人,一头一尾使社区矫正与监狱行刑紧密相连。不仅提高社区矫正改造罪犯的质量,而且巩固监狱改造罪犯的成果,使所有的罪犯都能够顺利融入社会,预防再犯和降低重新犯罪率,真正发挥出1+1>2的改造罪犯的系统效果。这才是社区矫正的本质与意义之所在。尽管《社区矫正法(草案)》的第1条规定很好,但仍然存在两个问题:一个是立法目的第二层意思"正确执行刑罚"存在着越来越强烈的反对声音;另一个是没有规定"依据宪法"的立法依据,甚至有不少委员主张除写明宪法的立法依据之外,还应该写明依据"刑法和刑事诉讼法"。

2019年10月18日全国人大常委会法工委发言人臧铁伟在记者会上介绍了《社区矫正法(草案)》的主要修改内容:①明确了社区矫正的适用范围,包括对判处管制、宣告缓刑、裁定假释或者决定暂予监外执行的罪犯实行监督管理、教育帮扶等活动。②明确了社区矫正工作的管理体制、工作机制。③明确了监督管理、教育帮扶的具体措施和相关要求。④明确了社区矫正的决定和接收、社区矫正地点的变更、收监执行等具体程序，以增强法律的可操作性。⑤为了加强对未成年社区矫正对象的权益保障，草案对未成年的社区矫正工作作出了专章规定。⑥根据各方面的建议，草案规定了法律责任一章。10月21日，《社区矫正法（草案）》第二次提交全国人大常委会审议，草案严把入口关，进一步明确和优化了社区矫正的目标、监管措施和矫正对象的权益保障等内容。官方网站公布的二次审议稿并再次公开征求意见的《社区矫正法（草案）》第1条规定："为了规范和保障社区矫正工作，正确执行刑事判决、裁定和暂予监外执行决定，提高教育矫正质量，促进社区矫正对象顺利融入社会，预防和减少犯罪，根据宪法，制定本法。"该条立法目的仍然是五层意思：一是规范和保障社区矫正工作；二是正确执行刑事判决、裁定和暂予监外执行决定；三是提高教育矫正质量；四是促进社区矫正对象顺利融入社会；五是预防和减少犯罪。与《社区矫正法（草案）》第一次审议稿相比，立法目的的规定就更向前迈进了一大步。

在第一层立法目的的表述上，字数没有少，不仔细观察便会认为没有任何改动，实际上，立法者在征求专家学者们的意见时斟酌再三，最后仅将"保障"和"规范"颠倒了一下次序，变成了"规范和保障社区矫正工作"。此变动意义重大：一则法律的首要任务是规范社会关系和人们的行为，二则是落实法律关系主体的权利保障及其救济手段。社区矫正立法的首要目的是调整好社区矫正所涉及的法律关系，做到有章可循、依法矫正，从而建立起良好的社区矫正法律秩序。其次法律关系及其权责，如果没有国家强制力作保障，便只能是一句空洞的口号或废纸。法律与道德的区别就在于法律所规定的权利和义务是由国家强制力保障实施的，尤其是社区矫正涉及对罪犯的刑事执行，其监管措施和教育方法没有人财物的保障是万万不能的。社区矫正对象还可能存在不服管、不听教，甚至脱管漏管、逃跑或犯新罪等情况。我国对于这些情况的发生都必须要有防范与应急措施，以及以国家强制力作保障的治安处罚、收监执行和数罪并罚等法律责任的跟进，否则将体现不出刑事执行的强制性和严肃性。

在社区矫正立法目的第二层意思方面作出了极具创新精神的重大修改与调整。一是将第一次审议稿中的"正确执行刑罚"删掉了；二是直接规定社区矫正是为了"正确执行刑事判决、裁定和暂予监外执行决定"。为什么会出现如此大的变化呢？这是因为前面所述的对社区矫正适用的四类对象的性质存在着争议，将社区矫正定性为"刑罚执行"存在问题。认同社区矫正是"刑罚执行"的专家学者一再强调增加对四类人员的刑罚执行内容的规定，加强对四类人员的监督管理，认为社区矫正立法不应忽视"惩罚"，社区矫正就是社区刑罚执行，"社区刑罚执行的本质是惩罚"。不赞成此种观点的专家学者认为，四类对象中仅有管制刑为刑事判决确定的刑罚执行活动。缓刑和假释均不是刑罚执行，尤其是缓刑，刑法典明确规定为宣告附条件的原判刑罚暂缓执行，依法实行社区矫正，由考察机关予以考察。假释执行的法律文书是由中级人民法院作出的裁定书，暂予监外执行的法律文书是由人民法院、监狱管理机关、设区的市级以上公安机关所作出的决定书。因此需强调区别对待、分类监管，开展有针对性的矫正活动，绝对不能"一刀切"地采用刑罚执行方式，予以严格监管甚至强调"惩罚"。至于如何将四类不同对象归纳定性，笔者一再强调是刑事执行，因为刑事审判的结果有多种形式，刑法、刑事诉讼法明确规定了有罪判决和无罪判决；有罪判决又分为定罪和量刑的判决、只定罪但免予刑罚处罚的判决，或予以非刑罚性处置措施；在定罪量刑判决中又可以分为实刑执行和"虚刑"即缓期宣告执行；同时也存在刑罚交付执行前和交付执行后出现法定情形的刑罚执行变更情况。尽管这些执行都可以被称为刑罚适用制度、刑罚执行制度、刑罚缓期执行制度、刑罚变更执行制度、暂予监外执行制度等，但用词费劲、相互交叉且不一定准确，还不如采用在理论与实践中已经常用的，其外延比"刑罚执行"大得多的"刑事执行"，更简洁明快、一目了然。但立法机关考虑到对社区矫正的性质争议较大，选择暂时搁置争议，直接将《刑法》《刑事诉讼法》规定的四类对象和三种法律文书采用罗列的形式予以立法处理。

在立法目的第三层意思的表述上，出现了意味深长的改动，将"改造"改为"矫正"。其理由：一是改造是政治性术语，有"洗脑"之嫌，易引起国际社会对我国的人权攻击；二是社区矫正对象罪行较轻、主观恶性不大，即使是罪行严重的假释犯，也是经过监狱行刑改造有成效、降低了社会危害性后才变更执行场所，出狱来到社区进行再社会化或更生保护的，尽管思想品德教育和行为心理矫正仍然需要进行，但也谈不上所谓"改造"。当然，被判处管制刑和决定暂予监外执行的罪犯仍需要行刑改造，但这两类罪犯的数量所占比例毕竟较小。

此外，在立法依据上，又将"根据宪法"的内容重新请了回来，再次强调《社区矫正法》必须"根据宪法，制定本法"。值得指出的是，不少全国人大常委会委员和部分专家学者还强调《社区矫正法》的立法依据不仅需要"根据宪法，制定本法"，而且还需要增加根据《刑法》《刑事诉讼法》作为立法依据。但是刑法和刑事诉讼法毕竟是刑事实体法和刑事程序法，不是刑事执行法，所以《社区矫正法》虽需要依据刑法和刑事诉讼法所规定的实体和程序内容予以制定，并且受限于两个上述刑事基本法的制约，但《社区矫正法》的核心是如何将《刑法》和《刑事诉讼法》所规定的刑罚、非刑罚处理方法、禁止令等内容按程序规定落实到位，并在法定的管制刑罚执行期限、缓刑考验期限、假释监督期限、暂予监外执行期限内，通过监督管理和教育帮扶，帮助他们成为守法公民，顺利融入社会。其大量的工作内容是刑事执行及其监督管理和教育帮扶活动，直接法律依据并不是《刑法》和《刑事诉讼法》，而是刑事执行法。

2019年12月28日，第十三届全国人大常委会第十五次会议以168票赞成，全票通过表决通过了《中华人民共和国社区矫正法》，这是我国首次就社区矫正工作进行专门立法。该法共9章63条，于2020年7月1日起施行。

根据正式公布的《社区矫正法》第1条规定："为了推进和规范社区矫正工作，保障刑事判决、刑事裁定和暂予监外执行决定的正确执行，提高教育矫正质量，促进社区矫正对象顺利融入社会，预防和减少犯罪，根据宪法，制定本法。"《社区矫正法》的立法目的有五层意思：一是推进和规范社区矫正工作；二是保障刑事判决、刑事裁定和暂予监外执行决定的正确执行；三是提高教育矫正质量；四是促进社区矫正对象顺利融入社会；五是预防和减少犯罪。《社区矫正法》的正式文本与二次审议稿相比而言，立法水平显然又更上一层楼，具体表现在以下几点：

首先，取消了"保障"，增加了"推进"，并将其放在"规范"之前，强调社区矫正在中国还是新生事物，还必须结合中国国情，借鉴与吸收域外比较成熟的社区矫正做法和经验，尤其是法律制度应走出一条具有中国特色的社区矫正之路。为此社区矫正的第一次立法，是一种积极的探索与实践，其首要目的就是推进社区矫正工作，这比保障还更进了一步，即蕴含着保障并在此基础上还要坚持正确导向和积极推进。同时，用"推进"而不是用"促进"，是为了避免在用词方面的重复，也为将"保障"二字用到第二层意思上的用词造句提前铺路。

其次，将"正确执行刑事判决、裁定和暂予监外执行决定"，修改为"保障刑事判决、刑事裁定和暂予监外执行决定的正确执行"，充分体现了刑事执行法的属性，字斟句酌地对《刑法》《刑事诉讼法》明确规定的四类对象的司法文书属性明确无误地告诉社区矫正机构。为了突出刑事性，在"裁定"之前又重复了一次。最有意义的变动是将前置"正确执行"动词改成殿后名词，而且是"保障"刑事判决、刑事裁定和暂予监外执行决定的"正确执行"。对于此层立法目的的理解，还应把它放在核心的地位，与其他各层的立法目的进行整体分析和系统理解。作为具有刑事执行法性质的《社区矫正法》是与《监狱法》相对应，围绕监禁刑执行存在的问题，适用非监禁刑罚、短期监禁刑罚的替刑措施和长期监禁刑罚补救措施的执行制度。社区矫正与监狱行刑的关系、《社区矫正法》与《监狱法》的关系，不是远离或并列，也不是简单的替代，社区矫正仍应当依靠监禁刑的威慑力，弥补自身的不足。为此，《社区矫正法》就是调整各种监禁刑的替刑制度（刑种、替刑措施、暂予监外和更生保护制度）。通过立法推进和规范社区矫正工作，就是为了"保障刑事判决、刑事裁定和暂予监外执行决定的正确执行"，从而提高包括监狱行刑在内的罪犯教育矫正质量，促进社区矫正对象，尤其是假释社区矫正对象顺利融入社会，从而最大程度地预防和减少重犯，实现更高层次的国家治理犯罪的总目标。

此外，采取开放式的概括性规定，将"社区服刑人员"改为"社区矫正对象"，有利于未来社区矫正适用范围的扩大，为改革与发展留下了法治空间。

当然立法活动也并非尽善尽美，基于《刑法》和《刑事诉讼法》在非监禁刑罚种类和刑事执行制度的改革进度滞后，以及我国社区建设、非政府组织社会团体、志愿者队伍尚未充分发展的现状，对全球社区发展的现状及趋势和中国特色社区矫正的特点及其规律还认识有限，我国未能在立法中明确规定社区矫正的性质和定义。《社区矫正法》也未对禁止令的执行、有可能出现的职业禁令和反家庭暴力令等的执行作出详细的规定。尽管如此，其在法治等诸多方面仍意义重大！

二、《社区矫正法》立法目的的意义

（一）为中国特色的社区矫正法律制度确立了宗旨与发展方向

"积极探索对罪行较轻的罪犯进行社区矫正，推进中国特色的刑罚执行制度改革，从根本上提高对罪犯的教育改造质量，预防和减少重新犯罪，实现国家的长治久安"是 2003 年开始，在全国六省市开展社区矫正试点工作时中央政法委和"两高两部"所立下的誓言、描绘的梦想。经过 17 年的艰苦努力和不断探索，终于兑现了诺言，实现了梦想。什么是中国特色的社区矫正制度？《社区矫正法》就是对社区矫正工作从试点到全面开展以来，全国各地发展模式的成功经验、创新做法的高度总结与升华。但毕竟社区矫正的理念和模式移植与中国本土化国情的结合过程还是非常短暂，同时作为国家立法也是第一次，缺乏直接可以借鉴学习的主权国家级立法的社区矫正法典范本，这也导致中国特色的社区矫正法律制度的法典化进程也仅只是停留在初级阶段。故《社区矫正法》第 1 条关于立法目的如何确立的规定就异常关键。从上述介绍与点评的社区矫正立法目的来看，尽管立法过程很曲折，但是结果还是比较理想的，这由此确定了中国特色社区矫正法律制度的宗旨并为未来发展指明了方向，即中国目前开展的社区矫正仅限于刑事判决、刑事裁定和暂予监外执行决定。这与国外社区矫正法律制度既有相同点——依法实施矫正工作、非监禁化、在社区开展并充分利用社会力量参与，同时又有不同点——英美国家社区矫正刑罚化趋势比较明显，有社区服务刑罚种类，有多种形式的缓刑和假释及其"中间刑罚"方法，有与社区矫正紧密相连的监狱开放性处遇措施，而我们坚守罪刑法定和罪刑相适应的刑事法治基本原则，实行的是中国独创的管制刑罚、单一的附条件的原判刑罚暂缓不执行的替刑措施、单一的附条件提前出狱的假释制度和暂予监外执行制度，属于比刑罚执行更为宽泛的非监禁刑罚执行、短期监禁刑罚替刑措施执行和长期监禁刑罚的变更执行制度的刑事执行。其目的是克服监禁刑罚的监狱行刑不足，一前一后控制监狱的入口与出口，降低监禁刑罚执行的成本，提高教育矫正质量，预防再犯、减少重犯。同时，为了社区矫正法典更好地"推进和规范社区矫正工作"，"促进社区矫正更好地融入社会，预防和减少犯罪"，立法者始终坚持了立法的总体思路，注意处理好确立社区矫正基本法律制度与为今后发展创新留有余地的关系，将社区矫正工作定性定位于刑事执行，有利于在未来社区建设成熟与非政府组织完善的情况下，更好地扩大社区矫正的适用范围，与时俱进地借鉴国外社区服务刑罚、复合型缓刑假释制度和中间刑罚，以及兼具防卫社会和人权防卫的保安处分、保护处分措施，促进《刑法》《刑事诉讼法》《治安管理处罚法》[1]《监狱法》《看守所条例》[2]等的修改与完善，充分发挥中国特色社会主义制度中专门机关与群众相结合综合治理犯罪问题的优势，不断完善中国特色的社区矫正法律制度。

（二）为社区矫正机构的性质和职能定性、定位奠定了基础

长期以来，由于对社区矫正适用对象的性质认识不够深入，主观借鉴英美等国对社区矫正工作的定性与定位，将社区矫正定性为非监禁刑罚执行活动，并将社区矫正视为与监狱行刑相并列的刑罚执行的"一体两翼"，努力实现司法行政系统的刑罚执行一体化。其理想看起来很好，但实际上束缚了自己的手脚，不仅与《刑法》《刑事诉讼法》所规定的内容不符，而且也与国际通行淡化刑罚与犯罪作用，并力图探寻各种替刑措施的非刑罚化、非监禁化的刑事政策相悖。更棘手的是，如果社区矫正在我国是非监禁刑罚执行，那么社区矫正机构必须是与监狱一样的国家暴力机器专政工具，行使国家最后的最严厉的暴力权——刑罚权中的执行权，将审判机关的刑事判决生效内容即剥夺人身自由、政治权利、财产权利的惩罚性内容予以落实，从而实现刑罚的特殊预防和一般预防目的。既然社区矫正机构是国家的刑罚执行机构，当然就不能让基层司法所来执行，更不能让社区工作者和志愿者来担负职责。在这种逻辑思路下，既然社区矫正是社区刑罚执行，那么必然落实社区矫正的惩罚性，因为只有在惩罚的前提下，才能保障社区的安全，才能体现社区矫正工作的严肃性和权威性。也正因如此，社区矫正不仅需要监狱派出警察临时性参与社区矫正，而且还需要建立社区矫正警察队伍长期地从事社区刑罚执行工作，才能实现防止脱管漏管、对违反禁止令和违法犯罪行为等突发事件及时发现和处置。

总而言之，若认为社区矫正是社区刑罚执行，就必须要有强制性的惩戒措施及其保障，并作为中国特色的内容纳入社区矫正法典之中。但是，社区矫正工作的定性必须依法而定，不仅要与世界接轨，更需要与中国的刑事司法制度相契合。既然我国目前适用的四类对象，除了管制刑是非监禁刑罚外，其他都是监禁刑罚的替刑措施和变更执行制度，那么就不能违背法律，主观上将社区矫正定性为刑罚执行，而应该实事求是地将社区矫正定性为刑事执

---

[1]　《中华人民共和国治安管理处罚法》，以下简称《治安管理处罚法》。
[2]　《中华人民共和国看守所条例》，以下简称《看守所条例》。

行，既包括刑罚执行，又包括各种刑罚执行制度和方式的执行，还包括非刑罚处罚方法和在我国还没有明确规定但事实上已经客观存在的保安处分的执行，如刑法典规定的禁止令执行、职业禁止令执行，甚至刑罚消灭制度的特赦令的执行。由此可见，《社区矫正法》第 1 条将"正确执行刑罚"改为"保障刑事判决、刑事裁定和暂予监外执行决定的正确执行"，随后司法部社区矫正局姜爱东局长在新闻发布会上明确指出，"社区矫正是立足我国国情发展起来的具有中国特色的刑事执行制度"，可见其具有多么重要的意义。

　　立法后，社区矫正机构是刑事执行机构而非单一的刑罚执行机构，所以要多维度地进行分析。作为刑罚执行机构，其是《刑法》《刑事诉讼法》规定的执行机关，拥有刑罚执行的行刑权，负责管制刑和暂予监外执行的执行，兑现惩罚，严格监督管理，保障社区安全。同时，社区矫正机构又是刑事执行机构，也是《刑法》规定的考察机关和监督机关，拥有刑事执行权，对缓刑替刑措施和假释刑罚变更执行制度予以考察与监督，依照《刑法》《刑事诉讼法》和《社区矫正法》的规定，落实所附条件的内容，实施分类管理和个别化矫正。又因管制刑和暂予监外执行的刑种与刑制不一样，法律所调整的法律关系及其权利和义务存在较大区别，管制刑必须落实刑罚的内容及体现惩罚性，而暂予监外执行则必须体现人道主义待遇，救死扶伤，除了基本的监督管理要求外，难以兑现刑罚惩罚性和教育矫正性，更多的是帮困扶助和医疗救济，体现感化改造。同样，缓刑和假释在所附条件上看起来相似，实际存在严格的区别，缓刑属于附条件不收监执行，假释则属于附条件离开监狱执行，前者罪轻，无需监狱改造，后者罪重，已在监狱执行完过半刑期。缓刑是对短期监禁刑的替刑措施，为保障社区安全，法官在适用缓刑时可以自由裁量附加禁止令，违反禁令就可以撤销缓刑收监执行；在缓刑考验期限内，违反法律、行政法规或者国务院有关部门关于缓刑的监督管理规定，或者违反人民法院判决中的禁止令，情节严重的，应当撤销缓刑，执行原判刑罚。而假释则没有此项规定且监督的条件更为严格，收监执行不仅与缓刑一样若有新罪发现漏罪可以适用，而且在假释考验期限内，有违反法律、行政法规或者国务院有关假释的监督管理规定的行为，尚未构成新的犯罪的，应当依照法定程序撤销假释，收监执行未执行完毕的刑罚。与缓刑相比，违反监督管理的行为没有情节严重的量化规定。此外，如果没有犯新罪、发现漏罪或违反社区矫正监督管理的情况，缓刑社区矫正对象的积极后果是缓刑考验期满，原判的刑罚就不再执行，而假释社区矫正对象的积极后果是假释考验期满，原判刑罚视为已经执行完毕。因此，缓刑和假释是不能混在一起监管与矫正的，国外尤其是英美澳等国的社区矫正制度中均有缓刑官和假释官的职位设定，其监管措施和矫正方案都是区别开来的，既有交叉，更重区别。对于管制刑、缓刑、假释和暂予监外执行的社区矫正工作，《社区矫正法》第3条将分类管理、个别化矫正作为一项基本原则来规定，第24条在监督管理工作中又进一步强调实行分类管理，个别化矫正，其原理就在于此。目前，我国社区矫正对象分类数量占比情况是：缓刑社区矫正对象一枝独秀，占比90%以上。而从社区矫正发展史及现状来看，社区矫正诞生于假释，假释才是社区矫正的核心，也是从出口弥补监狱行刑的不足，并通过再社会化教育巩固监狱改造成果，从监狱人变为社会人，令其顺利回归社会的关键。日本将假释作为重点，所采取的社区矫正工作被称为"更生保护制度"，笔者认为这一定位更加精准。希望《社区矫正法》颁布之后，官方一再强调的"限制减刑，扩大假释"的刑事政策能够真正落实到位，为社区矫正的规模效益的发挥，为中国政法大学前校长徐显明教授多次呼吁与期盼的非监禁的社区矫正对象数量超过监狱行刑人数目标的早日实现作出贡献。

（三）为组织动员社会力量参与社区矫正，推进国家治理体系和治理能力
        现代化铺平了道路

社区矫正从来都不是独立的系统，更不是某一个执行部门就能完成的任务。尤其是《社区矫正法》立法目的第五层意思所规定的"预防和减少犯罪"，仅靠监狱和社区矫正机构是难以独立胜任与完成的，必须要针对监狱服刑罪犯和社区矫正对象的个人原因和社会环境等原因，实行综合治理才可能实现。早在2003年社区矫正开始试点时，"两高两部"的《关于开展社区矫正试点工作的通知》就规定，"开展社区矫正试点是一项综合性很强的工作，有关部门要依法履行各自的职责，相互配合、相互支持，保证试点工作的顺利开展"，明确地规定了人民法院、人民检察院、公安机关和司法行政机关及所属监狱管理机关的职责。2009年"两高两部"的《关于在全国试行社区矫正工作的意见》（已失效，下同）又强调"坚持各有关部门分工负责、相互支持、协调配合，确保社区矫正工作有序开展"。2012年"两高两部"的《社区矫正实施办法》（已失效，下同）第2条明确规定："司法行政机关负责指导管理、组织实施社区矫正工作。人民法院对符合社区矫正适用条件的

被告人、罪犯依法作出判决、裁定或者决定。人民检察院对社区矫正各执法环节依法实行法律监督。公安机关对违反治安管理规定和重新犯罪的社区矫正人员及时依法处理。"2014年"两高两部"的《关于全面推进社区矫正工作的意见》进一步深化，要求"司法所、公安派出所、派驻乡镇检察室、人民法庭要建立健全社区矫正工作衔接配合机制，及时协调解决社区矫正工作中遇到的实际问题，确保社区矫正工作顺利推进。积极争取立法、编制、民政、财政、人力资源和社会保障等部门支持，为社区矫正工作全面推进创造有利条件"。正是由于充分发挥了政法各部门的相关职能，实现了分工负责，齐抓共管的社区矫正系统治理的良好态势才能迅速扭转社区矫正试点工作以前的社区矫正对象漏管、脱管问题严重、监督管理流于形式、违法犯罪异常严峻的局面，社区矫正对象的再犯罪率始终控制在0.2%以下，创造了一个改造罪犯和预防犯罪的人间奇迹。对于如此辉煌的成就，司法部原来主管社区矫正工作的郝赤勇副部长曾经非常谦虚地说："社区矫正试点工作之所以取得成绩，不是司法行政机关一家努力的结果，而是在各级党委、政府的统一领导下，所有的参与部门——公、检、法、劳动、民政、财政等十几个部门密切配合，共同努力的结果，正是由于各部门的共同努力，社区矫正才成为政府一项实实在在的工作。"[1]

社区矫正的最大特点与优势，不仅是在社区采用开放式的监督管理和教育帮扶措施，还包括可以充分组织与发挥社会力量，尤其是非政府组织志愿者参加社区矫正的相关工作。如果《社区矫正法》将社区矫正立法目的仅限于刑罚执行，表面上似乎能够凸显社区矫正国家机器和人民专政的政治属性，并由此可以增加权威性、严肃性，强化社区矫正机构的行刑职能与手段，并为社区矫正工作人员警察化增加"砝码"，能够让社区矫正机构的控制力有所提升。但事实上，这样的做法不仅会导致人财物的投入很大，执法成本飙升，更重要的是，社区矫正的刑罚执行性质决定了其不可能轻易地将行刑权让渡给其他非法定机构，更不可能委托社会团体和非政府组织，这就导致了社会参与性减弱，实现社会治理能力和社会治理体系现代化、构建和谐社会的目标将很难实现。社会公共治理层面两种不同性质的警察出现，还有可能导致

---

〔1〕 "郝赤勇副部长在社区矫正试点工作座谈会上的讲话"，载司法部基层工作指导司编：《社区矫正试点工作资料汇编（六）》，第3页。

识别的误会、用警的冲突，甚至有可能导致国家的控制力增加，压缩市民社会的发展，最终形成警察国家。此外，基于对未成年人的社区矫正，考虑到人格发展学和标签理论，以及会与《联合国非拘禁措施最低限度标准规则》（《东京规则》）的精神相悖，其显然不利于社区矫正的健康发展。反之，刑事执行的社区矫正因 90% 以上都是非刑罚的替刑措施和刑罚变更执行制度及其罪犯处遇的执行，完全可以充分动员和组织社会力量参与，甚至可以通过政府购买服务的形式获得更加专业的社会工作者的精细化服务，必要时还可以启动《社区矫正法》规定的街道或乡镇人民政府根据需要成立的社区矫正委员会，以统筹协调和指导本行政区域内的社区矫正工作。

为了克服社区矫正机构和司法所力量不足的问题，《社区矫正法》作了许多的规定并成了本次立法的亮点：

一是第 13 条规定："国家鼓励、支持企业事业单位、社会组织、志愿者等社会力量依法参与社区矫正工作。"

二是第 12 条规定："居民委员会、村民委员会依法协助社区矫正机构做好社区矫正工作。社区矫正对象的监护人、家庭成员，所在单位或者就读学校应当协助社区矫正机构做好社区矫正工作。"

三是第 39 条规定："社区矫正对象的监护人、家庭成员，所在单位或者就读学校应当协助社区矫正机构做好对社区矫正对象的教育。"

四是第 40 条规定，"社区矫正机构可以通过公开择优购买社区矫正社会工作服务或者其他社会服务，为社区矫正对象在教育、心理辅导、职业技能培训、社会关系改善等方面提供必要的帮扶"，为防止城乡和东西部差距，"社区矫正机构也可以通过项目委托社会组织等方式开展上述帮扶活动。国家鼓励有经验和资源的社会组织跨地区开展帮扶交流和示范活动"。

五是第 41 条规定："国家鼓励企业事业单位、社会组织为社区矫正对象提供就业岗位和职业技能培训。招用符合条件的社区矫正对象的企业，按照规定享受国家优惠政策。"

六是第 15 条规定："社区矫正机构工作人员和其他参与社区矫正工作的人员依法开展社区矫正工作，受法律保护。"为了保护工作人员的人身安全，同时在第八章第 60 条又进一步明确规定："社区矫正对象殴打、威胁、侮辱、骚扰、报复社区矫正机构工作人员和其他依法参与社区矫正工作的人员及其近亲属，构成犯罪的，依法追究刑事责任；尚不构成犯罪的，由公安机关依法给予治安管理处罚。"

社区矫正是发达国家监狱管理制度改革的产物，是推动国家治理犯罪体系及其治理能力现代化的重要举措与载体。现代国家犯罪治理的实践一再证明，监狱行刑的改造质量和成本核算远不如社区矫正，因此要大力发展社区矫正。反过来也不能因为社区矫正社会化程度高、经济核算成本低、矫正效果好就削弱甚至废除监狱行刑。事实上，万物皆存在二八定律，每个人的犯罪生涯都是正式反应的过当，尤其是看守所、少管所、监狱等羁押机构的负效应使其犯罪生涯延长并造成累犯。极少数犯罪生涯延续者的累犯实施了绝大多数的违法犯罪行为，尤其是恶性犯罪案件的数量占比高达80%以上。绝大多数人在成长过程中的犯罪生涯，因正式或非正式反应的适度，尤其是采用了人性化、社会化、非刑罚化、非监禁化的社区矫正的替刑措施和保护性处遇，从而阻断了犯罪生涯，成为社会守法公民，即使成年后因过失犯罪、初次犯罪、激情犯罪，其犯罪总量也很难超过20%。所以需要监狱负责关押极少的累犯防止再犯罪；对可以矫正，但又因犯罪行为严重必须先收监执行的，在收监执行之前可以根据公检法及社区矫正机构提供的社会调查评估报告，提出假释出狱的矫正方案及累进处遇规划，待改悔有符合法定条件时提前附条件释放并做好与社区矫正工作的衔接。而社区矫正应充分发挥其刑事执行性质的长处，尽可能将犯罪行为较轻、社会危害不大和社会调查评估认定危险程度不高的罪犯，尤其是过失犯、偶犯、初犯、女犯、老弱病残犯及短期监禁刑罪犯（如危险驾驶犯）等，全都纳入社区矫正系统。若缓刑犯、假释犯和暂予监外执行罪犯胆敢触犯刑律犯新罪或发现漏罪和严重违反社区矫正监督管理的，应依法收监执行。

现代犯罪科学还进一步揭示：对于违法犯罪人员的复归社会，教育矫正部门尤其是监狱行刑的重要性和改造质量，比不上监所外界社会环境的不良影响及社区接纳态度。重新犯罪的原因最主要的不是内在个体因素，而是外在社会因素。外因是决定因素，而不是传统认识上的内因起决定性作用。外部环境的不良因素，尤其是社区情景因素是导致犯罪行为生成的关键，因此，将重新犯罪率作为检验监狱改造罪犯质量评价的唯一标准是错误的。当然，在监狱和看守所的服刑人员，刑满释放后的1年至2年是重新犯罪的高峰期，主要原因在于出狱后的半年至1年内由于生存与就业问题或者家庭社会的不接受、不适应而重操旧业甚至精神崩溃乃至自杀，这也就是西方国家和东邻日本重视对假释和刑满释放人员进行社会帮教的原因。

由此我们获得的启示是：监狱行刑必须紧密联系社区矫正，在监狱的入口和出口有效衔接社区矫正，不能是简单的刑罚执行，而是更为广泛的刑事执行，这不仅有利于维护社区治安秩序，而且更有利于整合刑事司法机关及其他相关部门的资源，尤为重要的是能更好地吸引与组织社会力量参与社会矫正。监狱行刑和社区矫正二者之间因预防和减少犯罪的共同目的而形成完整的刑事执行一体化闭环系统，取长补短，相互配合，最大限度地帮助服刑人员和社区矫正对象顺利融入社会，成为守法公民。诚然，治本还在于社会治理与社会预防尤其是社区建设的完善程度。从某种意义上而言，中国社区矫正的社会化、人性化和法治化推动了城乡社区建设和国家社会治理犯罪能力和治理体系的现代化。未来中国社区矫正的健康发展，还要仰仗于社区建设和国家社会治理犯罪体系及其治理能力现代化的发展。

从刑罚执行到刑事执行

王顺安 敖 翔[*]

一、社区矫正的性质是刑事执行

2019 年 6 月 25 日，司法部时任部长傅政华受国务院委托，在第十三届全国人大常委会第十一次会议对《中华人民共和国社区矫正法（草案）》初次审议，作草案内容报告时，明确指出："社区矫正作为刑事执行活动，其执行层面的问题亟需在专门法律中予以规定。"

2019 年 12 月 28 日上午，《中华人民共和国社区矫正法》得到全票通过，并在当日公布。尽管社区矫正法中并未有条文明确社区矫正制度的性质，但从立法理念、结构布局、用词造句和法条规定来看，已经蕴含社区矫正的性质不能仅仅局限于刑罚执行，即立法并未强调刑罚本质属性惩罚性、赋予社区矫正工作人员警察身份和刚性监管措施、风险防控手段及处罚手段（如集中长时间集训、关禁闭和先行拘留）。相反，立法则凸显了外延更加广泛的刑事执行，不仅包括管制刑和暂予监外执行的刑罚执行，而且还包括短期监禁刑罚替刑措施的缓刑所附条件的考察执行和长期监禁刑罚变更执行场所的假释所附条件的监督执行。同时还可囊括随着社区建设的发展、社会治理能力现代化的提升和刑罚体系的不断完善、刑事司法改革的深化，有可能出现的社区服务刑和中间刑罚的适用，甚至还包括未决犯和刑释人员尤其是未达刑事责任年龄的犯罪少年的非监禁的社区性矫正活动。

《社区矫正法》第 1 条将送审稿（一审稿）规定的社区矫正的直接目的"正确执行刑罚"，改为"保障刑事判决、刑事裁定和暂予监外执行决定的正

---

* 敖翔，社区矫正宣传网编辑，中央司法警官学院司法人权研究中心特聘研究员。

确执行"。同时在第 2 条规定的社区矫正任务中，将其表述为"对社区矫正对象的监督管理、教育帮扶等活动"，没有了司法部草拟的送审稿和专家们建议稿中的"刑罚执行""适应性帮困扶助"（原因在于"教育帮扶"已包括了"帮困扶助"内容，其仅是与教育一样的矫正工作的一项重要内容，但不能并列为核心任务，因为此项工作的核心内容涉及社会其他部门的职责）的内容。再则，社区矫正适用的四类对象，既没规定为《刑法》《刑事诉讼法》已明确的已决犯"罪犯"，也没有按照社区矫正规范性文件明确的"社区矫正服刑人员"，更没有依循"两高两部"联合制定的《社区矫正实施办法》所明确的"社区矫正人员"概念（此概念太大，易造成与"工作人员"的混淆）。同时也未采纳徐显明教授（前中国政法大学校长）提议的日本等国使用的"受刑人"概念，而是采用了更加文明、人道且毫无标签副作用的"社区矫正对象"这一法律术语，显示了立法者的用意良苦。

正因如此，在第十三届全国人大常委会第十五次会议的常委会委员们以全票表决通过了《社区矫正法》后，司法部社区矫正管理局局长姜爱东在由全国人大常委会办公厅举行的新闻发布会上，面对《光明日报》记者的提问，第一句话就明确表示，"社区矫正是立足我国基本国情发展起来的具有中国特色的刑事执行制度"。

二、为何定性为刑事执行而非刑罚执行？

（一）从历史的角度辨析

《社区矫正法》所称的社区矫正对象，其适用范围和执行主体及其职能任务经历了一个变更的历史过程。1979 年和 1996 年、1997 年中国新旧《刑法》和《刑事诉讼法》均明确规定，被判处管制刑和剥夺政治权利刑、被宣告缓刑、被裁定假释、被决定暂予监外执行的罪犯，一律由公安机关执行，其中管制刑和剥夺政治权利刑是刑罚执行，管制刑由公安机关交"由群众加以监督，在原单位劳动或工作，实行同工同酬，既可以少捕一些人，发挥群众监督改造的作用，又不致影响他们的家庭生活"。暂予监外执行也计刑期，当然也是刑罚执行，这就要求公安机关严格管理监督，但也要求基层组织或罪犯的原所在单位协助进行监督。对于被判处徒刑缓刑的罪犯，则由公安机关交所在单位或者基层组织予以考察。至于被假释的罪犯，应由公安机关在余刑的假释考察期限内予以监督。根据社区矫正试点工作的全面发展和良好效果，同时为了配合《刑法修正案（八）》对社区矫正作出的刑事实体法的规定，2012 年修正的《刑事诉讼法》第 258 条规定："对被判处管制、宣告缓刑、假释或者暂予监外执行的罪犯，依法实行社区矫正，由社区矫正机构负责执行。"由此可见社区矫正的适用对象是在 2011 年《刑法修正案（八）》出台、2012 年《刑事诉讼法》修正以后，才被正式确定为四类罪犯的。由于《刑法》《刑事诉讼法》规定了对四类对象适用社区矫正，执行机关的职责任务便于单纯的刑罚执行和考察、监督工作，扩大到教育矫正和适应性帮困扶助，以便更好地消除影响他们重新犯罪的不良因素，通过化消极因素为积极因素，最大限度地预防再犯。这就是目前司法行政机关担负的对四类人员开展社区矫正工作与公安机关负责的对五类人员进行监管执法工作的不同之处。同时，由于公安机关根本就没有展开矫正工作，其理念还主要是监控保平安和群众"专政"，因此不能简单地将公安机关早已担负的五类人员的监管工作认定为早期中国版的"社区矫正"，而只能是充分发挥了专门机关与群众路线相结合的党和政法工作的一贯方针政策，实行的是非监禁的"社区刑事执行"。

（二）从法理的角度辨析

首先从法学概念上就应明确，刑事执行不等于刑罚执行，刑事执行大于刑罚执行。广义的刑事执行包括在整个刑事诉讼过程中所有的生效刑事判决、裁定及决定的执行，这不仅包括有罪并定罪量刑生效判决的执行，而且包括无罪判决和有罪宣告但免予刑罚处罚并作出非刑罚方法判决的执行，甚至还应当包括贯穿于整个刑事诉讼环节的转处措施：保安处分、保护处分和损害修复、惩罚性赔偿等。狭义的刑事执行仅指刑事诉讼程序中涉及已决罪犯相关的各种刑事判决、裁定、决定，乃至禁止令类或法官令等生效法律文书的执行，以及在罪犯交付执行后的监督考察、教育矫正和适应性帮困扶助等活动。

其次从我国《刑法》《刑事诉讼法》规定的四类人员的判决、裁定和决定的内容来分析，就能够较好地说明中国特色的社区矫正制度为什么是刑事执行而不是刑罚执行，至少不能将目前的社区矫正的全部内容定性为"刑罚执行"和"非监禁刑罚执行活动"。

一是管制刑是典型的中国特色非监禁刑罚，但很难说中国的管制刑罚就是现代西方意义上的"社区刑罚"，因为有其形但无其神，理念与做法有本质上的不同。

二是缓刑是短期监禁刑（3 年以下有期徒刑和拘役刑）的替刑措施，同时也是对轻微罪犯的一种"救济"制度，目的在于减少对轻刑犯进行监狱看守所收押监禁带来的负面影响，从源头上控制与减少监狱收押罪犯人口数量与容积率，降低行刑成本，减少交叉感染。现代西方发达国家的缓刑种类很多，而且贯穿于刑事诉讼的全过程，包括缓起诉、缓判决、缓宣告、缓执行，20 世纪 80、90 年代以来，为了避免社区矫正的负面效应，维护社区的秩序与安全，尤其是为体现"重重轻轻，以重为主"的刑事政策，更好地体现刑罚的公正，以美国为代表的国家创制了"震惊的缓刑"（或称"休克缓刑"）和"震惊的假释"等"中间刑罚"。日本近年来也规定了"部分缓刑"，即缓刑犯也要入监遭受一下严厉的监禁刑罚的惩罚，让其体会到通过缓刑获得自由的珍贵，此类措施属于混合型刑罚。我国剥夺自由刑的一般缓刑非常单调，仅限于附条件的原判 3 年以下有期徒刑和拘役刑的缓执行，性质上不属于刑罚执行，因为刑法典明确规定，只要在缓刑期间没犯新罪、没发现漏罪、没有严重违反监督管理规定，"缓刑考验期满，原判的刑罚就不再执行"。所谓缓刑的执行对等于或高于原判刑期的缓刑考验期限内所附条件的遵守与实现，但不能认定为刑罚执行，否则就有两个刑罚了，这就严重违背了一行为不能二罚的刑法原理和逻辑学上的"同一律"原理。也正因如此，我国的缓刑执行一直都强调是在"考验期"内接受"考察机关"的考察活动，现在则加上了"依法实行社区矫正"。中国对缓刑犯的社区矫正，属于对定罪量刑后的已决犯，在缓刑考验期限内具有可能违背所附条件的规定而收监执行原判刑罚的制度。因此是一个非常好的替刑措施（不是替刑的刑罚）和激励缓刑人员珍惜机会并自觉自愿地接受教育改造的矫正措施，其性质当然不应属于原判刑罚的执行。但同时也应看到这种制度对缓刑犯而言是带有一定强制性并时刻有因严重违规而入监受刑的可能的，所以应属于刑事执行。

三是假释制度适用的对象包括在监狱服刑的长期徒刑犯、无期徒刑犯，且普通死缓犯因立功减刑符合条件也可以依法获得假释。在我国，假释是为了克服长期监狱监禁所造成的监狱人格、监狱行刑目的与行刑手段相悖的矛盾，实现在真正的正常社会里重新社会化并由此巩固监狱改造成果的目的，根据狱内改造表现，经过社会危害性和人身危险性的科学评估，采用的附条件提前释放的制度。假释制度是对长期监禁刑、无期徒刑弊端的补救措施，是解决监狱拥挤和监狱人格等问题的"不二法门"。对假释犯附条件提前释放后在剩余刑期内的监督活动，一些学者认为是累进处遇的刑罚执行场所的变更执行制度，理应也不应该是长期监禁刑罚的执行，而是属于处遇措施和更生保护制度的执行活动，属于刑事执行。在我国，绝大多数的学者和实务部门的专家还是认为假释就是刑罚执行活动。

四是暂予监外执行制度，充分蕴含着人道主义精神。作为变更执行场所的医疗康复制度，其又被《刑法》《刑事诉讼法》规定为刑罚执行，除法定例外，暂予监外执行期间被认定为服刑时间，如此宽容大度，恐怕在世难找第二。目前实务中比较困惑的问题在于：一是有权有钱、涉黑从事金融业的罪犯常以行贿获得暂予监外执行的机会（2014 年中央政法委 5 号文件提出对此进行严格控制与打击）；二是女犯常利用怀孕妊娠和处于哺乳期不断循环获得暂予监外执行的机会；三是社区矫正对于那些真正需要保外就医监外执行的罪犯，不敢轻易地适用社会调查制度和积极主动地开展接矫帮扶。据调研，对暂予监外执行的罪犯，如果存在年迈体弱、丧失自理能力或病入膏肓的情况，社区矫正机构和工作人员通常只能象征性地进行督导服务和督促医疗卫生或社会福利救济部门落实政策，而自身往往因缺乏帮困扶助因资金和职能所限而无力做到直接对其进行帮扶。在这种情况下，既谈不上严格监管行刑惩罚（但又存在脱管漏管再犯的可能），更无法对患严重传染病的罪犯进行近距离教育矫正。

（三）从制度长远发展的角度辨析

《社区矫正法》经历多年才出台，重要的原因之一就是对社区矫正的性质从理论到实践都存在极大的争议。此次《社区矫正法》的出台，从立法理念和具体内容来看没有采纳部分学者及实务部门同志主张的应当定性为"刑罚执行活动""社区刑罚执行"的观点。其问题就在于"刑罚执行"学说理论，机械地将英国社区矫正的性质移植到我国现行刑事法律体系中来，在四类不同对象适用社区矫正的性质认定上，显然超出了罪刑法定基本原则的规定。在每一次的立法研讨会议上，缓刑问题都是争议焦点。在这里，有必要再次着重强调，根据我国《刑法》的相关条文，缓刑是一种量刑制度，是针对拘役、可能被判处 3 年以下有期徒刑的罪犯，考虑其在监狱服刑可能产生的弊端，而变更为非监禁开放式的附条件缓期执行。若在考察期限内，即社区矫正期间内未犯新罪、未发现漏罪和未有严重违反监督管理规定的情况下，期满则原判刑罚不再执行。在我国刑事法体系中，缓刑本质上是短期监禁刑的替刑制度。尤其值得注意的是，缓刑并非是拘役和有期徒刑的替代刑，而仅仅只是替代性考察措施。从比较法的角度来看，其类似于日本的保护观察措施或更生保护制度，因此不能简单认定为刑罚执行或者社区刑罚执行，也不能简单称之为刑罚执行方式、非监禁刑罚执行制度。

当然，坚持社区矫正性质是刑罚执行的同志，初心是好的，是在朴素的正义感和认知下，考虑到我国基层司法行政机关，尤其是司法所力量薄弱的现状，以及社区矫正对象再次犯罪的客观风险，希望能通过定性来为刑罚执行更好地做好工作。不少同志认为，如果社区矫正能够被定性为社区刑罚或者刑罚执行活动，就必然要体现刑罚执行的天然属性，即惩罚性。这样社区矫正工作人员就可以理直气壮地提出增加社区矫正机构的惩戒手段，并理所当然地认为社区矫正要与监狱行刑一样，工作人员应当具有警察身份。但正是因为缓刑不是法定刑罚种类，而是一种考察期的保护观察措施，所以我们不能将其定性为刑罚或者刑罚执行。同理，包括缓刑犯在内的所有社区矫正对象就绝不能被称为"社区矫正对象"，我们的社区矫正工作人员也更不能是社区矫正警察。在这里，笔者认为有一点值得广大社区矫正工作人员注意，即联合国有关非监禁措施的工作人员身份的要求，建议最好不要由警察担当。原因就在于要避免"烙印"和"标签"的负面作用，以及警察身份的出现影响社区矫正对象的就业、就学、成家等。此外，未成年人社区矫正应以教育感化为主，坚持保护原则及利益最大化至上，这样就更忌惮警察角色的管理与教化。

最为关键的是，为了适应市场经济的新发展，为了解决新时期社会基本矛盾转变出现的新问题和为了落实十八届三中全会提出并由十九届四中全会具体描绘的国家治理体系及治理能力现代化的新要求，国家治理模式已经从"警察国"转变为"法治国"，并将由"法治国"逐步迈入"文化国"。西方国家的社区矫正诞生于英美国家的19世纪中叶，成长于20世纪末，盛行于21世纪，正是适应了这种国家社会发展和治理体系及能力变化所提供的土壤与环境，只有在"法治国"尤其在"文化国"的社会环境下，社区矫正才能获得从健康成长到蓬勃发展的土壤和环境。也正因如此，党和国家将社区矫正定位为贯彻全面推进依法治国构建和谐社会的基本国策、落实宽严相济治理犯罪的刑事政策，推进国家治理体系和治理能力建设的重要制度。

三、刑事执行的制度定性对完善刑事司法制度的重要意义

（一）构筑刑事执行工作理念

对社区矫正制度的刑事执行定性能从法理上彻底正本清源。目前一些法学辞典将刑事执行和刑罚执行混淆、混用，二者存在被理论界和实务界误用的现象，对司法实践而言这是一个非常严重的问题。究其原因就在于社区矫正的法学研究不充分、存在循环逻辑错误，因此要明确刑事执行的内涵与外延大于刑罚执行，覆盖狭义的刑罚种类的执行，广义的刑种和刑制执行，同时还能囊括具有保安处分和预防犯罪性质的禁止令执行、刑罚消灭制度的特赦执行。同时明确了占90%以上的缓刑类社区矫正对象，其执行的内容是法定条件的考察活动，属于保护观察的非刑措施，重在教育与帮扶。对广大社区矫正工作人员而言，工作理念与思路必须彻底革新。不少实务部门的同志可能一时难以理解，这就更需要加强理论研究，强化释法说理，在适当的时候组织各种形式的社区矫正法理论与实践研讨会，尽快转变理念，调整工作思路，积极变革迎接挑战。

同时，广大社区矫正工作人员应当意识到社区矫正是一个系统，是国家治理体系及能力现代化建设的一个重要组成部分。在此系统中，司法行政机关代替公安机关具体承担对四类人员的刑事执行工作，必须按照《社区矫正法》的规定精神与要求，站好岗、尽好责、不错位、不越位，该为必须为、不该为就不要为。这样就不仅做好了本职工作，而且还能把同志们从非法定的事务中解脱出来，对出现的问题也好分清责任。在相关部门因对社区矫正工作不理不睬、不尽责任而导致重大事故或违法犯罪的情况发生时，同志们也能配合好纪检监察和检察机关落实对相关责任人的法律追究。最终通过各部门的努力，促成社会治理犯罪、改造罪犯综合治理局面与环境的形成，实现监狱行刑与社区矫正系统工程的建构与良性循环。

（二）规范刑事执行工作措施

将社区矫正工作的性质由刑罚执行改变为刑事执行，一字之差但意义非凡。一方面有利于对社区矫正对象的人权保障，防止突破罪刑法定基本原则的底线要求，对其予以超出附条件的人身自由的约束。在之前的司法实践中，部分地区出现了电子手镯或电子脚环普遍使用或者"一戴到底"的电子定位监控管理系统；不顾社区矫正对象正常的生产生活学习情况，安排在工作日

集中学习和开展社区服务；个别地方甚至还因对社区矫正对象的矫正过量、干预过度和信息保密不严，进而导致社区矫正对象出现失业、失学，甚至因精神失常自杀或者主动触犯法律规定要求回归监狱服刑的情况。在《社区矫正法》出台后，这些现象应该坚决予以纠正。

另一方面有利于四类对象依法分类管理和教育，根据不同的性质和法律规定适用刑事执行。管制刑和暂予监外执行是刑罚执行，当然要体现刑罚惩罚性，强调惩罚与改造相结合，以改造人为宗旨。假释是对被判处长期监禁刑罚的罪犯，变更执行场所的执行和附条件的提前释放，重点是更生保护，核心是再社会化，重新回归社会，关键是安居乐业、安置就业、监督管理和适应性帮困扶助，应着重采取风险管理和个别矫正方案。对于缓刑犯的社区矫正则不能采用刑罚执行的惩罚方式，而应该按照《社区矫正法》所规定与要求的基本原则开展工作，注重监督管理与教育帮扶相结合、专门机关与社会力量相结合，在符合法治精神和人权保障的前提下，有针对性地消除社区矫正对象可能重新犯罪的因素，帮助其自觉自愿地改造成为守法公民。

（三）完善刑事执行法律体系

此次《社区矫正法》的出台，充分体现了立法站位高、境界深，其规定的内容从理念、方针和原则到具体的机构设置、监督教扶内容、权责利划分及法律责任，均与以往的社区矫正工作的基本要求与做法有很大的不同。社区矫正的性质从非监禁刑罚执行制度到非监禁刑事执行制度，对健全刑事法律体系、提高矫正工作质量、有效预防重新犯罪、推动社会治理体系和能力现代化有深远的影响。

值得关注的是，最高人民检察院早已确定了"刑事执行检察"工作的内涵与外延，证明刑事执行早已突破辞典中循环论证的错误。在检察机关的司法实践中，通过赋予该概念的应有属性和应用，使原有的弱势部门"监所检察"得以变更为"刑事执行检察"。这一改革不仅扩充了监督职能，壮大了队伍，甚至将监察体制改革后检察机关保留的14个对司法人员职务犯罪案件的侦查权也交给了该部门，使其成了"小检察院"！未来的刑事执行工作也应积极响应，适用范围也应该对应。所以将社区矫正定性为刑事执行，为未来将《刑法修正案（九）》规定的职业禁止令、《中华人民共和国反家庭暴力法》规定的家暴夫妻离婚前冷静期的禁止同居、《中华人民共和国反恐怖主义法》规定的安置教育措施，包括特赦等制度纳入社区矫正创造了法理条件。未来社区服务刑、电子装置和中间刑罚等复合型社区刑罚的创制；剥夺政治权利刑等资格刑的执行；附条件缓起诉、不起诉、缓判决等司法转处，通过制度整合，最终为一体化纳入社区矫正留下空间。

更为重要的是，从中国刑事执行的立法前景展望来看，坚持社区矫正制度的刑事执行性质，有利于和监狱法中对狱内刑罚执行的内容进行科学衔接，保障罪犯教育改造的连续性。在整个监狱刑罚执行和社区矫正执行工作衔接运作机制成熟后，可对刑罚执行内容、刑罚执行权的配置、执行机构的设置、监督措施、执行程序等作出明确、全面和详尽的规定，为最终制定一部调整全部刑事执行活动的，在地位和内容上与《刑法》《刑事诉讼法》相互协调、相互衔接、地位相当的刑事执行法奠定基础。在可期待的将来，笔者愿景中的刑事执行法应和新近出台的《中华人民共和国民法典》（以下简称《民法典》）一样，是既有的《监狱法》《社区矫正法》和死刑、财产刑和名誉刑及非刑罚措施等一切生效刑事判决、裁定和决定等执法活动所产生的法律关系的总和。未来的刑事执行法，即《监狱法》和《社区矫正法》等的母法，其立法的机构不再是全国人大常委会，而是全国人民代表大会。最终形成的刑事执行法能与刑事实体法《刑法》、刑事程序法《刑事诉讼法》相并列，形成完整的刑事法律体系。

最后，《社区矫正法》的刑事执行定性充分体现了国家最高立法机关广泛汲取专家、学者的意见，坚定不移地走民主立法、科学立法的道路。这部高水准的《社区矫正法》的出台，不仅仅是精湛的立法技巧和立法艺术的展示，更是坚持坚守并具体践行党的十八届四中全会作出的全面推进依法治国方略中强调的"科学立法"法治方针的具体体现！我相信，由刑事实体法、刑事程序法、刑事执行法组成的完整的刑事法律体系是一个法治国家必然追求的梦！我想梦想实现得越早越好……

《社区矫正法》语境下的社区矫正概念的界定

王顺安

一、众说纷纭的社区矫正概念

(一) 世界范围内社区矫正的兴起与发展

社区矫正 (Community correction；Community-based corretion)，前者直译为 "社区矫治" "社区处遇"，后者翻译为 "以社区为基础的矫正"。两种概念，两种含义，代表了不同的矫正理念与价值追求。前者消极被动，强调的是在社区开展矫正，以别于监狱行刑。后者是积极主动强调在社区并依托社区开展的矫正。前者是以官方为主，后者是以官方和民间相结合的方式，甚至以民间为主。总体而言，社区矫正是指将符合条件的犯罪人 (犯罪嫌疑人、被告人、罪犯等) 放入社区并依托社区资源开展监督管理和教育帮扶活动的总称。社区矫正诞生于英美法系国家，萌芽于 18 世纪后半叶英国关于反对监狱非人道化刑罚的监狱改革理论及实践，诞生于 19 世纪美国的具有保护观察性质的缓判决和英国的累进处遇制度的假释放，成熟于 20 世纪 70 年代英国实行的社区服务刑。

(二) 社区矫正的类型及其含义

根据各国的法律规定和学者理解的不同，社区矫正可分为最狭义、中义、广义和最广义四种类型。

最狭义的社区矫正，即社区刑罚的行刑与矫正活动，其目的是克服监狱监禁与矫正工作的缺陷与不足，而对刑罚种类的全新设计及其法律规定。如美国学者大卫·杜菲认为，社区矫正是刑罚的一种，称为 "社区刑罚"。具体包括社区服务、家庭监禁、复合刑罚 (split sentence)、间歇监禁 (intermittent confinement) 等。我国学者较普遍认为，英国社区矫正属于社区刑罚 (Community Penalties），但又认为此种刑罚是由多个单独的社区矫正令组成，属于多元化的刑种，而非单一的刑种。法院对此多以命令的形式作出决定，以至于形成了多种形式的法院社区矫正令。英国 1972 年《刑事司法法》规定的社区服务刑及执行是最典型代表。

联合国对社区矫正的发展功不可没。20 世纪 50 年代以来，联合国在推动各国扩大非监禁刑和社区矫正的适用、执行方面进行了积极的努力，并制定和颁布了一系列重要文件，极大地促进了世界各国刑罚制度的改革和社区矫正的普及。1955 年在日内瓦举行的第一届联合国预防犯罪和罪犯待遇大会通过，并由经济及社会理事会以 1957 年 7 月 31 日第 633C（ⅩⅩⅣ）号决议和 1977 年 5 月 13 日第 2076（ⅬⅫ）号决议核准了《联合国囚犯待遇最低限度标准规则》《关于开放式监所和矫正机构的建议》。随后，联合国又于 1980 年通过了《监禁替代措施》，1985 年在意大利米兰通过了《减少监禁人数、监外教养办法和罪犯的社会改造》，1985 年在中国北京通过了《联合国少年司法最低限度标准规则》（《北京规则》），1990 年在日本东京通过了《联合国非拘禁措施最低限度标准规则》（《东京规则》），1997 年在津巴布韦卡多玛召开的非洲社区服务裁决的国际会议，通过了《卡多玛社区服务宣言》，1998 年通过了《开展国际合作，以求减少监狱人满为患和促进替代性刑罚》，2000 年欧盟在法国通过了《成员国部长委员会关于改进实施欧洲社区制裁和措施的规则》。上述规则都明确倡导尽可能避免监禁，将监禁作为最后一种迫不得已的手段使用，从而大大地促进了国际社会在刑罚制度中对社区矫正的适用。

社区矫正的发展与解决监狱行刑的弊端和减少监狱人口的需要等因素密切相关。20 世纪末以来，基于新古典学派重刑主义的抬头，监狱人满为患是许多国家共同面临的问题，监狱监禁一方面消耗国家的司法资源，另一方面可能影响囚犯的待遇，不利于保护人权。所以，减少监狱人口、扩大非监禁性刑罚和非监禁措施的适用、扩大社区服务或社区矫正的执行，是各国共同的任务。在联合国有关社区矫正文件的指引与促动下，社区矫正在 20 世纪 20 年代进入"青春"时代，尽管在 80 年代因美国"马丁森炸弹"（即矫正无效）的影响而一度"萎缩"，但进入 21 世纪之后，仍朝气蓬勃，势不可挡。

中义的社区矫正定义，就是非监禁的行刑与矫正活动，其目的是执行非监禁刑罚和通过替代与变更监禁刑罚执行方式来矫正罪犯心理和行为恶习，促进其顺利融入和回归社会。如中国大多数学者认为，社区矫正是指社区矫正组织依法对法院和其他法定机构裁判为非监禁刑及监禁刑替代措施的罪犯在社区中行刑与矫正活动。这就不仅包括了本来就具有"社区刑罚"性质的非监禁刑，如一些国家的社区服务、中国刑法典规定的管制刑，而且也包括了传统监禁性刑罚的变更执行方式，如假释、暂予监外执行，还包括缓刑等附条件不执行监禁刑的刑罚缓执行制度。

广义的社区矫正定义，是指刑事司法全流程的各个环节，对犯罪人采用的各种非监禁措施的执行与矫正活动，其目的是解决未决羁押场所和监禁刑执行机构的弊端与经济压力，并力图避免监狱烙印及使犯罪人能再社会化。如美国学者博姆认为，社区矫正是指在看守所和监狱环境之外监督犯罪人并向他们提供服务的一个矫正领域。如《联合国非拘禁措施最低限度标准规则》（《东京规则》），将社区矫正扩展到刑事司法执行工作的各个阶段、适用于所有受到起诉、审判或执行判决的犯罪嫌疑人、被告人、受刑人等的非拘禁措施及其执行活动。

最广义的社区矫正定义，是指一切对违法犯罪人员尤其是未成年人在社区并依托社区开展的各种教育矫治及制裁、帮扶措施的执行与矫正活动的总称。日本的保护观察和更生保护制度就是采用的最广义的社区矫正理念及其定义，不仅对成年犯罪人适用暂缓判决、暂缓执行和部分缓刑制度和酌定假释、法定假释及其保护观察，而且对刑满释放人员予以更生保护，甚至对未成年人"虞犯"和"非行"也给予保护观察或保护处分。例如我国首任中国犯罪学会会长康树华教授就认为："社区矫正是一种不使罪犯与社会隔离并利用社区资源改造罪犯的方法，是所有在社区环境中管理、教育罪犯方法的总称。"

（三）英美法系和大陆法系的社区矫正概念及区别

社区矫正肇始于英美法系国家的英国和美国，广泛盛行于加拿大、澳大利亚和新西兰，其概念包括社区矫正、非监禁刑、社区刑罚，中间制裁和中间刑罚。在英国，社区矫正是一种刑罚方式和措施，是一种与剥夺自由刑及监狱矫正不同的在社区中开展的替刑措施。在美国，由于实行社区矫正的各州立法不同，社区矫正的概念及其性质亦十分模糊与混乱，美国学者大卫·杜菲在其所著的《美国矫正政策与实践》一书中介绍，由于各州立法尤其是学者对社区矫正的含义界定的主题不同，社区矫正的概念及性质也就各异。在加拿大，社区矫正不是独立的刑罚种类，而是非监禁措施缓刑和监禁刑的监外执行部分的执行方式，更是与监狱矫正方案相配合的一种矫正方式与制度。

大陆法系的国家尽管在 19 世纪末 20 世纪初就普遍采用了缓刑与假释制度，但社区矫正的概念也未在法律上体现出来，仅普遍在理论著述中被称为"社会内处遇措施"或"社区内矫正制度"，其主要内容是缓刑、假释和监狱执行过程中的开放性处遇措施与方法，以及对刑满释放人员的监护与帮助。

大陆法系国家的社区矫正概念与英美法系国家的社区矫正概念的主要区别：一是在大陆法系国家发展起来的缓刑不同于英美国家的"宣告犹豫"制或称"缓宣告"，而是"执行的犹豫"制或称"缓执行"，也就是既宣告其罪又宣告其刑而暂缓其刑的执行。当然，目前已有不少大陆法系国家引进了英美国家的"宣告犹豫"即"缓宣告"，呈现出一定程度的"趋同性"。二是在英美刑法中，缓刑和假释必然附带考验，而在大陆法系的刑法中，缓刑、假释与考验则分开规定，且不必然附带考验。对被裁定为缓刑和假释的犯罪人的考察、监督、指导和援助，由司法机关决定并由社区矫正机构执行，被称为一项独立的社会内处遇措施。这种措施在德国被称为"行为监督"，在日本被称为"保护观察"。三是大陆法系国家的社会内处遇措施的适用对象比英美国家宽泛，不仅包括了对犯罪人的缓刑、假释的适用，而且包括了对刑满释放人员的继续管护与帮助，还包括对实施了严重危害社会的犯罪行为但因刑事责任能力的缺乏（年龄和精神状态）而免除刑事责任追究的行为人的特别管束、医疗与救助。对此类措施的法律性质的认定，较普遍地认同为保安处分。四是英美法系国家普遍都规定了社区服务刑，建立了缓刑和假释的执行机构及社区矫正官，大陆法系除法国建立了刑事执行机构及刑事执行法官外，大部分欠缺专门的机构及专业化的工作人员。日本的保护观察官和保护司制度异常发达。2016 年还通过立法确定了"部分缓刑制度"，朝英美国家的"中间刑罚"制度又大大地迈进了一步。

（四）中国特色的社区矫正的由来与概念变化

中华人民共和国社会治安与刑事司法工作自开展伊始就充分利用了党的三大法宝之一：群众路线。公安、司法机关遵循与群众路线相结合的基本原则和以改造人为宗旨的指导方针，创造性地设立了管制刑、剥夺政治权利刑，有针对性地适用缓刑、假释、暂予监外执行，在改造罪犯和预防重新犯罪方面取得了较好效果。

1979 年我国《刑法》《刑事诉讼法》正式将管制刑规定为最轻的一种主刑，将剥夺政治权利刑规定为附加刑，将缓刑规定为刑罚适用制度，将假释规定为刑罚执行制度，将保外就医、怀孕女犯和丧失生活自理能力的三类罪犯纳入暂予监外执行制度。根据《刑法》《刑事诉讼法》的规定，被判处管制刑和剥夺政治权利刑、被判处三年以下有期徒刑和拘役刑并宣告缓刑、被裁定为假释、被决定或者批准暂予监外执行的五类罪犯，交由公安机关执行。由此公安机关（实际上是派出所）成了管制刑、剥夺政治权利刑和暂予监外执行的刑罚执行机关、对缓刑的考察机关和对假释的监督机关。事实上，我国公安机关对在社会上的五类罪犯始终在开展刑事执行、考察监督和社会帮教工作，只是由于 1979 年《刑法》没有对缓刑犯监督考察内容作出明确的规定，所以，在实践中，如何对缓刑犯进行监督和管理，往往无章可循，流于形式。这在一定程度上影响了对缓刑犯的考察效果，当然也就更没有现代社区矫正理念指导下的犯罪损害修复、教育矫治、心理矫正和更生保护措施了。尽管如此，中国最早负责社区矫正试点工作的司法部基层工作指导司原司长王珏认为："社区矫正简而言之就是把部分罪犯放到社区进行矫正。在中国作为一个法律概念的明确提出，虽然时间不长，但是，把不需要监禁的罪犯放到社会上进行改造和管控的刑罚理念，在我国刑事法律中却是早有体现的。"

1. 2003 年"两高两部"《关于开展社区矫正试点工作的通知》中的社区矫正概念

2003 年，社区矫正开始在北京、上海、天津、江苏、浙江、山东等 6 个省市试点，根据中央司法改革方略和社区矫正试点工作的政策文件规定，将非监禁的五类罪犯（被判处管制犯和剥夺政治权利刑犯、暂予监外执行犯、缓刑犯、假释犯）的刑罚执行、刑事考察和刑事监督工作及其新增加的教育矫治和过渡性帮困工作交由司法行政机关负责（实际上是司法所），司法行政机关由此成为社区矫正的工作主体，公安机关仍然是社区矫正的执法主体。由此，"两高两部"于 2003 年 7 月 10 日联合发布的《关于开展社区矫正试点工作的通知》（本文以下简称"2003 年《通知》"）将社区矫正定义为："社区矫正是与监禁矫正相对的行刑方式，是指将符合社区矫正条件的罪犯置于社区内，由专门的国家机关在相关社会团体和民间组织以及社会志愿者的协助下，在判决、裁定或决定所确定的期限内，矫正其犯罪心理和行为恶习，并促进其顺利回归社会的非监禁刑罚执行活动。"此概念是根据《刑法》《刑事诉讼法》的规定，以及公安机关对五类罪犯的监管执行工作和社区矫正试点工作的要求，同时参考国际范围内狭义社区矫正的定义而确定的最初步的概念，我们将其标定为 2003 年社区矫正概念。该概念规定社区矫正适用的对象是"符合社区矫正条件的罪犯"。强调了社区矫正适用的对象仅限于已决犯，但是没有明确规定五类人及其具体的适用条件，仅用"符合社区矫正条件的罪犯"予以概括。具体什么是"符合社区矫正条件"，则在主文中规定："根据我国现行法律的规定，社区矫正的适用范围主要包括下列 5 种罪犯：1. 被判处管制的。2. 被宣告缓刑的。3. 被暂予监外执行的，具体包括：（1）有严重疾病需要保外就医的；（2）怀孕或者正在哺乳自己婴儿的妇女；（3）生活不能自理，适用暂予监外执行不致危害社会的。4. 被裁定假释的。5. 被剥夺政治权利，并在社会上服刑的。在符合上述条件的情况下，对于罪行轻微、主观恶性不大的未成年犯、老病残犯，以及罪行较轻的初犯、过失犯等，应当作为重点对象，适用上述非监禁措施，实行社区矫正。"笔者认为主文中的规定，非常详细准确，只可惜在概念中没有抽象归纳起来，并由此犯下了定义中的循环逻辑错误，即用"社区矫正"的被定义项去界定概念，定义中不应该重复出现"社区矫正"。

2. 2004 年司法部《司法行政机关社区矫正工作暂行办法》中的社区矫正概念

为了规范司法行政机关实施社区矫正工作，提高对社区矫正对象的教育改造质量，维护社会稳定，司法部于 2004 年 5 月 9 日第七次部长办公室会议通过并印发《司法行政机关社区矫正工作暂行办法》（本文以下简称"2004年《办法》"）（已失效，下同）。2004 年《办法》规定："社区矫正是指将符合社区矫正条件的罪犯置于社区内，由专门的国家机关在相关社会团体和民间组织以及社会志愿者的协助下，矫正其犯罪心理和行为恶习，促进其顺利回归社会的非监狱刑罚执行活动。"此概念比较简约，第一次将社区矫正定性定位为"非监禁刑罚执行活动"，这主要是就司法部开始负责社区矫正实际工作而言的，实际上社区矫正也是一项针对罪犯开展的管理、教育和帮扶工作，是个动态的，而非静态的概念。此概念的不足之处，仍然是重复了 2003年《通知》中的循环逻辑错误。

3. 2005 年 "两高两部"《关于扩大社区矫正试点范围的通知》中的社区
　矫正概念

为了进一步推动社区矫正试点工作的深入开展，2005 年 "两高两部" 研究决定将河北、内蒙古、黑龙江、安徽、湖北、湖南、广东、广西、海南、四川、贵州、重庆等 12 个省（区、市）列为第二批社区矫正试点地区，为此于 2005 年 1 月 20 日又联合发布了《关于扩大社区矫正试点范围的通知》（本文以下简称 "2005 年《通知》"）（已失效，下同）。2005 年《通知》规定："社区矫正工作是将罪犯放在社区内，遵循社会管理规律，运用社会工作方法，整合社会资源和力量对罪犯进行教育改造，使其尽快融入社会，从而降低重新犯罪率，促进社会长期稳定与和谐发展的一种非监禁刑罚执行活动。"该概念克服了 2003 年《通知》和 2004 年《办法》中定义的循环逻辑，第一次将社区矫正提升到社会管理创新和构建和谐社会的高度，第一次将社区矫正概念从 "社区矫正活动" 改变为 "社区矫正工作"，第一次提出社区矫正工作的目标是 "使罪犯尽快融入社会，从而降低重新犯罪率，促进社会长期稳定与社会和谐发展"，第一次提出 "社区矫正试点工作是对完善中国特色的刑罚执行制度的有益探索"。

4. 2009 年 "两高两部"《关于在全国试行社区矫正工作的意见》中的社
　区矫正概念

由于社区矫正试点工作取得了明显成效，达到了预期目标，为了推动社区矫正工作深入发展，经中央政法委批准，"两高两部" 决定从 2009 年起在全国试行社区矫正工作，并于 2009 年 9 月 2 日又联合发布了《关于在全国试行社区矫正工作的意见》（本文以下简称 "2009 年《意见》"）（已失效，下同）。2009 年《意见》规定："社区矫正是非监禁刑罚执行方式，是指将符合法定条件的罪犯置于社区内，由专门的国家机关在相关社会团体、民间组织和社会志愿者的协助下，在判决、裁定或决定确定的期限内，矫正其犯罪心理和行为恶习，促进其顺利回归社会的非监禁刑罚活动。"2009 年《意见》进一步明确了我国社区矫正的性质是 "非监禁刑罚执行方式"，但在一份文件中，又出现了 "非监禁刑罚执行活动"，"非监禁刑罚和非监禁刑罚执行措施" 的定性，反映了其对社区矫正概念的定性与定位还不很确定。

二、《社区矫正法》蕴含着社区矫正概念的内涵与外延

从上述世界范围内社区矫正概念的介绍和中国纷繁复杂的概念争议中，我们发现社区矫正的适用范围和定性定位，是确定社区矫正广狭含义的关键。尽管 2019 年 12 月 28 日我国颁布的《社区矫正法》没有规定社区矫正的性质和社区矫正的概念，但是该法第 1 条在立法目的和宗旨中确定的社区矫正适用范围及其目的属性的调整，为社区矫正的性质和概念的确定铺平了道路。为此，笔者曾根据《社区矫正法》第 1 条的目的和宗旨所揭示的内涵，从社区矫正工作、社区矫正活动和社区矫正制度等三个层面给社区矫正下了定义。所谓"社区矫正工作"，是将罪犯放在社区内，遵循社会管理规律，运用社会工作方法，整合社会资源和力量，对罪犯进行教育改造，使其尽快融入和回归社会，从而降低重新犯罪率，促进社会长期稳定与和谐发展的一种非监禁刑事执行活动。所谓"社区矫正活动"，是指将符合条件的罪犯置于社区内，由专门的国家机关在相关社会团体、民间组织和社会志愿者的协助下，在判决、裁定或决定确定的期限内，矫正其犯罪心理和行为恶习，促进其顺利回归社会的非监禁刑事执行活动。所谓"社区矫正制度"，是指法定机关依法对被判处管制、宣告缓刑、假释和暂予监外执行的罪犯，在社区并依托社区所进行的旨在提高教育矫正质量，促进其顺利融入社会，预防和减少犯罪的监督管理和教育帮扶工作，是一项非监禁的刑事执行活动及其制度。

根据进一步学习《社区矫正法》和规范概念的基本常识，笔者将中国目前社区矫正概念重新定义为：社区矫正是指法定执行机关及其工作人员在社区并依托社区资源和力量，对被判处管制刑、宣告缓刑、裁定假释、决定或批准暂予监外执行的罪犯，予以监督管理和教育帮扶，旨在有针对性地消除可能重新犯罪的因素，帮助其成为守法公民的一项非监禁刑事执行制度。其内涵与外延有如下几个特征：

（一）社区矫正主体是法定执行机关及其工作人员

1. 社区矫正的法定执行机关

社区矫正是在开放的环境中对判处管制刑、宣告缓刑、裁定假释、决定或者批准暂予监外执行的罪犯进行的监督管理和教育帮扶工作，是一项严肃的刑事执行制度，因此必须由法定的国家机关及其工作人员依法履行职责和执行任务。1979 年《刑法》规定了管制刑、剥夺政治权利刑、缓刑、假释；

1979 年《刑事诉讼法》规定了暂予监外执行。根据《刑法》《刑事诉讼法》的规定，管制刑和剥夺政治权利刑由人民法院判决，由公安机关执行；被宣告缓刑的罪犯在缓刑考验期限内，由公安机关交所在单位或者基层组织予以考察；被假释的罪犯，在假释考验期限内，由公安机关予以监督；对于暂予监外执行的罪犯，可以由公安机关委托罪犯原居住地的公安派出所执行。1996 年修正的《刑事诉讼法》和 1997 年修订的《刑法》，仍然维持管制刑、剥夺政治权利刑、缓刑、假释、暂予监外执行由公安机关执行的规定。其中对缓刑犯的监督考察内容作了修改与完善："一是取消了第（一）项中'服从群众监督'中的'群众'两字，以扩大监督主体的范围。二是将第（三）项中'暂时离开居住区域'修改为'离开所居住的市、县'，以使得监管的内容更符合实际情况，便于对缓刑犯的监督考察。三是将'执行机关'修改为'考察机关'，以与缓刑是'附条件不执行原判刑罚'的性质相适应。"2003 年《通知》规定，司法行政机关要牵头组织有关单位和社区基层组织开展社区矫正试点工作，会同公安机关搞好对管刑犯、剥夺政治权利刑犯、缓刑犯和暂予监外执行罪犯的监督考察、教育改造和帮助工作；乡镇、街道司法所要具体承担社区矫正的日常管理工作；公安机关要配合司法行政机关依法加强对五类罪犯的监督考察，对违反监督考察规定，根据具体情况依法采取必要的措施；对重新犯罪的，要及时依法处理。2011 年《刑法修正案（八）》和 2012 年修改的《刑事诉讼法》，第一次明确规定对被判处管制、宣告缓刑、假释和暂予监外执行的罪犯，依法实行社区矫正。将公安机关的监督考察的规定取消，规定由社区矫正机构实行社区矫正，但剥夺政治权利刑仍由公安机关负责执行，对管制刑和缓刑规定了禁止令。2012 年"两高两部"《社区矫正实施办法》明确规定，司法行政机关负责指导管理、组织实施社区矫正工作；人民法院对符合社区矫正适用条件的被告人、罪犯依法作出判决、裁定或者决定；公安机关对违反治安管理规定和重新犯罪的社区矫正人员及时依法处理；人民检察院对社区矫正各执法环节依法实行法律监督。

2019 年《社区矫正法》第 8 条第 1 款规定："国务院司法行政部门主管全国的社区矫正工作。县级以上地方人民政府司法行政部门主管本行政区域内的社区矫正工作。"这就正式从法律层面规定了从中央司法部到省市县三级司法局是社区矫正工作的管理机关。第 9 条规定，"县级以上地方人民政府根据需要设置社区矫正机构，负责社区矫正工作的具体实施"。"司法所根据社区矫正机构的委托，承担社区矫正相关工作。"这就将社区矫正试点工作以来由乡镇、街道司法所负责社区矫正的具体执法主体，上提一级到区县社区矫正机构。区县社区矫正机构与司法所之间形成了委托与被委托的关系。

由于社区矫正是一项综合性很强的工作，且涉及面较广，单靠一个主管部门难以实现社区矫正的目标和任务，需要多个职能部门共同发挥作用。《社区矫正法》第8条第2款规定："人民法院、人民检察院、公安机关和其他有关部门依照各自职责，依法做好社区矫正工作。人民检察院依法对社区矫正工作实行法律监督。"该条第3款规定："地方人民政府根据需要设立社区矫正委员会，负责统筹协调和指导本行政区域内的社区矫正工作。"社区矫正委员会负责统筹协调和指导本行政区域内的社区矫正工作，是《社区矫正法》吸收了社区矫正试点工作中成功经验和做法并上升到立法层面的亮点之一，是中国特色社区矫正的代表性特征。根据法律的规定，社区矫正委员会应在省、市、县、乡镇街道四级人民政府建立，可以由本级人民政府或者有关方面负责人、公检法司、财政、教育、卫生、民政、人力资源和社会保障等部门和人员构成。社区矫正委员会还可以根据需要，邀请工会、共青团、妇联等单位代表，在县、乡镇街道两级还可以邀请村民委员会、居民委员会或者有关社会组织代表、社会工作者等人员参加。社区矫正委员会的"统筹协调和指导"职能：一是加强对社区矫正工作的领导、督促、检查和指导；二是协调、研究解决社区矫正工作中的困难和问题等。

值得强调的是，社区矫正的法定执行机关，现行《刑法》根据社区矫正对象的性质不同，分别规定为不同性质的机关，以示区别。如管制刑规定为刑罚"执行机关"（《刑法》第39条第1款）、缓刑规定为附条件暂缓执行原判刑罚的替刑措施"考察机关"（《刑法》第75条），假释规定为附条件提前释放制度的处遇措施"监督机关"（《刑法》第84条），现行《刑事诉讼法》将暂予监外执行的机关定性并规定为"执行机关"（《刑事诉讼法》第268条第4款）。由于2011年《刑法修正案（八）》根据社区矫正试点工作法治建设的需要，率先规定了对判处管制、宣告缓刑、裁定假释的罪犯，依法实行社区矫正。2012年修正的《刑事诉讼法》对此作出了相应修改，考虑到暂予监外执行的执行方式与管制、缓刑、假释的执行方式相类似，增加了对暂予监外执行的罪犯也实行社区矫正。为此，统一规定为"对被判处管制、宣告缓刑、假释或者暂予监外执行的罪犯，依法实行社区矫正，由社区矫正机构负责执行"（《刑事诉讼法》第 269 条）。《社区矫正法》是根据《刑法》《刑事诉讼法》的规定对社区矫正机构作出的具体规定，其性质涵盖了管制刑和暂予监外执行的刑罚执行，属于典型的非监禁性刑罚执行机关；涵盖了缓刑和假释的所附条件考察监督的替刑措施和处遇措施，属于非监禁非刑罚性刑事执行机关。同时因社区矫正的目的和任务所需，还肩负着监督管理和教育帮扶职能，属于特殊监管矫正机关。所以社区矫正机构是一个综合性的刑事执行机关。

2. 社区矫正的法定工作人员

2003 年试点开始，对社区矫正对象的日常监督管理和教育帮扶工作主要由司法所承担，但现实工作中的大部分司法所只有 1 名至 2 名工作人员，除承担社区矫正工作以外，还要承担人民调解和综治维稳等其他八项职责，无法保证社区矫正工作深入、细致地开展。为此，北京抽调监狱劳教（后改为戒毒）警察参与社区矫正工作，上海则主要采取购买新航社工服务总站社工服务的办法。整体而言，社区矫正工作人员队伍存在的主要问题是：司法行政机关从事社区矫正的公务员数量严重不足；社会工作者专业性不够、整体素质有待提高；社会力量参与程度较低，专业化的社会组织不足，志愿者发挥的作用有限，多数只是挂名或临时性的，难以在社区矫正中发挥作用；社区矫正警察的设置引起很大争议。[1]为此，《社区矫正法》第 10 条规定："社区矫正机构应当配备具有法律等专业知识的专门国家工作人员（以下称社区矫正机构工作人员），履行监督管理、教育帮扶等执法职责。"社区矫正机构工作人员，是指具有法律等专业知识，在社区矫正机构中履行监督管理、教育帮扶等执法职责的专门国家机关工作人员。为了保证社区矫正工作的质量，不断提高社区矫正工作的规范化、专业化水平，《社区矫正法》第 14 条、第 16 条规定，社区矫正机构工作人员应该严格遵守宪法和法律，忠于职守，严守纪律，清正廉洁。国家推进高素质的社区矫正工作队伍建设。社区矫正机构应当加强对社区矫正工作人员的管理、监督、培训和职业保障。社区矫正机构工作人员和其他参与社区矫正工作的人员依法开展社区矫正工作，受法律保护。

---

〔1〕 详见王爱立主编：《〈中华人民共和国社区矫正法〉解读》，中国法制出版社 2020 年版，第 65 页。

（二）社区矫正的依据是宪法、法律和生效的刑事判决、刑事裁定和暂予
　　　监外执行决定

1. 社区矫正的宪法依据

《社区矫正法》第1条规定，"……根据宪法，制定本法"。宪法依据不仅是立法依据，更是执行依据。宪法是国家的根本大法，是万法之母，是一切立法活动的根据。一切法律、行政法规和地方性法规都必须以宪法为依据，遵循宪法的基本原则，不得同宪法相抵触。尤其是在社区矫正监督管理过程中，除了法律明确规定以外，不得擅自增加社区矫正机构及其工作人员的权力和社区矫正对象的义务。遵循《宪法》第二章对"公民的基本权利和义务"的原则规定，包括人格尊严、住宅不受侵犯，通信自由和通信秘密受法律保护，有劳动、休息、受教育等方面的权利。防止违背《宪法》第37条的规定，侵犯社区矫正对象的权利，即任何公民，非经人民检察院批准或者决定或者人民法院决定，并由公安机关执行，不受逮捕；不得非法剥夺或者限制公民的人身自由。保障社区矫正对象行使劳动权、受教育权和获得社会福利救济医疗保险等权利，尤其是《宪法》第41条规定的权利，即公民对于国家机关和国家工作人员，有提出批评和建议的权利；对于公民的申诉、控告或者检举，有关国家机关必须查清事实，负责处理。任何人不得压制和打击报复。

2. 法律法规依据

目前我国有279部法律，近一千部行政法规，按依法治国的原则要求，执法部门对所有的法律法规都必须严格遵守。与社区矫正工作最密切的应该是《刑法》《刑事诉讼法》《监狱法》和刚颁布的《民法典》，但目前最主要、最重要、最直接的法律依据是《社区矫正法》。其次是《治安管理处罚法》及其相关的《行政强制法》《行政处罚法》《行政复议法》《行政诉讼法》[1]。再次是由最高人民法院和最高人民检察院作出的司法解释。司法部和公安部作出的部门规章也是社区矫正工作最直接的法律依据，如2019年司法部《关于加快推进全国"智慧矫正"建设的实施意见》和2020年公安部《公安机关网上追逃工作规定》。

---

〔1〕 全称为《中华人民共和国行政强制法》《中华人民共和国行政处罚法》《中华人民共和国行政复议法》《中华人民共和国行政诉讼法》，以下使用简称，全书下同。

3. 中央层面的规范性文件

规范性文件是指除政府规章外，行政机关及法律、法规授权的具有管理公共事务职能的组织，在法定职权范围内依照法定程序制定并公开发布的针对不特定的多数人和特定事项，涉及或者影响公民、法人或者其他组织权利义务，在本行政区域或其管理范围内具有普遍约束力，在一定时间内相对稳定、能够反复适用的行政措施、决定、命令、办法等行政规范性文件的总称。

由"两高两部"联合发布的文件，有的学者根据《立法法》的规定，认为这种多个刑事司法机关联合发文是司法解释性文件或者是规范性文件，但更多学者主张是政策文件。因为立法法规定，最高人民法院和最高人民检察院有制定司法解释的权力，公安部和司法部有制定部门规章和规范性文件的权力，但二者合起来是何性质，迄今为止没有宪法和立法法的规定。但因联合发布对公检法司四机关都适用，效率高效果好，成了中国目前较普遍采用的改革性、政策性的规范性文件。尽管如此，也必须符合宪法和法律法规精神，必须注意与上位法的关系。同时，也要充分考虑其文件的法律属性及其时效性，尤其是《社区矫正法》颁布之后，对以前的改革性、政策性的规范性文件必须依法清理，通过"废改立"，由政策性社区矫正时代转变为法治化社区矫正新时代。

从2003年《通知》开始起，到2020年6月18日"两高两院"《中华人民共和国社区矫正法实施办法》（以下简称《社区矫正法实施办法》）为止，其间还有2005年《通知》、2009年《意见》、2011年《关于对判处管制、宣告缓刑的犯罪分子适用禁止令有关问题的规定（试行）》、2012年《社区矫正实施办法》、2014年《关于全面推进社区矫正工作的意见》、2016年《关于进一步加强社区矫正工作衔接配合管理的意见》、2016年《关于对因犯罪在大陆受审的台湾居民依法适用缓刑实行社区矫正有关问题的意见》等诸多规范性文件。除此以外，司法部与更多相关的部门联合发布了更有针对性的规范性文件，也是开展社区矫正工作的法律、政策依据。如2012年由财政部、司法部联合出台的《关于进一步加强社区矫正经费保障工作的意见》，2014年"两高两部"、原国家卫生计生委出台的《暂予监外执行规定》，2014年由司法部、中央综治办、教育部、民政部、财政部、人力资源和社会保障部联合发布的《关于组织社会力量参与社区矫正工作的意见》。此外，还有联合发布的有关社区矫正的司法解释性文件，如2019年由"两高两部"、国家安全部联合制定并发布的《关于适用认罪认罚从宽制度的指导意见》。

2019年12月28日全国人大常委会通过并颁布《社区矫正法》以后，由"两高两部"对2012年1月10日印发的《社区矫正实施办法》进行了修改，于2020年6月18日对外发布《社区矫正法实施办法》。制定《社区矫正法实施办法》的总体思路是：一是正确处理与上位法的关系，体现《社区矫正法实施办法》与《社区矫正法》紧密衔接的定位和特点，对于《刑法》《刑事诉讼法》和《社区矫正法》以及相关法律法规已有规定的，《社区矫正法实施办法》尽量避免重复，只进行衔接规定；二是坚持问题导向，对属于"两高两部"职权范围内、有权决定的内容进行全面修订，尽可能细化，解决执行实践中的问题，以适应社区矫正工作的新形势、新要求；三是坚持从实际出发，考虑到我国地域辽阔、各地社会经济发展情况不同，有些条款规定注意留有余地，避免绝对化，为各地制定具体规定和细则预留空间。

4. 地方层面的规范性文件

2003年社区矫正试点工作以来，一些地方根据本省、直辖市、自治区的实际情况，制定了地方性法规、规章和规范性文件。前者如江苏省出台了《江苏省社区矫正工作条例》、浙江省出台了《浙江省社区矫正审前社会调查实施办法（试行）》，后者如北京市制定的《北京市社区矫正实施细则》、上海市制定的《关于贯彻落实〈中华人民共和国社区矫正法实施办法〉的实施细则》等。

《社区矫正法》和《社区矫正法实施办法》出台后，全国各地均在结合当地情况，对原来的地方性规范性文件予以修改与完善。截至2020年10月底，已经出台的有：上海市高级人民法院、市人民检察院、市公安局、市司法局联合发布的《关于贯彻落实〈中华人民共和国社区矫正法实施办法〉的实施细则》；福建省高级人民法院、省人民检察院、公安厅、司法厅联合发布的《福建省贯彻〈中华人民共和国社区矫正法〉实施细则》；湖北省司法厅修改出台的《湖北省社区矫正刑事执行权力清单》等12个文件；河南省高级人民法院、省人民检察院、公安厅、司法厅联合发布的《河南省社区矫正工作细则》、司法厅出台的《河南省社区矫正平台社矫对象日常管理计分办法》；安徽省高级人民法院、省人民检察院、公安厅、司法厅联合发布的《安徽省社区矫正工作实施细则》；山东省高级人民法院、省人民检察院、公安厅、司法厅联合发布的《山东省社区矫正工作实施细则（试行）》等。从目前出台的地方性文件内容来看，福建省的规定比较符合法治规范的要求，同时增加了出境通报备案制度、边境控制措施案地方特色内容；河南省规定得最全面，共 10 章 202 条；湖北省规定的主体和内容争议最大。尽管司法厅出台社区矫正刑事执行权力清单等 12 个文件均未公开，但文件仍然在圈内流传。所有法律法规及规范性文件都应公开透明，是法治的一项基本原则。同时，其中《湖北省社区矫正对象分类管理办法》第 6 条规定："对适用严管的社区矫正对象，主要管理措施如下：（一）每周报到 1 次，书面汇报 1 次；（二）每周接受个别教育 1 次；（三）每月参加学习教育时长不少于 12 小时；（四）有劳动能力的，每月参加公益活动时长不少于 12 小时；（五）依法接受信息化核查和实地查访；（六）离开所居住的市、县，应当报经社区矫正机构批准。"第 8 条规定："对适用普管的社区矫正对象，主要管理措施如下：（一）每两周报到 1 次，书面汇报 1 次；（二）每月接受个别教育 1 次；（三）每月参加学习教育时长不少于 8 小时；（四）有劳动能力的，每月参加公益活动时长不少于 8 小时；（五）依法接受信息化核查和实地查访；（六）离开所居住的市、县，应当报经社区矫正机构批准。"这些规定违反了《社区矫正法》第 3 条和第 24 条"分类管理、个别化矫正"的规定，"分级处遇"没有法律依据，对开展教育和公益活动提出时长要求违背了立法精神，将劳动能力作为参加公益活动的前提条件并规定时长，混淆了公益劳动与社区服务的区别等。为此，有专家学者建议立法机关依法建立地方性法规和规范性文件的备案审查制度，落实违宪责任追究制度。

（三）社区矫正对象是被判处管制、宣告缓刑、裁定假释、决定或者批准暂予监外执行的罪犯

在世界范围内，社区矫正对象最早是假释犯，其次是缓刑犯，从监狱的两端，即出口和入口解决监狱拥挤问题，给长期监禁刑的罪犯提供一个在刑期未满前就能够离开监狱适应社会生活、巩固监狱改造效果的机会，给短期监禁刑的罪犯提供一次避免监狱烙印，自我管理、重新做人的机会。后来扩展到刑事诉讼全过程中的非监禁处遇措施，如未决羁押的转处、审前保释、家庭软禁、电子装置，审查起诉环节的不起诉和附条件缓起诉，审判环节的缓定罪、缓判决、缓执行及部分缓刑执行过程中的开放性处遇、法定假释、附条件提前释放的酌定假释、特赦等，甚至包括针对刑满释放人员的中途之家和更生保护措施。涉及的对象从已决罪犯到未决刑事被告人，从刑事被告

人到犯罪嫌疑人，从犯罪嫌疑人到刑满释放人员，从成年人犯罪行为到少年越轨行为或"虞犯"或"非行"行为，充分显示了社区矫正的魅力。基于中国目前社区建设和社区矫正机构及其工作人员的现状，为了保障社区群众的生命财产安全及考虑其承载能力，现行《刑法》《刑事诉讼法》对社区矫正对象适用范围没有扩展，反而排除了不适合于社区矫正的剥夺政治权利刑，仅限于被判处管制、宣告缓刑、假释、决定或者批准暂予监外执行的四类罪犯，全部是已决犯，不包括未决犯，更不包括刑满释放人员。

在社区矫正立法过程中，不少专家学者和实务部门的同志建议扩大社区矫正的适用范围，"对因家庭暴力等不良行为受到过刑事、民事、行政处罚需要进行社区矫正的人，参照本法执行"；增加规定"法律规定的其他社区矫正对象"，为根据需要适当扩大社区矫正范围留下空间；对不满16周岁不予刑事处罚的未成年人，可以有针对性地实施社区矫正。立法机关没有采纳，并从《社区矫正法》的刑事执行法的法律属性出发，严格按照《刑法》《刑事诉讼法》的规定予以调整，并明确了适用对象及其范围，即"对被判处管制、宣告缓刑、假释或者暂予监外执行的罪犯，依法实行社区矫正。对这四类罪犯之外的其他人员，不能进行社区矫正"。

在立法过程中，不少学者建议将"罪犯""社区矫正对象"修改为"社区矫正对象"。罪犯是已决犯，这已经是约定俗成的常识，1994年《监狱法》予以采纳。但是在监狱工作中，为了避免"罪犯"的符号性烙印性负面作用，更好地体现宽容性人道性的正面作用，开始使用"监狱服刑人员"的称谓，这起到了很好的感化效果和社会效果。但是，社区矫正四类对象中的缓刑犯，属于已决犯，称为罪犯没问题，但称为"服刑人员"则有问题，因为其原判刑罚（3年以下有期徒刑和拘役刑）还未收监执行，社区矫正执行的是其长于或等于原判刑期的考验期及其保护观察性质的所附条件，因此不能称为"服刑人员"或"服刑人"。对此，笔者主张称之为"受矫人员"或"受矫人"。但是，立法机关都未采纳。最后斟酌再三，采用了"社区矫正对象"的称谓，这符合矫正理论的要求，同时也为未来扩大社区矫正对象及其适用范围留下了空间，这也体现了立法者在技术处理上的高超智慧。

还值得注意的是，1990年12月联合国大会第45/110号决议通过的《联合国非拘禁措施最低限度标准规则》（《东京规则》）规定了"罪犯"的概念且是不限于已决犯的特殊称谓。其规定的目的和内容是："本《规则》的有关各项规定应在刑事司法执行工作的各个阶段适用于所有受到起诉、审判或执行判决的人。为了本《规则》的目的，这类人通称为'罪犯'，不论其为嫌疑犯、被告或被判刑者。"

（四）社区矫正的工作场所是"社区"

将"社区"在刑事政策性法律性文件中作出明确规定，这是第一次。在过去高度集中的计划经济社会，国家与社会不分，全国上下实行一元化管理，现代意义上的民主自治、共建共享并同时具备经济生活功能、社会化功能、社会控制功能、社会参与功能和社会福利功能的社区几乎没有。改革开放以来，伴随着市场经济和城市现代化建设的不断发展，社区在各方面的功能和根据社会需要所能提供的资源即供给侧能力逐渐加强，国家社会治理体系及治理能力现代化建设也已被列入国家中长期发展规划。因此，社区矫正逢时而生，尽管因社区建设尚不够成熟，社区矫正试点工作也因此略显"早产"，但因时代所需、社会拥护和司法行政机关的努力，社区矫正工作获得了令世人瞩目的成绩，推动了社区建设的进程。

（五）社区矫正的目的是有针对性地消除可能重新犯罪的因素，帮助社区
　　　矫正对象成为守法公民

2003 年《通知》规定的社区矫正工作目的，就是要"矫正其犯罪心理和行为恶习，并促进其顺利回归社会"。对此项目的，当时有学者提出应当"增加刑罚惩罚功能的内容"，认为社区矫正"把重点放在对罪犯的心理和行为的矫治并提供服务，而忽视对罪犯应有的惩罚和强制性，造成在社区刑罚执行中存在着方向性的偏差"。同时，该学者还建议应以"提供矫正与服务项目"代替"矫正其犯罪心理和行为恶习"，其理由是"矫正其犯罪心理和行为恶习"的表述过于强调犯罪人犯罪的个人因素，忽视了导致犯罪的社会因素，不能涵盖罪犯回归社会的主要需求。社区矫正对象除了假释和剥权人员出狱后回归社会有心理适应问题或者生活中因发生重大变故存在心理压力，需要心理辅导、矫正和疏导外，更多的是需要帮助他们解决生活中遇到的各种困难和问题，若不及时帮困扶助则会重蹈覆辙或者走向自杀绝路，如"三无"人员（即无家、无业、无房）的住宿生存问题、成家立业问题，以及普遍存在的社会歧视和不公正待遇问题，因此建议在社区矫正工作中应"全面考虑犯罪的社会因素和个人因素，对社区矫正对象提供一定的有针对性地矫正项目"，"还需要利用社区资源为社区矫正对象提供一定的服务，创造有利于他

们适应和融入社会的条件"。除此之外，2003 年《通知》还提到了社区矫正更宏观深远的目的，即"提高教育改造质量，最大限度地化消极因素为积极因素，维护社会稳定"，"有利于合理配置行刑资源，使监狱矫正与社区矫正两种行刑方式相辅相成，增强刑罚效能，降低行刑成本"，"有利于探索建设中国特色的社会主义刑罚制度"。

《社区矫正法》第 1 条明确规定了社区矫正的目的是"提高教育矫正质量，促进社区矫正对象顺利融入社会，预防和减少犯罪"。同时，又在第 3 条规定了社区矫正工作的目标，"有针对性地消除社区矫正对象可能重新犯罪的因素，帮助其成为守法公民"。导致罪犯重新犯罪的原因很多，过去我们的研究重点是宏观的社会原因和个人的心理原因，因此强调社会改造与建设，注重对犯罪人的心理矫正。现代犯罪学研究表明，对人的行为起关键致罪作用的是微观的社区环境和个人生活条件，尤其是针对出狱人员而言，其生存和生活是第一位的，解决吃、穿、住、行和工作是最迫切的需要。减少社会歧视和就业困难等，对于预防重新犯罪，能起到立竿见影的作用。因此，不少专家学者建议将"消除社区矫正对象可能重新犯罪的因素"列入社区矫正工作的目标。但是，导致重新犯罪的因素很多，治理犯罪需要全社会实行综合治理，单靠社区矫正机构及其工作人员的力量是绝对不可能达到的目标，于是增加了"有针对性"的限定词。如何理解"有针对性地消除社区矫正对象可能重新犯罪的因素，帮助其成为守法公民"呢？立法机关的解释是："社区矫正工作应该围绕着社区矫正目标展开工作，比如有的社区矫正对象没有劳动能力和收入来源，就存在再实施侵财性犯罪的风险，对此，可以协助其根据国家有关规定申请其具备基本的生存能力，预防其再犯罪。社区矫正对象若有酗酒、药物依赖或者实施家庭暴力犯罪的，则可以考虑通过心理疏导、戒瘾治疗、精神治疗等措施，帮助其戒酒、戒瘾，改变恶习，消除其可能重新犯罪的因素，恢复正常的工作和生活，成为守法公民。"

（六）社区矫正的基本任务是监督管理和教育帮扶

"在社区矫正试点以前，我国在对社区的刑事执行活动中并不包括对罪犯的矫正和教育改造，仅限于对罪犯的监督考察。"主要是公安机关将五类罪犯作为特殊人口管理对象，除节假日和重大活动需要严格监督管理，以防重新犯罪扰乱社会治安等突发事件以外，平常就交给其工作单位和户籍所在地群众组织管理，因此极易脱管漏管甚至重新违法犯罪。为此，2003 年《通知》

在社区矫正定义后，紧接着提出"社区矫正是……在社区中进行有针对性管理、教育和改造的工作"，同时在正文中又明确要求社区矫正机构承担三项任务："1. 按照我国刑法、刑事诉讼法等有关法律、法规和规章的规定，加强对社区矫正对象的管理和监督，确保刑罚的顺利实施。2. 通过多种形式，加强对社区矫正对象的思想教育、法制教育、社会公德教育，矫正其不良心理和行为，使他们悔过自新，弃恶从善，成为守法公民。3. 帮助社区矫正对象解决在就业、生活、法律、心理等方面遇到的困难和问题，以利于他们顺利适应社会生活。"

对于三项任务，笔者曾概括性归纳为"行刑监督、教育改造、帮助救济"或者"行刑与监管、教育与改造、帮助与服务"。尽管时间过去了十余年，但这个观点与研究结论，仍具有现实意义。

《社区矫正法》第2条第2款规定了"对社区矫正对象的监督管理、教育帮扶等活动，适用本法"，被立法者解释为社区矫正工作的两大任务。对社区矫正对象的监督管理主要是五项工作：一是监督社区矫正对象遵守法律、行政法规；二是监督履行判决、裁定、暂予监外执行的决定等法律文书确定的义务；三是履行司法行政部门关于报告、会客、外出、迁居、保外就医等监督管理的规定；四是落实针对社区矫正对象的矫正方案；五是了解掌握社区矫正对象的活动情况和行为表现等。此五项工作属于执法行为，只能由法定的主体社区矫正机构及其工作人员承担。对社区矫正对象的教育帮扶主要有两项工作：一是教育矫正；二是过渡性帮困扶助。具体包括对社区矫正对象开展的系统教育、心理辅导、职业技能培训、就业指导，社会关系改善等教育帮扶活动。此类工作五大方面的力量担当：一是社区矫正机构；二是教育、人力资源社会保障等部门；三是有关人民团体；四是居民委员会、村民委员会；五是企业事业单位、社会组织、志愿者等社会力量。

除上述《社区矫正法》第2条明确规定的监督管理和教育帮扶的两项任务外，还有一个最大的任务就是《社区矫正法》第1条规定的"保障刑事判决、刑事裁定和暂予监外执行决定的正确执行"，即对四类社区矫正对象的刑事执行工作，这才是整个《社区矫正法》规定的最核心的任务及其内容，此项内在本质任务贯穿于整部法律，监督管理和教育帮扶是为其服务的外在形式任务。由于四类社区矫正对象的刑事执行的内容不同，其性质和任务分别表现在：一是对被判决管制刑和决定或者暂予监外执行的罪犯予以刑罚执行，必须强调惩罚与改造的任务与要求；二是对被判处三年以下有期徒刑及其所附条件的非监禁性替刑措施的执行，必须防止采用刑罚执行的方式，突破刑事法律规定的底线，实行惩罚与改造，而是依法予以监督与考察；三是对于被判处长期监禁刑罚和死缓、无期徒刑因符合条件假释出狱的罪犯予以法定的刑事处遇措施的执行，在严格监管的前提下，强调与重视过渡性或者适应性社会帮困扶助，以利于更生康复，重返社会。

（七）社区矫正的方法是在社区并依托社区资源和力量监督管理和教育
　　　帮扶

目的任务决定了方法，反之方法也决定了目的任务是否能够实现。监狱行刑之所以被诟病，就是因为其目的任务与方法存在相悖离的现象，即目的是想通过高墙电网内的惩罚与改造让罪犯重新社会化并顺利回归社会，但严格封闭的管理社会恰恰是实现再社会化的难以克服的障碍。短期监禁刑罚执行的轻刑犯监狱，不仅因时间而短难以改造罪犯，而且易造成交叉感染，进去时是"单面手"，出来时是"多面手"，因而，全世界都深感短期监狱行刑的弊端，并寻找缓刑和罚金等替代措施。长期监禁不仅成本高昂，而且因长时间的监狱体制性惩罚与规训，易导致罪犯的监狱化人格，从而依恋监狱，无法顺利回归日新月异、迅猛发展的正常社会，因此全世界也在寻找累进处遇的假释制度和半开放甚至开放型监狱予以弥补。而社区矫正则是目的与手段、任务与方法相统一，不仅可以保留工作岗位与学习机会，维护家庭形象的完整及和谐，而且有利于缓刑犯修补犯罪所造成的对被害人及社区的损害；假释犯再社会化，消除重新犯罪的各种因素，预防和减少犯罪行为的发生。2003年《通知》中的社区矫正概念，除提到的"社区""在相关社会团体和民间组织以及社会志愿者的协助"和"矫正其犯罪心理和行为恶习"等方法外，其方法更多地体现在正文中要求的"各地要根据社区矫正工作的需要，进一步探索和创新社区矫正工作的具体内容、方式方法、工作流程和工作制度"，"在各级党委、政府的统一领导下"，"各有关部门要积极参与，大力协作"，"要充分发挥基层群众自治组织、社会团体和社会志愿者的作用"，等等。

社区矫正是推进国家治理体系和治理能力现代化的重要制度，是创新社会治理的重要方面，需要充分调动社会力量，帮助社区矫正对象顺利融入社会，成为守法公民。《社区矫正法》为此规定了诸多国家鼓励、支持企业事业单位、社会组织、志愿者等社会力量依法参与社区矫正工作的内容，创造性地在刑事法律中规定了政府购买服务，鼓励发展一批专业化的社区矫正社会工作组织。同时，《社区矫正法》在总结吸收社区矫正试点工作以来，在全国各地充分依靠基层组织和社会力量开展社区矫正工作的经验，第25条规定了"社区矫正机构应当根据社区矫正对象的情况，为其确定矫正小组，负责落实相应的矫正方案"。根据需要，矫正小组可以由司法所、居民委员会、村民委员会的人员，社区矫正对象的监护人、家庭成员，所在单位或者就读学校的人员以及社会工作者、志愿者等组成。社区矫正对象为女性的，矫正小组中应有女性成员。为了保证社会力量参与社区矫正工作的积极性和可持续性，《社区矫正法》第6条规定："各级人民政府应当将社区矫正经费列入本级政府预算。居民委员会、村民委员会和其他社会组织依法协助社区矫正机构开展工作所需的经费应当按照规定列入社区矫正机构本级政府预算。"对此，司法部社区矫正管理局局长姜爱东认为："把矫正小组作为组织动员社会力量参与社区矫正工作的重要抓手，以矫正小组为依托，坚持专精结合，充分利用各种社会资源、动员各种社会力量积极参与到社区矫正工作中来，这既是中国特色社区矫正制度的显著特色，也是新形势下打造共建共治共享社会治理格局的客观需要。"

（八）社区矫正的性质是一项非监禁的刑事执行制度

社区矫正的性质是"行刑方式""非监禁刑罚执行活动"和"非监禁措施"执行。"行刑方式"和"非监禁刑罚执行活动"是在社区矫正定义中前后出现的两个定性。"行刑方式"是指刑罚执行的方式方法，传统意义的行刑方式主要是针对死刑和肉刑的具体执行方式而言的，如死刑执行方式在古代社会，异常残酷且花样繁多，现代文明社会基于死刑的不人道和极其残忍甚至有错不能改的恶弊，普遍主张废除。在没有废除的死刑国家也尽量控制和减少死刑适用的制度及其方法。如我国《刑法》第48条就规定了死刑执行的两种制度：一是死刑立即执行；二是死刑缓期二年执行。关于死刑立即执行的方法，我国《刑事诉讼法》第263条第2款又规定了"死刑采用枪决或者注射等方法执行"。关于死刑缓期二年执行的方法，2011年《刑法修正案（八）》以前仅有普通死刑缓期二年执行这一种执行方式，此后经过数次刑法修正案的增设，现在又有了限制减刑不得少于25年的死缓和职务犯罪判处死刑缓刑二年执行并同时宣告二年后减到无期徒刑时不得再减刑假释的终身监禁的死缓等执行方式。死缓是中国在慎杀、少杀刑事政策指导下的独创制度，本身仍属于在监狱执行的刑罚执行制度及其活动。强调社区矫正是"行刑方式"，主要考虑到社区矫正的四类对象，管制是《刑法》明确规定的刑罚主刑，对其实行的社区矫正，理所当然地属于刑罚执行。但缓刑、假释和暂予监外执行都不是《刑法》规定的刑种，不能没有区分的一律将其认定为刑罚执行。尤其是缓刑执行的是原判刑罚的考验期及其考验条件和义务，《刑法》第76条明确规定，在缓刑考验期限内，没犯新罪、没发现漏罪且未严重违反监管法规要求的，"缓刑考验期满，原判的刑罚就不再执行"。对《刑法》第76条规定的"原判的刑罚就不再执行"的理解学者们出现了差异，如有的学者居然认为，"原判的刑罚就不再执行"，是指由于刑罚已经执行完毕，所以就不必再次执行刑罚。因此，缓刑制度本质上属于刑罚执行制度，缓刑的执行是刑罚执行的一种方式。显然，此种观点是对短期监禁刑替刑制度之一的附条件暂缓原判刑罚执行的缓刑的错误理解。由于缓刑是伴随着原判三年以下有期徒刑和拘役刑而生的替刑制度，在整个缓刑考验期限内始终存在着或因又犯新罪、发现漏罪和严重违反监督管理规定而被依法撤销缓刑收监执行的可能，所以《刑法》将其列入"量刑"一节，属于刑罚适用制度，而非刑罚执行制度，其执行的是附条件的考验期及其考验内容，因此不属于刑罚执行，也不能认定是刑罚执行方式，更不能将中国特有的死缓制度属于刑罚执行方式来类比世界范围内普遍适用的针对短期监禁刑的弊端而设计的替刑制度的非刑罚化、非监禁化的缓刑。同理，将包括缓刑在内的非刑罚措施统称为"非监禁刑罚执行活动"更不可取，一是缓刑连"行刑方式"都不属于，何谈"刑罚执行活动"，更何况前面还有一个定语"非监禁"，这就更容易造成误解与歧义。在"非监禁"和"刑罚执行活动"之间没有加入介词"性"或者"的"，很容易理解为"非监禁刑罚"的执行活动，然后社区矫正的四类对象，除管制刑和剥夺政治权利刑是非监禁刑罚以外，其他都不属于，其依托的主刑都是监禁刑。至于"非监禁的措施"，如果从《联合国非拘禁措施最低限度标准规则》（《东京规则》）来看，无疑是正确的，也是最广义的社区矫正概念，同时也是社区矫正未来的发展方向。但是从我国目前社区矫正工作的适用对象及性质来看，属于狭义的社区矫正，若要定性，就必须使用更接近四类对象不同属性但最接近且皆能包容的属概念，基于此，笔者将其归纳为刑事执行，再更进一步就是非监禁的刑事执行制度及其活动。诚然，我们也要实事求是地承认，基于社区矫正试点工作伊始时的学术研究现状、认识水平及社会治安形势的要求，能够认识到社区矫正的性质是"行刑方式"

"非监禁刑罚执行活动""非监禁的措施",已经是很不容易了。但是,在17年之后且已经颁布了《社区矫正法》的今天,仍然坚持中国目前法定的社区矫正性质是"行刑方式"和"非监禁刑罚执行制度",甚至鼓吹"社区刑罚"则实属不该。

三、研究我国社区矫正概念的意义

由于社区矫正的复杂性和对社区矫正概念认识的差异性,更是由于对中国社区矫正的性质未取得一致性的看法或者没有权威性的法律规定,曾一度有学者建议暂时放弃对社区矫正概念的讨论。如有的学者认为:"对概念的适当讨论是必要的,但没有必要投入太多的时间和精力。在讨论时,需要基于我国和国外社区矫正的现实,明确一些共同遵循的前提条件,否则就失去了对概念进行讨论的实际意义。"这也在一定程度上致使社区矫正概念的定义在《社区矫正法》中缺席。笔者以为在社区矫正试点工作的初期,搁置争议,集中精力探索并总结中国特色社区矫正制度的经验、共识和共性特征,期待未来通过立法给社区矫正定性定位后,明确一个科学的社区矫正概念的定义,是正确的思路。但是,不争议并非不研究,尤其是《社区矫正法》颁布了以后,已经明确地对社区矫正试点工作17年来的成功经验和好的做法取得了一致的共识,实际上已经蕴含着社区矫正的内涵与外延。在此情况下,先从学术层面下一个明确的定义,以便学习研究、统一使用,通过不断的争鸣讨论、修改完善后,为未来《社区矫正法》修改做准备,则十分必要。研究社区矫正概念,具有如下理论与实践及法治建设意义:

（一）有利于社区矫正概念的科学确定

概念是对特征的独特组合而形成的知识单元,通过使用抽象化的方式从一群事物中提取出来的反映其共同特性的思维单位。社区矫正的概念是由社区和矫正两个概念及其实践活动的抽象归纳而成。"社区"是相对于"监狱""看守所"等监禁和羁押场所而言的,"矫正"是相对"行刑""改造"等刑罚执行而言的,但并不局限于刑事责任实现方法之一的刑罚执行,而且还包括了非刑罚方式的执行和传统监禁刑罚执行方法的各种替刑措施的执行。现代矫正学揭示:矫正包括犯罪矫正和违法矫正两大类,其中犯罪矫正制度又包括审前矫正、监狱矫正、社区矫正、亚犯罪人矫正。社区矫正将罪犯通过缓刑和假释等刑罚适用和变更执行等制度和新型的社区刑罚方法放在其居住地监督管理和教育帮扶，充分反映了对作为人的罪犯的权利尤其是自由的尊重，有利于罪犯改过自新重新做人，是监禁刑罚向非刑罚化非监禁化发展的趋势，是人类刑罚文明进步的表现。定义（Definition），原指对事物做出的明确描述。现代定义是对于一种事物的本质特征或一个概念的内涵和外延的确切而简要的说明。任何概念都有内涵与外延，即其含义和适用范围，定义就是对一种事物的本质特征或一个概念的内涵与外延的特征描述。定义是为概念服务的，当我们用语言或文字为某个概念确定了内涵和外延，我们就说这个概念被定义了。一个没有被定义的名词，我们不能称其为概念，也不能靠它来命题和推理。由此可见，我国《社区矫正法》没有给社区矫正下定义，严格地说，社区矫正在逻辑学和法律学层面仅只是一个法律名词，不是一个科学的概念。我们将《社区矫正法》所蕴含的内涵与外延揭示出来，并用语言进行描述，便赋予了社区矫正名词以概念性生命。尽管是非官方的、学术性的，但是忠于《社区矫正法》立法宗旨及其规范内容的，也是《社区矫正法》的立法者所期待的并希望取得共识后纳入修法范围予以法定化。

（二）有利于社区矫正性质的最终确立

关于我国社区矫正的性质，始终是学者争议的话题，也是《社区矫正法》在制定法律时的瓶颈问题。即使《社区矫正法》颁布了以后，一些学者还是坚持社区矫正的性质应是刑罚执行，如有的学者始终认为我国"对缓刑裁决的执行属于刑罚执行范畴"。其论证理由是对于《刑法》第76条"缓刑考验期满，原判的刑罚就不再执行"的正确理解："缓刑考验期满，缓刑犯经受住了考验，原来判处的拘役或三年以下有期徒刑，这样的监禁性刑罚就不再执行了，但是作为监禁性替代措施的缓刑，作为一种非监禁性刑罚措施，却已经执行，而且执行完毕，而不是不再执行。对缓刑犯的监督管理，也属于对人民法院生效的刑事判决或裁定的执行活动，也属于刑罚执行范畴，只不过是对缓刑这一非监禁性刑罚裁决的执行，而不是对拘役或三年以下有期徒刑这种监禁性刑罚裁决的执行。"此种观点的核心是将我国的缓刑和缓刑社区矫正认定为"非监禁刑罚措施"及其"非监禁刑罚裁决"的执行。显然，这种看法与观点是将我国缓刑视为替代原判短期监督刑罚的一种非监禁刑罚，既然缓刑是对"非监禁刑罚裁决的执行"，那么当然就是刑罚执行，社区矫正中的缓刑对象，也就理所当然地成为"社区矫正对象"，对其强调刑罚的报应与惩罚，也就理所当然。关键是，我国的缓刑非常传统和单一，仅只是对原判刑罚附条件的暂缓不执行，而不是现在美欧诸国的多种缓刑形式，尤其是美国实行的先收监执行一段时间再放回社区执行所附考验条件的"震惊缓刑"，实际上是一种"中间刑罚"。即使是学习了美国的"震惊缓刑"的做法的日本，在2013年规定了"部分缓刑制度"，即"宣告三年以下惩役或者禁锢时，可以暂缓执行其部分刑罚"［自平成二十八年（2016年）6月起施行］。该制度规定，犯罪人在接受部分刑罚的执行后，可以对其宣告旨在于一定期间内暂缓执行剩余刑罚的判决。也没有认定为是一种刑罚方法或措施。相反，日本将缓刑的定性定位，始终标定在"根据犯罪的情节认为未必需要现实地执行刑罚时，在一定期间内暂缓刑罚的执行，如果顺利地经过了缓刑期间，则消灭刑罚权的制度"。同时，从我国刑法中罪刑法定原则的基本要求来看，缓刑不在刑罚种类之列，也未在刑罚执行制度一节中规定，仅列入刑罚适用制度一节，其执行的不是原判短期监禁刑罚，也不是替代原判短期监禁刑罚的"非监禁刑措施"或"非监禁刑罚裁决"，而是非监禁、非刑罚的替代措施即附条件的考察期间和接受社区矫正监督管理和教育帮扶的法定义务。若坚持缓刑是刑罚执行，就会因同一种罪过而承担两个刑罚后果，即一旦撤销缓刑收监执行，缓刑不仅承受了非监禁刑罚措施的惩罚，而且还要接受原判三年以下有期徒刑和拘役的监禁刑罚的制裁，这显然违背了逻辑学上的同一律，刑法学上的一罪不二罚原则，更违背了罪刑法定和罪刑相适应原则。前文已叙述过，早在1997年修改《刑法》时，对缓刑的执行"将'执行机关'修改为'考察机关'，以与缓刑是'附条件不执行原判刑罚'的性质相适应"。另据我国著名刑法学家陈兴良的研究结论："由于缓刑本身并不是一种独立的刑罚，因而将缓刑的执行视为是行刑方式并不妥当。这个问题直接关系到对我国社区矫正的性质的确定。"笔者认为，我国的社区矫正主要是一种非监禁刑的执行方式，同时也包括缓刑以及假释等非监禁措施的执行方式。在社区矫正立法中，"有的常委会组成人员建议明确社区矫正的性质；有的代表、地方、部门、院校和社会公众提出，草案'正确执行刑罚'的表述不准确，社区矫正的对象有四类，其中主要是缓刑，根据《刑法》规定，缓刑是附条件的不执行刑罚，考验期满原判刑罚就不再执行。宪法和法律委员会经研究，建议采纳上述意见，将'正确执行刑罚'修改为'正确执行刑事判决、刑事裁定和暂予监外执行决'"。既然我国的社区矫正的性质不是刑罚执行，而是对四类对象的刑事判决、刑事裁定和暂予监外执行决定的执行，这其中包括了管制刑的非监禁刑罚的执行、暂予监外执行的刑罚变更执行场所的执行、缓刑替刑措施的执行、假释的累进处遇措施的执行，都是《刑法》《刑事诉讼法》的规定，都是针对已决犯即罪犯的生效刑事判决、刑事裁定和暂予监外执行的执行、缓刑和假释在社区矫正期间仍然头顶上高悬着收监执行原判刑罚和剩余刑罚的可能性、都具有刑事前科（除未成年犯特殊保护之外），因此按照下定义的属加种差方法，最相近的"属"就是刑事执行，那么旗帜鲜明地将社区矫正的性质定位定性为中国特色的非监禁性刑事执行制度，也就理所当然了。这样就不仅有利于对社区矫正的概念予以科学地界定，而且促进了社区矫正性质之谜团的化解。

（三）有利于社区矫正实践的健康发展

理论是实践的总结并转过来为实践服务，理论是决策的依据，理论是实践的指南。由于我国社区矫正试点工作的时间较短，理论研究远远落后于实践的发展，社区矫正的概念及其性质的认识存在诸多方面的差异，可能影响正确决策，甚至在实践上走样。"如有的地方对社区矫正的性质、价值定位的认识存在一定偏差；个别地方存在片面强调从严监管，不必要地限制社区矫正对象正常工作生活，激化矛盾甚至侵犯社区矫正对象合法权益的情况；有的地方在问责的问题上简单化处理，只要社区矫正对象有再犯罪情况，不论实际情况和因果关系，就追究社区矫正工作人员渎职责任等。"出现上述问题，除了我国基层政法部门尤其是社区矫正机构及其工作人员的专业能力有差距外，就是因为我们对我国的社区矫正概念及其性质的定性定位始终研究不深入、认识不确定，将整个社区矫正对象的执行不加区分、区别地笼统性认定为非监禁刑罚执行制度，其实质就是刑罚执行活动，是在社区并利用社区力量开展的社区行刑工作，因此对社区矫正对象的监督管理更重视与强调刑罚的惩罚属性。在社区矫正立法讨论中，不少意见认为，将社区矫正定位为刑罚执行，未能正确理解刑罚理论的一些基本概念和制度，某种程度上反映了理论研究深度不够；用于指导实践，容易出现脱离"罪刑法定原则"的工作偏差，是"画地为牢""法外施刑"等错误做法的思想根源。我们研究社区矫正概念及其性质，有利于司法行政部门的第一线的同志们认识社区矫正四种对象的不同属性，按照《刑法》《刑事诉讼法》的实体性义务规定和程序性要求，依循《社区矫正法》的引领和规范，坚持监督管理与教育帮扶相结合、专门机关与社会力量相结合的基本原则，采取分类管理、区别对待、个别化矫正的方法，借助综合治理平安建设和智慧矫正的平台，有针对性地消除社区矫正对象可能重新犯罪的因素，帮助其成为守法公民，最终实现提高教育矫正质量，促进社区矫正对象顺利融入社会，预防和减少犯罪的目的。对于司法行政机关的领导者而言，可以端正认识、改变理念、放下包袱、轻装上阵，将社区矫正刑罚执行概念性质指导下的方针政策措施，转变到社区矫正刑事执行概念性质指导下的方针政策措施上来；将社区矫正和监狱行刑的刑罚执行一体化的做法，转变到刑事执行一体化的做法上来；将社区矫正中心或中途之家等机构性场所，由集中监管教育改造为主，转变到必要的接矫和解矫和解决无家、无业、无生活来源的"三无"人员问题上来。改变社区监狱的形象，在必要的安全设施保障的前提条件下，尽可能少地干预社区矫正对象的生活与学习，依循社区矫正规律，充分发挥社区矫正小组的作用，由官治、管治、强制、控制，转变为民治、共治、自治、法治。改变司法行政机关单打独斗的局面，充分认识到社区矫正的综合治理性和社会犯罪治理体系的重要地位及其功能，科学制定重新犯罪考核标准和健全责任追究制度，尽责免责、渎职严惩。

（四）有利于社区矫正法治建设的全面推进

《社区矫正法》的颁布实施已经快一年了，在充分肯定《社区矫正法》的里程碑意义和深入宣传与贯彻落实所取得巨大成就的同时，也应关注《社区矫正法》在法治建设和全面推进依法治国进程中存在的问题。首先，从法治建设的科学立法来分析，一个没有在立法中给出社区矫正概念及其定性定位的法，不能称得上是完美的科学立法。我们对社区矫正概念及其性质的探讨，主要是为了抛砖引玉，提醒大家关注并加强对社区矫正概念及其定性定位的研究，以便尽快取得共识，将《社区矫正法》已经蕴含的内涵和外延予以规范化，最后作为法律定义正式纳入《社区矫正法》之中。研究社区矫正概念及其性质在立法方面的最大意义是有利于推动宪法对中国特色社区矫正制度作出有别于监狱刑罚执行工作的规定，以及加快我国刑事执行法的研究进度和推进立法规划。其次，从法治建设的执法角度来看，社区矫正的刑事执行属于国家层面的事权，社区矫正机构建设及其工作人员的编制，以及人财物等经费保障，必须由国库统一支付，而不应仅规定为，"各级人民政府应当将社区矫正经费列入本级政府预算""居民委员会、村民委员会和其他社会组织依法协助社区矫正机构开展工作所需的经费应当按照规定列入社区矫正机构本级政府预算"。这样才能解决目前为止全国绝大部分社区矫正机构及其工作队伍还没有建设到位和达标的问题，以及中西部地区经费保障缺口较大、发达与不发达地区的经费投入使用不均衡等问题。再次，从法治建设核心的司法角度来看，由于立法过程中取消了关于人民法院、人民检察院、公安机关和其他有关部门在社区矫正工作职责中"分工负责、互相配合、互相制约"的规定，故人民法院在决定适用社区矫正的过程中，出现了不遵守审前社会调查评估的要求、不事先核查社区矫正对象的居住地等问题，导致社区矫正机构及其工作人员压力巨大。《监狱法》规定了对司法文书不齐全或者有可能出现错误执行的情况下，可以不予收监的权力，社区矫正机构同样也应有相应的权力。又次，从法治建设的守法视角来看，如果以全民守法的标准来衡量，目前形势不容乐观。社区矫正的概念及其性质不明，专家学者解读《社区矫正法》的调子不统一，导致了在守法过程中的动摇的言行时有发生。所以，加强对社区矫正概念及定性定位的研究，有利于深化学习《社区矫正法》，正确宣传与解读中国特色社区矫正的内涵与外延及法律属性，统一认识与宣传口径，避免误读与歧义的宣传，使学法、懂法、用法、尊法、守法真正落实到位，保障《社区矫正法》能够得到全面、深入、正确的贯彻执行。最后，从法治建设的监督环节来看，社区矫正概念的确立、内涵与外延的揭示、法律性质的明确，有利于法治监督与评估标准的确立。目前，最主要的是对社区矫正决定机关执行法律不到位和有可能出现腐败现象的监督，对各地编办、财政部门没有执行法律导致社区矫正机构"空摆"情况的监督，对司法行政机关不公正追究责任的监督。为了使社区矫正的概念及性质落地生根，建议立法机关对全国各地制定的各种各样的规范性文件，如《社区矫正法实施办法的实施细则》《社区矫正实施细则》《社区矫正工作实施细则》等进行合宪性审查，使其规定符合《社区矫正法》的要求。

社区矫正专门国家工作人员若干问题

颜九红*

2020 年 7 月 1 日正式施行的《社区矫正法》，为我国社区矫正工作的进一步稳健推进提供了坚实的法律基础。我国《社区矫正法》既是对以往社区矫正实践经验的总结提炼，也是对社区矫正工作进入崭新阶段的引领提升。《社区矫正法》第 10 条规定："社区矫正机构应当配备具有法律等专业知识的专门国家工作人员（以下称社区矫正机构工作人员），履行监督管理、教育帮扶等执法职责。"这一规定对社区矫正机构工作人员应属专门国家工作人员提出了明确的要求。需要进一步探讨的是：社区矫正机构专门国家工作人员究竟指哪些人员？这些工作人员的专业性、规范性如何保障？

社区矫正被称为"最人道、最文明、最经济的非监禁性刑事执行制度"。我国社区矫正工作自试点到试行、再到全面推进，乃至《社区矫正法》正式颁行，由点到线，由线到面，由局部探索到全面实践，在维护社会和谐稳定、推进平安中国、法治中国建设、促进司法文明方面，具有里程碑意义。截至 2019 年底，全国累计接收社区矫正对象 478 万人，累计解除矫正对象 411 万人。近几年每年新接收社区矫正对象 50 余万人，2019 年截至 12 月 28 日新接收 57 万人，解除矫正 59 万人，2019 年全年正在列管的有 126 万人。社区矫正人均执行成本仅及监狱矫正成本的 10%，社区矫正对象社区矫正期间再犯率为 0.2%。从 1983 年"严打"开展"从重从快严厉打击严重刑事犯罪"的

---

* 颜九红，女，法学博士，中国民主促进会会员，北京政法职业学院教授，京都律师事务所兼职律师，北京市大兴区政协委员。在教学科研方面勤以耕耘，同时不辍于法律实践，主持、参加国家级、省部级科研课题 20 余个，公开发表学术论文 70 余篇，出版专著 2 部、译著 2 部；在政协和党派工作中积极参政议政、建言献策；以专业服务社会，曾受聘担任最高人民法院诉讼服务中心咨询监督员，以法学专家身份参与社会矛盾化解公益活动，为百姓提供无偿法律服务。荣获中国人民大学"学术新星"、北京市师德先进个人、北京市高校教学名师、北京市先进工作者等荣誉称号。

重刑主义取向到 2003 年开始社区矫正的轻刑主义注入，从"劳改劳教"的封闭式机构矫正到政社契约合作式既重监督管理又重教育帮扶的开放式社区矫正，从国家主义的一元化硬性社会治理到社会多元化主体共同参与的柔性社会治理，我国在一向被忽视的行刑领域开展的社区矫正工作，堪称完善刑罚执行、推进国家治理能力现代化的标杆性制度创新。

对于社区矫正工作取得的卓著成就，一支脚踏实地、孜孜不倦的社区矫正工作队伍，功不可没。由司法行政机关执法工作者为核心、社会工作者为辅助、社会志愿者为补充的"三位一体"的社区矫正工作队伍，为社区矫正工作的有效运行、稳步推进作出了重要贡献。毫无疑问，社区矫正工作队伍之中，执法工作者属于核心力量，他们肩负监督管理、教育帮扶等执法职责，同时肩负组织协调职责，组织社会工作者和社会志愿者形成社区矫正工作合力。

一、社区矫正机构国家工作人员

（一）社区矫正机构

《社区矫正法》在第 8 条至第 10 条对社区矫正工作相关组织架构的构成、职责进行了规定。按照层级，社区矫正工作组织架构可以分为全国、省市、县级，具体为：第一，全国社区矫正工作主管机关，是国务院司法行政部门，具体为司法部社区矫正局。第二，县级社区矫正机构具体承担社区矫正日常工作；未设置县级社区矫正机构的，由上一级社区矫正机构具体承担。第三，省市两级社区矫正机构主要负责监督指导、跨区域执法的组织协调以及与同级社区矫正机关对接的案件办理工作。

按照分工，社区矫正工作相关组织架构可以分为执行、协作、监督、指导四大机关，具体为：第一，社区矫正执行机关，县级以上社区矫正机构。第二，社区矫正协作机关，是人民法院、人民检察院、公安机关和其他有关部门（主要指监狱）。第三，社区矫正法律监督机关，是人民检察院。第四，社区矫正工作统筹协调指导机关，是地方人民政府设立的社区矫正委员会。《社区矫正法》从顶层设计上明确了从中央到地方，从管理机构到日常工作机构的社区矫正组织体系，明文确立了司法行政机关社区矫正机构的法律执行主体地位，从而使县级以上社区矫正机构名正言顺地成为社区矫正执法主体，结束了既往十余年司法行政机关在社区矫正中法律地位的模糊性，为我国社区矫正工作的规范化、法治化奠定了不可或缺的法律基础。《社区矫正法》还按照社区矫正工作基本流程，对公安机关、检察机关、法院、司法行政机关在调查评估、确定执行地、接收、变更、终止等环节的各自职责分别进行了清晰的厘定，为四家机关的分工合作提供了明确的法律指引。

（二）社区矫正机构工作人员

根据《社区矫正法》第 15 条的规定，社区矫正工作队伍由社区矫正机构工作人员和其他参与社区矫正工作的人员组成。其中，社区矫正机构工作人员属于履行监督管理、教育帮扶等执法职责的专门国家工作人员，他们居于社区矫正工作队伍的核心，具有执法者、组织者的角色定位。而其他参与社区矫正工作的人员，则属于协助者，依法协助或有义务协助社区矫正机构做好社区矫正工作，具体包括：社会工作者；村民（居民）委员会；社区矫正对象的监护人、家庭成员；矫正对象所在单位或就读学校；企业事业单位、社会组织、志愿者等社会力量。

经过近二十年的发展，我国已基本建立起一支社区矫正专职国家工作人员队伍。根据司法部的统计数据，截至 2017 年底，全国省、市、县三级专职社区矫正国家工作人员总数为 12 610 人，比 2012 年增加 2887 人。但同期在册社区矫正对象数量为 693 675 人，是 2012 年的 1.23 倍，实践中存在着社区矫正对象数量增长较快，但专职社区矫正国家工作人员配比率一直徘徊在 1.5% 至 1.8% 较低水平的问题。

二、司法所社区矫正国家工作人员

《社区矫正法》第 9 条第 2 款规定，司法所根据社区矫正机构的委托，承担社区矫正相关工作。2020 年 6 月 18 日"两高两部"联合发布的《社区矫正法实施办法》第 10 条与《社区矫正法》的上述规定完全重复，没有予以具体规定。可以说，以上规定没有改变司法所在社区矫正中地位的模糊性。

（一）前《社区矫正法》时期司法所的地位和职责

对这一问题的回答，需要回溯社区矫正在我国的历史沿革。《社区矫正法》颁行以前，司法所承担社区矫正的日常具体工作。当时，司法所在社区矫正中的职责主要有：①入矫宣告；确定矫正小组；制定矫正方案；建立矫正工作档案；②社监督管理和考核奖惩；组织教育学习和公益劳动；开展个别教育和心理辅导。③解矫宣告正。④参加拟适用社区矫正社会调查评估。

可以看出，在前《社区矫正法》时期，经县级司法行政机关授权，司法所从社区矫正开始到结束全程承担社区矫正日常具体工作，既是最基层的社区矫正力量，又是社区矫正工作具体开展的核心。

司法所社区矫正工作人员在承担社区矫正日常具体工作之同时，还受制于责任追究制度，如果因玩忽职守而致使矫正对象脱管失控或者导致矫正对象重新犯罪等，该年度内不得评优、评先、入党、提拔。这意味着，镇街司法所的司法助理员，承担社区矫正主责，压力很大。

近二十余年间，尽管人力、物力、财力匮乏，工作压力大，但司法所工作人员一直是承担社区矫正监督管理、教育帮扶日常工作的生力军。但是，当时法律法规对司法所的定位一直比较模糊。

（二）《社区矫正法》中司法所的地位和职责

《社区矫正法》第9条第2款规定："司法所根据社区矫正机构的委托，承担社区矫正相关工作。"根据此条规定，司法所具有承担社区矫正相关工作的职责，而司法所从事社区矫正工作的根据，则来自社区矫正机构的委托。根据"两高两部"《社区矫正法实施办法》，委托事项有：①为社区矫正对象确定矫正小组。②入矫宣告；③制定矫正方案；④联络走访；⑤执行定期报告；保外就医的社区矫正对象应当每3个月向执行地县级社区矫正机构、受委托的司法所提交病情复查情况。⑥离居审批。外出有正当理由的社区矫正对象申请外出时间在7日内的，经执行地县级社区矫正机构委托，可以由司法所批准。⑦外出期间监督管理。⑧变更执行地初审。⑨定期考核。⑩教育矫正。⑪组织公益活动。⑫提供临时救助。⑬解除矫正宣告。

综上可以看出，司法所尽管是受委托承担社区矫正相关工作，但实际上，从社区矫正对象入矫、日常监督管理、教育帮扶，再到解矫，司法所还是全流程参加，与此前没有原则性区别。《社区矫正法实施办法》对司法所承担的社区矫正工作，规定的是或选制，即"执行地县级社区矫正机构、受委托的司法所应当……"但是由于县级社区矫正机构人员编制有限，实践中，县级社区矫正机构还是需要依赖司法所的力量才能完成繁冗的社区矫正全流程工作。

可以说，依据《社区矫正法》和《社区矫正法实施办法》，司法所的地位和职责，依然是社区矫正日常工作的承担者，至于委托制如何运行，尚需拭目以待。然而，不论司法所社区矫正工作委托制如何具体运作，司法所从事社区矫正工作的司法助理员，具有社区矫正专门国家工作人员的实际地位和职责是不言而喻的，他们属于社区矫正专门国家工作人员。

（三）司法所社区矫正执法力量薄弱

司法所是司法行政系统之根、厉行法治之基。根据司法部发布的数据，截至2019年5月，全国共有40 465个司法所。在维护社会和谐稳定、提供公共法律服务、推进基层法治建设的司法所三大职责中，人民调解工作是首要职责，社区矫正工作是司法所的硬任务。

司法所承担社区矫正工作存在以下问题：社区矫正工作力量严重不足。就全国范围而言，司法所所均政法专项编制人员为1.4人，若加上辅助人员，则司法所每所平均仅3人，编制数量偏少。全国有"一人所"近1.7万个，约占司法所总数的42%。多数"一人所"均位于偏远的深山乡镇，例如，青海省400个司法所中，一人所共有118个。在西部偏远地区，基层人员编制较少。司法所招录时无人报考或补充不到位，形成"越偏远、越没人愿意去"的现象。如西藏自治区694个乡镇（街道办事处）中有607个批准设立司法所，但人员配备参差不齐。拉萨市辖镇街道均已设司法所、已配备工作人员，但87个偏僻乡镇，尚未批准设立司法所。实际运行中还出现"人岗分离"现象，机关借调、其他部门抽调等情况导致司法所在编人员"在编"却"不在岗"。

司法所人财物、权力均有欠缺，严重影响到社区矫正工作的正常开展。为了应对这一问题，四川德阳、绵阳，山东济南，湖北武汉，浙江台州等地方试行社区矫正执法大队（中队）模式。大队下辖多个中队，中队下辖一个或多个司法所。人员日常办公是在各自司法所，如果执行走访调查、集中教育与组织公益劳动等任务，则集合起来以执法中队的名义完成工作。实际上，社区矫正执法大队与县司法局社区矫正科是一套人马、两块牌子。以四川江油为例，社区矫正执法大队办公地点在县司法局矫正股办公室，中队治所一般位于经济较发达、条件较好的司法所，在10个社区矫正执法中队之中，除3个中队负责1个乡镇的社区矫正工作外，有6个中队负责至少5个乡镇的社区矫正工作，还有一个中队负责多达8个乡镇的社区矫正工作，而执法中队成员就是司法所的司法助理员。编制并未增加，执法人员也并未增加，而且，负责多个司法所的社区矫正使得职责和压力都陡然增加。社区矫正执法力量薄弱问题，依然凸显。

（四）司法助理员并未专职从事社区矫正工作

司法所从事社区矫正工作的司法助理员，迄今仍不具有社区矫正工作的专职性。根据 2009 年 11 月 26 日司法部发布的《关于加强司法所规范化建设的意见》，司法所承担的职能主要有九项：①人民调解工作；②社区矫正工作；③法律援助工作；④安置帮教工作；⑤法制宣传教育工作；⑥基层依法治理工作，为乡镇人民政府（街道办事处）依法行政、依法管理提供法律意见和建议；⑦协助基层政府处理社会矛盾纠纷；⑧社会治安综合治理工作；⑨完成上级司法行政机关和乡镇人民政府（街道办事处）交办的维护社会稳定的有关工作。

对社区矫正对象的监督管理、教育帮扶等社区矫正日常工作，仅仅是司法助理员九项职能中的一个。其他八项职能，不论是人民调解的指导管理，法律援助、基层法律服务，刑释解教人员安置帮教，法制宣传，还是为乡镇人民政府提供法律意见和建议，协助调处社会矛盾纠纷，以及社会治安综合治理、维护社会稳定，任何一项工作都是重要的，都需要全力以赴。

社区矫正工作具有规范化、专业化要求，工作内容冗多繁重，要求执法权威性和教育帮扶福利性的二元统一，即使专职从事也已繁重，何况这仅是司法助理员的九项职责之一。在全国范围内，各司法所基本上没有社区矫正专职司法助理员。而且，司法助理员的人员流动性比较高，难以保障社区矫正工作的连续性和稳定性。

三、监狱干警挂职参加社区矫正工作问题

社区矫正自试点开始即存在执法权威性不足的问题。对于社区矫正对象的违规行为，司法所司法助理员采取的批评教育举措，强制力和威慑力都显不足，而且，目前司法所女性工作人员比例较高，面对较多的男性社区矫正对象，应有的监督管理力度比较弱。当社区矫正对象出现脱管、难管、违规情况时，容易出现执法低效现象，不利于体现刑罚执行的严肃性。

为此，不少省、自治区和直辖市在实践中采取借调、抽调监狱干警或者戒毒干警参与社区矫正监督管理的举措来弥补这一不足。

（一）监狱干警挂职参与社区矫正工作

司法部在 2019 年 1 月印发《关于推进刑罚执行一体化建设工作的意见》，对监狱干警挂职参与社区矫正工作进行规范。自此，各省、自治区、直辖市普遍落实监狱警察参与社区矫正工作。

例如，北京市大兴区截至 2019 年 9 月底共抽调监狱人民警察 28 人任矫正干警，每个司法所配备矫正干警 1 人至 2 人。矫正干警与司法社工 65 人、"40、50 人员" 47 人一起，在管社区矫正对象 318 人。又如，2016 年，上海借调戒毒警察 218 人，与司法所公务员 276 人，以及社区矫正社工 635 人，监管在管社区矫正对象 7776 人。至 2019 年底，上海市选派 22 名监狱人民警察，分别到 22 个社区矫正中心参与社区矫正执法。再如，吉林省全省参与社区矫正的监狱、戒毒警察共 116 人，全省县级司法行政机关社区矫正做到了用警全覆盖。

（二）矫务长制

自 2019 年 11 月开始，江苏省南通市探索设立 "矫务长制"：在司法所设矫务长，由借调、抽调的监狱干警或者戒毒干警担任，矫务长与矫务员、矫正小组其他成员、网格员形成 "一长三员" 社区矫正日常管理机制。

例如，江苏南通海门街道司法所，由司法所所长兼任社区矫正执法中队长，4 名监狱或戒毒所干警为矫务长，15 名社工为矫务员，会同 21 名社区民警、30 名网格员、48 名志愿者、125 名社区矫正对象家庭成员，在矫务长组织下开展社区矫正。设立 "矫务长制" 以来，社区矫正执法成效比较明显：社区矫正对象因违反社区矫正相关规定而被警告处分率同比下降 50%，因违法被提请收监率同比下降 80%。

（三）职业稳定性有所缺乏

监狱警察以及戒毒警察，不论是借调、抽调还是挂职，其参与社区矫正工作，对于提高社区矫正工作的权威性、强化社区矫正监管的强制性，毫无疑问具有重要意义。尽管如此，还有以下一些问题需要得到重视：

第一，这一机制法律规定不明。根据《中华人民共和国人民警察法》，监狱人民警察依照有关法律、行政法规的规定履行职权；根据《监狱法》第 5 条规定："监狱的人民警察依法管理监狱、执行刑罚、对罪犯进行教育改造等活动，受法律保护"；第 12 条第 2 款规定："监狱的管理人员是人民警察"。这些规定意味着监狱人民警察具有执法场所的特定性，即在监狱之中履行职权。监狱人民警察在监狱以外的开放社区参加社区矫正执法，目前只有政策依据，也就是中共中央关于 "统一刑罚执行体制" 的战略部署以及司法部 2019 年《关于推进刑罚执行一体化建设工作的意见》，尚无明确的法律规定作为依据。

第二，这一机制具有临时性。不论监狱、戒毒干警属于借调、抽调、挂职，还是矫务长制，短期间确实取得了积极效果，但是，仍然难掩其稳定性、长期性、制度化缺位问题。如果这一临时性安排不能通过法律法规予以确定，则难掩权责不清、管理不顺、升迁障碍等难以克服的问题。

监狱警察和戒毒警察通过借调、抽调或挂职方式参加社区矫正工作，大大弥补了社区矫正应有的强制性、权威性、严肃性，但是社区矫正工作的综合性、复杂性，尤其是社区矫正之强制性和福利性兼具的特质，对社区矫正工作提出了更高的要求。

四、域外社区矫正官职业模式

域外社区矫正官的职业模式，有的是公务员模式，有的是委托制模式。不论是哪一种模式，域外对社区矫正官的专业要求都相对较高。

(一) 公务员模式

以美国为例。美国是世界上最早开展社区矫正的国家，而且近若干年美国社区矫正的人数一直相当可观。截至 2017 年 12 月 31 日，美国监禁人数 (incarcerated population) 为 2 153 600 人，而社区矫正人数为 4 508 900 人。截至 2018 年 12 月 31 日，美国监禁人数为 2 123 100 人，社区矫正人数为 4 399 000 人。社区矫正人数占总矫正人数的比例一直徘徊在 65% 到 70% 之间：2016 年是 68.60%，2017 年是 67.68%，2018 年是 67.45%。美国在社区监督的缓刑犯、假释犯数量多、规模大，社区矫正执法模式相对定型化，社区矫正官的规范化、专职化、专业化及其职业保障也比较成熟，表现如下：

1. 公务员身份

美国社区矫正专门工作者被称为缓刑官 (probation officer)、假释官 (parole officer)，他们一般具有公务员身份 (civil service)。美国联邦或州设矫正局 (department of corrections)，矫正局中的监狱矫正官负责囚犯的刑罚执行，矫正局中的缓刑和假释监督官 (probation and parole supervisors) 则负责对缓刑犯或假释犯的监督和帮助。美国政府的社区矫正管理机构分联邦和州两个层面。在联邦层面，所有从联邦监狱中出来的人员包括假释、缓刑、强制释放等，均归属联邦法院系统。在州层面，社区矫正工作大多由矫正局管理。

2. 准入标准高于警察

美国对缓刑官和假释官的选拔和准入，设定了高于警察的标准，其薪资待遇也高于警察。美国矫正协会对缓刑官和假释官的准入资格提出的标准是：至少需要有学士学位或完成了一个职业发展项目，对此项目的要求是必须包括与缓刑假释工作相关的训练且足以说明其学习程度相当于学士学位。美国缓刑和假释机构还将应聘门槛设定为至少具有刑事执法、社会学、心理学、社会工作专业学士学位，甚至要有相关领域研究生学历或有从事咨询的工作经历。

3. 专业性强，工作任务重

社区矫正官需要同时兼顾矫正对象遵规守法和重新回归社会的双重价值目标，因而其工作任务与警察以及监狱矫正官比较而言都更加复杂，他们必须与矫正对象面对面进行个别化沟通交流，努力促成其个人矫正目标的实现，并与矫正对象社会立足的成败密切相关，因而常常需要作出独立判断和决定。社区矫正官既要负责监督管理犯人保证公众安全从而扮演具有强制力的角色，又要作为治疗师和行动导师帮助犯罪人重建自我从而扮演具有福利性的角色，角色冲突常常不可避免。针对使出欺骗伎俩和表露恶意敌意的矫正对象，社区矫正官还需具备识别和应对的能力，通过适当的方法予以监督管理。不断增加的高风险犯罪人数量，也使社区矫正官的心理压力随之增加。

正因美国缓刑假释的人数多、案件多、工作重、案件即将到期（deadlines）的压力大，加上社区矫正工作具有较高的风险性和较强的专业性，因而社区矫正官承受的案件压力普遍比警察高，其薪酬一般高于监狱警察。有研究表明，在社区矫正工作中，如果上级领导支持力度大，与同事的合作比较顺畅，而且工作职责内容清晰度高、执法预期明确、权力边界清晰、工作规章制度完整，就会大大降低职责模糊值（role ambiguity），从而减轻工作压力。在此情况下，教育背景比较好、社会经验比较丰富的社区矫正官，一般会有较高的工作满意度（job satisfaction）。

4. 横向关系处理能力强

在社区矫正工作中，还必须有效处理好与其他机构及其工作者的关系，例如，社区矫正官需要处理好与警察、检察官、法官等执法者、司法者的工作关系；还需要协调好社会服务范围内各机构的关系，在涉及罪犯的处遇、福利、就业和教育等事务时与诸机构保持密切联系。

（二）委托制模式

在德国、荷兰，社区矫正官采取委托制模式，强调专业性。

1. 德国缓刑帮助者属于政府雇员

德国自 1895 年起确立的缓刑制度，最早源于民间组织，二战后受英国影响成立缓刑帮助机构。初期，德国缓刑帮助对象仅针对少年犯，以扶助生活为主要工作内容。现在缓刑帮助的范围扩至成年人。《德国刑法》第 56d 条规定："缓刑帮助者由法院指定，并对其工作提出要求。"通常，法院会给缓刑帮助者协会致信，委托缓刑帮助者对罪犯实施帮助和监督。缓刑帮助者属于政府雇员，但不具有公务员身份，也不是警察。缓刑帮助者在接受委托以后，开始查阅资料，会见被缓刑人，制订矫正计划，对矫正对象实施帮助、照顾、监督和管理。

在德国，刑罚执行事务归属各州，缓刑帮助官则属于专业人士，他们需要定期向法院报告工作。德国各州缓刑帮助者的工作量都很大。尽管德国各州缓刑帮助模式不尽相同，但缓刑帮助者与州司法部签订聘用合同，州司法部负责统一聘用人员，服务期限一般为 2 年至 5 年，并由州高等法院依辖区案件数量配备缓刑帮助官。

德国柏林州司法部下设 4 个处：司法行政处、行政立法处、刑罚执行处和司法考试处。其中，刑罚执行处分管监狱事务、财政预算和官员培训以及社区矫正三方面的工作。刑罚执行处社会服务部有 150 名缓刑帮助者，其中 128 名专业人士，其他从事文书工作。他们是国家雇员，负责对成年缓刑罪犯的缓刑帮助、犯罪人与被害人之间的和解、被害人咨询帮助等工作，定期向法院报告工作情况。因柏林州地域不大，全州的缓刑帮助者都在刑罚执行处社会服务部，而黑森州则是把缓刑帮助者分派到各个辖区中。与德国其他州一样，柏林州的缓刑帮助者工作量很大，缓刑帮助者与缓刑犯的比例是 1∶90，另外，缓刑帮助者每年还要承担约 250 件被害人、加害人和解案件。由于社区矫正对象的再社会化不仅是法官、检察官或司法部门的任务，更是整个社会的任务，因此缓刑帮助者协会与法院、检察院、监狱、社会局、劳动局、健康局、移民局、医院、房屋出租单位、缓刑帮助促进会、债权基金会、青年局、学校、公共事业处等多个部门，都建立良好的工作关系，形成多方合力。

2. 荷兰

在荷兰，缓刑官归荷兰缓刑局管理，负责任务刑的执行和社区服刑人的监督管理。历史上成立的荷兰缓刑局属于独立的私人组织，但长时期的实践运作使得荷兰缓刑局已发展为具有高度专业性的机构。近三十年间，荷兰缓刑局更加注重缓刑局与司法、执法机关的联系，并尽量满足减少重新犯罪的社会需求。

荷兰缓刑法要求缓刑官必须经过社会工作者的专业培训，从而将刑事法学、犯罪学、精神病学和心理学的丰富理论，注入缓刑服务专业。2004年，荷兰司法部通过委托制（commissioning practice）监督指导缓刑服务工作，缓刑机构仅在受法院、检察机关、监狱局等委托时履职。由于荷兰缓刑机构与法院、检察机关和监狱局密切合作、恪守合约，因此，各合作伙伴对缓刑机构认可度很高。负责缓刑工作的缓刑官均为专业人士，有在高等教育学府的社会个案工作教育背景。缓刑官致力于为犯罪人养成具有正能量的新行为习惯创造条件。缓刑官会努力挖掘可以改变犯罪人行为的动因并提供支持。而司法威慑则是激发改变动因的手段，犯罪人如果不与缓刑局合作，不严格遵守社区劳动令的规定，缓刑局将立即向公共检察官报告，公共检察官则会迅速作出收监执行决定。

2017年，荷兰全境监狱总床位数为13 500个，仅有8400名犯人在监，监舍空置率多达1/3强。荷兰司法部继2013年关闭19座监狱后，2018年又关闭4座监狱。荷兰社区矫正工作专业性强、富有成效，法院更愿意判处非监禁刑，或许这是荷兰监狱监禁人数大幅下降的原因之一。

（三）专业性强的专职社区矫正官是社区矫正良好运行的保证

尽管以上比较法层面的研究口径比较小，但可以看出：第一，社区矫正官专职从事社区矫正工作，工作任务重、工作压力大，相应的薪酬待遇比较高。第二，社区矫正官的专业性比较强，在强制性角色和福利性角色的二元冲突中，社区矫正官通过较强的独立判断能力和协调沟通能力，服务于矫正对象重返社会和社区安全保证的双重目标。第三，由于社区矫正官不仅是缓刑犯或假释犯的监督管理者还是他们的支持者、帮助者，故其在社会上职业声望比较高，他们与警察、检察官、法官等执法人员的合作也高效顺畅。尽管各国在社区矫正官的职业安排上面存在差异，但共同点是：只有顶层设计合理、组织有序、资金充足、工作人员专职专业且富有经验和责任心，才能使社区矫正工作在法治框架下良好运行。

五、社区矫正官的专职化和专业化建设

刑罚执行是刑事法运作中极为重要的一环，决定刑事法治的成败，但长期以来，对刑罚执行的相关研究，在我国刑事理论研究和实践中均未得到应有的重视。党的十八届四中全会通过的《中共中央关于全面推进依法治国若干重大问题的决定》提出"完善刑罚执行制度"和"统一刑罚执行体制"的战略部署，在国家最顶层设计层面为刑罚执行领域的进一步改革，尤其是刑事执行一体化改革，描绘了基本蓝图，提供了根本遵循。

《社区矫正法》第16条规定："国家推进高素质的社区矫正工作队伍建设。社区矫正机构应当加强对社区矫正工作人员的管理、监督、培训和职业保障，不断提高社区矫正工作的规范化、专业化水平。"可以说，《社区矫正法》对社区矫正工作队伍的建设以及社区矫正工作人员的职业保障，提出了明确的要求。对社区矫正国家工作人员提出的专门化、专业化、规范化的要求，有助于社区矫正工作队伍职业特点的规范塑造及其职业保障，应当得到普遍遵循，给予更多关注。只有打造一支具有职业保障、高素质的社区矫正工作队伍，才能提高社区矫正工作的规范化、专业化水平，并进而稳健提升社区矫正工作的质量和实绩。为此，笔者有以下建议：

其一，司法所司法助理员受委托从事社区矫正相关工作，他们属于一线社区矫正官，但他们不具有专职性，而是身兼数职，多重任务叠加，维稳压力大，人民调解工作位列首位，尽管社区矫正工作也属于司法所的硬任务，但有时也不得不居于次位。基于全国多地反映司法所工作力量严重不足的问题，建议增加专司社区矫正工作的政法编制，以充实社区矫正工作力量，落实《社区矫正法》关于社区矫正专门国家工作人员的职业保障规定。

其二，自2018年以来，司法部为落实中共中央"统一刑罚执行体制"的战略部署，积极推动监狱干警到社区矫正基层挂职。实际上，挂职参加基层社区矫正的监狱干警，也属于社区矫正官，与司法助理员兼职从事社区矫正工作不同，监狱干警抽调、借调、挂职到司法所，属于专职从事社区矫正工作，因而其专职性有保障。而且，他们因警察身份而使社区矫正监督管理具有了强制性和威慑力，但是，他们属于抽调、借调、挂职性质，专业身份并不明晰；他们的人事管理归属于监狱，但专职工作又位于监狱以外，升职空间受到限制。这些恐怕都会影响挂职参加社区矫正的监狱干警的职业保障和

工作满意度，不利于其职业前景的稳定性。因此，建议在条件成熟的地方，对社区矫正官的资格准入与薪酬待遇，设定不低于监狱干警的标准，以便增加社区矫正官的工作吸引力，让挂职的监狱干警长期、稳定参与社区矫正工作，并拓宽其因社区矫正工作出色而得到奖励和提拔的机会。

其三，虽然监禁矫正属于封闭的机构性刑罚执行，而社区矫正属于开放的非监禁性刑罚执行，但在基本属性上，社区矫正与监禁矫正一样，同属刑罚执行活动。但是规范这两种类型的刑罚执行活动的法律即《监狱法》和《社区矫正法》，在制度安排上，却缺乏统一性和有机联系性，没有监禁刑与社区矫正的过渡性、衔接性安排，距离"统一刑罚执行体制"的战略目标还有一定距离。建议在未来的立法中，制定统一的《刑罚执行法》，建立矫正官制度，这些矫正官不论是监狱矫正官还是社区矫正官，都具有相同的国家专门矫正人员身份，其中的社区矫正官，可以借鉴其他法域的遴选准入、专业培训、职业保障方式，使得社区矫正官的专门性、专业性和规范性进一步得到提升。

社会力量参与社区矫正修复社会关系的研究

刘晓梅* 颜心茹**

党的十八届四中全会明确提出，"建立健全社会组织参与社会事务、维护公共利益、救助困难群众、帮教特殊人群、预防违法犯罪的机制和制度化渠道"。社会力量参与是社区矫正工作的应有之义和重要保障，社区矫正的预期目的能否实现，很大程度上取决于社会力量的参与。2012 年 3 月 "两高两部" 颁布实施的《社区矫正实施办法》明确规定，社会工作者和志愿者在社区矫正机构组织指导下参与社区矫正工作，有关部门、村（居）委员会、社区矫正人员所在单位、就读学校、家庭成员或者监护人、保证人等协助社区矫正机构开展社区矫正工作。2014 年 9 月，司法部、中央综治办、教育部、民政部、财政部、人力资源和社会保障部联合出台《关于组织社会力量参与社区矫正工作的意见》，明确社会力量参与社区矫正工作的基本方法、实现路径和措施保障。2020 年 7 月实施的《社区矫正法》对 "社会力量" 的主体作出了具体规定，分为社会工作者；基层群众性自治组织：居民委员会和村民委员会；与矫正对象有密切联系的主体，如家庭成员或所在单位或学校、企业事业单位、社会组织、志愿者等。

吴宗宪教授曾对社会力量参与社区矫正的有关理论进行综合论述，"利用社会力量开展社区矫正工作，是社区矫正的本质特征之一"，且界定了 "社会

---

* 刘晓梅，女，天津工业大学法学院刑事法学研究中心主任、教授、硕士研究生导师。兼任国际犯罪学学会常委，亚洲犯罪学学会执行委员，中国犯罪学学会副会长，中国社会学会犯罪社会学专业委员会副会长，中国预防青少年犯罪研究会常务理事，天津市法学会犯罪学分会副会长兼秘书长，天津市应用法学研究会副会长，天津市人大立法咨询专家、天津市人民政府法律智库专家等。主要论著有《传媒与司法》《犯罪学评论》《法律、社会与犯罪——迪尔凯姆法律社会学与犯罪学思想研究》《解读犯罪预防——社会控制、风险与后现代》（译著）等。

** 颜心茹，女，天津工业大学硕士研究生。

力量"的概念，他认为"社区矫正中的社会力量，是指在社区矫正中可以利用的社会人力，组织和设施、技术、资金等的总称。其中，社会人力具有核心的地位"。吴宗宪教授还将社会力量分为：矫正社会工作者、社区矫正志愿者和其他社会力量，其中包括罪犯相关人员、民间组织以及刑释人员。田兴洪教授认为"社区参与性是社区矫正的基本特征之一，缺少了社区参与或者社区参与乏力，社区矫正的宗旨和目的就难以实现"，且通过调查问卷的方式在实际调研过程中发现，民众认为社会力量中，基础群众性自治组织等在社区矫正中应该发挥更大的作用。一些学者基于福利多元化、公民权利、社会排斥、社会工作等理论视角，对实现社区矫正的再社会化、强化社区矫正功能等进行了研究，指出社会工作介入社区矫正的重要性和必要性。本文基于恢复性司法理念，通过梳理我国社会力量参与社区矫正的实践现状，在深入调研社会力量参与社区矫正工作的基础上提出相关对策建议，旨在推进社区矫正工作的开展。

一、《社区矫正法》实施前我国社会力量参与社区矫正的实践

尽管我国出台《社区矫正法》不久，但在 2003 年我国就开始了社区矫正工作的试点，并在 2009 年全面施行。各地依据《社区矫正实施办法》《关于组织社会力量参与社区矫正工作的意见》以及各省份的社区矫正实施细则进行着探索和创新，不同地区有各自不同的实践。下面以北京市、天津市、上海市和浙江省这四个省市的社区矫正实践为例展开分析。

（一）北京市：阳光中途之家

北京市社区矫正工作以司法行政机关为主导，其他多部门组织共同参与，参与人员由司法助理员、监狱干警以及社会工作者组成，不同人员有不同的工作职责，具体工作职责分为监督管理和教育帮扶。2008 年，北京市朝阳区成立了"社区矫正阳光中途之家"，以司法行政力量为主体为社区矫正对象提供心理辅导、技术培训以及学习教育。经过三年的发展，2011 年"中途之家"模式在北京所有区县都建立起来。北京各区阳光中途之家积极探索与其他机构的合作，共同助力社区矫正。例如，北京市朝阳区司法局与司法部预防犯罪研究所、中国政法大学、中央司法警官学院等高校合作，在中途之家建立科研实习基地，相互合作，帮助社区矫正对象重返社会。

（二）天津市：爱恩社区矫正基地

天津市作为首批社区矫正试点城市之一，2008 年建立了全国首个市级社区矫正机构即天津市社区矫正中心。该中心将工作人员派驻到各区县司法局推动社区矫正工作的深入开展。经过十余年的发展，天津市各区司法局向心理咨询机构、社会工作服务等社会组织购买服务，由专业社会组织为社区矫正对象提供心理测评、再犯评估和心理咨询，并承担教育培训、就业帮扶等再社会化工作。天津市静海区、河西区、武清区、西青区司法局与天津爱恩心理咨询有限公司签订了"社区矫正心理矫正服务合同"，公司派心理咨询师到各区社区矫正中心对社区矫正对象开展心理团辅、个案咨询等帮扶活动，效果显著。此外，天津市各区级司法行政机关每年按照相应的比例向社会招募专职社会工作者，对招聘入职的社会工作者进行专职培训，以提高专职社会工作者的专业能力和工作业务水平。

（三）上海市：新航社工服务组织

上海市自社区矫正试点工作开展伊始，成立了上海市新航社工服务总站（民办非企业社会组织）。上海市依托新航社工服务总站培育了一支专业的社会工作者队伍：新航社工。经过十余年的发展，新航社工服务总站的队伍不断壮大，这其中包括了社区矫正的专业社会工作者、志愿者队伍，且这一批团体已经成为上海社区矫正工作非常重要的基础社会力量，也是上海市社区矫正体系中重要的组成部分。与天津市类似，上海市司法行政机关、上海市社会帮教志愿者协会每年与新航总站签订《政府购买服务合同》，以合同的形式明确各自的职责范围和权利义务。新航社工服务总站在全市各区设立工作站，形成全面完整的工作站网络。各个服务站按照合同内容落实社区矫正工作，通过建立就业帮扶基地和职业技能培训基地，为社区矫正对象提供教育、心理咨询以及就业方面的帮扶，促进其回归家庭、重归社会。

（四）浙江省：关心桥驿站

浙江省针对未成年社区矫正对象有比较成熟且值得借鉴的实践探索，浙江关心桥教育公益基金会与基层司法行政机关共同创建了社区矫正专业性社会组织——关心桥驿站，主要为青少年社区矫正对象提供帮教、帮扶服务。"关心桥驿站"的主要工作模式是通过派驻专职的社会工作者，运用社会工作相关理念和经验为未成年人提供个案服务，并以一种和未成年人平等的身份进行交流沟通，通过说服式或包容式的教育方式帮助矫正对象，实行单独心理辅导，提供文化教育等。"关心桥驿站"是浙江省社会力量参与青少年社区矫正的一个缩影，为弥补家庭监护的缺失以及国家在青少年保护机制方面的不足，发挥了正功能。

除此之外，浙江省还有两类社区矫正模式："专业类组织"参与模式和"公益类组织"参与模式。前者由政府与专业社会工作组织签订社区矫正服务合同，由专业社工组织为矫正对象提供心理咨询，在职业规划服务等方面发挥着各自的专业技能。后者是政府将社会公益组织邀请到社区矫正工作中来，并开展各项公益活动，让矫正对象参与其中，引导其实现再社会化。

二、恢复性司法视域下社会力量参与社区矫正

在《社区矫正法》出台之前，我国各地司法行政机关将社区矫正工作的重心放在对社区矫正对象的监督管理和教育帮助等方面，社区矫正工作中忽视了恢复性司法理念的体现，较少涉及对被害人一方造成的人身损害、物质损害或者精神损害进行弥补，以及对被害方与矫正对象之间的关系修复。2020年7月1日，我国第一部《社区矫正法》正式施行，这是我国首次针对社区矫正工作进行专门立法，将实践中很多成熟的经验上升为法律，标志着我国社区矫正工作上升到了一个新的台阶。该法将恢复性司法理念融入立法，将社会力量吸纳为社区矫正工作的主体，这一做法明确了社会力量参与社区矫正工作，对修复社会关系、构建和谐社会具有重要意义。与监狱行刑不同，"社区矫正是一种在社区中进行的活动，特别是犯罪人所在当地社区中进行的活动"，社区矫正对象在其居住的社区内接受监督管理和教育帮扶，其大致生活起居并不受影响，拥有一定的活动自由，社会力量参与社区矫正工作十分必要。一方面，社区矫正对象罪行较轻，大部分是初犯、偶犯和过失犯，人身危险性小，并且有明显的悔改态度，因此社区矫正工作的着力点在于教育、疏导、帮助其重归社会以及修复因犯罪而破坏的社会关系，这一目的的达成并不能只由司法行政机关完成，需要引入专业的社会力量进行补充和辅助。另一方面，由于社区矫正对象在社区内接受监督管理和教育帮扶，无论是矫正对象本人的亲友、社区居民还是社区管理机构等都有可能需要社会力量参与家庭关系和社会关系的修复，促进社区矫正工作的开展。

（一）社区矫正修复社会关系的意义

《社区矫正法》第42条规定："社区矫正机构要根据社区矫正对象的个人

特长，组织其参加公益活动，修复社会关系，培养社会责任感。"从此法条就能看出法律将恢复性司法的理念纳入到了社区矫正中。我国传统的刑事司法理念针对犯罪人所犯罪行主要处以相适应的刑罚，实施监禁，隔离社会。而恢复性司法"旨在使犯罪人为其行为承担责任、做出修复"，主要是修复犯罪行为所造成的损害，包括被害人一方、犯罪人及其家庭单位以及社区邻里关系受到的损害，并以达成和解或恢复信心为目标。传统的刑事司法理念与恢复性司法理念不同，前者重行刑，主张将罪犯关进监狱改造，限制其自由。恢复性司法强调，犯罪不仅是使被害人的合法权益或者公共利益受到侵害，更重要的是犯罪破坏了原来和谐的社会关系。对被害方而言，在其利益或者原有的家庭关系遭到严重的影响时，比较极端的情况是，被害方可能会衍生出复仇的想法，"以眼还眼，以牙还牙"有可能导致陷入报复社会的风险境况。因此，对破裂的家庭关系、邻里关系或其他社会关系进行修复，有利于实现犯罪预防的目标。

2002 年联合国发布《关于在刑事事项中采用恢复性司法方案的基本原则》，首次系统规定了恢复性司法的相关术语，恢复性司法方案以及具体运行，其中对"恢复性程序"与"恢复性结果"做了相应的解释。"恢复性程序"是指被害人与罪犯以及其他受犯罪影响的任何个人或邻里成员，在调解人的调解作用下，共同参与解决因犯罪造成的问题的程序。"恢复性结果"即不论形式如何，通过恢复性程序达成的协议就是恢复性结果。从恢复性司法的程序和结果来看，社区矫正修复社会关系的理念与恢复性司法高度契合。两者都以矫正与重归社会为本位，依托社区和家庭教化罪犯，预防再犯，最终帮助社区矫正对象顺利回归社会。

(二) 社会力量参与社区矫正修复社会关系的理论基础

从上文分析可以看出，社区矫正修复社会关系的方式主要是基于社区环境，通过调解人的调解，使被害人与社区矫正对象以及其他受到犯罪行为影响的群体共同参与，协商解决问题。其特点就是贴近社区生活，与群众紧密联系，如果能够充分利用社会资源，对社区矫正对象、被害人以及其他相关人士进行专业的、有针对性的教育帮扶，修复社会关系，社会力量参与社区矫正的优势就能够最大化地体现出来。

首先，随着我国社会转型进入深水区，各类社会问题层出不穷，国家公权力机关承担着不断上升的社会治理压力，另外，政府职能的革新与转变又不断压缩着公权力可以调动的权力资源，这些都使得政府在处理社会问题时处于超负荷的状态。因此，社会力量的参与能有效缓解司法行政机关社区矫正工作中人力不足的情况，并弥补专业人才短缺的不足，可以协助司法行政机关做好社区矫正工作。

其次，从社会学角度来看，犯罪是由社会组织体的某项机能缺陷导致的，指导社会力量参与社区矫正的执行，就需要回到社会层面来解决机能缺陷的问题。此外，社区矫正很好地贯彻了再社会化的理念，"矫正的任务包括在罪犯和社区之间建立或重新建立牢固的联系，使罪犯归入或重新归入社会生活中去，恢复家庭关系，获得职业的教育"。社会力量参与社区矫正工作修复社会关系，是以一种平等主体的身份与社区矫正对象交流，一般情况下社区矫正对象不会有戒心，也不会感到巨大的压力。通过互动交流与对话咨询，能够使社区矫正对象感受到社会工作者传递的正能量，重拾其回归社会的信心。

再次，从被害人角度来看，社会力量要注重对被害人利益的关照，以及被害人与社区矫正对象的关系修复。社区矫正对象大多犯罪情节较轻或者社会危险性较小，特别是在一些过失犯罪中，社会力量通过和解或者调解能够有效修复被害人与加害方之间的关系。对于某些损害到生命健康法益的犯罪行为，在修复此类社会关系上，社会力量主导社区矫正对象与被害人一方的关系修复，相比之下以司法行政机关为主导，更有优势，由于受到传统刑事司法观念的影响，"一般认为，对于犯罪行为，应当尽可能地通过法庭审判之，并对犯罪人处以判决性惩罚"，所以，被害方往往将希望寄托于司法机关，请求判决罪犯受到应有的刑罚，根本无暇顾及与罪犯及其家属修复遭受严重破坏的社会关系，由此被害方往往显露比较极端的心理并可能永远不会原谅罪犯。若从社会力量出发，将被害方、加害方、双方亲友以及社区代表共聚一堂，彼此以平等的角度出发，共同交流，表达自己的想法，可能会缓解双方的紧张关系。以当事人自愿为主，社会力量的推动为辅，只要能向前迈进一小步，这也是社会力量参与社区矫正修复社会关系的一大步。

最后，对整个社会而言，社区矫正对象最终的归宿还是回归社会，但是能否顺利回归社会，不能仅仅靠社区矫正对象一方的努力，整个社会也要以包容的态度来予以接纳，这是一个双向互动的过程。根据统计，我国有600多部法律对犯罪前科人员有从业限制，这其实是对曾经有犯罪记录者的社会歧视。应通过组织和引导基层性群众自治组织、社会组织、企业、志愿者广泛参与到社区矫正工作中，扩大交往融合，通过媒体的宣传，使大众能够正视社区矫正对象，促使罪犯能够尽快融入社区，回归社会。为了促进社区矫正对象顺利回归社会，相关法律法规也应当与时俱进地修改完善。

（三）社会力量参与社区矫正修复社会关系的工作内容

将恢复性司法理念融入社会力量参与社区矫正修复社会关系的内容中，除了帮助罪犯自身重归社会，恢复其自身的同情心和市民义务感外，还要弥补被害人一方因犯罪行为所遭受的财产、人身和精神损害并抚慰被害方的心情，以及恢复被破坏了的社会秩序。根据社会力量参与社区矫正修复社会关系面对的主体不同，可以将其工作内容具体分为以下几个方面：

第一，社会力量对社区矫正对象的教育帮扶。为实现社区矫正对象的再社会化，社区矫正教育帮扶工作的重点是对其进行有针对性的教育、培训与心理矫治等。这是社会力量参与社区矫正工作的首要任务。需要注意的是，家庭与社区矫正对象关系最密切，它能够给予社区矫正对象很大的帮助。家庭成员关系和睦，经济条件优渥的社区矫正对象往往能够得到更充足的社会资源。相反，家庭成员关系冷漠、经济拮据的社区矫正对象则很难得到来自家庭的关爱，这类罪犯往往还会再犯，矫正的难度较大。所以，社会力量应当针对不同家庭背景的社区矫正对象进行有针对性的教育帮扶，重点对来自问题家庭的社区矫正对象进行帮扶，促进其修复家庭和社会关系。

典型案例一：促成恢复性对话，助力社区矫正对象再社会化

天津市一名已婚男子任某因酒驾被判处缓刑，在被羁押看守所期间，错过了妻子生产，孩子出生后一直由妻子和丈母娘照顾。因为不能得到丈母娘的理解，与妻子陷入"冷战"，并与母亲崔某共同生活。崔某对儿子因酒驾被判刑所导致的"失业"和"家庭不和"，感到心理压力较大。天津爱恩心理咨询有限公司督导师了解相关情况后，对修复任某家庭关系提出指导方案：首先，驻司法所社工促成任某与妻子面对面沟通，任某在得到妻子的理解后，主动到丈母娘家接回妻儿。其次，心理咨询师通过求助者中心疗法，积极倾听崔某的倾诉，降低其不合理认知，充分发掘自身资源，接受现实，放手儿子积极面对生活，促进和谐家庭关系。最后，天津爱恩社区矫正安置帮教基地为任某提供了地铁安检员和金发新材料有限公司两个工作岗位的招聘信息，帮助其顺利回归社会。

第二，社会力量推动社区矫正对象弥补被害方受到的损害，以及修复被害方与加害方的关系。在社会关系修复的过程中，也要注重对被害人及其家庭的关照。一个无辜的家庭可能因为受到犯罪行为的破坏而变得支离破碎，也很容易导致被害人这一方因为得不到相应的救济和帮扶而失去理性，从而走上复仇之路，增加社会风险。我国尚无被害人补偿法，社会力量如被害人家庭所在单位、社会工作者、公益组织等要注重对被害方情感需求的疏导，积极促成对被害人的补偿，包括物质补偿、精神损害赔偿等，希望被害方能够接受社区矫正对象的真诚悔罪道歉，早日走出犯罪被害阴霾，以积极的心态面对生活，原谅社区矫正对象的"一失足成千古恨"。

第三，社会力量辅助构建和谐社区环境。在恢复性司法视域下，社区在社区矫正工作中承担着三类责任：即时责任、中期责任和长期责任。三类责任共同助力社区矫正对象再社会化。由于社区矫正对象在其居住的社区接受监督管理和教育帮扶，生活工作都与社区具有紧密的联系，社区矫正期满也会重归社区，因此，"社区必须做好准备，参与犯罪人和被害人之冲突的解决，支持被害人和犯罪人，以及监督犯罪人"。"恢复性方案还要注重改变邻里或者社区对犯罪人之态度的必要性。"社会力量要在社区中适当开展恢复性司法理念的宣传，可以利用新媒体平台（如微信公众号、微博等）宣传社区矫正的典型案例，让社会大众逐渐去了解并熟知当前的司法理念。只有恢复性司法理念深入人心，公众对社区矫正对象的社会歧视现象才能减少。

（四）社会力量参与社区矫正修复社会关系的主要模式

1. 调解模式

调解模式由被害人、社区矫正对象和一位调解人员参与，分为直接调解和间接调解。直接调解是指被害人与社区矫正对象在调解人员的主持下，两者面对面进行交流沟通，使社区矫正对象能够切实感受自己对被害人造成的痛苦和损失，并意识到自己的错误与弥补被害人痛苦的必要性。间接调解是被害人与社区矫正对象不直接见面，由一位中间人传递消息，方式可以多种多样，中间人旨在促进当事人交流的信息达成一致以修复社会关系。笔者认为，由于该种模式除调解人员外，只有被害人与社区矫正对象参加，没有其他社会力量的参与，就只能体现恢复性司法的理念，并不能表现社会力量所做的贡献。尽管社区矫正对象得到了被害人的原谅，但是社区矫正对象所在的社区并没有参与这个过程，其所在社区是否能够接纳社区矫正对象是不确定的。

2. 家庭小组会议模式

目前，在国外适用频率最高的恢复性司法模式是家庭小组会议。根据新西兰《儿童、未成年人和家庭法》的规定，家庭小组会议实行于 1989 年。初期只适用于未成年犯的争议解决，后期进行推广，不管是成年人犯罪还是未成年人犯罪都能采取该模式。在家庭小组会议模式中，要将被害人、加害人及双方家庭成员召集起来参加会议，由协调员主持，然后由司法机关陈述犯罪事实，由犯罪人供述，并对侦查机关的陈述发表看法，被害人也可以发表自己的观点，主要是围绕着与犯罪有关的问题、情感损害，或者赔偿问题进行陈述。最终，所有与会人员就犯罪与赔偿的问题开展协商，达成一致意见时，会议结束。笔者认为，这一模式主要是针对双方或多方家庭而言的。社区矫正对象只有能够得到被害人方的谅解，彼此消除敌视，社会关系才能得到修复。特别是针对未成年犯的社区矫正，有必要让其家属以及被害方家属共同参与，共同制定社区矫正计划。在家庭小组会议召开前，社会力量要做好会前准备，通过沟通，促成双方积极参与家庭小组会议。家庭小组会议中的关键角色——协调员要严格筛选，要具有刑事和解实务经验、调解技巧、心理技能等，否则家庭小组会议中的协调只会流于形式，不能达到家庭小组会议召开的预期目标。笔者认为，由于中国人的家庭观念比较重，奉行"家丑不外扬"的观念，家庭小组会议模式可能更适合我国当前的社区矫正实践。

3. 圆桌会议模式

圆桌会议模式参与的人员比家庭小组会议模式参与的人更多，不仅包括家庭，各自的亲友、社区成员或者对案件感兴趣的社会成员都能加入进来，共同协商矫正方案。所有成员围成一个圈，首先由社区矫正对象解释案件发生的经过，然后由被害人或其家庭成员讲述自己及其家人因犯罪行为遭受的伤害及其影响，紧接着由圆桌中的每一位成员发表自己想表达的观点，最后由一位调解员进行总结，并针对被害方的要求进行一致的协调。笔者认为，由于此类模式吸纳的参与者过多，因此修复的对象就不仅限于当事人的家庭关系，甚至可以延伸到社区关系或者社会关系。除了被害方及其家庭成员可以发表自己的想法外，社区相关人员也可以针对该社区矫正对象的态度或者想法发表意见，支持或反对意见均可表达出来进行协商。虽然多方参与导致协商一致可能有一定的难度，但是大家各抒己见，主持人以恢复性司法理念为本，致力于修复被害人与加害方的关系，促成各方求同存异，达成和解。

三、《社区矫正法》实施后加强我国社区矫正对象社会关系修复的对策建议

依据《社区矫正法》，社区矫正机构根据需要，组织具有法律、教育、心理、社会工作等专业知识或者实践经验的社会工作者开展社区矫正相关工作。2020 年 7 月 1 日"两高两部"制定出台的《社区矫正法实施办法》提出了社会力量参与社区矫正工作的具体内容。可以开展社区矫正前的调查评估；可以参与矫正小组，负责落实矫正方案；可以受托对社区矫正对象开展教育活动；负责未成年人社区矫正工作；组织社区矫正对象参与公益活动等。

（一）社会力量参与社区矫正的工作定位

《社区矫正法》第 3 条确立了社区矫正工作监督管理与教育帮扶两大核心任务。监督管理强调社区矫正的刑罚执行措施属性，通过外在强制力要求矫正对象遵守报告、会客、外出、迁居、保外就医等监督管理规定，服从社区矫正机构的管理；而教育帮扶旨在利用多种形式，对矫正对象进行法治、道德等教育，激发其内在道德素质和悔罪意识，消除其可能重新犯罪的因素。在实践中要把握好社会力量在参与社区矫正工作中的定位——社会力量辅助司法行政机关开展社区矫正工作。在社会力量参与社区矫正修复社会关系的工作中，司法行政机关要起到主要的导向作用，严格界定社会力量的工作范围，不得将专属于司法行政机关的权力移交给社会力量，要体现执法的专属性与严肃性。

（二）精准帮扶是社会力量参与社区矫正工作的标准

社会力量要根据司法行政机关购买服务的要求，在规定框架下参与辅助社区矫正的工作，第一步应当按照相关标准如犯罪原因将服刑人员进行分类，对不同罪行的矫正对象开展有针对性的特色帮扶。社会力量应该对社区矫正对象进行风险评估，根据风险的不同等级，对其进行分类教育、心理矫治和就业指导等社会适应性帮扶。为不同类型的矫正对象"量身定做"矫正项目，不可千篇一律或者形式化地运用一套矫正方案。因为社区矫正的最终目的在于帮助矫正对象重归社会，矫正工作一定要起到实际效果。

典型案例二：帮助未成年社区矫正对象"绽放新生"

天津市某区三名未成年人因琐事与对方发生冲突，被判处聚众斗殴罪接

受社区矫正。某区社区矫正中心购买天津爱恩心理咨询有限公司的心理矫治服务项目。爱恩心理咨询师利用"打开心墙社区矫正对象风险评估与心理矫正系统"对三人进行测评，通过个案和团辅相结合的方式对其开展教育帮扶。

1. 个案心理矫治

在三位未成年人入矫后，爱恩心理咨询师利用"打开心墙"测评量表对三人的心理健康状况、人格特质、气质类型及再犯风险等方面做出综合评估，针对三人呈现出的不同情况，从个人成长、家庭关系、人际关系、情绪处理方式及未来规划等方面，分别对三人开展了个案心理矫治工作，改变其不合理的认知，帮助其平稳度过矫正期，顺利回归社会。

2. 开启绽放新生成长互助同质性小组

结合入矫初期测评报告显示的个性特质、心理健康程度，综合案件情况、生活环境、成长经历等共同的特质，心理咨询师将三人组成"成长互助同质性小组"，以认知行为治疗模式为理论基础开展小组工作，通过"人生地图"等心理游戏，帮助三位未成年矫正对象提高自控力，增强社会责任感。三名社区矫正对象在同质性小组活动中感受到被充分接纳，修复了情绪、行为、态度和价值观等方面的问题，提升了自信心，增强了人际交往能力，达到了修复、矫正、回归的小组目标。

四、结语

基于恢复性司法理念，指导社会力量参与社区矫正修复社会关系工作，是我国社区矫正工作向前迈进了一大步的标志。社会力量参与社区矫正修复社会关系，不仅有利于社区矫正对象在良好的社区环境中改过自新，重拾自信，也有利于修复因犯罪而遭受破坏的家庭关系和社区关系。由于社区矫正修复社会关系是社区矫正对象与社会双向互动的过程，因此社会力量要借助社区矫正工作的平台，在面对不同的工作对象时，发挥自己的优势，实现社区矫正对象的再社会化。国家司法机关也可以借助社会力量的作用与媒体平台的辐射力量，适时并循序渐进地普及恢复性司法理念，不断提升社区矫正的工作效果。

社区矫正教育帮扶与社会适应的问题研究

王红星*

2020 年 7 月 1 日起正式实施的《社区矫正法》的核心任务是对社区矫正对象实施监督管理、教育帮扶。社区矫正对象过去的犯罪行为使其社会地位被贬低，同时被赋予"罪犯""坏人"等社会角色。不少社区矫正对象经过了一段时期监禁生活，现在进入社区中接受矫正，要融入社会可能会面临很多的困难，如没有经济来源、没有住房、没有责任田、家庭贫困，甚至家庭遭遇重大变故等。当社区矫正对象遇到问题和困难时，可以依法向社区矫正机构求助，社区矫正机构应当通过教育和帮扶，使他们能够适应社会、融入社会，以减轻生活和心理的压力。本文就社区矫正对象的社会适应性教育帮扶问题展开论述，希望通过多渠道、多层次的教育帮扶工作的实施，能够切实帮助社区矫正对象解决实际问题，远离违法犯罪，安居乐业、回归社会、回报社会。

一、当前社区矫正教育帮扶工作中存在的主要问题

（一）社区矫正工作宣传还不够深入，社会对社区矫正对象帮扶工作不理解

国家历来对犯罪持严厉打击的态度，在对社区矫正对象进行教育帮扶工作时，部分群众对此表示不理解，认为该类群体是社会渣滓，重新犯罪的可

---

* 王红星，中国法学会会员，湖北省心理卫生健康协会理事，武汉警官职业学院科研处副主任。长期从事罪犯心理矫治和社区矫正实务教学科研工作。近年来在国内核心期刊发表过相关专业学术论文 20 余篇，在全国心理学、司法实践的实务教学研究领域有较大的影响力。其主编的华中科技大学出版社出版的《犯罪心理学》，被全国司法警官院校作为专门教材广泛采用。2016 年其编著的中国法制出版社出版的《服刑人员心理障碍矫治与实例评析》一书，深受好评，已纳入上海政法学院刑事司法文库典藏。2017 年其参编的《湖北省社区矫正服刑人员集中教育读本》一书，得到了社区矫正工作基层部门的广泛赞誉。

能性相对偏高，政府和企业反而帮助这些人解决就业，而正常的守法公民却得不到这样的帮助。对他们给予了过多人道主义感化和关怀，这与社会群众希望罪犯应受到惩戒的朴素情感相悖。不少群众对社区矫正教育帮扶工作有质疑和反对的声音，尽管司法行政机关在社区矫正的宣传工作上竭尽全力，社会影响力较之以前有了不小的进步，但社会大众对社区矫正对象的排斥现象还是非常严重的，主要表现在普遍持排挤、歧视态度，而非宽容、接纳态度，甚至对社区矫正对象存在有很深的歧视心理。倘若出现社区矫正对象重新犯罪的消息，便会对社区矫正工作作出负面评价。如：X县社区矫正工作人员利用自身社会资源协调民政、人社部门，帮助无业、生活困难的社区矫正对象办理低保和提供就业岗位等，这些最基本的帮扶措施却遭到了部分群众的质疑与反对。据调研，该县部分生活困难的社区矫正对象由于疾病、无业等原因，基本生活得不到保障，缺乏改造的动力，有可能成为社会的不稳定因素。

（二）司法行政机关"单打独斗"，社会力量发挥作用有限

社区矫正工作是罪犯矫正的重要组成部分，必须由党委、政府统一领导；社区矫正工作是一项综合性工作，必须集公、检、法、司各部门之力，不能让司法行政机关"单打独斗"的局面继续发展。社区矫正工作又是一项社会工作，必须有社会多方力量积极参与。司法行政机关、社会力量、社会帮教志愿者等都是教育帮扶工作的主体，但目前因没有形成常态化合力的协作机制，不少地区的社区矫正工作仍处于司法行政机关"单打独斗"的状态；民间社会工作机构和帮教志愿者参与积极度不高、数量有限，帮扶效果难以形成增效。全国部分乡镇、街道司法所还存在"一人所"现象，这对依法开展社区矫正监督管理、教育帮扶工作而言，是难以保证完成任务的。实际开展社区矫正工作的机构多为双重管理的司法所。司法所要承担辖区内安置帮教、人民调解、社区矫正、普法宣传、精准扶贫、社区戒毒等多项工作，往往力量单薄，要实现社区矫正工作正常运行已十分困难，若再去要求其高质量地完成好教育帮扶工作，往往是力不从心的。

（三）社区矫正工作人员业务素质亟待提高

近年来社区矫正对象的数量不断攀升，导致监督管理、教育帮扶的任务越来越繁重，社区矫正工作人员数量不足的问题日益突出，同时开展教育帮扶工作的要求也越来越高。对于社区矫正工作人员来说既要掌握法律专业知

识，懂法规和政策，还要熟悉教育学、心理学等其他学科的专业知识，换言之，社区矫正工作人员应是复合型人才。而目前的状况是，大多数社区矫正工作人员没有受过专业训练，缺少基本的专业知识。当然，要完成好教育帮扶工作，还要受到社区矫正对象的性格、受教育程度、生活环境等多种因素的影响。此外，不少社区矫正对象存在自身发展动力不足，导致无法及时融入社会的问题；部分社区矫正对象家庭贫困，又因自身文化程度较低、缺乏劳动技能，又不愿从事一些低收入或者低层次的工作，在主动融入社会上存在一定难度。如：X县截至2020年3月31日在册社区矫正对象共278人，初中及以下文化人员占比84.89%，文化程度普遍不高。

（四）社区矫正对象就业制度不完善，就业受歧视的矛盾难解决

（1）社区矫正对象身份特殊，又受社区矫正机构的监督管理，在就业方面就面临着更多困难。当前法院往往会判决社区矫正对象回户籍地接受社区矫正，但社区矫正对象在户籍地没有工作或者难以找到工作的情况普遍存在。而社区矫正对象是否有工作对于其自身的矫正、能否正常家庭生活都是非常重要的，而申请外出或者执行地变更往往难以得到批准，在一定程度上加剧了社区矫正对象生活的困难。如：X县截至2020年3月31日在册社区矫正对象共278人，就学2人，就业7人，无业269人，无业人员占总人数96.76%。如：社区矫正对象陈某常年在广东工作，被判决回户籍地执行社区矫正后，在社区矫正期间陈某申请执行地变更却因不符外省的变更执行的申请条件，无法办理手续，导致陈某在社区矫正期间无经济收入，生活陷入困境。

（2）部分企业、单位认为聘用社区矫正对象会对自身名誉造成不良影响。在录用员工之前会要求应聘者出具一份由公安机关开具的"无犯罪记录证明"，无证明者无法被聘用，导致社区矫正对象被拒之门外；部分企业员工对社区矫正对象存在恐惧心理和歧视行为，对社区矫正对象造成了较大的心理压力。如：X县社区矫正对象张某曾经通过投递简历和面试成功竞聘了一家国有企业的岗位，在入岗前公司要提供无犯罪记录证明，由于其无法提供而导致错失了被聘用的机会。

二、现阶段社区矫正教育帮扶工作的具体内容

（一）生活救助

在社区矫正工作实践中，主要由社区矫正机构协调其他单位，帮助符合

条件的社区矫正对象提供最低生活保障或者临时生活救助。我国城市居民最低生活保障（简称"低保"）制度是国家对家庭人均收入低于当地政府公布的最低生活标准的人口给予一定生活资助，以保证该家庭成员基本生活所需的社会保障制度，是城乡困难居民基本生活救助体系的核心组成部分。同时，国家还有临时生活救助（简称"临补"）制度。是对因病、因灾等特殊原因造成生活暂时困难人员给予的一次性、阶段性的生活救助措施，是一种缓解社会矛盾、进行紧急救济的重要社会救助政策。

案例一：社区矫正对象黄某入矫后，社区矫正机构帮助其协调落实了最低生活保障。黄某，男，1988 年出生，高中文化，离异。2017 年 8 月 27 日，因犯故意伤害罪被判处有期徒刑 1 年 8 个月，缓刑 2 年。司法所接收黄某后了解到：黄某犯罪后，妻子与他离婚并抛下一对儿女，对黄某打击很大，造成他生活悲观，意志消沉。司法所工作人员分析其家庭现状，鼓励黄某振作精神、树立信心，作为家庭的顶梁柱，要为家庭其他成员撑起一片天空，务必摒弃悲观厌世的情绪。通过工作人员循序渐进的以情感召、以法服人的帮教措施，黄某对工作人员越来越信任，并能推心置腹地主动与工作人员交流沟通，不再表现出自卑的消极态度。考虑到黄某离异后还有一对儿女与父母生活，经济条件差，司法所积极联系民政部门帮其办理了低保，申请了临时救助 3000 元。司法所工作人员同时鼓励黄某大胆发挥其厨师特长，把压力变动力。看到黄某能吃苦耐劳，表达沟通能力好，司法所积极与某电器有限公司沟通，帮黄某承租两个门面，鼓励黄某创业，将门面改为"兄弟餐馆"。通过司法所及社会各方面真情的关怀、无私的帮助，深深地触动了黄某的灵魂。他在思想汇报中写道：我代表全家由衷感谢司法所的工作人员，给我一家人送来了淳厚的人间温暖。你们的无私奉献，我将永远记在心里，化作激励自己、鞭策自己重新做人的无穷动力。

（二）就业指导

《社区矫正法》对社区矫正对象就业指导作出了高度概括，赋予司法行政机关协调社区矫正对象就业的职责，而没有规定就业指导方面的具体措施。全国各地司法行政机关结合地方的特点，因地制宜采取不同就业指导措施，开展有特色的就业指导工作。目前各地主要采取以下措施对社区矫正对象进行指导。

（1）开展就业技能培训。为使社区矫正对象迅速掌握一定的职业技能，各地司法行政机关普遍为社区矫正对象提供了免费的职业技能培训。从培训内容来看，主要集中在电工、建筑工、汽修工、物业管理、园林绿化、计算机操作、厨师等技能上，这些都是需求量较大的服务性行业，培训后容易就业。而且考虑到社区矫正对象一般文化水平不高的特点，这些培训课程都专注于具体的操作技能，而不涉及过高的专业理论知识，便于为社区矫正对象学习和掌握。在组织形式上，主要采取了委托普通职业培训学校的代培方式，借助其他社会组织的力量，共同完成矫正任务。

（2）提供过渡性就业岗位。在正式就业之前，为有就业愿望、掌握一技之长的社区矫正对象提供过渡性就业岗位，岗位来源于社会内的普通企事业单位。为了使岗位来源稳定，同时便于掌握社区矫正对象在工作中的表现情况和动态，在有意愿的企事业单位内建立过渡性就业基地，加强与这些单位的联系，及时掌握矫正情况。从目前的实践情况来看，这些基地为社区矫正对象提供了较多的临时性就业岗位，在一定程度上缓解了社区矫正对象遇到的经济困难，很有实际意义。

（3）为农村社区矫正对象落实责任田。安排具有农民身份的社区矫正对象在家乡开展农业生产，既解决了其就业问题，也便于就地监督管理，降低了农村社区矫正对象为找工作而盲目流动造成的风险。例如，湖北省仅在2017年上半年就为2451名社区矫正对象落实了责任田。这一举措有力地促进了农村社区矫正对象就业问题的解决。因此，社区矫正对象要根据个人职业发展规划，在接受社区矫正期间一方面可以积极参加职业技能培训，另一方面也可以主动向司法所汇报个人基本情况请求相关帮助。

案例二： 2019年4月份，邓某来到A地司法所办理社区矫正报到手续，工作人员在与其沟通交流中得知，他曾因犯抢劫罪被判处有期徒刑3年，不久前才假释出来。现在父母都在浙江打工，自己孤身一人在家，工作没有着落，生活也没有盼头，只能混日子。听了邓某的叙述，工作人员意识到像他这种情况如若不进行帮扶，极易引发重新犯罪。为了使邓某重新融入社会，司法所决定帮助邓某振奋精神，燃起对生活的希望。在社区矫正期间，司法所工作人员格外关注邓某的思想和生活动态，坚持每月至少两次电话谈心，利用每月集中学习和社区服务的时间对其进行心理疏导，用点滴付出打开邓某的心门。随着与邓某思想交流的深入，工作人员认识到一份稳定的工作是让邓某开启新生活篇章的基础，因此决定帮助邓某谋求一份合适的工作。经过工作人员的多方联系，最终促使了经济开发区的红爱服饰与邓某签订了劳动合同，邓某每月也有了近3000元的固定收入。如今，邓某也逐渐走出了犯罪带来的阴霾，开始以积极阳光的心态迎接生活。司法所在加强对社区矫正人员监督管理的同时，彰显人性化，使他们重新犯罪的可能性降到最低，从而达到让他们尽快回归社会和维护社会稳定的目的。

（三）医疗救助

看病难、看病贵仍然是我国目前面临的重要民生问题。一些有严重疾病的社区矫正对象可能面临身体病痛上的折磨，心理上的高度敏感、经济上的高额医疗负担。在未办理各类社会保障的情况下，当遭遇疾病侵害时，社区矫正对象可以依靠医疗救助政策得到帮助。

医疗救助是政府和社会对因病而无经济能力进行治疗或因支付数额庞大的医疗费用而陷入困境的经济困难人员进行帮助的救助措施。医疗救助的对象：一是城市居民最低生活保障对象；二是经县（市、区）民政部门审批并发给《农村五保供养证》的农村五保户（包括在各类福利机构集中供养的农村五保户）；三是经县（市、区）民政部门审批确认并发给《农村特困户救助证》的农村特困户；四是经县（市、区）人民政府批准的其他需要特殊救助的对象。

申请大病救助的条件：一是城乡低保对象；二是农村五保对象、城市三无人员；三是政府供养的孤残儿童；四是因患病造成实际用于日常基本生活消费支出低于当地最低生活保障标准的贫困家庭；五是以上救助对象需要具有本地户口，参加城镇（职工、居民）医保或者新型农村合作医疗，并在指定医疗机构就治，且经过医疗保险报销的。如：某司法局与社区卫生服务中心联合为辖区内困难的社区矫正对象、刑满释放人员等创立了"七免十九减"的医疗救助绿色通道。"七免"即免收普通挂号费、普通门诊诊查费、住院诊查费、院内会诊费、肌肉注射费、一般物理降温费、普通床位费。"十九减"即血常规、尿常规、便常规、心电、B超、胸透、X光片、肝功、两对半、血糖、血脂、肾功、甲功、血沉、抗"0"、类风湿因子、心肌酶、凝血4项、血离子检查费用减免 20%。辖区生活困难的社区矫正对象、刑满释放人员和在押人员得知这个优惠政策，非常高兴，他们表示：一定好好服刑，重新做人，自立自强，回报社会。

（四）法律援助

法律援助制度是指由政府设立的法律援助机构组织法律援助人员，为经济困难或特殊案件的人提供无偿法律服务的一项法律保障制度。法律援助工作是以法治、平等、公正为基本价值取向的一项社会公益事业。法律援助工作，对于解决社会矛盾、促进司法公正、维护社会和谐具有重大的意义，发挥着不可替代的作用。负责组织、指导、协调、监督及实施本地区法律援助工作的机构统称"法律援助中心"。律师事务所、公证处、基层法律服务机构在本地区法律援助中心的统一协调下，实施法律援助。其他团体、组织、学校开展的法律援助活动，由所在地法律援助中心指导和监督。因此，社区矫正对象在日常生活中需要法律援助可如实向司法所报告，在社区矫正工作人员的指导下接受法律援助服务。

案例三：A 区司法所对一名社区矫正对象伸出了法律援助之手，受到了当地人民群众的广泛赞誉。社区矫正对象王某早年因车祸丧失生育能力，遭受丈夫长期嫌弃和暴力。因不堪忍受，王某一时冲动向家里的饮水机投毒，试图毒死丈夫，然后自杀，摆脱丈夫给她带来的厄运。由于发现及时，避免了严重后果。2016 年 11 月 12 日，法院综合案情，以故意杀人罪判处王某有期徒刑 3 年缓刑 4 年。在社区矫正期间，王某被丈夫起诉离婚，无奈之下的王某孤身返回娘家暂住。因娘家父母年事已高，又无经济来源，家庭条件十分困难。想到自己曾经的不幸，王某一度情绪低落，对生活心灰意冷。司法所了解到情况后，一方面加强教育疏导，鼓励她勇敢面对困难，正视错误并改过自新，重塑生活信心；另一方面联系当地村委会，协调相关部门帮助王某申请救助，解决其燃眉之急。同时坚持"应援尽援，应援优援"，指派法律服务所为其提供法律援助，全力追索夫妻共同财产，维护王某的合法权益，切实让王某沐浴到了法律援助的阳光雨露，对她的改造产生了积极影响。王某表示一定要卸下心理包袱，安心改造，好好生活，做个守法的好公民。

三、关于完善社区矫正教育帮扶工作的对策措施

（一）及时制定行之有效的教育帮扶方案

在对社区矫正对象进行认真摸排、细致调查的基础上，根据社区矫正对象的个性特点，在制定矫正方案时进行心理研究，找出认知偏差，采取循序渐进，逐步深入的交流方法，进行社区矫正对象心理、行为测评，为有效制定矫正预案准备详实资料；在走访社区、了解矫正对象近邻和生活状态后，为制定个别化矫正方案打好基础，通过对社区矫正对象的社会阅历、情感经历和知识结构等进行分析，准确掌握社区矫正对象的社会适应能力，对形成具体的社区矫正方案提供可行的参考意见。

（二）组织开展免费职业技能培训

探索创新、用心帮扶，为促使矫正对象"矫得正、帮得上、扶得好"，消除社区矫正对象可能重新犯罪的因素，帮助他们成为守法公民，要积极探索创建一批社区矫正对象教育培训基地和公益劳动基地，举办社区矫正对象创业培训班、职业技能培训班，为社区矫正对象免费提供中药材种植、家禽（水产）养殖、水果种植、服装缝纫、烹调、家电、汽车美容技术等技能培训，提高社区矫正对象生存能力，解决社区矫正对象就业、生活问题，充分利用好阳光之家就业培训基地这个教育帮扶中心，为社区矫正对象提供就业保障，帮助社区矫正对象实现就业，让他们通过自己的劳动，重新回归社会，融入正常社会，有效地预防和减少重新违法犯罪，促进社会和谐稳定，帮扶社区矫正对象走上脱贫致富和新生道路。

（三）适时整合社会力量开展教育帮扶

以市（县）成立社区矫正委员会，作为协调议事机构为契机，司法行政机关组织开展教育帮扶，整合共青团、妇联、工会等各部门的资源优势，鼓励社会力量参与社区矫正工作，取得社会上多方面的理解和支持。抓好《社区矫正法》的学习宣传，在工作中加大宣传力度，不仅让社区矫正对象及其家属正确认识社区矫正，理解社区矫正的作用和意义，同时也要使得整个社会都了解社区矫正，从而为顺利开展矫正工作，帮助社区矫正对象成功改造创造一个良好的社会氛围。

（四）建立一支专业的教育帮扶队伍

根据《社区矫正法》的规定，县级社区矫正机构负责辖区社区矫正工作，

司法所根据社区矫正机构委托承担相关工作。配备专业的社会工作人员可负责日常业务中的教育帮扶工作，使社区矫正工作的顺利开展有可靠的专业力量支撑。同时壮大社区矫正志愿者队伍力量，充分利用社会力量和社会资源，加强对社区矫正对象的教育矫正工作。建立以社区矫正志愿者队伍为主的社会力量参与社区矫正的工作机制，深入挖掘社会志愿者资源，作为专业矫正力量的补充。建立社区矫正帮扶工作小组，司法所、村（居）委会、社区矫正对象家属、志愿者参加工作小组，分工负责，各司其职。

（五）依托资源条件创新教育帮扶内容和形式

各级社区矫正机构、司法所根据社区矫正对象不同的个性特征，对症下药，创新帮扶模式，进行经常性个别教育，同时积极开展集中教育矫正，定期组织社区矫正对象参加学习和公益活动，经常性开展爱国主义教育、公益劳动、慈善捐赠等活动，积极开展对社区对象的管理、关爱、帮扶活动。通过日常个别谈话和集体学习促进社区矫正对象的法律法规知悉水平及社会认知程度的提高，向其讲明社区矫正的目的和意义，矫正其成为守法的公民。

（六）特别注重未成年社区矫正对象教育帮扶工作

根据未成年社区矫正对象的心理特点、犯罪原因，采取教育、感化、挽救的教育帮扶措施，注重对未成年社区矫正对象进行心理方面的矫正工作，开展心理疏导与调适，使其树立正确的世界观、人生观和价值观，尊重他们的自尊心，培养他们的自信心，协调有关部门为其解决就学、复学等方面的困难，创建未成年教育矫正培训基地，专门为未成年社区矫正对象举办心理、法治、技能培训教育，使未成年社区矫正对象改邪归正、重新做人，教育帮扶其融入正常社会。

（七）依法通过购买服务开展教育帮扶工作

根据《社区矫正法》第40条第1款"社区矫正机构可以通过公开择优购买社区矫正社会工作服务或其他社会服务，为社区矫正对象在教育、心理辅导、职业技能培训、社会关系改善等方面提供必要的帮扶"的规定，各级社区矫正机构在推进依法矫正、改造育人上要想办法、下功夫，购买教育帮扶服务项目，通过举办讲座、团体辅导、心理评估和矫治教育等服务方式，由具有资质的国家职业指导师、国家创业培训师、国家电子商务师、心理咨询师、教师、律师、医师等师资力量的社会组织组成服务机构团队，以更加专业的培训机构、培训模式为社区矫正对象提供教育帮扶服务。各级社区矫正机构也可以根据实际需要向服务机构订制教育和培训内容，真正做到从根本上提高社区矫正对象的教育改造质量，为社区矫正对象就业创造条件，促进其尽快转变思想，向上向善，让他们"矫得正，有出路"，真正顺利回归社会大家庭。

（八）充分利用信息技术手段实施教育帮扶工作

为切实做好社区矫正教育帮扶工作，确保社区矫正教育帮扶质量，针对社区矫正的教育帮扶对象多、难度大的特点，充分运用信息网络、手机 APP 等手段，整合社会各类资源，统一规划教育帮扶标准。利用互联网、大数据的优势，将社区矫正教育学习资源和教学服务及时传输给社区矫正对象，也可以根据需求的不同提供个性化服务。以大数据为支撑，及时掌握社区矫正对象微观的学习情况和宏观的整体态势，实现精准管理。利用"智慧矫正"信息化建设开发的"在矫通"手机 APP 软件，为每个社区矫正对象开展在线教育学习，为社区矫正对象在教育、心理辅导、职业技能培训、社会关系改善等方面提供必要的帮扶。

轻罪刑事政策下的认罪认罚从宽制度与社区矫正关系探析

李红梅* 王顺安

认罪认罚从宽制度和社区矫正制度经历了同样的发展路径，即两者都经历了试点、推广、立法的过程。两项制度就政策属性而言，都应当属于刑事政策的一部分，是政策的制度化；就法律属性而言，是上升为法律层面的制度。首先是认罪认罚从宽制度，自2016年9月开始在北京等18个地区开展试点，期限为2年。2018年10月，认罪认罚从宽制度被规定在了新修改的《刑事诉讼法》中，实现了刑事政策法律化的转变。2019年10月，为了正确实施刑事诉讼法新规定，精准适用认罪认罚从宽制度，确保严格公正司法，推动国家治理体系和治理能力现代化，"两高两部"和国家安全部制定并发布了《关于适用认罪认罚从宽制度的指导意见》。其次是社区矫正制度，自2003年7月开始在北京等六个省（市）进行试点，该举措开启了探索建设中国特色社会主义刑事执行制度的新篇章。2019年12月《社区矫正法》颁布并于2020年7月1日起实施，实现了刑事政策法律化的重大转变。为了推进和规范社区矫正工作，"两高两部"制定的《社区矫正法实施办法》自2020年7月1日起施行。刑事政策为刑事立法、刑事司法、刑事执行提供了指引，认罪认罚从宽制度和社区矫正制度从刑事政策转化为法律，是党和国家对两项制度实施以来在实践中取得丰硕成果的充分认可，是中国特色社会主义司法改革的一大进步。

---

* 李红梅，女，福建农林大学金山学院副教授，中国政法大学刑事司法学院博士研究生。

一、轻罪刑事政策中轻罪的划分标准分析

综合治理是我国的总刑事政策，宽严相济是基本刑事政策。轻罪刑事政策是宽严相济基本刑事政策视域下的另一刑事政策，在刑事政策体系中具有独立的品格和价值。轻罪刑事政策是相对重罪而言的，既然以轻罪为前提，轻罪与重罪的分界线必须明确才有利于对轻罪刑事政策进行分析。

（一）轻罪不同标准的简述

多年来，学术界对轻罪、重罪在立法上应当分类的呼吁不断。遗憾的是至今在立法上只有相关规定，却既没有确切的"轻罪"或者"重罪"的概念，也没有明确的界限。在理论上，一般是简单地以自由刑的刑期年限作为划分标准，对此理论界有不同的划分方法。有的学者认为是以三年为界，有的学者认为是以五年为界。有的学者将划分轻罪范围的标准认定为是行为人行为社会危害性较小、人身危险性较小，或者是指由于法定事由行为社会危害性变得相对较小、行为人的人身危险性变得相对较小的犯罪。发达国家刑法对犯罪圈的划定采用的是定性分析模式，我国采取的是定性加定量的分析模式。"定量"因素的表述，例如"情节严重""情节较轻""情节恶劣""造成严重后果""数额较大"等。很显然，中外的轻罪、重罪标准在犯罪的定量上有所区别，我国的犯罪门槛更高，轻罪、重罪的标准也高。

1. 三年界限说

有学者认为以法定最低刑三年以上有期徒刑为划分标准较为适当，即凡是法定最低刑为三年以上有期徒刑的都属于较重罪，反之则属于较轻罪。各学者认为以三年刑期为分界线的依据有很多。有学者依据《刑法》第72条关于缓刑适用条件的规定，认为轻罪应当是指法定刑三年或者三年以下有期徒刑的犯罪。有学者依据《刑法》总则一些条款以三年为界限和《刑法》分则所有罪名中严重刑事犯罪的量刑起点一般都是三年，认为在很大程度上能够说明立法对犯罪轻重程度的区分倾向，因此重罪与轻罪的分界线以三年有期徒刑为宜。有学者根据以下原因认为轻罪、重罪的界限应当是三年：第一，我国关于公民在域外违反《刑法》的规定，最高刑为三年以下有期徒刑的可以不予追究刑事责任；第二，《刑法》在确定犯罪的刑罚幅度时，在绝大多数情况下以三年为最低一级的刑罚幅度分水岭；第三，根据《刑事诉讼法》第216条规定的可简易程序的适用案件范围是可能判处三年有期徒刑以下刑罚的

案件。也有学者认为轻罪的范围可以参照速裁程序的案件适用范围，即可能判处三年有期徒刑以下刑罚的案件。理论界关于以三年刑期为分界线的依据绝不限于上述观点。总体来看，主要依据来自于《刑法》《刑事诉讼法》中的相关规定。

2. 五年界限说

有学者认为，我国的轻罪是指具有严重社会危害性、违反我国刑法并应受到以五年有期徒刑以下刑罚为基础裁量的刑罚处罚的行为，其余的为重罪。有学者根据我国刑罚梯度的角度、根据我国缓刑考验期以及根据我国未成年人犯罪记录的封存年限等得出轻罪的标准是五年的结论。有学者主张以五年有期徒刑作为轻罪与重罪的划分界限，法定最高刑为五年以下有期徒刑的为轻罪，轻罪又包括轻微犯罪；法定最高刑为三年以下有期徒刑的为轻微犯罪。由此可见，在轻罪的概念下又出现了轻微犯罪的概念。笔者认为，轻微犯罪本身就是轻罪，不应当在轻罪的界限下再次进行与轻罪有关的其他分类，这容易导致轻罪、重罪分界线的混乱现象。根据这一部分学者的观点，五年分界线的依据依然是来自《刑法》《刑事诉讼法》的有关规定。

除了上述的三年和五年的界限学说外还有其他学说，但是比例较少，在此不再赘述。

（二）轻罪两种标准的评述

轻罪、重罪的三年或者五年界限说表面上看是以刑期年限为标准的，实质上刑期的长短与以下因素有关：一是看社会危害性；二是看行为人犯罪的主观恶性程度；三是看刑罚裁量的度。产生这两种学术分歧的原因很多。笔者认为最重要的有以下两点：

1. 立法未明确界限

轻罪、重罪的分界线到底是三年还是五年的争论，皆是来源于《刑法》和《刑事诉讼法》的规定，可见刑事法律中对轻罪、重罪的界限没有明确的规定，对犯罪轻重程度描述性的语言有："情节较轻""情节严重""数量较大"等，较为含糊的标准将犯罪轻重程度分为"特别严重""严重""一般"和"轻微"等几个等级。与立法相比，在实践中可以寻找到与刑期为界限的相关统计。例如，最高人民法院的年度司法统计公报中，有对危害公共安全罪、破坏社会主义市场经济秩序罪、侵犯公民人身权利民主权利罪、侵犯财产罪、妨害社会管理秩序罪、贪污贿赂罪、渎职罪以及其他犯罪等类罪进行的刑事案件被告人判决生效情况的统计。2017 年、2018 年对上述八种类罪的刑事案件被告人判决生效情况分别以宣告无罪、宣告不负刑事责任、免予刑事处罚、五年以上至死刑、超过三年不满五年、一年以上三年以下、不满一年、拘役、缓刑、管制、单处附加刑等事项进行统计。2011 年、2012 年、2013 年、2014 年、2015 年、2016 年，是将刑期在一年以上三年以下和不满一年的两项统计合并为三年以下有期徒刑进行统计的。2010 年以及之前，三年以下有期徒刑全部被统计在五年以下有期徒刑这一项中。从上述的统计方法来看，2010 年及以前与刑期有关的统计中五年是一个界限，将五年以下刑期的全部统计在一起。2011 年之后刑期的界限越来越细化。因为没有在立法上明确，因此各学者界定轻罪所依据的法律规定和角度有所不同。这是理论界将轻罪、重罪界定为五年、三年以及其他的重要原因之一。

2. 民众对犯罪的社会危害性严重程度的判断标准不统一

单纯从刑罚种类在刑罚体系结构中所占比例来看，以三年为限的拘役、管制所占的比例要比有期徒刑、无期徒刑、死刑所占的比例小很多。在重刑主义传统思想向刑罚轻缓化逐渐转型的过渡过程中，民众对犯罪现象和犯罪人的包容程度无疑受到主观因素的影响，会出现轻罪、重罪的判断标准参差不齐的现象。

3. 笔者的观点

笔者认为，轻罪、重罪的分界线以三年刑期为标准较为合适。主要原因和管制、缓刑适用条件的设置，刑事实体法的相关规定，刑事案件简易程序的适用条件，认罪认罚从宽制度适用的条件，社区矫正适用的条件等诸多因素有关。如果认定以五年为标准，会将我国与西方国家之间轻罪、重罪的标准差距拉得更大。我国刑事犯罪界定的"定性+定量"的模式本身就决定了我国的起罪点高于西方国家。犯罪的界定在定性的基础上对"量"进行考察，对同类具有伦理可责性的行为进行程度上的区分，将危害程度较轻的伦理可责性行为进行出罪处理，进一步限缩"定性"层面的犯罪圈，表现为"逆向限缩"的复合向度。不同的犯罪界定模式导致在西方国家被认为是刑事犯罪的行为在我国却划在犯罪圈之外，按照违法适用行政处罚的现象。因此，轻罪、重罪分界线不能界定为五年。

2020 年 10 月 15 日，在第十三届全国人民代表大会常务委员会第二十二次会议上，最高人民检察院张军检察长在报告人民检察院适用认罪认罚从宽制度情况时提道："近 20 年来，刑事案件总量不断增加，检察机关受理审查起诉刑事犯罪从 1999 年 82.4 万人增加到 2019 年 220 万人；刑事犯罪结构发生重大变化，起诉严重暴力犯罪从 16.2 万人降至 6 万人，醉驾、侵犯知识产权、破坏环境资源等新型危害经济社会管理秩序犯罪大幅上升，被判处三年有期徒刑以下刑罚的轻罪案件占比从 54.4%上升至 83.2%。"其中，轻罪的界限为三年有期徒刑。《刑法修正案（十一）》中基准刑在有期徒刑三年以下的罪名已然超过半数。在风险社会背景下，犯罪圈的扩大化是必然的；从人类文明的发展方向看，刑罚轻缓化也是必然的。虽然刑事法律当中没有明确轻罪的界限，但是以三年作为界限在相关规定中是有据可循的。因此，以三年作为轻罪界限较为科学和合理。

二、认罪认罚从宽制度与社区矫正制度存在必然关系的根基

在轻罪刑事政策下，认罪认罚从宽制度与社区矫正之间在理论基础、制度设置的意义等方面的一致性决定了在轻罪刑事案件的范围内两者必然存在着一定的关系。

（一）理论基础的一致性

轻罪刑事政策有刑法谦抑思想、刑法经济思想、刑法人道思想和刑法教育思想等深厚的理论思想基础。以人性、现实、学理为理论基础的行刑社会化思想，也是轻罪刑事政策的理论基础。

1. 认罪认罚从宽制度的理论基础

认罪认罚从宽制度的"繁简分流""程序从简"，解决"案多人少""罚之宽缓"等特点，既能够体现与轻罪刑事政策的理论基础相同的理论根据，同时又与提升诉讼效率、保障程序和实体处理上的宽严相济、推进实质性的控辩协商等立法目的相适应。加强人权保障是认罪认罚从宽制度的成效之一，不仅赋予犯罪嫌疑人、被告人认罪认罚的自愿抉择权、程序选择权、律师援助权、程序防御权及救济权等方面的权利来尊重和保障了犯罪嫌疑人、被告人的主体地位，改变了办案主体掌握程序主导权的传统，还将被告人与被害人之间的协商作为诉讼程序的重要环节，考虑被害人的参与和意见，充分体现了人道主义的核心理念。认罪认罚从宽制度通过减少羁押数量、缩短羁押时间等，尽量减少和避免限制自由制度的适用，同时扩大非监禁刑的适用，体现了刑法谦抑性和刑罚的教育性的核心理念。在 2018 年 10 月新修改的

《刑事诉讼法》实施前夕，非监禁刑适用率在认罪认罚从宽制度试点的部分地区已经到了64.4%。

2. 社区矫正的理论基础

社区矫正在其发展、完善、适用的过程中，受到刑法谦抑思想、犯罪的人格矫正理论、犯罪标签理论、复归理论的深刻影响。刑法谦抑性与宽严相济刑事政策的刑罚轻缓化、行刑社会化趋势相符合。刑法的人道主义原则不仅奠定了现代刑法制度的基础理论，也奠定了社区矫正制度的基本价值理念。与监狱中的罪犯相比，社区矫正的对象拥有人身自由权（相对的），可以享受到家的温暖，可以向其他社会成员一样参与劳动并获得劳动收益，实现了最大限度的罪犯人道化目标。社区矫正能够弥补单一的报应论或者单一的功利论存在的缺陷，使两者相统一，从而更有利于体现社会正义，与监禁矫正相比，更倾向于矫正与福利性质。行刑社会化理论是社区矫正非常重要的理论依据。行刑社会化是指行刑在开放化的社会中进行，社区矫正将罪犯的教育矫正场所放置在社会中，最起码实现了行刑效益性和有利于复归社会的价值目标。行刑社会化从人的本质属性出发研究罪犯的可改造性和正当性，从人类社会结构的转型出发研究国家的行刑权与罪犯的公民权，从罪犯的角度出发研究罪行现象的罪因多元论和刑罚两面性等问题。社区矫正的这些理论基础都并没有把罪犯当成"过街老鼠一味喊打"，而是完全出于理性的、人性的考虑为该制度的设置提供论据。

通过上述两点来看，认罪认罚从宽制度与社区矫正的理论基础和追求的价值目标具有高度一致性。我们可以从两个方面看待这一问题：一是，两项制度在政策上同根同源。认罪认罚从宽制度与社区矫正都出于贯彻宽严相济刑事政策。二是，两项制度均服务于刑事法律。认罪认罚从宽制度与社区矫正虽然适用在刑事案件处理的不同阶段，但是所追求的最终价值一致。认罪认罚从宽制度与社区矫正无论作为政策的制度，还是法律化之后的制度，始终秉持着制度最初的设置理念而从未改变。

（二）制度意义的一致性

刑事政策宽缓化和刑罚轻缓化是刑事法律目前以及未来的总趋势。有学者认为西方各国的轻罪刑事政策虽然不同，但是总的来说体现出了"轻轻"的趋向，即对轻微犯罪处罚较之以往更轻。还有学者将轻罪刑事政策分为广义和狭义的，认为狭义的轻罪刑事政策就是指"轻轻"刑事政策，即"立法更宽缓、程序更宽简、处罚更宽和、处遇更宽松"。轻罪刑事政策在立法上要实现的是非犯罪化和非刑罚化或者刑罚的轻缓化。轻罪刑事政策下的认罪认罚从宽制度和社区矫正制度效用的发挥必然符合这一趋势，在侦查、起诉、审判环节要实现的是从简、从快、从轻；在行刑阶段要实现的是人性化、个别化以及行刑社会化。

1. 认罪认罚从宽制度的意义

认罪认罚从宽制度适用于刑事诉讼全过程，其最大的效用发挥在诉讼过程中。当然，诉讼过程中的效用会延伸到行刑阶段。轻罪刑事案件的特点是社会危害性小、案情简单、犯罪嫌疑人和被告人悔罪可能性大、与被害人之间达成和解谅解的概率高，能够实现及时有效惩治犯罪、优化司法资源配置、提高刑事诉讼效率、化解社会矛盾纠纷、促进社会和谐稳定。因此，轻罪刑事案件为认罪认罚从宽制度特别是从宽的适用提供了有利条件。"两高三部"在《关于适用认罪认罚从宽制度的指导意见》的通知中明确的第一个工作要求就是充分认识设立认罪认罚从宽制度的重大意义。2018 年的《刑事诉讼法》增加了认罪认罚从宽的内容，使政策法律化，从之前的以政策为指导或者以司法解释性质文件、部门规范性文件、部门工作文件等为指导，转为有明确的法律依据。认罪认罚从宽制度是全面贯彻宽严相济刑事政策的重要举措，各级公安、国安、检、法、司等机关要站在推动国家治理体系和治理能力现代化的高度，充分认识这项制度的意义，强化责任担当，敢于积极作为，深入推进制度贯彻实施，确保制度效用有效发挥。认罪认罚从宽制度意义包括：第一，及时有效惩治犯罪；第二，加强人权司法保障；第三，优化司法资源配置；第四，提高刑事诉讼效率；第五，化解社会矛盾纠纷；第六，促进社会和谐稳定等。在轻罪案件中，上述意义更加明显。例如，在认罪认罚案件中：犯罪嫌疑人、被告人有获得法律帮助的权利；基层人民法院适用的简易程序、速裁程序；听取被害人及其诉讼代理人的意见；考量犯罪嫌疑人、被告人是否具有社会危害性等相关规定，从实体从宽到程序从简的适用，均更好地体现了宽严相济刑事政策，有利于罪犯改造、回归社会，在最大限度内减少社会不利因素。

2. 社区矫正的意义

社区矫正适用于行刑阶段，其最大的效能发挥在行刑过程中。对罪犯依法实施社区矫正是行刑社会化的一项重要制度，是落实贯彻党的宽严相济刑事政策的又一重要举措。社会化的开放环境有利于罪犯顺利回归社会，可以减轻国家的行刑成本，有效防止监狱内的交叉感染或者被"监狱人格化"。社区矫正是行刑现代化、文明化的重要表现，有利于化解矛盾，修复、调和一切社会关系，维护社会和谐秩序，提高社会治理体系和治理能力的现代化水平。因此，社区矫正的意义可以包括四个方面：一是，再社会化，即罪犯的复归社会，发挥教育矫正最原始的作用；二是，被害人的损害修复，即被害人的权益赔偿、补偿。三是，社会关系的调和，促进和谐社会关系的形成，具体而言是调解犯罪人与被害人之间的恶劣关系，修复犯罪人与社会其他成员，特别是同社区居民之间的排斥与被排斥的关系；四是，社会规范的复原，即对破坏社会规范的犯罪人执行刑罚，以此既能够教育矫正犯罪人，又能警示犯罪人以外的社会一般成员，使他们以此为戒，不去破坏社会规范，特别是法律规范，以此发挥法律的教育作用。

笔者认为，认罪认罚从宽制度与社区矫正两项制度的设置虽然在司法实践中各自发挥的效用在适用的阶段、对象等方面有所不同，在具体的意义上似乎也不能完全一一对应，但是效用所产生的最终意义具有一致性。一是，从根源上来讲，都以宽严相济基本刑事政策为背景，两者均是贯彻落实宽严相济的重要举措，具有共同的政策背景；二是，两项制度均能够推动国家治理体系和治理能力现代化的水平。

三、认罪认罚从宽制度与社区矫正存在必然关系的具体表现

轻罪刑事案件领域内，认罪认罚从宽制度与社区矫正适用在案件的不同阶段，前者适用在定罪量刑的诉讼阶段，后者适用在审判后的刑罚执行阶段。从法律规定的逻辑关系看，两项制度涉及的法律涵盖了实体法、程序法、执行法等，虽然并未实现良好的衔接，但是体现了刑事一体化思想。

（一）认罪认罚从宽制度与社区矫正制度适用的对象与条件

1. 认罪认罚从宽制度适用的阶段与案件范围

认罪认罚从宽制度在程序上对繁简分流，准确适用速裁程序、简易程序、普通程序等技术要求较高。主要考虑的因素有犯罪嫌疑人、被告人罪行轻重、认罪态度、悔罪表现、被害人谅解、退赃赔偿等。根据《刑事诉讼法》和《关于适用认罪认罚从宽制度的指导意见》（高检发［2019］13号）的规定，认罪认罚从宽制度在案件处理过程中，适用于刑事诉讼案件的侦查、起诉和审判等任何一个阶段。在适用的案件范围上，可以适用于所有刑事案件，既不分罪轻、罪重，也不会因罪名特殊而剥夺犯罪嫌疑人、被告人适用认罪认罚从宽制度的机会。

2. 社区矫正适用的条件与对象

《社区矫正法》第 2 条规定的社区矫正适用的对象包括被判处管制、宣告缓刑、假释和暂予监外执行等四种罪犯。其中与认罪认罚从宽制度可能会产生关联关系的是管制犯和缓刑犯。《刑法》规定，管制的期限是为三个月以上二年以下，数罪并罚时不能超过三年。《刑法》第 72 条规定，对于被判处拘役、三年以下有期徒刑的犯罪分子，同时符合四种条件的，可以宣告缓刑，对其中不满 18 周岁的人、怀孕的妇女和已满 75 周岁的人，应当宣告缓刑。《刑法》第 81 条规定，被判处有期徒刑或者无期徒刑的犯罪分子只要符合假释的条件，即可以假释。对罪犯的假释条件包括三个方面：一是，实际执行年限的要求；二是，认真遵守监规，接受教育改造，确有悔改表现，没有再犯罪的危险的，可以假释；三是，对累犯以及因故意杀人、强奸、抢劫、绑架、放火、爆炸、投放危险物质或者有组织的暴力性犯罪被判处 10 年以上有期徒刑、无期徒刑的犯罪分子，不得假释。该规定将因严重暴力性犯罪（被认为属于重罪）而被判处 10 年以上刑期的犯罪分子排除在假释范围外。可见，假释考量的既是罪犯的悔罪表现，是否有再犯罪的危险，也考虑其行为是否属于重罪，假释后对所居住社区的影响等问题。暂予监外执行是典型的人道化举措。《刑事诉讼法》第 265 条规定，对被判处有期徒刑或者拘役的罪犯符合三种情形之一的，可以暂予监外执行。对被判处无期徒刑的罪犯，有第二种情形的，可以暂予监外执行。

综上所述，笔者认为轻罪刑事案件领域是认罪认罚从宽制度与社区矫正"相遇"并且产生关系的领域。轻罪刑事政策的基本内涵应是以宽为主，以严为辅。这种内涵不仅契合该两项制度的适用目的，给两项制度的适用提供了宏观的指引，在实践中还进一步增进了两项制度同时适用、前后接力、相互衔接的概率。

（二）轻罪刑事案件领域内两项制度具有适用的兼容性

1. 兼容性的定义

兼容，既同时容纳几个方面。兼容性是计算机领域的术语。一般是指硬件之间、软件之间、硬件软件之间的相互配合、稳定工作。认罪认罚从宽制度与社区矫正适用的兼容性，是指该两项制度在共同适用的领域内，能够相互配合、相互促进彼此的适用和激发彼此效用的状态。轻罪刑事案件内认罪认罚从宽制度与社区矫正制度很显然是具有适用的兼容性的。

2. 可能判处三年有期徒刑以下刑罚的案件是两者可兼容领域

首先，认罪认罚从宽制度首先要遵循的基本原则是贯彻宽严相济刑事政策。认罪认罚从宽制度要求根据犯罪的具体情况，准确区分案件性质、情节和对社会的危害程度等，实现区别对待。对轻罪，即可能判处 3 年有期徒刑以下刑罚的案件，要尽量依法从简、从快、从宽办理。根据《刑事诉讼法》关于速裁程序的相关规定，基层人民法院管辖的可能判处 3 年有期徒刑以下刑罚的案件，对案件事实清楚，证据确实、充分，被告人认罪认罚并同意适用速裁程序的，可以适用速裁程序，案件在受理后 10 日以内审结，对可能判处有期徒刑超过 1 年的，可以延长至 15 日。一方面，对于民间矛盾引发的犯罪，犯罪嫌疑人、被告人自愿认罪、悔罪，取得被害人谅解，积极赔偿并达成和解，对社会秩序并未造成严重影响的，在所生活、工作的活动区域内一定程度上消除了个人的恶劣影响而被大多数人接纳的，要积极适用认罪认罚从宽制度。对轻罪中社会危害不大的初犯、偶犯、过失犯、未成年犯，一般应当体现从宽原则。另一方面，对严重危害国家安全、公共安全的犯罪，严重暴力犯罪，严重影响党和国家形象的职务类犯罪，具有社会普遍关注的重大敏感案件，可以鼓励犯罪嫌疑人或被告人认罪认罚，但是应当慎重把握从宽，避免案件处理结果与人民群众的公平正义观念相冲突，影响人民群众法治思维的培养，影响人民群众尊重和维护法律权威。

其次，社区矫正适用对象中的管制犯和缓刑犯很显然属于轻罪的犯罪人。社区矫正中的假释犯和暂予监外执行犯与认罪认罚从宽制度并无直接的关联关系。认罪认罚从宽制度适用于侦、诉、审阶段；社区矫正对象：一是直接来源于经过侦、诉、审等环节的管制犯和缓刑犯；二是来源于在监狱服刑过程中被假释、暂予监外执行的罪犯。因此，适用于侦、诉、审阶段的认罪认罚从宽制度不可能直接与假释和暂予监外执行制度产生关系。虽然假释和暂予监外执行的适用同样与罪犯的悔罪态度和社会危害性有关，但是服刑期间的悔罪与认罪认罚从宽制度中的悔罪并非同一领域的概念。

（三）认罪认罚从宽制度与社区矫正的相互效用

1. 在兼容领域相互配合、相互促进彼此的适用和激发彼此的效用

在轻罪案件中，认罪认罚从宽制度的某些效用又是社区矫正适用的参考因素。例如，《关于适用认罪认罚从宽制度的指导意见》明确，公检法机关在侦、诉、审等过程中应当将犯罪嫌疑人、被告人认罪认罚作为其是否具有社会危险性的重要考虑因素。对于罪行较轻、采用非羁押性强制措施足以防止发生《刑事诉讼法》第 81 条第 1 款规定的社会危险性的犯罪嫌疑人、被告人，根据犯罪性质及可能判处的刑罚，依法可不适用羁押性强制措施。《社区矫正法》也规定了人民法院根据需要可以委托社区矫正机构或者有关社会组织对被告人的社会危险性和对所居住社区的影响进行调查评估并提出意见，将其作为是否适用社区矫正的参考。根据法律规定，危险性评估虽然不是适用社区矫正的必经程序，但是在一定程度上会影响法院在作出处罚决定时对从宽的把握程度。目前在实践中，社区矫正机构或者有关社会组织对被告人的社会危险性评估做法不一致，但是被告人的悔罪态度是绝对的不可缺少的考量因素。笔者曾经对基层社区矫正工作进行调研时也了解到，有些社区矫正对象在矫期间表现非常好，这些矫正对象在诉讼阶段便有强烈的悔罪意思表示。因此，认罪认罚、悔罪、对被害人损害的恢复、与社会之间的关系修复情况等，是适用社区矫正的有力理由。

2. 认罪认罚从宽制度提高社区矫正的适用率

认罪认罚从宽制度从法律规定而言，并没有很好地实现程序法与实体法、执行法之间的衔接。但是，该制度是一项综合性制度已经得到了普遍认可。认罪认罚从宽制度体现的是刑事实体法中的量刑从宽和程序法中的程序从简、从快，目的是提高司法效率。2020 年 10 月 15 日，最高人民检察院张军检察长在报告人民检察院适用认罪认罚从宽制度情况时肯定了认罪认罚从宽制度在提升刑事诉讼效率方面的重大意义及实践效果。他指出："检察机关适用该制度办理的案件，起诉到法院后适用速裁程序审理的占 27.6%；适用简易程序审理的占 49.4%；适用普通程序审理的占 23%，比 2018 年下降 20 个百分点。"

认罪认罚从宽制度的落脚点是量刑的从宽。依法获得从宽处遇，既是犯罪嫌疑人、被告人认罪认罚的法律后果，亦是其认罪认罚行为本身所应获得的相应对价。轻罪刑事案件中，社区矫正契合了量刑从宽的内在要求，因此

认罪认罚从宽制度在很大程度上可以促进社区矫正的适用。例如，最高人民法院、最高人民检察院于 2017 年 12 月份发布的《关于在部分地区开展刑事案件认罪认罚从宽制度试点工作情况的中期报告》明确，2017 年，试点工作一年多来，适用认罪认罚从宽制度审结的刑事案中犯罪嫌疑人、被告人被判处 3 年有期徒刑以下刑罚的占 96.2%，其中判处有期徒刑缓刑、拘役缓刑的占 33.6%，判处管制、单处附加刑的占 2.7%，非羁押强制措施和非监禁刑适用比例进一步提高。再如，根据中国裁判文书网上公布的裁判文书，截至 2020 年 8 月 10 日，仅仅 2020 年刑事一审案件中同时适用认罪认罚从宽和社区矫正的案件就有近 2 万件。其中，危险驾驶罪有 6435 件，占据了非常大的比例。2020 年 10 月 15 日，最高人民检察院张军检察长在报告人民检察院适用认罪认罚从宽制度情况时提道："将是否认罪认罚作为判断社会危险性的重要考量因素，认罪认罚案件不捕率高于整体刑事案件 18.3 个百分点；法院宣告缓刑案件占 36.2%，高出整体刑事案件 6.9 个百分点。"

上述数据显然能够说明轻罪刑事案件中的认罪认罚从宽制度与社区矫正之间存在必然联系。认罪认罚从宽制度在刑事实体上和程序上的一系列效用，最终还是以刑事判决的执行为终点。社区矫正是轻罪案件被告人被执行的最佳方式。刑事一体化的基本内涵是刑法和刑法运行内外协调，刑事一体化状态才能实现最佳的社会效益。认罪认罚从宽制度与社区矫正制度将刑法、刑事诉讼法、刑事执行法等串联在一起，体现了刑事一体化思想。

结　语

根据目前对司法相关实践的观察，两项制度之间的必然关系是明显、明确的，但是在法律规定的衔接上却存在问题。两项制度以各自为主，未顾及轻罪案件范围内宽严相济刑事政策总的全局性目标的实现。

首先，认罪认罚从宽制度在适用上仍然有一些问题还存在不确定性。从认罪认罚从宽制度的立法化来看，有利于犯罪嫌疑人和刑事被告人的一项权利有了法律依据和保障，但是该制度的实际操作中的部分问题需要进一步明确。例如，认罪认罚的从宽与刑法典中原有的法定从宽、酌定从宽情节等量刑从宽事由之间存在高度的重合性，如何把握它们之间的关系等在认识上还存在争议。再如，目前认罪认罚从宽基本原则的教义体系存在侵犯认罪认罚自愿性与真实性的现实风险等。

其次，社区矫正在适用上仍然存在一些困境需要不断完善。社区矫正相比监禁刑的优势被普遍认可，适合最新的刑罚理念。在西方发达国家，社区矫正的适用率甚至远远超出了监禁刑的适用率。例如，美国截至 2018 年 12 月 31 日，州一级的服刑总人数为 6 083 300 人，成年人监禁人数为 1 919 200 人，监禁人数仅仅只占到了 31.55%。再如，荷兰自 2013 年至 2018 年的五年之间，荷兰司法部先后关闭了 23 所监狱，原因在于社区矫正在荷兰取得了显著成效，包括平常百姓在内的人们更愿意接受对罪犯判处非监禁刑。我国司法部预防犯罪研究所在 2000 年的统计数据显示，加拿大的缓刑和假释的适用率就已经达到了 79.76%。在我国，社区矫正的优势性同样受到了社会的普遍认可，实践中提高假释适用率的呼声和决心日益强烈，《社区矫正法》颁布实施后社区矫正适用率的扩大已成为客观事实。但是在这种趋势下，社区矫正适用过程中原本存在的问题是否做好了迎接扩大适用的准备？例如，办公基本设施的建设、工作人员队伍建设、财政保障、社区矫正对象的监管、解矫后的安置、解矫后再犯罪预防等，依然面临巨大挑战。

最后，在两项制度本身需要完善的情况下，如何将两者有效衔接是一个巨大挑战。一个国家或地区的社会治理中的各项制度，从来都不是孤立存在的，也不是独自就能够将该制度的效能最大化的。一项制度设置目的的效果最大化，总是需要其他制度的相互支持、相互配合的。整个刑事司法活动中，认罪认罚从宽制度的效果不仅显现在有利于侦查、审判阶段的犯罪嫌疑人和刑事被告人的身上，还会延伸到对罪犯教育矫正的执行领域。快速办理轻微刑事案件的总体思路是在不突破法律规定的前提下，快速、简化、专业、高效、加强侦查、批捕、起诉、审判、执行等各工作环节的协调与配合，在最大的限度内简化程序，及时打击惩戒和及时教育挽救。笔者认为，轻罪刑事案件中将认罪认罚从宽制度与社区矫正在法律规定的层面上有效衔接是完全可能的。信心来自于有利的处罚后果是被告人认罪认罚的内在动力，社区矫正的优势对被告人是否认罪认罚有很大的驱动效用。因此，在轻罪刑事案件领域两项制度可以相互配合、相互促进彼此的适用。

《社区矫正法》中的教育学习和公益活动

2020 年 7 月 1 日，《社区矫正法》正式实施。该法在第 36 条和第 42 条有关社区矫正对象教育学习和参加公益活动有了不同于 2012 年《社区矫正实施办法》的规定，除将"社区服务"改为"公益活动"之外，也没有对社区矫正对象每月参加教育学习和公益活动的时间进行硬性要求，在工作主体、价值取向以及人权保障方面的规定也更加完善。《社区矫正法》颁布后，关于教育学习和公益活动"双八"规定的取消，引发了实务部门一些同志的担忧。有人认为，《社区矫正法》淡化了教育学习和公益活动的惩罚性，不利于增强社区矫正对象的在刑意识；也有人认为，取消"双八"的硬性要求，把"不少于"改成"根据需要"和"可以"，工作没有了抓手，是不是以后组织教育学习和公益活动时，社区矫正对象参不参加都行？实际上，对于上述问题，法律早已作出了回答。

一、《社区矫正法》对教育和公益活动的规定

一是关于教育和公益活动的组织主体。2012 年《社区矫正实施办法》只规定社区矫正对象应当参加教育学习和社区服务，没有明确组织主体。实践中往往由司法所组织开展，并由司法所将教育学习和社区服务内容记入工作档案。这样做虽然有利于社区矫正对象就近学习、服务，但由于司法所掌握的资源极其有限，不具备开展教育学习的师资条件，以灌输法律规定及管理要求为主，公益劳动则基本为打扫卫生、修剪树枝等简单体力劳动，内容较为单一。而《社区矫正法》则将组织学习和公益活动的主体明确为社区矫正

* 孙毅，山东省淄博市临淄区司法局金岭司法所干部。

机构，同时根据该法第 9 条第 2 款中 "司法所根据社区矫正机构的委托，承担社区矫正相关工作" 的规定，社区矫正机构可以将这两项工作委托给司法所承担。但笔者认为，从实施效果考虑，由掌握较多社会资源的社区矫正机构直接组织更有利于社区矫正工作的专业化发展。

二是关于开展教育的方式问题。《社区矫正法》除规定社区矫正机构自行开展教育活动外，其第 40 条还规定了社区矫正机构可以通过公开择优购买社区矫正社会工作服务或者其他社会服务以及通过项目委托社会组织对社区矫正对象开展教育帮扶活动。引入第三方社会服务参与对社区矫正对象的教育，有助于解决社区矫正机构师资力量不足、教学内容匮乏的问题。

三是关于公益活动的定位问题。根据《社区矫正法》第 42 条规定，社区矫正机构可以根据社区矫正对象的个人特长，组织其参加公益活动，修复社会关系，培养社会责任感。本条将长期以来的 "社区服务" 变为 "公益活动"，使这项帮扶措施的内涵更加丰富。从先前实践来看，社区服务的内容以简单体力劳动为主，修复社会关系、培养社会责任感的特征并不明显。另一方面，即使一些社区矫正对象从事了社会公益活动，如新冠肺炎疫情防控期间，全国各地都涌现出社区矫正对象为所在乡镇街道、村（居）委员会捐赠防疫物资的事迹，但按照原先的评价体系，这些行为是无法被计入社区服务当中的。

四是关于 "双八" 时间要求的问题。2012 年《社区矫正实施办法》中关于教育学习和社区服务时间不少于八小时的硬性要求，《社区矫正法》未作规定。这一方面减轻了基层实务部门的工作负担，另一方面也体现出《社区矫正法》更加注重教育学习和公益活动的质而非量。地方在修订、制定细则、考核办法时，也应秉持这一立法精神，把工作重点放到如何提高教育学习和公益活动的层次和内涵上，不应在法律之外另行规定时长。

二、教育学习和公益活动是否具有惩罚性

长期以来，社区矫正实务界存在着一种认识，即社区矫正对象参加教育学习和社区服务是社区矫正对象的刑事义务，是令其在社会上进行教育和劳动改造的具体方式，具有惩罚性。究其原因：一是社区矫正刑罚执行性质的影响。2003 年 7 月，"两高两部" 印发《关于开展社区矫正试点工作的通知》，通知将社区矫正定义为非监禁刑罚执行活动。2009 年 9 月，"两高两部" 印发的《关于在全国试行社区矫正工作的意见》再次肯定了社区矫正的刑罚执行性质。既然是"非监禁刑罚执行方式",那么教育学习和社区服务作为社区矫正工作的一环,自然也是带有惩罚性的"刑罚执行"活动。二是《社区矫正实施办法》没有分章,将监督考察措施和教育帮扶活动规定在一起,导致两者在定位上难以区分。笔者认为,教育学习和公益活动不具有惩罚性质。

首先,《社区矫正法》将教育学习和公益活动规定在第五章"教育帮扶"而非第四章"监督管理",这就明确了其性质并非监督考察措施;其次,我国《刑法》《刑事诉讼法》没有将教育学习、社区服务纳入刑罚体系,也没有将其列为管制、缓刑、假释和暂予监外执行对象应当遵守的规定之一。最后,在价值层面上,开展教育学习和公益活动的主要目的还是培养社区矫正对象的法治道德意识和社会责任感。正如蔡雅奇博士所指出的:"准确界定社区矫正中公益劳动的性质,将其定性为对社区矫正对象进行教育矫正的一种形式,而非社区矫正对象应当承担的一项刑事强制义务,有助于改变仅仅将社区矫正对象视为社区矫正工作的一个客体的片面认识和思维,从而对于改进社区矫正工作方式和方法、提升社区矫正对象主动参与公益劳动的积极性、促进服刑人员尽早复归社会,都具有积极的意义和价值。"[1]

三、活动开展形式应实现从集中向个别转变

根据《社区矫正法》第 36 条第 2 款之规定,对社区矫正对象的教育应当根据其个体情况因人施教,这是法律对于教育活动开展的基本要求,这一要求从根本上否定了目前社区矫正工作中带有点名报到性质的单一集中教育模式,表明有必要实现从单一集中教育到多元个别教育的转变。

需要特别注意的是,对未成年人的教育要个别进行。不仅是不使他们同成年人一起参加教育帮扶活动,对未成年人之间的教育也要个别进行,避免出现未成年矫正对象集体参加社区矫正教育、公益活动的情况。《社区矫正法》第 54 条规定,社区矫正机构工作人员和其他依法参与社区矫正工作的人员对履行职责过程中获得的未成年人身份信息应当予以保密。也就是说,除了"矫正机构工作人员和其他依法参与社区矫正工作的人员",其他人员均不应当获取未成年社区矫正对象的身份信息,从而不使知情范围扩大。但如果社区矫正机构组织所谓的"未成年人集中教育",等于将其信息暴露在所有参

---

〔1〕 蔡雅奇:"社区矫正公益劳动并非刑事义务",载《检察日报》2013 年 2 月 18 日。

与教育的人面前，造成其信息泄露，违反了保密规定。

那是不是除未成年人外，社区矫正机构也不能把若干矫正对象集中在一起进行教育了呢？答案显然也是否定的，教育方式取决于教育的内容。辩证唯物主义告诉我们，共性与个性是一切事物固有的属性，每一事物既有共性又有个性，共性存在于个性之中。具体到社区矫正工作，虽然每个矫正对象的个体特征不同，但其有些方面却是共通的。例如，他们在社区矫正期间都要遵守法律、行政法规和监督管理规定，都要热爱家庭，努力生活，遵守公共道德。对于这些共性的东西，社区矫正机构在进行这方面教育时，自然可以采取相对集中授课的方式。而对于诸如心理教育、修复社会关系教育、个别教育谈话等教育方式，则同其本人密切相关，且具有一定私密性，故应当根据其个体情况和需要分别进行。究竟采取何种教育方式，应当由社区矫正机构根据教育内容和工作需要确定，从而形成一种个别为主、相对集中为辅的多元化教育模式。对于因故无法参加相对集中教育的社区矫正人员，就相关内容安排其补学或者自学即可（自学的，可由矫正小组成员安排），不必要求其履行严苛的免除审批程序。

上述观点同样也适用于公益活动。目前社区公益劳动往往采用集中组织的方式，形式上也类似于监狱出操，先点名再干活，有的地方还要求矫正对象穿上类似于看守所号服那样的马甲，美其名曰"不忘身份"。内容上也往往以打扫卫生为主。但根据《社区矫正法》第42条的要求，公益活动也要体现出个别化，应当根据矫正对象的特长分别进行安排。例如，年轻的可以参加社区居委会组织的环境卫生整治；年老体弱的可以从事门卫、街头指路轻体力劳动；有理发等一技之长的可以组织他们参加为群众服务的活动，等等。上述活动在组织上也应当分别进行，尤其应避免出现社区矫正对象集体穿号服打扫卫生这种贴标签示众的现象。

四、充分考虑社区矫正对象的合理现实需求及实效

需要注意的是，《社区矫正法》第36条第2款还要求对社区矫正对象的教育应当充分考虑其工作和生活情况。实践中，各地司法所、社区矫正机构在开展教育学习时，在教育学习内容上往往并不考虑社区矫正对象的现实需求；在教育学习的组织上，也往往选择在工作日开展，有的地方还要求社区矫正对象每月分多次到司法所或者社区矫正机构参加教育学习，占用了社区矫正

对象的正常工作时间，导致其收入减少甚至失业。这显然与社区矫正帮助矫正对象回归社会的目标背道而驰。

在《社区矫正法》实施后，社区矫正机构可以按照《国家机关、事业单位贯彻〈国务院关于职工工作时间的规定〉的实施办法》第5条第2款的规定，采取轮班制的办法，灵活安排工作人员周休息日，主要在周六、日开展教育学习等矫正工作，或者通过购买社会服务、委托社会组织、开展互联网线上教学等方式，由社区矫正对象在一定范围内自主选择参加教育学习的时间和方式，照顾其正常生产生活需求。

而对于公益活动，也应充分考虑矫正对象的个体差异，考虑其工作和生活实际，合理安排公益活动的内容和时间。毕竟开展公益活动的意义在于修复社会关系，培养社会责任感，最终达到使其自觉自愿遵守社会规则，为社会作贡献的目的。如果这一活动以损害社区矫正对象既有的社会关系为代价，妨碍其正常参加社会劳动获取生计，未免有舍本逐末之嫌。

总而言之，开展教育、公益活动的核心价值在于是否能让社区矫正对象受到教育、感受到为社会做贡献的成就感，也就是在质量和内容上下功夫，让社区矫正机构能够拿出真正的教育资源，由真正的教师、社工、心理学专家为其提供内容丰富的教育，以及由专业社工组织提供能够提升其荣誉感和自我认同感的公益活动。而不是堆砌出一堆叠床架屋、高度复杂的教育类型，由并不具备专业教育知识的管理人员对其反复照本宣科；也不是让社区矫正对象充当环卫工人的角色，穿着类似看守所号服那样的马甲天天在其所居住的社区打扫卫生，让其颜面尽失，徒增对抗情绪；或者让其疲于奔命参加活动，甚至丢掉饭碗，诱发其重新犯罪。

五、社区矫正对象拒绝参加教育学习和公益活动怎么办？

取消了"双八"这一硬性规定，社区矫正机构组织的教育学习和公益活动是否就丧失了强制力，变成社区矫正对象参不参加都可以了呢？显然并非如此。与《社区矫正实施办法》为社区矫正对象设定义务性规范不同，《社区矫正法》改为对社区矫正机构设定授权性规范，授予社区矫正机构组织教育学习和公益活动的权力。根据这一规范，是否组织教育学习和公益活动、如何组织均由社区矫正机构自主决定。这一规范赋予了社区矫正机构更大的自主权，使社区矫正机构能够根据社区矫正对象的不同情况以及一般性工作需要制定开展教育学习和公益活动的计划。

而作为社区矫正对象，则应当遵守《社区矫正法》第 4 条第 1 款"社区矫正对象应当依法接受社区矫正，服从监督管理"以及第 23 条："社区矫正对象在社区矫正期间应当遵守法律、行政法规，履行判决、裁定、暂予监外执行决定等法律文书确定的义务，遵守国务院司法行政部门关于报告、会客、外出、迁居、保外就医等监督管理规定，服从社区矫正机构的管理"的规定，自觉服从社区矫正机构的管理，参加社区矫正机构组织的教育学习和公益活动。因此，《社区矫正法实施办法》第 34 条第（三）项将"不按规定参加教育学习等活动，经教育仍不改正的"作为应当给予训诫的情形之一，即对于不服从管理，拒绝参加，经教育无效的，社区矫正机构应当给予训诫。为何该条要将"经教育仍不改正"作为给予训诫的前提条件呢？这是因为从《社区矫正法》的体系来说，参加教育学习和公益活动本质上是一种教育帮扶措施，而并非监督管理手段，社区矫正对象不按要求参加，最多也只能算是表现不好、不积极参与矫正活动，而不是直接违反监督管理规定的行为，不应直接以此为依据对其进行处罚。

对孙毅同志的文章观点，王顺安教授点评认为：此文是对当前对教育学习与公益劳动的性质等疑难问题的解读，从法定权利和义务上予以规范化分析，有利于促进此问题的深入研讨和法治化进程。以政治法律伦理为核心的教育学习，域外社区矫正几乎没有，他们强调的是宗教忏悔，所以此项内容是中国特色，但特色就是合理的吗？社会服务是域外社区矫正制度中，较普遍适用的社区刑罚或附随于缓刑的中间制裁措施，也可能是针对被害人和社区的损害修复性赔偿方案。《社区矫正法》将社区服务改为公益劳动是一个进步，但必须明确公益劳动应是自愿、无偿、有益的，不能是强制性甚至是惩罚性的。若社区矫正对象有正当理由不参加的，不能对其产生不良影响，如导致实施训诫、提请警告甚至收监执行的法律评价及其后果。如此认识，不仅是依法矫正、尊重人权的体现，更是利于社区矫正对象自觉矫正、更快更好地融入社会，更有利于我们的社区矫正工作人员从繁重的组织社区矫正对象的教育学习与公益活动中解脱出来，把重心放在正确执行生效刑事判决、裁定和决定的内容上，严格依法监督管理，科学分类教育和个别化矫正。

女性社区矫正的成就、问题及权益保障

我国作为社区矫正后发型国家，社区矫正工作从个别省市试点到全国推行至今已有十余年的实践经验。越来越多的人开始认可社区矫正工作，社区矫正工作的优势也得到肯定，特别是有《社区矫正法》的保驾护航以后，社区矫正工作开始步入正规化、法制化的轨道。

在社区矫正工作中，女性社区矫正工作有其独特之处。《联合国计划开发署社会性别与发展培训手册》中给社会性别下的定义是："泛指社会对两性及两性关系的期待、要求和评价。社会性别常常在社会制度（如文化、资源分配、经济体制等）中以及个人社会化的过程中得到传递、巩固。"这个定义表明人的性别意识、性别行为都是在社会生活制约中形成的。女性扮演的性别角色，并非是由她们与生俱来的生理和心理因素决定的，而是社会生活的产物，并随着社会生活的发展变化而变化。人们现有的性别观念导致了社会性别角色的定型，如女柔男刚、女主内男主外之类的社会性别角色，限制了男女两性生存和发展的空间。从这个角度将女性社区矫正单拿出来分析研究，具有一定的现实意义。

一、女性的整体社区矫正工作状况

（一）女性社区矫正对象状况

从社会性别意识学说来看，在我国当今社会，对女性的定义仍存在柔弱、善良、依附性强、关注家庭等固有看法，因此无论是社会大众还是女性本身，都偏向于避免犯罪，认为罪犯这种不遵守法律法规、暴力、狡猾等形象与女

---

* 青章乐，女，天津市武清区司法局东蒲洼司法所副所长。

性社会性别不符。相对于男性社区矫正对象而言，女性社区矫正对象存在如下特点：

（1）数量相对较少。相比乡镇而言，城区女性社区矫正对象占比较大，约占辖区社区矫正对象的1/3，而乡镇女性社区矫正对象占比则在1/10左右，有些地方司法所可能几年都接收不到一个女性社区矫正对象。

（2）犯罪类型较为集中。相比男性社区矫正对象因所处地区经济社会环境不同而出现的犯罪类型有较大区别而言，女性社区矫正对象的犯罪类型无论在乡镇还是城区都较为集中。男性社区矫正对象除交通肇事罪和危险驾驶罪比较普遍以外，乡镇男性社区矫正对象犯罪类型多集中在寻衅滋事、聚众斗殴、故意伤害等暴力型犯罪以及滥伐林木、非法占用农用地等具有地方特点的犯罪，城区男性社区矫正对象犯罪类型多集中在财产型犯罪、职务型犯罪。而女性社区矫正对象中财物型犯罪占45%～50%，剩余犯罪类型中情感型犯罪和无知型犯罪比例与男性趋同，同时存在一定比例的恶逆型犯罪，即女性犯罪中，有一部分是从被害人角色转变为加害人角色，作为初始时的受害方，当女性遭受突如其来的不法侵害时，心理上会产生严重的挫败感和不平衡感，为了弥补自身心理的创伤，有的人就会选择"以牙还牙"的方式进行报复，从一个受害人转变为加害人。

（3）社区矫正种类较为集中。《社区矫正法》第2条规定，对被判处管制、宣告缓刑、假释和暂予监外执行的罪犯，依法实行社区矫正。当前我国社区矫正种类中，依旧是缓刑占据绝大多数，女性社区矫正对象也是如此。管制、假释比例则是男女社区矫正基数基本持平，暂予监外执行中，女性暂予监外的原因多是由于怀孕或者哺乳期等。

（4）监管和教育具有一定特殊性。相对于男性而言，女性社区矫正对象的监管具有一定特殊性。一是《社区矫正法》第25条第2款规定，社区矫正对象为女性的，矫正小组中应有女性成员。这主要是为了保障女性社区矫正对象的合法权益，同时也是因为实践中女性社区矫正工作人员相较于男性工作者而言考虑问题较细致、对女性心理把握程度较好，能够以更好的同理心去面对女性社区矫正对象。尤其是在女性社区矫正对象不愿意对异性工作者袒露心声，或者出现的问题不好与异性工作者启齿时，女性社区矫正工作人员的优势就更加明显。二是女性社区矫正对象对家庭以及子女的责任感更重，心理压力也更大。对于社区矫正机构组织的教育活动，女性社区矫正对象更容易因为需要看护老人孩子等家庭因素的影响而导致无法参加。三是女性社区矫正对象对于批评训诫的承受能力更差。同样因为轻微违反社区矫正监督管理规定而接受批评训诫，女性社区矫正对象更容易发生情绪不稳定的情况。

（5）帮扶教育难点集中。相对于男性而言，女性社区矫正对象受到的就业歧视更大。不同于男性社区矫正对象通过隐瞒犯罪经历求职，女性社区矫正对象更倾向于在社区矫正期间暂停工作、回归家庭，或者是从事简单个体经营等工作。尤其是在家中存在老幼病残需要照顾时，她们更容易被选择为放弃自身工作、承担看护责任的一方，其家庭经济地位更容易受到影响。而长期的家庭主妇经历，一方面会使得曾经的职场女性出现适应不良的问题，另一方面也会使其与社会长时间脱钩，在社区矫正期满后，更加无法顺利融入职场。

（6）再犯罪情况。相较于男性而言，女性社区矫正对象再犯罪比例较低，因为女性社区矫正对象具备的羞耻心，导致她们自认为在家庭中抬不起头，尤其是对配偶、儿媳、女婿等。一是对配偶，觉得自己的犯罪行为影响子女前途、影响配偶在外形象；二是如果是由自己父母或者公婆为自己的犯罪行为的退赔、罚金等买单的话，她们内心会有强烈的负罪感，认为自己的犯罪行为导致家庭经济状况恶化；三是面对儿媳、女婿等下一辈的"外人"，一方面觉得自己的犯罪行为会被小一辈看不起，影响自身在家庭中的权威地位，也导致儿媳、女婿可能看不起自己的子女，另一方面会认为自己的行为影响孙子女、外孙子女的前途。所以，除诈骗、盗窃、毒品类犯罪等惯犯外，女性社区矫正对象极少出现再犯罪情况。

（二）女性社区矫正工作人员状况

（1）人数呈逐年上升趋势。社区矫正工作人员尤其是基层司法所工作人员，之前以部队转业军官为主，近年来随着公务员招聘、社区矫正工作人员招聘在不强调只招男性或者要求男女比例的前提下，女性参考人员一般笔试、面试成绩高于男性，从而导致女性工作人员人数呈上升趋势。

（2）专业水平参差不齐。女性社区矫正工作人员队伍中，具有法学专业水平的人员出现了两极分化，年纪较大的工作人员一般不具有法学专业知识，只是凭借司法系统培训和实践经验完成工作，如果遇到偶发性事件，往往不能第一时间进行专业判断。而近几年招聘的女性社区矫正工作人员一般都要求拥有法学专业背景，整体专业水平也较高。

（3）工作压力较大。一是社会压力，包括社会的高期望值、社会偏见、公众误解、恶意投诉等；二是工作压力，包括工作无规律、超负荷工作、工作时间过长、职务晋升空间小、责任大、犯罪手段多元化、经常与社会的阴暗面进行接触等；三是家庭压力，包括经济压力、子女教育、婚恋问题和亲人身体健康问题等；四是来自于个人自身的压力，包括身体健康和心理健康两个方面的问题；五是部分地区司法所双重管理导致的多岗兼职压力，包括因身处镇街而基层工作人员不足的痼疾导致身兼司法所及镇街中心工作等。而且有别于男性社区矫正工作人员对矫正对象在形象上具有的威慑力，女性工作人员经常被社区矫正对象认为好欺负，在监管教育过程中，常常遇到更多的困难。比如在日常工作中，就发生过年纪较大的男性社区矫正对象在接受教育谈话过程中明显表现出不耐烦，口口声声说着"一个小姑娘，能讲出什么道理"，"一个女的还想管我"，"我们男的想法做法，跟你们说不明白"之类的话语。

二、女性社区矫正成就

这方面的内容，将以案例的形式向大家进行讲解和分析。

案例一：女主管护师因贪污被判缓刑后主动支援武汉抗疫，因立功获减刑

张某是阜阳市一家医院的一名主管护师，因犯贪污罪于2019年9月被法院判处有期徒刑三年、缓刑五年，在阜阳市颍州区接受社区矫正。在此期间，她一直表现良好。2020年初，武汉新冠肺炎疫情最为严峻的时候，张某第一个向医院递交了请战书。张某作为一名医务工作者，有20多年的急诊工作经验，而且参与过2003年抗击非典，虽然是一名社区矫正对象，但她希望能够参与其中。按照规定，社区矫正对象不能随意离开所在辖区，要前往武汉必须要经过当地司法局的批准。于是，张某向颍州区司法局提交了申请，得到批准后，2月15日，她和同事一起抵达武汉，当天他们被分到了汉阳医院的发热门诊工作。2月25日，由于这家医院不再作为新冠肺炎的定点医院，张某接到通知，她可以先行撤离，但张某却选择了留在武汉继续抗疫，并再次写下请战书，随后她被分配到一家方舱医院，开展救治工作。

3月23日，阜阳市人民检察院在进行社区矫正检察的时候，注意到了张

某的情况，随后，他们了解了张某的日常监管表现。作为社区矫正对象能主动请战赴武汉抗疫，这种行为值得肯定，根据《刑法》第78条的规定，在抗御自然灾害或者排除重大事故中，有突出表现的，可以认定为具有重大立功表现。阜阳市人民检察院进一步开展调查核实，认为张某积极响应党和国家号召，主动请缨，奔赴武汉抗疫一线，为"武汉保卫战"的胜利作出了积极贡献，符合《刑法》第78条规定的法定减刑条件，于是发出检察建议，建议阜阳市司法行政机关对张某提请减刑。最终法院依法作出裁定，对张某减去有期徒刑一年，缓刑考验期由五年缩短为三年。检察机关发出检察建议，督促司法行政机关及时启动减刑程序，张某作为社区矫正对象，她个人的合法权益得到了有效保障。

作为一个长期从事社区矫正工作的人，从这个案例中，笔者关注的重点不在于张某因重大立功而减刑，而在于：①张某对于社区矫正相关监督管理规定非常了解并且认真遵守，即使明知自己主动请缨去抗疫一线是为国家为人民做贡献的好事，依旧不忘自己是一名社区矫正对象，不能非请假外出，需要向司法局提交申请，这说明颍州区司法局关于监管规定的教育到位；②张某于2003年就参与过抗击非典，可以看出她本身就有面对工作勇于迎难而上、不畏危险的品质，在因犯贪污罪被判刑后，她并没有因此变得颓废，而是在新冠肺炎疫情中依旧主动请缨，这说明其本人心理素质较好，社区矫正过程中也有注意矫正对象的心理健康培养；③以检察建议的方式启动减刑程序，而非由社区矫正机构主动提出减刑建议，说明社区矫正不同于监狱服刑，对减刑适用极少，没有提请减刑的意识，这样不利于保障社区矫正对象的合法权益。

案例二：精准帮扶——用爱链接回归路

阿英（化名）是三明明溪人，生活条件艰苦。一天，阿英和公公干完农活，在回家的山路上捡到一只"山鸡"，二人便想着拿到市场上卖了贴补家用。谁知，这只"山鸡"竟然是国家二级保护动物——白鹇。而后，两人因贩卖国家保护动物分别被法院判处有期徒刑一年，缓刑两年。

阿英是个普通农民，因为无知踩了法律的"雷区"，被法院判刑，一时接受不了，刚入矫时哭哭啼啼，社区矫正工作人员非常为难。后来在社区矫正工作人员方秋轩的日常监督管理和教育帮扶下，阿英逐渐接受了这一现实，并开始用心矫正。方秋轩从事社区矫正工作多年，工作经验丰富，法律知识储备全，当她得知阿英家庭困难，并对种植淮山很感兴趣时，通过邀请农技师为其进行淮山种植技术培训，使得阿英的淮山种植地从第一年的 2 亩扩展到了如今的 7 亩，也使阿英成了村里小有名气的淮山"种植专家"，家里不仅盖起三层半的新楼，还添置了汽车。平日里阿英经常现身说法，建议村民多多学法，不要像她过去那样因为不懂法触犯了法律。

在本案例中，阿英是典型的无知型犯罪。在我国，女性受教育机会少于男性，在大城市里这种差别还不明显，但在广大农村地区，尤其是在年纪较大的女性中普遍存在未接受过教育的现象。因为文化水平较低，这些女性对于客观事物的认知往往停留在感性认识阶段，擅长以朴素的道德观去评价事物。其犯罪动机的产生主要是因为愚昧无知，法律意识淡薄，伴随而生的就是此类型犯罪的女性社区矫正对象家庭经济条件相对不好。针对这一类型的矫正对象，一方面需要在个别教育中增加法治教育的比例，尤其需要针对其工作、生活环境，模拟其容易因法律意识淡薄而发生犯罪风险的焦点，选择对应的法律法规进行讲解，而且要以案例讲解为主，以加深印象。另一方面，需要在职业培训方面对她们予以帮助，授人以鱼不如授人以渔，只有她们的经济条件上去了，尝到掌握法律知识、技术的甜头，才能发自内心去主动学习，等解除矫正后也会继续学习。

案例三：社矫对象携儿私逃千里追夫

2021 年 1 月 31 日，汕头市龙湖区女性社区矫正对象陈某，为了带着不足八个月的儿子前往男友汪某户籍地江西省九江市都昌县，追回因"冷战"独自回乡的汪某，私自外出，并且与监控手机人机分离。在被社区矫正机构工作人员发现后，陈某才哭诉汪某撇下自己和孩子独自返乡，并且没有给失业的自己留下一点生活费，甚至连奶粉钱也没有的情况。社区矫正机构处理完陈某违规外出事宜之后，主动介入调解陈某和汪某的矛盾。了解到因陈某父母无法接受女儿的违法犯罪行为，与之"决裂"，从而使得陈某无法拿到户口本与汪某办理结婚手续，二人便在同居状况下非婚生子小汪某。陈某为照顾孩子，一直没能工作，汪某的收入便成为家庭唯一的经济来源。正是因为上述情况，汪某才会在与陈某发生争吵后，随口就说出其与陈某并非合法夫妻，没有义务负担陈某的生活费用，汪某最后是由社区矫正机构工作人员以其为陈某担保人身份叫回的，并且以《民法典》为依据，劝说其承担对小汪某的生活和教育义务。经过"情、理、法"的教育和劝说，汪某与陈某的关系缓和，陈某也开始争取父母的谅解。

在本案例中，陈某属于典型的家庭主妇群体。从社会分层理论来看，按中国社会科学院社会学研究所"当代中国社会结构变迁研究"提出的十大社会阶层的划分模式，女性群体较之男性有其自身的独特性。除了这十大社会阶层外，女性群体中还存在着特殊的社会群体——家庭主妇群体以及灰色收入群体等。陈某作为家庭主妇，汪某的收入就成为家庭唯一的经济来源。正是因为经济不独立，陈某为自己和孩子的生活焦虑，其情绪才会随着汪某的决定而波动起伏，从而出现不理智行为。

三、女性社区矫正存在的问题

（一）怀孕及哺乳期女性社区矫正对象收监难问题

根据《刑事诉讼法》第265条的规定，对被判处有期徒刑或拘役的罪犯，有下列情形之一的，可以暂予监外执行：①有严重疾病需要保外就医的；②怀孕或者正在哺乳自己婴儿的妇女；③生活不能自理，适用暂予监外执行不致危害社会的。

上述规定是我国法律保护妇女儿童权益和体现司法关怀的重要举措，是行刑文明的一种象征。若法定暂予监外执行情形消失后，应及时收监。但在实践中却出现女性社区矫正对象借怀孕逃避收监的情况。从实践上讲，借怀孕逃避收监大致可以分为三种类型：一是缓刑或者假释人员，在出现《社区矫正法》第28条规定的情形时，借怀孕逃避实刑；二是暂监外人员为避免暂监外条件消失后会被收监而故意怀孕；三是因为漏罪新罪要被收监而故意怀孕。

下面列举几个恶意怀孕躲避收监的案例。

案例一：多次"怀孕"让积极悔改失去价值

罪犯张某因犯职务侵占罪被深圳市福田区法院判处有期徒刑10年，但其在侦查期间就因怀孕被取保候审。后来，她又在 2004 年 6 月、2007 年 4 月、2009 年 9 月生育 3 名子女（此前已生育一女），被暂予监外执行。2012 年 8 月，暂予监外执行期满，张某被重新收监，执行剩余刑罚。服刑期间，张某获得多次嘉奖、表扬。广东省女子监狱认为，张某能认罪悔罪，认真遵守法律法规及监规纪律，接受教育改造，积极参加思想、文化和职业技术教育，积极参加生产劳动，努力完成生产任务，确有悔改表现，建议对其减刑 8 个月。不过，广州市中级人民法院经审理后认为，罪犯张某因犯职务侵占罪被判处刑罚，并因怀孕及哺乳期暂予监外执行，其本应自觉遵守法律、法规，积极悔罪、赎罪，但其不思悔改，在判决生效后，利用暂予监外执行的条件，多次违反计划生育政策生育多名子女，故意规避进监执行刑罚达 7 年之久，她的主观认识尚不足以认定为确有悔改表现。依照我国《刑法》及最高人民法院《关于办理减刑、假释案件具体应用法律若干问题的规定》的规定，法院裁定对罪犯张某不予减刑。罪犯张某的行为公然挑战判决权威性和法律严密性。如果对她予以减刑，则是对违法行为的纵容，甚至会引起其他罪犯的效仿，必然在社会中产生不良的影响和导向作用。因此，对罪犯张某裁定不予减刑，也将引导社会公众正确认识"暂予监外执行"的措施。

案例二：一个非典型女毒犯的三次怀孕

李某在 2011 年曾因犯非法持有毒品罪被判处有期徒刑 1 年 6 个月。2012 年 6 月刑满释放后，先后与男友王某、杜某生育两个孩子。2015 年 1 月又因和杜某一起贩毒被公安机关抓获。次年 4 月，浙江省湖州市中级人民法院以运输毒品罪判处杜某死缓、李某有期徒刑 12 年。

由于当时李某已怀孕，法院对她作出暂予监外执行决定，由其户籍所在地依法实行社区矫正。谁知，其在生下第三子后的哺乳期内，又与他人怀孕生下第四子。收监第二次陷入僵局。

在其第四子哺乳期将满 9 个月时，法院曾多次与司法所、社区等部门商讨将李某提前收监，但依照《看守所条例》，哺乳不满 1 年不予收押。三个月后，李某又怀孕，收监工作再次陷入僵局。

2019 年 2 月，李某生下第五子后，湖州市中级人民法院为避免其"故伎重施"，联合司法局、派出所共同制定收监执行方案和应急预案。以哺乳期为切入点"破难"，根据《浙江省罪犯暂予监外执行实施办法》第 7 条"哺乳自己婴儿的期限一般不超过九个月"的规定，对李某提前收监完全有据可依。最终，湖州市中级人民法院在 2019 年 11 月作出对李某的收监执行决定，当日成功执行收监。

因李某家里只有母亲，如何抚养五个孩子，也是承办法官进行收监工作时要同步考虑的。承办法官先后六次前往三个幼子父亲所在地，联合司法所、民政部门、社区做工作。最终，孩子父亲喻某、费某担起监护责任。两个较大的孩子由李某的母亲抚养。在李某被收监前，五子均得到妥善安置。承办法官说："李某多次借孕逃避责任的做法很是恶劣，但孩子是无辜的。"

像李某这样的女性罪犯并非孤例。三门县人民法院一年内发现 3 名女性被告人在取保候审期间怀孕或在缓刑考验期限内重新犯罪但怀孕，最后难以收监执行。而且，这 3 人都已生育，怀孕都违反计划生育政策。

宁海县人民法院分析 2012 年度监外执行案件发现，18 人中哺乳期妇女 10 人，占比 55.6%，存在以恶意怀孕、生育逃避刑罚执行的问题。其中，一职务侵占罪被告人被交付执行时，因系哺乳期，不宜收监执行，当哺乳期满，法院作出收监执行决定后，该罪犯提出其已怀孕以逃避执行。2015 年，该院监外执行 20 人中，哺乳期妇女 5 人。其中一个是贩卖毒品的女性熊某，从侦查到判决生效期间多次怀孕，以逃避强制措施与监禁刑的执行。

哺乳期满后，再次恶意怀孕，并在不生育的情况下连续怀孕；或怀孕并生育，怀孕期、哺乳期交替延续，致使罪犯长期处于非监禁状态，已成为司法实践的一大难题。

从上述案例中可以看出，以怀孕和哺乳期为保护伞，是女性社区矫正对象躲避收监执行的惯用伎俩，这种做法也成了司法实践中的难题。而女性社区矫正对象做出如此选择的原因却很多：一是经历怀孕和哺乳期的女性社区矫正对象，如刑期未满被收监时，孩子刚满一周岁，女性选择躲避收监有舍不得孩子的因素在其中；二是单纯害怕监禁刑，对监狱怀有恐惧感；三是自认为找到了法律的"漏洞"，想自作聪明地躲避监禁刑；四是以怀孕哺乳期为由，策划实施再犯罪行为。其实总的看来，这都是无知的表现，首先是对法律权威性、严肃性的无知，本应在暂监外期间接受社区矫正教育，认真悔罪赎罪，结果把心思全放在怎么躲避收监一事上，何谈悔罪？其次，怀孕对女性而言是一件相当消耗身体的行为，如果想规避收监，就必须在哺乳期结束前保证怀孕，此时距离上一次生产不足一年，再次怀孕不符合医学上生产后两年再怀孕的建议，因为生孩子对女性子宫存在一定的创伤，在没有恢复好的情况再次怀孕对女性身体来说是一种负担，也是一种危险。如果是剖腹产的话，医学上的建议是2年到3年后才能怀孕，以避免怀孕过程中切口裂开。案例中刑期较长，在短短几年时间里反复怀孕、生产或者连续怀孕却不生产的，其实是在拿自己的身体开玩笑。笔者在工作中也遇到过一例因哺乳期暂监外的女性社区矫正对象，在哺乳期满前故意怀孕，最后在去医院做保胎治疗过程中，被医生提醒因上一胎是剖腹产，间隔时间太短再次怀孕，在孕中极易发生子宫切口裂开，对母亲和胎儿都不利，拒绝为其保胎，建议流产。最后，在短短几年时间里反复怀孕生产，女性的精力不足以照顾如此之多的孩子，对孩子的身心健康发展不利。因此在实践中，即使出现女性社区矫正对象在哺乳期故意怀孕，如果医院为孕妇健康着想，建议其放弃胎儿的话，正常的女性社区矫正对象一般都会选择放弃，毕竟至少还有一个幼儿需要母亲的照顾，而不是为了躲避收监就把自己的身体健康搭进去。

针对这种情况的女性社区矫正对象，相应的法治教育和孕产期健康教育是必需的，只有让矫正对象正确认识自己的犯罪行为、产生悔罪之意，让矫正对象认识到短期内反复怀孕对自身有损害，鼓励其尊重法律、尊重自己，才能让大部分女性社区矫正对象在收监问题上作出合法合情合理的选择。

（二）女性社区矫正对象再回归社会难问题

（1）心理压力导致回归难问题。相对于男性而言，女性的心理承受能力较差。同时对比男性社区矫正对象而言，女性社区矫正对象的心理压力普遍更大，更加重视自己的犯罪结果对于家庭以及子女的影响。其中对子女今后学习工作可能会受母亲犯罪经历影响的重视程度更高。相对而言，女性社区矫正对象的负罪感更强。尤其是在主动退赔取得谅解从而被判处缓刑的同时，被判处罚金的社区矫正对象，如果有工作的话，整个人的精神状态都是较好的，容易产生心理负担的往往是没有固定工作或者是家庭妇女的矫正对象。她们对于自身行为给家庭造成的经济负担更加敏感。

比如，在社区矫正工作中通过长期观察可以发现，出现需要带幼儿办理入矫手续、参加教育学习的社区矫正对象中，女性的频次更高。而带年纪较大、可以短时间内离开父母的少儿参加教育学习的社区矫正对象中，反而极少出现女性，她们的统一说法都是孩子已经有对错意识并且记事了，不希望在孩子心目中留下母亲是一个犯罪人员的印象，宁可带着孩子过来，但把孩子留在车内。而男性社区矫正对象反而没有这种顾虑，他们大部分会在自己接受教育谈话的同时，让孩子在司法所内玩耍。再比如参加公益活动时，男性不太在意自己是否被问及为何突然积极参加社区活动，而女性一般都会在被问及时强调自己是在志愿服务，并且抗拒佩戴志愿袖标或者穿戴志愿者服装，在《社区矫正法》出台以前，对带有社区矫正等字样的服装就更为抗拒。

（2）社会交往压力导致回归难问题。在乡镇或者城区还迁社区的熟人社会，女性社区矫正对象还会出现社会交往问题。因为各家各户都非常了解，许多家长里短的事情根本瞒不过同村甚至邻村的人，女性社区矫正对象与人交往往往存在顾虑。这种问题对于城区商品住宅社区反而影响不大，因为周围同一栋楼甚至同一层的邻居之间都不太了解。

（3）经济收入欠缺导致回归难问题。当今社会对于有过犯罪经历的求职者或多或少都会存在一些歧视，虽然《社区矫正法》第4条第2款规定，社区矫正对象在就业、就学和享受社会保障等方面不受歧视。但是就现实而言，无论是社区矫正对象还是监所刑满释放人员，在就业市场都很谨慎，尽量不让公司企业知道自己的犯罪经历，采取隐瞒的做法。而相对于男性而言，社会大环境对女性的要求就更为苛刻，社会性别赋予女性柔弱、善良、贤惠等刻板印象，和残忍、暴力、冷血、奸诈的罪犯标签无法对等挂钩，女性社区矫正对象在寻找工作的过程中更显吃力。

四、女性社区矫正权益保障

（一）女性社区矫正对象权益保障

（1）《社区矫正法》第25条第2款规定，社区矫正对象为女性的，矫正小组中应有女性成员。这在一定程度上肯定了女性社区矫正对象需要与男性区别对待，不仅有利于对女性社区矫正对象开展相关工作，也有利于保护她们的合法权益，体现社区矫正法对于女性的特殊保护和关照。

（2）随着社区矫正工作实践经验的增长，以及当代社会对心理健康重视程度的增加，全国许多地方都开始对社区矫正对象开展入矫心理测评、心理问题矫治。天津市武清区社区矫正中心还曾针对妇女节主题开展集中教育，促进女性社区矫正对象心理健康状态的和谐发展，促使女性社区矫正对象学会情绪管理，减少因情绪不稳定及身体激素分泌失调，影响正常思维，从而引起过激行为。

（3）有针对性地开展教育学习。随着科学技术的发展和社区矫正教育计划的健全，天津市司法局通过"天津市社区矫正一体化平台"的教育培训板块和"津矫通 APP"的运用，上线了 400 余堂线上课程，分属心理矫正、习语、热点人物、热点关注等不同类型，各区司法局还会自行上传符合本区实际情况的线上课程，可以提供给各司法所为不同社区矫正对象开展有针对性的教学学习。

（4）《社区矫正法》第 35 条规定，县级以上地方人民政府及其有关部门应当通过多种形式为教育帮扶社区矫正对象提供必要的场所和条件，组织动员社会力量参与教育帮扶工作。有关人民团体应当依法协助社区矫正机构做好教育帮扶工作。这是从法律层面规定了对社区矫正工作的社会力量支持的肯定。

从实践出发，我国有人口基数大、基层工作力量不足的现实因素，如果单纯为支持女性社区矫正对象进行社会力量支持规划并不现实，而利用现有对社会女性群体的支持力量，在符合法律规定的层面上，对女性社区矫正对象进行支持还是可行的。尤其在增加适合女性社区矫正对象的就业培训内容和丰富适合女性特点的公益活动方面还有很大的发挥空间。

社会力量在国外的社区矫正中也发挥了重要作用。在日本，保护观察志愿者是被法务省委任的从事社区矫正工作的志愿者人员。志愿者熟悉社区环境与习惯，贴近被矫正者，可以提高矫正效果。日本妇女还组织成立了矫正援助妇女联合会，她们积极到矫正援助馆、监狱和青少年管教院参与矫正工作，提供各种物质和精神帮助。

美国有针对社区矫正对象的过渡性保障、帮助措施，比如部分"中途之家"为一部分特殊犯罪人提供一些特别服务。例如，美国的妇女监狱与家庭公司是一个非营利性机构，它强调独立生活技能、同伴支持和对家庭与社区生活的参与。

《社区矫正法》第 10、11 条规定，进行社区矫正工作需要有法律、教育、心理、社会工作等专业的人员，但在实际工作中，这种理想化的专业配比无法保证。这就需要专门的社会工作者组织进行补充，而现实情况是即使在大城市中，这种专门组织数量也极少，在广大中小市县更是难觅踪迹。所以需要从国家层面鼓励、引导这类组织的建立、发展。

（二）女性社区矫正工作人员权益保障

1. 加强社区矫正机构工作人员队伍建设

社区矫正工作人员整体队伍建设不足，各省市普遍存在编制数量少、社会力量支持缺乏以及司法所配备不科学等问题。这些问题同样是女性社区矫正工作人员权益保障的难点，整体队伍建设不完善，女性工作人员的权益就更加得不到保障。

2. 建立完善的职业风险防范机制

职业风险防范机制不单指内在防范措施，还有外在防范措施。即一方面进行职业道德和相关党纪国法知识的学习，使得社区矫正工作人员从内心深处牢记法律红线不可跨越，警钟长鸣；另一方面也要正视社区矫正工作虽然是社会化的监管模式，面对的是轻型犯罪人员，但也存在一定的危险，需要从科技设备方面为社区矫正工作人员筑起一道保护屏障。

3. 正视女性社区矫正工作人员压力问题

来自于社会、工作、家庭以及自身的压力组成女性社区矫正工作人员的压力问题。这个问题是亟待解决的。随着社会生活节奏的加快，以及《社区矫正法》正式实施以来对社区矫正工作人员要求逐渐正规化，社区矫正工作人员的压力呈上升趋势。解决压力问题不是单单靠一年一度的心理培训或者名额有限的心理疏导就可以解决的，这需要相关单位领导把工作人员的心理压力问题放在员工关怀的角度加以重视，更需要社会对于心理疾病的观念的转化。一方面可以通过学习，增强工作人员的心理抗压能力，让大家学会自我调节；另一方面需要有规律地进行心理健康测评，发现工作人员的心理问题，及时开展专业疏导工作。

从教育矫正到社会关系修复：
基于《社区矫正法》的理念重塑

李　川　刘双阳 *

一、《社区矫正法》提出的社会关系修复新理念

社区矫正作为一种非监禁性刑事执行活动，首先个别性地考察具体受刑人之人身危险性，再对不致再危害社会的受刑人从轻处遇、直接在社会中接受教育矫治，从而改善受刑人处遇之效果和复归社会之能力。教育矫正论认为刑罚的目的在于教育矫正犯罪者，通过对受刑人进行针对性的教育矫正措施，可以减少甚至消除其人身危险性，改恶向善，使其不致再犯罪危害社会。2003 年开展社区矫正工作伊始，我国就将监督管理、教育矫正和帮困扶助列为社区矫正工作的三大主要任务。2009 年"两高两部"联合印发的《关于在全国试行社区矫正工作的意见》则明确将"教育矫正"提到各项任务之首，2019 年颁布的《社区矫正法》将教育矫正与帮困扶助两项任务合并，统一为"教育帮扶"，并突出了以社会融入为目标的社会关系修复的矫正新理念。《社区矫正法》在矫正理念上突出社会关系修复的新变化与世界范围内社区矫正教育的发展趋势相适应：社区矫正在世界范围内已从单纯的教育矫治向复合的社会关系修复转变。在我国社区矫正教育工作中贯彻《社区矫正法》，就需要以社会关系修复理论为基础在实践中创新社区矫正教育矫治模式。

二、社区矫正中社会关系修复的基本内涵

《社区矫正法》中提出的以社会融入为目标的社会关系修复，就理论而言

---

* 李川，法学博士，东南大学教授、博士生导师；刘双阳，东南大学法学院博士研究生。

应该是指在社区矫正实施过程中，运用社会修复的方法，对犯罪行为所损害的犯罪人人格、被害人（社区）、社会规范以及社会秩序进行修复的过程。犯罪作为一种社会损害，体现为对犯罪人人格、被害人（社区）、社会规范以及社会秩序四个层面的社会关系侵害与破坏，因此，社会关系修复也需要从这四个层面着眼，分别体现为对犯罪人人格的矫正修复、被害人（社区）权益的补偿修复、社会规范的效力修复以及社会秩序修复的整体修复，形成全方位、多层次、复合型的社会关系修复体系。

首先，社区矫正社会关系修复的直接目标是教育矫治犯罪人，矫正其扭曲的危险人格和反社会特性，使其恢复正常人格、无害回归社会，不再对社会关系构成威胁。由此，不仅犯罪人的人格得到了矫正修复，也使得犯罪人成为社会正常生活的一分子，消除其对社会秩序的破坏可能性。对犯罪人的改造复归主要通过教育矫治和复归社会两种机制配合实现，体现为以有效复归社会、巩固教育矫治长期效果为目标的社会接纳和社会融入具体措施，通过这些措施从长效机制的意义上消除犯罪人对社会秩序的破坏可能性，使被犯罪人破坏的社会秩序得以最终恢复。

其次，社区矫正社会关系修复的核心目标是通过完善被害人参与和补偿机制，对被害人（社区）进行补偿修复。刑法规定的犯罪行为是对社会主体的法益的侵害，受害对象包括特定的被害人和社区。社区矫正社会关系修复从具体对象层次上应以对被害人（社区）的权益补偿修复为具体目标，主要通过被害人保护和参与机制实现，充分保障被害人（社区）在教育矫治过程中享有知情权、建议权、求偿权以及咨商权等，促使社区矫正对象向被害人赔偿道歉和真诚悔罪，以取得被害人（社区）的宽宥和谅解。

再次，社区矫正社会关系修复的基本目标是通过刑罚执行威慑机能和广泛的社会参与修复社会规范效力，使社区矫正对象和社会公众内心形成对社会规范的自觉认可和接受。犯罪行为直接损害的是法律规范及其体现的道德伦理等其他规范，破坏了社会规范的权威性和有效性。因此，必须通过规范教育重塑包括法律、道德伦理在内的各种形式的规范的效力来维护主体权利以及社会整体秩序的稳定，预防和遏制犯罪的发生。

最后，社区矫正中社会关系修复的根本目标是实现对社会秩序的整体修复，恢复和谐融洽的社会关系与安全稳定的社会秩序。主要是利用社会关系修复协商机制搭建犯罪人与被害人（社区）之间的交流沟通平台，化解犯罪人与被害人（社区）以及周围社会关系的隔阂和偏见，促使犯罪人以真诚悔罪取得被害人（社区）的接纳和谅解，从而减小犯罪人回归社会的阻力，帮助社区矫正对象顺利融入社会，消除再犯可能性。

三、社区矫正中社会关系修复型矫正制度新设置

《社区矫正法》中提到了社会关系修复，其在社区矫正实践中推行必须建立相应的具有可操作性的制度，进而保障社区矫正社会关系修复理论所倡导的人格恢复、被害补偿、规范修复、秩序回复四大理念有效落地实施，促进社区矫正教育矫治工作朝着规范化、社会化、科学化方向发展。

（一）促进社会谅解接纳的社会关系修复协商补偿制度

设立社区矫正制度的初衷就是拓展刑罚执行的"社会参与性"，希望在相对开放的社区环境里，鼓励更多社会成员参与到对犯罪人的教育矫治活动中，而非像监禁行刑方式用高墙电网将犯罪人与社会隔绝。在封闭环境中由单一主体对犯罪人进行再社会化往往事与愿违，"监狱是犯罪的学校，特别是结伙犯罪的学校，而这类犯罪是所有犯罪中最危险的犯罪"。从本质上来看，如果把社会关系比作一张巨网，那么每个社会成员就犹如网上的钮结，没有社会，就没有个人，个人是社会的产物，人在与社会交往中能感受人情温暖、获得心灵慰藉和舒缓生活压力。犯罪学研究发现，情绪冲动易怒、缺少情感满足与安慰，形成孤僻、暴躁、冷漠、自卑等不良性格和反叛心理的人更容易走上犯罪道路。因此，需要在社会环境下对社区矫正对象进行充分的情感教育，修复犯罪人因情感缺失造成的认知心理扭曲和反社会人格缺陷。利用包括被害人（社区代表）在内的社会力量参与社区矫正工作是社区矫正的本质特征之一。

犯罪人是否愿意交流协商、向被害人（社区）赔礼道歉以及提供补偿是判断犯罪人是否从内心接受矫正的主要标准。被害补偿是社区矫正社会关系修复的核心任务，面对面平等协商、积极沟通是化解隔阂、达成共识最为有效的方法。推动教育矫治实施主体由单一性向多元化转变，将被害人（社区）意见、态度纳入犯罪人教育矫治方案，鼓励社会各类主体作为矫正小组成员代表参与和监督方案的实施。即在司法行政系统与社会组织、公民个人之间建立起同向运作、双向互动的协同机制，赋予和保障公众在教育改造犯罪人活动中的知情权、参与权、表达权和监督权，实现社会关系修复效能的最大

化。犯罪往往伴随着严重的人员伤亡和经济损失，邀请被害人（社区代表）参与对社区矫正对象的教育矫治活动，讲述其遭受侵害后的惨痛生活经历和表达社会关系修复的诉求，营造平等协商的"圆桌会议"场景，使社区矫正对象能够亲耳聆听、直观目睹、深切感受到自身犯罪行为给他人和社会带来的创伤，促使其换位思考，更深刻地认识到自己行为的错误性和危害性，从而真诚认罪悔罪，积极采取补偿措施，获得被害人（社区）的宽宥、谅解和接纳，减少社会排斥，营造良好的复归环境促进其社会融入。

（二）改善家庭监护环境的强制亲职教育制度

教育矫治体现了特殊预防所蕴含的刑罚个别化逻辑，要求处遇措施的程度及性质需根据犯罪人的差异区别对待。未成年社区矫正对象是社区矫正对象中的一类特殊群体，与成年社区矫正对象相比，其呈现出思想幼稚、模仿性强、行为方式情绪化、逆反心理强等特点。对未成年人应立足于"教育、感化、挽救"的方针开展社区矫正教育矫治工作。犯罪学研究表明，由于未成年人尚处于身心健康发育、人格独立发展和社会化能力形成的初期阶段，家庭教育是影响未成年人技能学习、规范接受、角色养成、行为选择和价值取向的核心要素。通过对未成年人犯罪案例进行跟踪研究发现，90%以上未成年人犯罪的原因分析中都能找到家庭教育方式不当或者缺失等影响因素，处于此环境下的未成年人容易形成孤僻、冷漠、自卑、叛逆、冲动、极端化倾向的性格，极易受到不良环境的影响和坏人的教唆、引诱而实施犯罪行为。未成年人的健康成长与监护人履行家庭教育职责有着密切的关联，不良家庭教育已成为诱发未成年人犯罪的重要诱因，特别是留守儿童家庭、流动打工家庭、单亲家庭、离婚家庭等因家庭结构不完整引发的家庭教育问题尤为突出，形成对未成年人教育成长相对缺失的不健康环境，为未成年人违法犯罪埋下隐患。

遵循国家亲权理念和儿童利益最大化原则，未成年人作为社会弱势群体，国家有保护未成年人的职责，并有权监督父母对子女的抚养和教育，当未成年人的监护人不适当或者不履行监护职责时，国家可以进行强制性干预以保护未成年人的合法权益，但应以儿童利益最大化为原则，坚持儿童福利本位。因此，为保障未成年人健康成长，国家应当帮助未成年人的监护人学习并掌握科学的家庭教育理念和方式、提高教育下一代的能力成为合格称职的家长即亲职教育的观念被广泛接受和认同。同时基于预防和治理未成年人违法犯罪的目的，逐渐派生出针对未成年人社区矫正对象的监护人实行"强制亲职教育"的概念，即对未能有效履行监护职责以致未成年子女违法犯罪的监护人开展强制性家庭教育学习。"强制"意味着只要发现未成年人犯罪与家长等监护人未能有效履行监护职责有关，监护人就应当接受亲职教育，如果监护人不参加亲职教育，相关机构可以强制其参加或者作出处罚。

家庭是教育矫治未成年社区矫正对象的重要场所，改善家庭环境对提高未成年社区矫正对象社区矫正社会关系修复效果至关重要。在未成年社区矫正对象的家庭中，监护人普遍缺乏教育矫正未成年社区矫正对象的有关知识，解决教育矫治问题的能力也较差，使得未成年犯罪与家庭教育陷入恶性循环。通过对失职的未成年社区矫正对象的监护人进行强制亲职教育，传授监护人正确的家庭教育理念，改善其家庭教育能力，掌握科学的家庭教育方法，在参与对未成年社区矫正对象的教育矫治过程中，融入亲情感化、修复亲子关系，强化家庭教育在未成年人成长中的作用，引导未成年人矫正不良行为，预防未成年人重新犯罪，体现少年司法宽严相济、教育和惩罚相结合的理念，实现未成年人社会保护、司法保护和家庭保护的有机统一。

（三）聚焦社会关系修复效果的教育矫治质量评估制度

教育矫治质量是检验教育矫正工作实效性的重要标尺。社区矫正教育矫治质量评估是依据社区矫正教育矫正的目的，以社区矫正对象为评价对象，运用科学的评价方法和明确的评价标准，对教育矫正的实施效果进行测评并做出价值判断的过程。围绕犯罪人人格的矫正修复、被害人（社区）权益的补偿修复、社会规范的效力修复以及社会秩序修复的整体修复等四个层面社会关系修复的需要，构建以犯罪人悔改、被害人谅解、规范信服、社会认可等社会关系修复效果为关键一级指标的社区矫正教育矫治质量评估制度，体现刑罚执行的报应性、预防性和修复性三种元素的有机结合。此外，应在一级指标的基础上细化出二级指标和设定具体的评价标准，增强社会关系修复实践的可操作性，其中以危险人格消除度和社会复归融入度作为"犯罪人悔改"的二级指标；以协商修复参与度、损害补偿修复度、内心谅解接纳度作为"被害人谅解"的二级指标；将社区矫正对象对道德伦理、法律等规范的学习认知水平、自觉服从情况和虔诚信仰程度作为"规范信服"的二级指标；将家庭成员认同度、社区居民满意度、社会关系融洽度纳入"社会认可"的二级指标（参见表1）。

表 1 社区矫正对象教育矫治质量评估指标体系

一级指标	二级指标	评价标准
犯罪人悔改	危险人格消除度	真诚悔罪、身心健康、再犯危险性低、善良本性恢复
	社会复归融入度	正常的工作生活能力、人际交往能力、社会参与能力
被害人谅解	协商修复参与度	被害人的知情、建议、参与权得到充分保障
	损害补偿修复度	金钱补偿、定向劳务等补偿情况良好
	内心谅解接纳度	内心对社区矫正对象不排斥，予以谅解和接纳
规范信服	规范认知水平	知晓公民应遵守的基本道德伦理、法律等规范内容
	规范服从情况	理解道德伦理、法律等规范的内涵，主动规范自身行为
	规范信仰程度	恢复对道德伦理、法律等规范的信心，自觉维护规范权威
社会认可	家庭成员认同度	认可社区矫正对象的矫正效果，接受其回归家庭
	社区居民满意度	对社区矫正对象的矫正效果满意，同意其回归社区
	社会关系融洽度	社区矫正对象的社会交往关系和谐、社会评价良好

数据信息的采集是质量评估、科学决策的重要前提，采集的数据信息的全面性、客观性、时效性直接影响质量评估结果的准确性。"互联网+社区矫正"是信息网络时代教育矫治质量评估发展的新思路、新理念，将社区矫正与互联网深度融合，建设智慧教育矫治质量评估信息网络平台，构建社区矫正机构与社会公众之间面对面、点对点的互动机制，面向犯罪人、被害人、家庭成员、社区代表、社区矫正工作者以及其他矫正小组成员广泛收集社会关系修复效果意见，倾听和尊重多元社会主体的建议和想法。

结　语

《社区矫正法》突出的以社会融入为目标的社会关系修复新理念，顺应了近代司法社会化和刑罚矫治化的国际发展趋势，并受到刑罚修复式正义观和刑罚执行人道化思潮的滋养，是国家司法向社会司法的延伸。社会关系修复型教育矫治模式将刑罚执行与社会关系修复有机统一，实现犯罪人人格矫正修复、被害人（社区）权益的补偿修复、社会规范的效力修复以及社会秩序修复的整体修复等多重价值目标，为新时代推进社区矫正工作指明了正确方向，也为解决当前我国社区矫正制度遇到的现实瓶颈问题提供了针对性的有效策略，目前已经在江苏省推广实施并取得了良好效果。

从检察机关履行社区矫正监督职责
——浅谈《社区矫正法》的贯彻适用

王 宁*

社区矫正（Community Crrections）是一个源自英美法系国家的舶来词。社区矫正制度起源于19世纪30年代的欧美国家，到20世纪80年代，社区矫正已成为西方国家占主导地位的行刑方式。目前，社区矫正在美国、英国、加拿大、澳大利亚、日本、新加坡等国家被广泛使用。根据2006年的统计，美国缓刑和假释两类犯罪人"占处在社区矫正系统监督之下的成年犯罪人总数的69.82%"，占矫正系统犯罪人总数的大部分。

社区矫正从2003年引入我国开始试点使用，多年来呈现出蓬勃发展的良好态势。16年来，全国累计接收社区矫正对象431万人，累计解除矫正361万人，截至2019年6月在册社区矫正对象70万人。随着宽严相济刑事政策、认罪认罚从宽制度的适用，社区矫正适用人数将继续增多。《社区矫正法》的贯彻实施，将为社区矫正工作带来更加广阔的发展境遇。社区矫正工作也将对推进国家治理体系和治理能力现代化建设，发挥更加积极的作用。笔者作为司法实务工作者，从检察机关法律监督的视角浅谈《社区矫正法》的贯彻适用，以作抛砖引玉之用。

一、社区矫正法律监督工作开展情况

（一）简单回顾社区矫正在我国的试点情况

社区矫正工作在我国经历了2003年试点、2005年扩大试点、2009年全

---

* 王宁，安徽省人民检察院第五检察部副主任，安徽省检察业务专家，三级高级检察官，法律硕士。

面试行和 2014 年全面推进四个阶段。党的十六届六中全会提出"积极推行社区矫正",首次明确将社区矫正作为完善社会管理、保持社会安定有序的重大政策措施,党的十八届三中全会通过的《中共中央关于全面深化改革若干重大问题的决定》提出"要健全社区矫正制度",党的十八届四中全会通过的《中共中央关于全面推进依法治国若干重大问题的决定》提出"制定社区矫正法",这些规定为建立完善中国特色刑罚执行体系、完善中国特色社会主义法治体系以及建构中国特色的社区矫正刑事执行制度提供了政策支撑与发展方向。

2003 年 7 月,"两高两部"联合印发《关于开展社区矫正试点工作的通知》,确定在北京、天津、上海、江苏、浙江和山东等省(市)开展社区矫正试点工作。2004 年 5 月,司法部发布《司法行政机关社区矫正工作暂行办法》,对司法行政机关开展社区矫正工作的机构、人员、职责,社区矫正对象的接收、社区矫正措施等作了具体规定。2005 年 1 月,"两高两部"又联合下发《关于扩大社区矫正试点范围的通知》,将河北、内蒙古、黑龙江、安徽、湖北、湖南、广东、广西、海南、四川、贵州、重庆等 12 个省(区、市)列为第二批社区矫正试点地区。

2006 年 10 月,党的十六届六中全会通过的《中共中央关于构建社会主义和谐社会若干重大问题的决定》明确提出了"实施宽严相济的刑事司法政策,改革未成年人司法制度,积极推行社区矫正"的要求。

2009 年 9 月,"两高两部"联合印发《关于在全国试行社区矫正工作的意见》,决定从 2009 年起在全国试行社区矫正工作,规定了全面试行社区矫正工作的指导思想、基本原则和适用范围,特别是明确了社区矫正工作的三大任务,就是对社区矫正对象的教育矫正、监督管理和帮困扶助。

2011 年 2 月 25 日,全国人大常委会颁布《刑法修正案(八)》,明确规定对被判处管制、宣告缓刑、裁定假释的罪犯,依法实行社区矫正。2012 年 3 月,修正的《刑事诉讼法》第 258 条规定:"对被判处管制、宣告缓刑、假释或者暂予监外执行的罪犯,依法实行社区矫正,由社区矫正机构负责执行。"社区矫正分别被写入《刑法》《刑事诉讼法》,标志着我国社区矫正法律制度的确立。2011 年 4 月,"两高两部"联合印发《关于对判处管制、宣告缓刑的犯罪分子适用禁止令有关问题的规定(试行)》,对禁止令进行了细化规定。2012 年 1 月 10 日,"两高两部"联合印发《社区矫正实施办法》,自 2012 年 3 月 1 日起施行。

这一系列规定，为社区矫正工作顺利开展提供了制度保障，为全面确立社区矫正制度，进一步完善刑罚执行体系，推进刑罚执行一体化、专门化、法治化奠定了坚实的基础。社区矫正工作体现了贯彻落实宽严相济刑事政策的要求，是中央提出的司法体制机制改革的重要内容，是改革完善我国刑事执行制度的重要举措。社区矫正作为"最人道、最文明、最经济的非监禁性刑事执行制度"，反映了刑罚轻缓化、行刑社会化等刑罚变革趋势。实践证明，社区矫正工作旨在矫正社区矫正对象的不良心理和行为恶习，促使其顺利回归和融入社会，防止其重新违法犯罪，为减少社会矫正对象重新违法犯罪、维护社会和谐稳定作出了重要贡献。

（二）社区矫正法律监督发展进程

对被判处管制、宣告缓刑、假释、暂予监外执行的罪犯实行法律监督，一直以来是检察机关法律监督的构成内容。例如，1986 年，最高人民法院、最高人民检察院、公安部、劳动人事部印发了《关于被判处管制、剥夺政治权利和宣告缓刑、假释的犯罪分子能否外出经商等问题的通知》；1988 年，最高人民检察院、公安部、司法部出台了《关于不允许暂予监外执行的罪犯外出经商问题的通知》；2000 年，最高人民检察院监所检察厅制发了《关于进一步加强监外执行检察工作的通知》等，就检察机关如何履行监督职责作出了规定。

2003 年 7 月，"两高两部"联合印发了《关于开展社区矫正试点工作的通知》，该通知第 2 条明确了社区矫正的适用范围和任务，将被判处管制、宣告缓刑、裁定假释、暂予监外执行的罪犯等纳入社区矫正，该通知第 3 条"分工负责、密切配合，共同做好社区矫正试点工作"中规定，"人民检察院要加强法律监督，完善刑罚执行监督程序，保证社区矫正工作依法、公正地进行"，明确了检察机关的法律监督职责。

为进一步加强检察机关对社区矫正的法律监督，根据社区矫正试点实践情况，最高人民检察院单独或会同相关部门陆续制定了相关规范性文件。如，2005 年最高人民检察院监所检察厅《关于加强监外执行检察工作的意见》；2006 年最高人民检察院《关于在社区矫正试点工作中加强法律监督的通知》；2007 年最高人民检察院《关于加强对监外执行罪犯脱管、漏管检察监督的意见》；2008 年最高人民检察院《人民检察院监外执行检察办法》；2009 年中央社会治安综合治理委员会办公室、"两高两部"《关于加强和规范监外执行工作的意见》；2016 年"两高两部"《关于进一步加强社区矫正工作衔接配合管理的意见》等。同时，多年来最高人民检察院还组织开展了多次社区矫正专项检察活动，推动了社区矫正监督在全国各地规范化开展。

（三）安徽省社区矫正法律监督工作开展情况

2005 年 1 月，"两高两部"《关于扩大社区矫正试点范围的通知》将安徽省确定为全国第二批社区矫正试点省份。多年来，安徽省按照中央要求积极稳妥地部署开展本省社区矫正试点工作。一是加强制度建设，不断完善和规范安徽省社区矫正工作机制。二是加强机构建设，不断提升社区矫正机构专业化能力。三是创新方式方法，探索把现代科技与社区矫正规范执法有机结合，并借助监狱民警参与社区矫正矫治管理，积极推进社区矫正影响评估，建立社区矫正教育基地等，这些创新举措丰富了社区矫正监管方式方法，取得了一定工作成效。安徽省检察机关社区矫正法律监督的主要做法，概括地说，就是"五个下功夫、五个着力"。

1. 在健全完善法律监督机制建设上下功夫，着力推进社区矫正工作规范化实施

为做好安徽省社区矫正法律监督工作，多年来，安徽省检察院加强与省司法厅、省高院、省公安厅等相关部门的沟通协作，出台了若干个会签文件，着力推进社区矫正法律监督的规范化建设。全省各级检察机关积极作为，大胆探索，针对工作中遇到的困难和问题，加强与当地司法局、法院、公安等部门沟通协调，制定了相关工作规范和监督制度，全省社区矫正法律监督工作规范化水平得到提升。

（1）2013 年 3 月，安徽省检察院与省司法厅、省高院、省公安厅联合会签了《安徽省社区矫正实施细则（试行）》，结合工作实际，对《社区矫正实施办法》作出进一步细化规定。

（2）2013 年底，为解决社区矫正对象交付执行、收监执行等工作中存在的突出问题，在安徽省委政法委的大力支持下，安徽省检察院、省司法厅、省高院、省公安厅、省民政厅、省人力资源和社会保障厅联合会签了《关于加强罪犯交付执行和暂予监外执行工作的若干规定》，对罪犯交付执行、暂予监外执行、收监执行等程序作出了明确规定，以解决交付执行衔接配合不够顺畅等问题，充实和完善了社区矫正实施程序的有关内容。该规范性文件第一次明确将社区矫正对象纳入低保范围，体现了对社区矫正对象的人文关怀。

（3）2014 年，省检察院、省高院、省司法厅结合工作中遇到的困难和问

题，联合制定了《安徽省社区矫正实施细则补充规定》，对各部门工作衔接进一步作出具体详细的规定。

（4）2015年，省检察院、省高院、省司法厅、省公安厅会签了《〈暂予监外执行规定〉贯彻意见》《安徽省社区矫正重大事项报告规定（试行）》。

（5）2016年，省检察院贯彻落实省委、省政府办公厅印发的《关于进一步加强社区矫正工作的意见》，并及时转发"两高两部"印发的《关于进一步加强社区矫正工作衔接配合管理的意见》。

（6）2016年，省检察院紧紧抓住省人大常委会专项听取省检察院刑事执行检察工作报告的契机，认真贯彻落实省人大常委会作出的《关于加强全省检察机关刑事执行检察工作的决定》，进一步推进包括社区矫正法律监督在内的刑事执行检察工作向纵深发展。2016年初，省检察院将社区矫正检察专项列入2016年度省检察院工作要点，省院监所检察处提出具体工作措施，指导各地检察机关及时明确工作思路，大力推动社区矫正法律监督由以往的定期专项检察向常态化检察的转变。

（7）建立全省检察机关社区矫正主要业务数据季度通报和数据分析制度，有效解决检察机关社区矫正基础数据与司法统计口径数据差异问题，并通过对全省社区矫正主要业务统计数据进行剖析研究，及时发现和解决问题，促进了各地社区矫正法律监督工作均衡开展。

（8）探索跨省建立社区矫正协作配合机制。安徽省是农业大省，农民外出务工的较多，为有效解决农村社区矫正对象外出务工问题，省检察院积极指导各地加强与周边省份的协作配合，协调在务工当地接受社区矫正。

2. 在聚焦主责主业强化监督上下功夫，着力增强社区矫正法律监督实效

2012年《社区矫正实施办法》第2条规定，人民检察院对社区矫正各执法环节依法实行法律监督，也就是说，社区矫正法律监督贯穿于社区矫正执法环节的全过程。从监督阶段看，既监督社区矫正适用前的调查评估活动，也监督社区矫正适用后的交付执行、监督管理、教育矫治、变更执行和终止执行等各个环节的活动。从监督对象看，既监督社区矫正活动中各相关职能部门的公权力是否依法规范运行，也要维护社区矫正对象的合法权益。从监督职责看，既监督社区矫正活动是否符合法律法规规定，还查办社区矫正活动中发生的渎职犯罪，办理社区矫正对象再犯罪案件。多年来，我们坚持立足检察职能是基础，履行监督职能是根本，把功夫用在监督上，做到监督到

位不缺位、配合有序不越位。

3. 在夯实基层基础建设上下功夫，着力激发基层社区矫正法律监督的活力

多年来，各地检察机关积极探索在当地社区矫正中心设立社区矫正检察官办公室，把监督地点设在社区矫正工作场所，社区矫正检察监督触角不断向基层一线延伸。各地对社区矫正对象的入矫、教育管理、公益劳动、收监执行、解矫等各环节实行实时动态监督，监督力度不断提升。同时，注重培育我省检察机关社区矫正检察特色基层品牌。

4. 在推动检务公开维护司法公正下功夫，着力强化人大、政协对社区矫正法律监督的关注度

近年来，全省检察机关积极向各级人大常委会报告社区矫正工作，邀请人大代表、政协委员视察社区矫正场所和教育帮扶基地，进一步推动社区矫正法律监督检务公开。近年来，省检察院先后两次向省人大常委会专题报告全省检察机关刑事执行检察工作，有力推动了包括社区矫正法律监督工作在内的刑事执行检察工作的发展进步。同时，积极办理人大代表、政协委员的建议、提案；邀请人大代表、政协委员、人民监督员和特约检察员视察社区矫正检察工作。

5. 在强化各职能部门协调配合积极协助帮扶安置上下功夫，着力保障社区矫正对象的合法权益

2014年，省检察院与省直六部门会签《关于加强社区矫正对象合法权益和暂予监外执行工作的若干规定》，着力加强对社区矫正对象的权益保障，明确规定社区矫正对象在享受社会保障方面不受歧视，将符合低保条件的社区矫正对象纳入低保范围，体现了司法的人文关怀。

（四）安徽省检察机关社区矫正法律监督的探索创新

近年来，安徽省检察机关紧紧围绕服务安徽经济社会发展大局，顺应司法体制改革和检察体制改革新形势，努力探索创新社区矫正法律监督新路径，不断推进检察环节社会治安综合治理持续向好，为美好安徽建设发挥了积极的司法保障作用。2017年，安徽省检察院刑事执行检察部门经充分调研，经报省院领导同意，决定部署开展社区矫正检察改革，着力打造社区矫正检察的"安徽模式"。具体表现在"三个坚持"：

1. 坚持以制度促规范，研究制定社区矫正检察办案指引

2017 年在充分调研研究的基础上，起草了《安徽省检察机关社区矫正检察若干规定（试行）》（以下简称《若干规定》）。大家一致认为，《若干规定》积极顺应司法体制改革的大趋势、大潮流，紧紧扣住刑事执行检察权的司法属性，强化刑事执行检察办案的思维模式，赋予社区矫正检察新视角和新内涵，努力推动社区矫正检察监督职能由碎片化泛式监督向聚焦监督主业精准监督的结构转型，努力推动社区矫正检察工作重心由重协作配合的行政式检查向司法办案的权属归位，努力推动社区矫正检察监督工作手段由定期专项检察向常态化日常检察与专项检察相结合的方式转变，《若干规定》的实施必将有力推进全省检察机关社区矫正检察监督的规范化、司法化建设。

在《若干规定》的起草过程中，我们重点把握三个方面要求：一是坚决贯彻上级精神。深入学习党中央关于加强社区矫正立法的总体部署，学习贯彻"两高两部"、最高人民检察院刑事执行检察厅关于全面加强社区矫正工作的文件要求，以社区矫正检察保障社区矫正法治化进程顺利推进。二是充分体现社区矫正检察监督的职责定位。紧扣刑事执行检察权的运用，在如何依法开展社区矫正检察监督、如何更好地履行检察监督职能上下功夫，监督为本，协调配合为辅，充分发挥检察监督对社区矫正工作健康良性发展的司法保障作用。三是积极推进工作模式转变。深刻把握司法体制改革的基本取向与本质要求，充分认识"办案"在执检系统中的一般性与特殊性内涵，将案件数与岗位职能有机结合，认真落实省院关于检察官权力清单的指导意见，探索构建社区矫正检察监督新模式。

《若干规定》分成 8 章 48 条，第一章为总则，主要包括制定依据、工作任务、工作职责、工作机构设置和人员配备等方面内容。第二章至第五章从社区矫正各执法环节将社区矫正检察分为交付执行检察、监督管理活动检察、刑罚变更执行检察、终止矫正检察等四个环节，主要包括监督重点、监督内容、监督程序、办案程序、调查取证、审查证据等内容。第六章专章规定未成年人矫正活动检察，体现检察机关对未成年人的关爱和保护。第七章和第八章是其他规定和附则，主要包括社区矫正检察工作方式、类案监督、与基层检察室协作配合、检察官信箱、来信来访处理、案件归档、工作责任等方面内容。

结合最高人民检察院刑事执行检察部门关于刑事执行检察办案系统的流

程规范要求，我们把社区矫正法律监督涉及的案件办理程序规定融入各章中，作出明确具体的办案规范指引，为指导各地规范办案起到了良好效果。

2. 坚持充分发挥社区矫正检察官办公室功能作用，实现社区矫正检察工
　作向基层深入推进

一是与社区矫正机构加强互动沟通和信息共享。二是细化流程规范办案。三是多措并举强化监督执法权威。如黄山市院集中全市两级院力量以"检察一体化"办案机制、以交叉检察方式开展专项检察，以问题为导向，监督效果突出。四是巩固集中清理审前未羁押判实刑未交付执行专项活动。五是强化对收监执行活动的法律监督。六是开展社区矫正对象减刑监督。马鞍山市院以某社区矫正对象具有重大立功表现，依法建议法院对其减刑一年六个月，同时缩短其缓刑考验期限；宣城郎溪县院在得知某社区矫正对象勇救两名落水儿童后，主动调查收集证据，以其具有重大立功表现建议对其减刑，被法院采纳。

3. 坚持积极适应检察智能化要求，推进智慧社区矫正法律监督建设

一是依托检察机关电子检务工程司法办案平台建设，探索智能社区矫正检察辅助分析决策系统运用，利用科技手段倒逼社区矫正检察监督案件质量提升。二是加强信息资源共享平台建设，促进社区矫正检察工作效率提高。三是探索运用网络新社交媒体软件，强化实时、动态监督。

二、《社区矫正法》对社区矫正法律监督的新要求

《社区矫正法》共有 9 章 63 条，条文中明确提及"人民检察院"的次数有 16 次，随着《社区矫正法》的贯彻实施，将更加注重发挥检察机关的法律监督职能作用。《社区矫正法》的具体条款对检察机关的监督内容作了更加明确的规定，监督程序也更加细化，对检察机关法律监督的法治化提出了更高的要求，这也意味着新形势下对检察机关参与社区矫正工作提出了更高的期许和愿望。

（一）明确了法律监督职责

《社区矫正法》有关条款对相关法律文书的送达、监督程序的启动、审查、纠正等作出了具体规定。

《社区矫正法》第 8 条第 2 款规定："人民法院、人民检察院、公安机关和其他有关部门依照各自职责，依法做好社区矫正工作。人民检察院依法对

社区矫正工作实行法律监督。"该款完善了 2012 年《社区矫正实施办法》第 2 条第 3 款"人民检察院对社区矫正各执法环节依法实行法律监督"的规定，用词表达更加准确。

《社区矫正法》第 62 条规定："人民检察院发现社区矫正工作违反法律规定的，应当依法提出纠正意见、检察建议。有关单位应当将采纳纠正意见、检察建议的情况书面回复人民检察院，没有采纳的应当说明理由。"该条规定可以理解为人民检察院作为国家的法律监督机关，依法对公安机关的侦查活动、对人民法院的审判活动、对执行机关的执行刑罚活动是否合法进行法律监督，要严格依照法律规定的权限、程序和规范依法独立行使检察权。同时，检察机关履行监督职能的主要方式是纠正意见、检察建议。对于人民检察院提出的纠正意见、检察建议，相关部门应予以配合，及时进行整改落实、堵塞漏洞、消除安全隐患，并应将采纳纠正意见、检察建议的情况书面回复人民检察院，没有采纳纠正意见、检察建议的，要说明理由。对于被监督单位经督促无正当理由不予整改或者整改未到位的，经检察长决定，可以将相关情况报告上级检察院，通报被监督单位的上级机关、行政主管部门或者行业自律组织等，必要时可以报告同级党委、人大，通报同级政府、纪检监察机关。

（二）进一步保障了检察机关履行监督职权依法享有的知情权

《社区矫正法》对交付执行裁判文书的送达、社区矫正对象入矫和解矫宣告等，均明确规定相关法律文书、社区矫正信息应抄送检察机关，与之配套的 2020 年《社区矫正法实施办法》比 2012 年《社区矫正实施办法》规定，更加具有针对性和可操作性，解决了以往司法实践中存在的法律文书送达的滞后性、随意性等问题，也有益于解决各相关职能部门之间对社区矫正对象动态信息的共享问题，同时也充分表明了立法机关对检察机关多年来的社区矫正法律监督工作的肯定。检察机关只有充分、及时地掌握社区矫正工作的信息，才能更好地开展社区矫正法律监督工作。如：

《社区矫正法》第 20 条规定："社区矫正决定机关应当自判决、裁定或者决定生效之日起五日内通知执行地社区矫正机构，并在十日内送达有关法律文书，同时抄送人民检察院和执行地公安机关。社区矫正决定地与执行地不在同一地方的，由执行地社区矫正机构将法律文书转送所在地的人民检察院、公安机关。"第 21 条第 1 款规定："人民法院判处管制、宣告缓刑、裁定假释的社区矫正对象，应当自判决、裁定生效之日起十日内到执行地社区矫正机构报到。"第 22 条规定："社区矫正机构应当依法接收社区矫正对象，核对法律文书、核实身份、办理接收登记、建立档案，并宣告社区矫正对象的犯罪事实、执行社区矫正的期限以及应当遵守的规定。"

（三）细化了各部门工作职责

《社区矫正法》对人民法院、公安机关、监狱的各部门职责作了明确规定，有效解决了以往工作中因各部门职责不够明确导致推诿扯皮、沟通衔接不畅等问题。如《社区矫正法》第 31 条规定："社区矫正机构发现社区矫正对象正在实施违反监督管理规定的行为或者违反人民法院禁止令等违法行为的，应当立即制止；制止无效的，应当立即通知公安机关到场处置。"第 32 条规定："社区矫正对象有被依法决定拘留、强制隔离戒毒、采取刑事强制措施等限制人身自由情形的，有关机关应当及时通知社区矫正机构。"第 50 条规定："被裁定撤销缓刑、假释和被决定收监执行的社区矫正对象逃跑的，由公安机关追捕，社区矫正机构、有关单位和个人予以协助。"

为配合做好《社区矫正法》的贯彻实施工作，最高人民检察院自 2019 年以来部署开展了相关工作，推动《社区矫正法》在全国检察机关落实、落地、落到位。一是修订《人民检察院刑事诉讼规则》专节规定社区矫正监督。2019 年 12 月修订的《人民检察院刑事诉讼规则》第十四章"刑罚执行和监管执法监督"，专节设置社区矫正监督，以列举方式明确规定人民检察院对社区矫正交付执行、接收、社区矫正执法活动、社区矫正对象的刑罚变更执行等活动的监督内容。二是研究制定规范性文件。为检察机关办理社区矫正监督案件提供更加明确具体的办案指引和规范指南。三是发挥典型案例指导效应。2020 年 6 月 3 日，最高人民检察院以"加强刑罚变更执行监督，促进双赢多赢共赢"为主题召开新闻发布会，通报全国检察机关开展刑罚变更执行法律监督工作情况，并发布最高人民检察院第十九批指导性案例。此次发布的三个指导性案例分别是依法监督纠正法院已经生效的蔡某等 12 人错误减刑、假释裁定监督案；对未成年罪犯减刑、假释从宽把握，并在符合法定减刑条件又符合法定假释条件时优先适用假释的罪犯康某假释监督案；对违法暂予监外执行进行法律监督，依法查办相关司法工作人员职务犯罪的罪犯王某某暂予监外执行监督案。总体来说，第十九批指导性案例有以下特点：一是体现了履行刑事执行检察职责的特点。检察机关办理"减假暂"案件与检察机关审查起诉部门办案相比，具有自己鲜明的刑罚执行监督的特色，对案件事实认定、法律适用的争议较少，主要是从事实和程序上进行审查监督，尤其关注容易发生问题的关键环节、关键岗位、县处级以上职务犯罪罪犯、涉黑恶等罪犯"减假暂"案件办理，督促刑罚执行机关和审判机关进一步规范执法司法工作。二是涵盖了监督办案的范围。从被监督主体来看，分别是对监狱、人民法院、社区矫正机构进行监督；从监督环节来看，分别包括对"减假暂"案件提请活动、裁定活动、执行活动的监督。三是明确了监督办案的重点。这次最高人民检察院发布的第十九批指导性案例，都与社区矫正工作有着密切的关联，向社会展示了检察机关对社区矫正工作的监督，落实在一个个具体案件的办理上，以办案方式实现对社区矫正工作的监督。随着《社区矫正法》于 2020 年 7 月正式实施，最高人民检察院以发布第十九批指导性案例的方式，表达了检察机关对贯彻实施《社区矫正法》的支持和期待，对于检察机关如何贯彻落实好《社区矫正法》的有关规定，作了较为充分的诠释和说明。

加快推进《社区矫正法》的学习贯彻与适用，要求社区矫正法律监督必须实现监督工作模式由传统的办事模式向执法办案模式的转变，强化办案思维；必须实现监督内容由过去的行政式监督向规范监督、精准监督的转变；同时，更加注重监督管理与教育帮扶的有机结合，更加注重保护社区矫正对象的隐私和合法权益，促进其顺利融入社会，改造成为守法公民。

三、做好社区矫正法律监督的几点思考

（一）树立正确的监督理念

牢固树立双赢多赢共赢的检察新理念，做到敢于监督、善于监督、依法监督、规范监督，以法律监督护航社区矫正工作在法治的轨道上依法规范健康发展。

（二）全面履行社区矫正监督职责

《社区矫正法》规定人民检察院对社区矫正工作进行监督，修改了 2012 年《社区矫正实施办法》规定的"对社区矫正各执法环节进行监督"的表述，有效解决了以往司法实践中相关职能部门对社区矫正监督理解上的歧义，有利于达成共识，共同推进社区矫正工作。社区矫正监督职责的行使，应体现在社区矫正监督不仅贯穿于社区矫正工作的各个阶段，还要贯穿于社区矫

正工作的全过程。社区矫正监督作为检察机关刑事执行检察的有机组成部分，不能从刑事执行检察整体职责中割裂开来，不能机械监督、为监督而监督，要自觉把社区矫正监督放在国家经济社会发展中谋篇布局，要紧紧围绕检察中心开展工作。要把社区矫正监督与审判前未羁押判刑后交付执行活动紧密结合，对于根据人民法院判决、裁定进行社区矫正的，应做到社区矫正入矫环节"无缝衔接"，防止社区矫正对象漏管情形发生。要把社区矫正监督与社区矫正对象生效裁判附加刑涉财产性判项的执行活动紧密结合，特别是对于扫黑除恶专项斗争中处于社区矫正期间的罪犯，应加大对其附加刑财产刑执行的监督。同时，要注重加强刑事执行检察部门与检察机关其他业务部门的沟通交流，提高社区矫正监督的实效。为解决身患严重疾病、体内有异物等特殊情形罪犯的交付执行难问题，刑事执行检察部门应积极提前介入，协调处理暂予监外执行的提请、启动、鉴定、体内异物的手术摘除等难点问题，保障判决后罪犯交付执行工作顺利进行。对于目前疫情防控常态化条件下导致的交付执行难问题，应积极深入调研，探讨建议对于因犯危险驾驶罪、盗窃罪被人民法院判处拘役、三年以下有期徒刑等主刑的初犯、偶犯、未成年犯、老年犯、病犯、女性罪犯，精准适用认罪认罚从宽制度，探索更多适用非监禁刑罚，减少监狱、看守所的关押量，节约司法资源，助推和谐社会建设。

（三）进一步推动社区矫正监督工作创新发展

（1）深入推进办案工作模式。做实做强社区矫正监督，坚持以办案为中心，在监督中办案，在办案中监督，牢固树立办案的思维模式，强化社区矫正监督案件的证据化、程序化、卷宗化、责任化、信息化等"五化"要求，提高社区矫正监督法律文书的制作质量，增强释法说理内容。注重培育社区矫正监督典型案例，充分发挥典型案例的示范效应。

（2）优化社区矫正监督方式。坚持以发现问题为导向，积极探索开展社区矫正巡回检察，推动有关部门共同努力解决社区矫正工作中存在的困难和问题。强化对发现问题的跟踪监督、持续监督，促进被监督单位整改落实到位。探索疫情常态化条件下社区矫正监督的信息化、智能化监督途径，积极开展社区矫正线上监督工作。

（3）高度融入平安中国建设。2019 年 10 月，中国共产党第十九届中央委员会第四次全体会议通过《中共中央关于坚持和完善中国特色社会主义制

度 推进国家治理体系和治理能力现代化若干重大问题的决定》，该决定指出，社会治理是国家治理的重要方面。加强和创新社会治理，必须完善社会治安防控体系，提高社会治安立体化、法治化、专业化、智能化水平，形成问题联治、工作联动、平安联创的工作机制，增强社会治安防控的整体性、协同性、精准性。检察机关要积极加强对社区矫正对象等特殊群体的治安防控，防范社区矫正对象脱管漏管等情形发生，依法保障社会和谐、维护国家安全。推动构建基层社会治理新格局。检察机关要积极参与社区矫正对象的教育帮扶工作，帮助社区矫正对象顺利融入社会，早日改造成为守法公民。协同行业协会、商会发挥群团组织、社会组织作用，推动政府治理和社会调节、居民自治良性互动，夯实基层社会治理基础。

（4）加强与相关职能部门协调配合。《社区矫正法》明确规定了人民法院、公安机关、监狱、社区矫正机构等各职能部门的工作职责和权限边界，检察机关要加强与这些职能部门的互动沟通。充分利用政法大数据平台建设，实现人民法院、公安机关、监狱、社区矫正机构等部门裁判文书、罪犯信息、监管改造情况、治安处罚、社区矫正入矫和解矫等基础信息数据的共享共建共治共有，强化实时动态监督，提高预测预警预防各类风险能力。充分发挥社区矫正委员会功能作用，强化社区矫正监督质效，提升社区矫正工作合力。

第二编

《社区矫正法》法治意义与适用问题

——纪念《社区矫正法》实施一百天暨首届社区矫正法治论坛

一、 论坛实录

王顺安致辞:

谢谢线上线下的朋友们,谢谢战斗在社区矫正第一线的同志们,也谢谢关注、关心《社区矫正法》实施的理论界、司法界、立法界的朋友们。今天我借在安徽讲座的一个简单课题,抛砖引玉,带出论坛主题,望大家共同为《社区矫正法》的完善做一点好事、益事。这只是我们的一小步,但希望此次论坛能让我国的法治建设迈出一大步。

举办本次论坛的主要目的是为了更好地贯彻《社区矫正法》,推动中国社区矫正法治事业的大发展,更好地完成惩罚、教育、改造罪犯的历史使命,同时也是为了更加深入研究《社区矫正法》的理论、法律、政策,使充满中国特色的《社区矫正法》及社区矫正事业走在更健康的道路上。经过中国政法大学犯罪与司法研究中心、海德智库社区矫正法治研究院、社区矫正宣传网的数月准备,依靠台前幕后的同志们共同努力,尤其是社区矫正理论界与实务部门的专家学者们的倾情相助,使得我们能够顺利在金秋的 10 月 11 日正式举办这一届的"社区矫正法治"论坛。

此次论坛主要以《社区矫正法》的法治意义及其适用问题为主题,各位嘉宾的演讲也紧密围绕主题展开。这样就能更好地对《社区矫正法》进行全面宣传,让参与论坛的各位同志更好地学法、用法、懂法,改变传统的强调人治、依政策思维开展工作的做法。同时也是为了在立法后,让各位实务部门的同志在四类社区矫正对象的监督管理、教育帮扶过程中体现法治精神、法治意义,更好维护社会秩序、社会稳定。

刑事执行的本意,即打击犯罪与保障人权,既要体现刑事执行工作的严肃性,又要体现法律人道主义的关爱。正是基于此,与会的各位学者、教授,分别从不同的角度展开了对此论坛主题的演绎。我下面简要介绍一下今天参加论坛的嘉宾，第一位是著名的犯罪学家、社区矫正专家张荆教授，他演讲的题目是"社区矫正法的执法难点"。第二位是来自江苏省南通市长期从事社区矫正实务工作的王义兵局长，他也是全国社区矫正模范、先进个人，他演讲的题目是"针对性地消除矫正对象可能重犯因素——应该从矫正方案开始"，这也是《社区矫正法》明文规定的一项法定工作任务和目标。第三位是连春亮教授，他是长期从事监狱学、社区矫正研究的著名专家，出版过很多社区矫正教材、著作和撰写了大量的相关论文。在接受本次论坛邀请后，连教授又在已有的课件之上进行了修订。他演讲的题目是"如何认知《社区矫正法》"。第四位是年轻有为的法学博士，中央司法警官学院司法人权研究中心主任贡太雷，他承担过司法部的社区矫正重点课题，出版了多本社区矫正著作，他演讲的题目是"《社区矫正法》的实施认知与反思"。第五位是年轻的博士后，也是嘉兴学院的讲师马聪，他演讲的题目是"社区矫正适用率与'重罪重刑'刑法结构改革"。第六位是长期关注社区矫正，并卓有成效的北京政法职业学院的颜九红教授，她演讲的题目是我们十分关注的问题"设立专业社区矫正执法官之建议"。第七位来自上海市杨浦区司法局的徐琪副科长，她结合自己的工作实践，着重根据《社区矫正法》来演讲"《社区矫正法》的分类矫正问题"。第八位专家是在犯罪学、监狱学、社区矫正等领域见长的中国犯罪学研究会副会长、天津工业大学的刘晓梅教授，她在百忙之中来为我们做一次"社会力量参与社区矫正相关问题研究"的演讲。第九位是我的老朋友，也是在社区矫正实践中，深受司法部，甚至中央政法委各级领导关注，对社区矫正机构和队伍建设有开创性和影响力的人物——浙江省台州市司法局社区矫正管理局周孟龙局长。他也是司法部预防犯罪研究所在台州共建基地的负责人，他今天演讲的题目是"贯彻实施《社区矫正法》若干问题的思考"。第十位是我的师弟，也是好朋友，著名的刑法学、犯罪学、社区矫正法学的专家，东南大学的李川教授，他曾经在《中国法学》发表了一篇关于社区矫正的论文，颇具影响力，并承担了江苏省司法厅等部门委托的"社区矫正损害修复"课题，其研究成果也被《社区矫正法》所吸收，他演讲的题目是"《社区矫正法》立法亮点与适用问题"。第十一位嘉宾是来自实务部门的同志，安徽省检察院第五检察部副主任王宁检察官，她演讲的题目是"《社区矫正法》的检察监督问题"。第十二位是我们年轻有为的政法大学博士，现为西南科技大学法学院副院长，也是我们各种论坛最热心的观众、嘉宾、点评人、主持人，是我未来会邀请担任《社区矫正法》法治论坛专题讲座的合作人和主持人，何显兵教授，他这次演讲的题目是"设立成年人犯罪前科消灭制度的建议——以《社区矫正法》第4条第2款为切入点"。最后是我们论坛的点评人，著名的国际刑法学家，现在逐渐成为监狱法学家、刑事执行法学家、社区矫正专家的北京大学王世洲教授，他目前在以色列希伯来大学孔子学院任中方院长，通过非常遥远距离的国际连线来给我们做最后的总点评，也是考虑到这一点，本次论坛采用的是钉钉网上会议方式。

王顺安：下面有请张荆教授来给我们演讲，张荆教授是我的好朋友，也是我最崇敬的专家之一。他主持的海峡两岸社区矫正论坛，我一直是热情的参与者。他的形象，他的为人，以及学术水平都值得我学习，我想也是值得大家来学习的。今天的讲座，他是在百忙之中抽空赶来的。原本今天下午有记者要采访他，但他特地为我们这个会议调整了时间。这刚刚结束了采访，应该连午饭都没有吃就赶来给我们这个论坛，分享他的学习收获心得。我们向他表示感谢，那么下面的时间，我们交给张荆教授，他演讲的题目是"社区矫正法的执法难点"。

张荆[1]（北京工业大学法学教授，中国预防青少年犯罪研究会顾问）：

一、立法的回顾与展望

从2003年社区矫正的试点开始，到2019年12月28日，十三届全国人大常委会五次会议全票表决通过了《中华人民共和国社区矫正法》，我们亲历了

---

[1] 张荆，四川大学哲学系学士，日本一桥大学公共关系法硕士、博士。北京工业大学法学教授，亚洲犯罪学会常委，团中央中国预防青少年犯罪研究会顾问，中国犯罪学会常务理事，中国关心下一代工作委员会（儿发中心）专家委员，京师律师事务所刑事专业委员会专家顾问，中央电视台《今日说法》栏目特邀嘉宾，《谈事说理》《人民网慕课法学院》等视频栏目法学顾问。主要著作有：《来日外国人犯罪》（日文版）、《现代社会的文化冲突与犯罪》《冲突、犯罪与秩序建构》《国家行政效率之本——中日公务员制度比较研究》《高校教师收入分配与激励机制改革研究》。主编了《国际化背景下的首都人才机制研究》《北京社会建设分析报告》（2010年、2011年、2012年）、《北京社会建设60年》，《海外社会治安管理机制研究》《海峡两岸社区矫正制度建设研究》《企业家犯罪分析与刑事风险防控报告2014卷》等。其中《来日外国人犯罪》（日文版）获第六届菊田犯罪学奖；《北京社会建设60年》获北京市第十一届哲学社会科学优秀成果一等奖。

全过程，应该说《社区矫正法》的诞生是一个博采众议的过程，是科学立法的楷模。

在实务界，经过艰苦的探索，逐渐形成了上海模式、北京模式、浙江模式等。上海模式的概况为政府购买服务、自治性较强的矫正社工（比如，上海新航服务总社），还有社会帮教志愿者协会的参与、民办的"中途驿站"。"北京模式"适应首都的特殊地位，坚持社会维稳理念，实施严管，由监狱干警、政府购买岗位的协管员、入矫前的集中培训以及官办的"阳光中途之家"构成。浙江模式，我认为是多元模式，比较有代表性的是台州模式和奉化模式。

关于理论界的贡献，立法前我们有广泛的调查和充足的理论准备。我做了一个统计，2013年到2019年，我们总共发表了（能在中国知网查到的）论文和研究报告大约7220篇。2014年，发表的社区矫正的文章数量最高，有731篇。从科研项目来看，2013年到2019年，共计289项，其中国家社科基金是191项，占了64.1%，这说明国家社科基金对社区矫正研究的投入力度很大，也说明我们的社区矫正工作是开放和包容的，实务界与专家学者配合，进行了广泛的调研。据统计，这期间社区矫正的研究项目是监狱研究项目的5.8倍。还有社区矫正立法的著作也有近10部之多。

就立法界而言，这次《社区矫正法》的诞生是立法改革的重要尝试，应当大书特书。在全国人大常委会十二届三次会议上，曾提出立法的改革方案，指出立法要摆脱部门立法，可由全国人大有关专门委员会或者常委会工作机构提前参与法律草案的起草工作，涉及综合性或全局性的法律可由人大专门委员会或者常委会工作机构来组织起草，以缓解部门立法的利益倾向。部门立法虽然有工作的便利性，但容易陷入部门利益，影响立法的客观性和科学性，所以这次社区矫正立法做出了很好的尝试。记得2013年，我在上海参加"社区矫正10周年的回顾与展望"研讨会时，第一次见到人大法工委刑法室的领导，做了最初的交流。2019年，我们在厦门举行了"海峡两岸社区矫正论坛"，人大法工委刑法室也派了同志参加会议，当时我们的讨论非常热烈，持续到晚上12点，他们一直在旁听，并积极向专家询问。同时立法机构也积极开展了独立调查，对内蒙、湖北、贵州、云南、安徽等地进行实地考察。我在2017年的5月，参加中央政法委专家组的社区矫正的立法调研，领导同志特别强调我们是专家组，跟实务部门组不一样，要保持客观、真实。把底下的情况摸清楚，提出科学的建议，强调不要有倾向性。

立法中广泛征求公众意见，除了国务院法制办的意见征求外，人大法工委也进行了网上的意见征求，共收集了7000余条意见。2019年12月，法工委又举办了《草案二次审议稿》的专家评估会，当时我、王顺安教授、吴宗宪教授也参加了会议，专家们畅所欲言，谈得很深入。记得法工委的同志还夜里打来电话询问联合国有关用警问题规定，我答复了联合国《囚犯待遇最低标准的规则》中的有关规定，也形成了书面意见提交。

《社区矫正法》是一次智慧立法，拓展了社区矫正的空间。这十几年来关于社区矫正的性质一直争论不休，争论较多的是缓刑、假释是不是刑罚执行，特别是实务部门与学术界之间争议最大。对于这个问题，《社区矫正法》立法进行了规避，司法部社区矫正局姜爱东局长在全国人大记者会上也强调了社区矫正是具有中国特色的非监禁的刑事执行活动。刑罚执行和刑事执行一字之差，外延和内涵都发生了很大变化，刑事执行的定性为未来社区矫正的发展开拓了空间。我们现在努力做好管制、缓刑、假释、暂予监外执行等四类人的社区矫正工作，将来也要考虑将刑满释放人员的紧急更生保护也纳入社区矫正。现在这个问题很严重，我在中央电视台《今日说法》做节目时，分析过这类案子，刑满释放人员出来后，因帮教不到位、无家可归、无业可就、无经济来源，特别是长期被监狱监禁的人，社会排斥性很强，监狱人格很明显，再犯可能性很大，需要社会出手，进行紧急更生保护，将他们纳入社区矫正，当然因为他们是自由人身份，还需要走自我申请手续。除此以外，《刑法》规定了职业禁止令，相对不负刑事责任和绝对不负刑事责任的未成年人、附条件不起诉的未成年人也应当被统筹进入社区矫正。随着法制健全和社区矫正经验的积累，以及法律体系的配套改革，未来社区矫正的发展空间是很宽阔的。

总之，社区矫正立法过程集中了专家的意见、实务部门的经验以及立法部门的提前介入和统筹，应该说《社区矫正法》是社区矫正事业的里程碑。我对它的评价很高。

下面我谈的执法难点是我主旨发言的核心和重点。四大难点分别是矫正人才、矫正的针对性、部门协调和民间力量参与。

二、吸纳、培养、留住社区矫正人才，稳定队伍非常重要

《社区矫正法》第16条强调，"国家推进高素质的社区矫正工作队伍建

设"。什么叫高素质的社区矫正工作队伍呢？《社区矫正法》将其规定为"具有法律等专业知识的国家工作人员"，这个标准比我在各地讲演以及向人大法工委提交建议时所提的标准要低得多。看看日本，我们的社区矫正工作人员相当于日本的保护观察官。日本保护观察官的要求是大学毕业，需要三年的培养期，掌握心理学、医学、社会学、教育学和更生保护的专门知识，有实习经验。具体负责矫正对象的面谈、人格考察、评估再犯风险、制定和修改矫正方案、必要时进行家访和联系工作单位，指导保护司（保护司是政府招募的志愿者）。在《社区矫正法（二审稿）》的修改中，我建议，社区矫正工作人员的素质应当接近日本或者美国，建立具有心理学、医学、社会学、教育学、法学等相关知识的矫正官队伍，当然这样的标准比较高。也许通过人大法工委的实地考察，感觉不能做这么高的素质要求。于是，《社区矫正法》第11条规定，"社区矫正机构根据需要，组织具有法律、教育、心理、社会工作等专业知识或者实践经验的社会工作者开展社区矫正相关工作"，把对社区矫正工作人员的素质要求放到了社会工作者这边。实际上，作为矫正官或社区矫正工作人员来讲，只有法律知识是远远不够的，比如，制定矫正方案，必须有心理学、病理学的知识，某些矫正对象的酗酒、精神病、性侵害等问题，必须要结合专业知识才能制定出科学的矫正方案。

目前，矫正队伍素质如何？我觉得还不错，江西省的调研显示，大学本科以上学历占到51.5%，这个比例是相当高的。下一步是补短板，作为专业的社区矫正工作人员，需要更多的心理学、社会学、教育学方面的知识，同时留住优秀的社区矫正工作人员，使队伍的整体素质逐渐提高。留住人才需要考虑的因素很多，包括薪酬、抚恤金制度等。我在调查中发现，矫正干部和警察一起追逃，发生了交通事故，两者的抚恤金待遇差别很大，影响矫正干部的士气。所以，建议参考警察待遇。此外，还有职务晋升和职称晋升，矫正官更主要的是一种技术干部，除了职务晋升外，还要有中级、高级矫正师等职称晋升，有助于提升工作人员的专业能力。

三、如何进行有针对性的科学矫正

这次立法有大量条款是"有针对性矫正"的，比如：总则第3条，提到分类管理、个别化矫正，第24条、第36条、第42条、第52条都提到有针对性的矫正措施，有针对性的公益劳动，要因材施教，有针对性地制定矫正方案等。也就是说，一部法律中用了这么多的篇幅强调针对性，强调个性矫正，可见重视程度之高。我们是搞犯罪学研究的，懂得社区矫正和监狱矫正的区别，监狱矫治强调年龄区分、性别区分、犯罪类型区分，进行分管分押。不过，根据犯罪类型进行分管分押强调了几十年，目前，真正做到按犯罪类型分类关押的监狱并不多，主要还是按前两项分类。从社区矫正来看，与监狱不同，不是封闭空间的关押，而是在社区开放空间中的矫正。社区矫正的最大优点是避免了监狱"传习现象"和监狱人格。

在开放的社区环境下，如何来矫正罪犯呢？不能仅仅按照年龄和性别划分，更重要的是按照犯罪原因来划分，根据对象的需要来矫正。所以，个性矫正的核心是弄清楚矫正对象的犯罪原因和基本需求，从而采取有针对性的矫正。作为犯罪学研究的成果，我们大致将犯罪人分为四类，可供参考：

第一，环境犯罪人，这种犯罪人比例最高。在考察这类犯罪人的社会背景时会发现，他们所处的家庭、学校、社区等社会环境比较恶劣，影响其成长，导致其犯罪。在矫正的时候，必须考虑为其提供就业、就学和职业培训，摆脱帮派等不利环境影响；帮助其重建家庭支持系统，包括对家庭教育的咨询，对父母的培训等。

第二，心理犯罪人，这也是犯罪学研究的重要类型。这类犯罪人因童年时受到家暴、性侵等负面心理创伤，或者因工作、婚恋挫折导致心理出现问题，逐渐形成特定的人格特质，如变态人格、缺陷人格、反社会人格等。对于这类犯罪人，仅仅开展法制教育是不够的，需要心理咨询与疏导，重者需要心理医生的诊断，进行相关的认知治疗。

第三，病理性犯罪人。这类人有以下特征：智力低下，自主神经紊乱，或有血清素分泌问题，以及酗酒（长期酒精依赖）、吸毒（毒品依赖）或者存在其他因生理原因的性侵害行为。对于这类犯罪人，常规的教育或者心理疏导是不够的，需要医疗鉴定，在医生的指导下进行药物治疗，在矫正人员的指导下进行行为矫正。这类犯罪人在我们的社区矫正中也会经常遇到。

第四，理性犯罪人。理性犯罪人是传统犯罪学研究的重要理念，也是刑罚体系建立的理论依据。我认为，只有刑事惩罚的痛苦大于他的犯罪所得，才能有效地抑制其犯罪。理性犯罪人一般是累犯和惯犯，他们将犯罪作为一种谋生手段，权衡犯罪的利弊得失，计算成本与收益，对于这类人要将惩治性的分量考虑进去。目前的社区矫正对象多数是缓刑人员，理性犯罪人的数量相对少一些。所以在制定矫正方案时，要充分从犯罪学的角度思考，像医生诊断病情一样，根据"病因"制定矫正方案。首先，需要研读案卷，包括判决书、辩护词，进行量表评估。目前我们的量表比较乱，应该有全国专家共同参与制定科学的量表，不能各地拍脑袋乱制定。其次，还要跟矫正对象面谈，不能只看案卷就定方案，"百闻不如一见"，与矫正对象交谈会有专业性的顿悟和认知，在此基础上制定矫正方案就相对科学了。中途还要对矫正方案进行调整，这一点在《社区矫正法》第 24 条中有明确的规定。

关于法律的运用，更多在于对管制、缓刑、假释、暂予监外执行不同类型的对象的刑事执行尺度的把握，不能整齐划一地简单执法。比如，管制和暂予监外执行属于刑罚执行，刑罚的色彩可以浓重；缓刑属于暂缓刑罚执行，刑罚手段可以轻些或不用刑罚手段等。当然，在多层次的分类矫正，无论在制定方案还是在实施矫正中都会遇到矫正力量不足的问题。这时候就要更多地吸纳社会力量，特别是方案制定中应吸收社工师、心理咨询师、大学教授等社会力量的参加，以保证方案制定的科学性。

四、各部门之间的协调与监督

从 2003 年以来的调查研究看，部门之间的协调问题中比较突出的是与公安机关的协调配合，之前大家呼吁设立矫正警察也出自这个原因。但这次《社区矫正法》颁布的最大亮点之一就是对矫正对象违法违规后的逮捕、追捕、送交监狱、看守所等执法工作统一由公安机关执行，法定职责明确了，警察不作为现象将会大大减少。另外，还有一个问题是，我们的社区矫正机构花了很大精力建立工作数据平台，但再怎么建立也超不过公安机关。因为公安的数据平台联动性太强，投资大，数据超大，应当考虑利用公安机关的数据平台。这次立法中也特别强调了这点，利用公安的数据平台可以大量节约资源，减少劳动量，并且覆盖面广。所以，应当坚持依照法律规定，和公安机关沟通协调来解决社区矫正的信息化问题。

与法院的关系协调问题主要集中于审前调查。虽然审前调查报告不是法定的证据，但可以作为重要参考。一般由法院委托基层司法行政机关来做。我在调研中发现，因审前调查要求时限过短，导致调查不充分，材料粗糙，或者量表不科学，测评结果不准确。更重要的是有些法院还没有等调查完毕，就直接判决，对基层调查人员的情绪影响很大。应该说审前调查还是必要的，所以要给审前调查更充分的时间，运用更科学的调查方法，缓解法院和社区矫正机构在审前调查中的冲突。

与检察机关之间的关系方面，基层反映最强烈的就是追责问题，这次立法以后，也明确了检察机关监督的重点是职务犯罪、渎职犯罪，虐待体罚社区矫正对象等。我想强调的是追责不能只考虑结果，以前过于看重再犯率。从科学角度讲，犯罪者的行为是主观的、是动态的，随着社会环境、心理的变化，冲突的产生和演变，行为也会动态变化，把再犯罪率作为考察的唯一标准和追责的依据是不客观、不科学的，会挫伤基层工作人员的积极性和创造性。今后的追责应该重点考察过程，而不是结果。我们设计矫正方案有诸多环节，要考察矫正干部是否在各个环节按照程序做了，是否有倦怠、渎职等问题。如果按照方案认真做了，即使矫正对象再犯罪，也不应该追责矫正干部。这样做才不是教条主义的考核。检察机关应当在法律监督中总结经验，寻求科学有效的检察监督方式。

五、民间对社区矫正的参与

这是社区矫正实践最突出的问题，不少领导干部认为：民间能做社区矫正，还要政府的矫正干部做什么。我们本身就是一个公民社会不发达的国家，群众有能力、有意愿参加吗？

实际上，"上海模式"是很好动员群众参加社区矫正的样板。到了2013年，中国废止了劳动教养制度，部分劳教干部被充实到基层司法所，从事对矫正对象的监管，出现了社区矫正的"国进民退"，"上海模式"逐渐失去了特色。当然"北京模式"也很有特色，但是否能成为全国统一模式，还需要商榷，因为北京太特殊，至少在动员民间力量参与社区矫正方面与上海比，还有一定差距。

当然，大家提出的问题也有道理，我们的社区矫正缺少公民社会的基础，应该说我们的社区矫正发展路径与国外不同。国外许多国家的发展路径是自下而上，我国是自上而下的途径，所以民众参与的热情和能力都有很大差异。大家都知道，在美国，一位鞋匠约翰·奥古斯都（John Augustus）在马萨诸塞州波士顿基层法院旁听，主动要求担任酗酒者的"善行保护人"，开启了美国"缓刑"和社区矫正制度的序幕（1815年）。在日本，有一位刑满释放人员吾助因回家乡后受到歧视、生活无助，又不愿意再犯罪，跳河自杀。民间慈善家金原明善同情他的遭遇，决定建立一家"静冈县出狱人保护公司"（1888年），并得到民间响应，民办社区矫正机构方兴未艾。政府则通过制定法律规范民间的矫正工作，通过向民间投资，部分参与社区矫正的管理。我国的社区矫正是2003年，"两高两部"下发《试点通知》[1]开始的，是由政府强力往下推动的，所以与西方国家路径不一样。在推动过程中当然是行政强势，民间力量自然弱势，这种现状与路径发展有关。这次立法中充分考虑了这个因素，其也是基层意见最大的地方。但我觉得可以继续大胆尝试，《社区矫正法》总则中规定了"专门机关和社会力量相结合"的重要原则，在第11条至第13条都规定了民间参与，第38条至第41条又规定了社会参与的规范条款。大篇幅的规定和规范民间参与是符合社区矫正性质的。如果社区矫正离开民间参与就会变成"第二监狱"，就不是真正意义上的社区矫正。所以，民间参与不可忽视，我们应该总结以前的经验，"上海模式"需要重新考察和完善。比如，利用志愿者帮教协会去引领民间人士参与社区矫正，民办"中途驿站"收留没有工作、生活困难的矫正对象和刑满释放人员。还有奉化模式也是值得研究的。采取群体性帮教模式，利用热心企业家和捷达物业公司参与社区矫正，企业既有资金，又有岗位，政府给予指导、配合，财政花钱不多，这种方式值得探索。

在民众参与社区矫正的过程中特别要注意的是，要尊重民间力量，主动弱化行政力量，重视平等协商。我认为要相信民间有很多人是愿意参与社区矫正的，关键在于采取何种方式调动他们的积极性。从2003年到现在，通过民间力量参与的调研发现，确实行政力量日趋强势，很多时候民间刚开始参与就被行政力量限制和收回，民间力量自然退缩。在讲课中有不少社工问我，"张教授，在社区矫正中做的那些事，政府不让做了，我们还能做些什么？"我半开玩笑说，"做政府最不愿做的事，比如吸毒者康复工作，这种工作一做就是十年二十年"。因此，在社区矫正工作中，行政力量要弱化，要相信民间力量能够做好，要放手试错，平等商量。另外，不要总盯着和政府合作密切的群团组织，比如共青团、妇联、基层村委会和居委会等，这些组织是"上面千条线、下面一根针"，很忙，想做也力不从心。应当多考虑社会志愿组织、社会福利基金会、企业家联合会、大学生社团、妇女社团，特别是老年

---

[1] 全称为《关于开展社区矫正试点工作的通知》。

人群体。在西方国家,比如,日本的老年人群体就发挥了重要作用。因为退休了,有退休金,过去做公检法司、教学科研等,有经验、有实力并愿意发挥余热帮助矫正对象,可考虑进行"一对一"或"多对一"的帮教。

要把物质奖励和精神奖励相结合,在日本,有物质奖励,每月补助相当于118元到228元人民币,可以享受公务员的医疗和工伤保险。如果是民间机构对矫正对象提供了食宿服务,政府一天补助268元。接受社区矫正对象的企业可减免税费。在精神奖励方面,由法务大臣任命为保护司,有委任状,国家每年给予表彰和荣誉。我国《社区矫正法》第7条、第41条也对此作了规定。

最后,我做个总结,《社区矫正法》的颁布,确立了社区矫正的法律地位和基本框架,明确了基本原则、工作流程、法律责任,为我国未来社区矫正的发展指明了方向。但是在执法过程中,我们必须突破人才培养、队伍建设的瓶颈,培养出具备矫正官素质的人才,并留住他们。此外,要重视有针对性的科学矫正,磨合好部门之间的协调和监督关系,民间力量如何更好参与社区矫正难度很大,需放手尝试。当我们能够突破这些难点的时候,中国的社区矫正工作必然有更大更好的发展。

王顺安: 特别精彩的演讲,非常感谢张荆教授的分享。下一个演讲的嘉宾是江苏省南通市司法局社区矫正管理局局长,中国社区矫正先进荣誉个人王义兵。

王义兵[1](江苏省南通市司法局社区矫正管理局局长):
首先感谢中国政法大学的王顺安教授和社区矫正宣传网纪金锋主编,他们在《社区矫正法》实施了三个多月的时间点组织了这次社区矫正法的法治论坛,为我们基层,特别是实务工作者提供了一个很好的平台,通过这次论

---

〔1〕 王义兵,现任南通市司法局社区矫正管理局局长,有较丰富的理论素养和实践经验,被表彰为全国社区矫正机构先进个人、江苏省司法行政系统先进个人,是江苏司法行政专家型人才、江苏省高等职业警官学校社区矫正专业建设指导委员会委员、兼职教师,两次荣记三等功,六次受到嘉奖,当选为南通市政法系统"平安卫士",多次应邀参加社区矫正立法专题研讨调研,多次参加社区矫正法治论坛。他创新设立的"五扶一促"、"四分三期两课一清单"教育矫正制度、刑释人员回归加油站、推行的社区矫正"矫务长制",成为有创新力、影响力、生命力的工作品牌,参加撰写社区矫正讲评教育教材、损害修复工作指引以及省市规范性文件三十余项。

坛我们可以进一步拓展工作思路、理清一些理念、交流一些经验，是非常符合我们基层期盼的。我刚刚认真听了张荆教授的发言，教授在发言的过程中讲到了矫正方案的问题，比如个别矫正的情况和要求。我的发言题目也正好从矫正方案开始，所以这两次发言放在一起非常有意思。我的题目是"针对性消除重犯因素——从矫正方案开始"。

我在前期重点关注过王顺安教授发表的论文《论社区矫正法的五大立法目的与十大引申意义》，文中他指出《社区矫正法》的立法目的或立法宗旨有五层意思，其中第四点是促进社区矫正对象顺利融入社会，这便是我要跟大家交流的第一个问题，社区矫正的初心是什么。第二个我要跟大家交流的是，初心有了，我们怎么样去做好社区矫正工作。社区矫正立法以后，江苏省南通市司法局面对怎么将法贯彻到底的迫切需求和南通市社区矫正的实际情况，通过多年的实践和后来的调研，发现社区矫正的矫正方案是一个发展方向，因为实施社区矫正工作的第一步就是从矫正方案开始。第三个我要和大家交流的是矫正方案实施后怎样取得长效性，目前南通市通过实践推出了"矫务长制"的工作机制。回过头来看这三个问题，我觉得是有关联的，是如何做好社区矫正工作的一个流程，首先是明确工作的目标，然后我们抓实，最后运行什么样的工作机制。

一、把握立法目的和价值取向

《社区矫正法》第 1 条和第 3 条是有密切关联的，根据《社区矫正法》第 1 条"为了推进和规范社区矫正工作，保障刑事判决、刑事裁定和暂予监外执行决定的正确执行，提高教育矫正质量，促进社区矫正对象顺利融入社会，预防和减少犯罪，根据宪法，制定本法"之规定，王顺安教授提出社区矫正法的五个立法目的之一是促进社区矫正对象顺利融入社会。那么从《社区矫正法》的立法目的和意图来看，从事社区矫正的初心就是让社区矫正对象顺利融入社会。从《社区矫正法》第 3 条"社区矫正工作坚持监督管理与教育帮扶相结合，专门机关与社会力量相结合，采取分类管理、个别化矫正，有针对性地消除社区矫正对象可能重新犯罪的因素，帮助其成为守法公民"之规定，可以看到初心的落脚点就是有针对性地消除社区矫正对象可能重新犯罪的因素。这是我的第一个问题。

二、在法治框架下重新设计矫正方案

第二个问题，作为市局层面，我们在实务中发现，当我们下去进行检查、举办培训班的时候，老是觉得矫正方案存在着内容雷同、针对性不强、随意性较大的问题，加上《社区矫正法》及《社区矫正法实施办法》中都提到了社区矫正方案如何制定的问题，所以我们在《社区矫正法》颁布之后就做了一些调查研究，我们把矫正方案提高到，或者说把它放在最前沿，将矫正方案定位为实施社区矫正活动的总施工图，是精准矫治的前提和基础，我们江苏提出来的二十个字工作目标"规范执法、分类管控、精准矫治、损害修复、智慧矫正"也是要从矫正方案开始的。我打个比方，社区矫正方案是总施工图，可以把社区矫正工作人员理解成是建筑工人，司法所长、中队长可以理解成是包工头，这个社区矫正社工扮演的就是水工、木工角色，所以亟待引入一个科学有效、可操作性强、统一规范的矫正方案来统领整个矫正活动。

我们去检查工作或者实施日常管理的时候发现，原来县区一级一般只是为了制定矫正方案而制定，制定完后放在一边，矫正方案的重要性没有体现出来。今年江苏南通在制定矫正方案的时候就坚持靶向思维，让社区矫正方案成为统揽矫正执行的总抓手。比如《社区矫正法》第24条规定："社区矫正机构应当根据裁判内容和社区矫正对象的性别、年龄、心理特点、健康状况、犯罪原因、犯罪类型、犯罪情节、悔罪表现等情况，制定有针对性的矫正方案，实现分类管理、个别化矫正。矫正方案应当根据社区矫正对象的表现等情况相应调整。"应该说这对矫正方案的制定提出了明确的要求，我们在实践中通过归纳，可以将该要求理解为三句话：一是监管按照处遇，实现分类管理；二是教育根据需要，进行法治、道德教育，但目前在实务过程中教育大都是大众性教育，教育的内容非常宽广，而教育不能成为简单普法，所以教育必须具有针对性；三是帮扶紧贴需求，进行必要的教育帮扶，当前南通市会在社区矫正对象报到的同时编制需求调查表，分类如心理需求、技能培训要求等，工作人员按照需求进行帮扶。

从具体操作上来谈：一是研究类案特征，当前南通市司法局制定了《矫正方案指引》，针对盗窃罪、交通肇事罪、诈骗罪等对象最多的7类罪名，就同一犯罪类型进行归纳、归类，把他们的主要特征找出来，像心理特征、环境特征等。二是把握个性特征，在调查评估、衔接报到、谈话教育、需求调查等环节，收集确定 26 项个性特征。三是综合赋予措施，明确矫正目标、内容、途径、频次、责任人，实施精准矫治。简单地说，就是通过矫正方案把需要我们做的内容明确了，然后通过江苏统一开发的"在矫通"通知社区矫正对象接下来他们会面临什么样的监管，以提升其配合的积极性。待确定矫正方案后，工作人员就按照矫正方案具体实施，并根据效果适时调整。当前，我们感觉到指导下属县区的社区矫正工作更为容易了。

三、立足本地特点，推行"矫务长制"

第三个问题就是社区矫正方案出来后，我们怎么样把矫正方案落实到位，这就需要一套完善的机制，南通市司法局在 2019 年 10 月份推出的"矫务长制"就是这样的工作机制。为什么要推行"矫务长制"。目前，江苏省的社区矫正不缺制度，有《社区矫正法》、江苏省的社区矫正工作指引，同时也不缺责任状，但从基层执行来说还是面临着社区矫正"最后一公里"的问题，这表明我们缺的是制度的执行、责任状的落实。实践证明，社区矫正的专业性，不能简单地依靠司法所长、社工，必须要有一套工作机制来推动。于是，江苏省南通市引"矫务长制"到社区矫正工作中，因为江苏省最先开始研发和使用"矫务通"，为此就把名字命名为"矫务长制"。

其实"矫务长制"这项工作机制是由多项工作内容组成的：

（1）高效能动的"一长三员"。我们在司法所、中队搞了小组模式，成员由矫务员和矫务长组成，更形象些，把司法所（分中心、中队）比作医院，矫务长就是病区（科）主任，负责实施治疗方案，根据病情适时调整。矫务员就是主治医生，巡查走访、台账登记、日常定位，有疑问及时报告，这相当于医生查房、写病历。发现"病灶"原因离不开村里的乡里乡亲，这就是矫正小组成员及网格员的作用。病情复杂需要其他科医生会诊，比如妇联、交警、心理咨询志愿者等。

（2）因地制宜的分类模式。在司法所（分中心、中队），根据辖区社区矫正对象基本情况，按照"矫正类别、犯罪类型、片区分布"三种标准，因地制宜确定分类管理模式。值得一提的是，南通市如东县社区矫正大队设立了直属中队，对管制、假释、暂予监外执行类社区矫正对象直接进行管理，如管制犯我们都知道是很难管理的，因此这样的探索非常有意义。

（3）精准滴管的损害修复。这也是江苏省的特色工作，将社区矫正工作扩大到被害人等，实施"四重修复"。我们南通市司法局今年将把损害修复理念贯穿于社区矫正工作全流程、全环节、全领域。

四、制度改革成效明显

2019 年 10 月试点工作开展以来，江苏省南通市司法局"矫务长制"的推行，有效消除了矫正对象重犯因素，成为我市学习贯彻《社区矫正法》，推进城市社会治理和政法领域改革的一项实务创新举措，其效果主要表现在"四个更加"：一是"靶向思路"更加清晰，作为消除重犯因素的落脚点；二是制度落实更加高效，成为打通社区矫正"最后一公里"的创新举措；三是工作机制更加完善，比如"一长三员"、社工的薪酬等级管理；四是社会化参与更加有效。南通市虽然做了一些工作，但是我觉得还有很多内容不是很成熟，如分类管理、分类矫治，因此我的报告仅仅只是点了个题，也欢迎今天线上线下的专家教授、省内省外的实务部门同志们到南通指导我们的工作，谢谢大家。

王顺安：我们能体会出王义兵局长对这次论坛讲座所做的充分准备，课件做得非常精良。刚刚的演讲我认为非常精彩，只可惜网络有一点小瑕疵。接下来发言的同志要注意讲话的时候慢一点、距离麦克风近一点、声音大一点。尤其是接下来要演讲的连春亮教授，不要着急。我一定为你做好服务，为大家做好服务。下面请连春亮教授演讲，题目是"如何认识《社区矫正法》"，大家欢迎。

连春亮[1]（河南司法警官职业学院教授）：

大家期盼已久的《社区矫正法》，在 2019 年 12 月 28 日终于颁布了。从 2020 年 5 月份开始，我在河南的各地进行了《社区矫正法》的宣讲。在宣讲

---

〔1〕 连春亮，河南司法警官职业学院教授、四级调研员、二级警监，司法行政管理系副主任，1987 年从事教学至今，主要从事监狱学、法制心理学和社区矫正研究。先后在学术刊物上发表专业论文 130 多篇；出版著作 39 部；主持或参与省部级研究课题 24 个，获得厅级以上奖励 18 项。现为河南财经政法大学刑事司法学院客座教授，河南省教育厅学术技术带头人，河南省优秀教师。代表性著作有《第三代囚犯研究》《罪犯矫正契约化论纲》《监狱学新视点》《罪犯矫正形态论》《罪犯矫正模式论》《人文关怀下的罪犯心理矫治》《社区矫正理论与实务》《社区矫正管理实务》《社区矫正基础理论》等。

的过程之中，我了解到实务部门的同志，在法律出台之前的期望值是比较高的，但法律出台后，似乎没有达到他们所期望的效果。立法后，开展工作面临了很多障碍，甚至部分同志还有抵触的情绪。所以在论坛上，我和大家分享的是在进行《社区矫正法》的宣讲过程之中我所收集到的问题，加上其他资料，和各位专家学者一起研究对《社区矫正法》如何认知的问题。

一、开展社区矫正工作必须要有法治思维

在基层宣讲的时候，我就告诉各地从事社区矫正工作的同志，法律就是法律。在《社区矫正法》没有出来的时候，试行阶段也好，推行阶段也好，只要是不违反法律的，都是可以探索的，但是法律出来之后，那就要求必须按照法律规则来做。以任何理由违反《社区矫正法》的行为，都是不允许的。总的来说，《社区矫正法》的颁布实施，对社区矫正工作的每一个环节而言，都是有法可依了。

《社区矫正法》出台后如何突破原先的惯性思维，或者说如何改变以前十几年的社区矫正工作中所形成的思维定势，是一个非常重要的理念转变问题。如何从《社区矫正法》的立法精神和立法价值取向去认真理解，重构社区矫正的工作理念；如何按照《社区矫正法》的内在精神，探索设计社区矫正工作发展的新路径，这是当前必须要解决的问题。

二、《社区矫正法》的"八新"

今天给大家分享的内容，我归纳了一下，也是社区矫正工作今后努力的方向，一共八个"新"：

第一个是新高度，要把社区矫正工作放到维护国家安全的政治新高度，以创新社区矫正治理体系和提升治理能力为核心，开创社区矫正工作新局面。

第二个是新特征，《社区矫正法》颁布之后，法律的立法精神变了，要及时把握社区矫正工作法治化时代的这样一个基本特征来进行工作安排。

第三个是新变化，要充分认识《社区矫正法》对社区矫正工作规则的一系列新变化。只有实现新变化，才能有新的成就。

第四个是新判断，对于社区矫正工作，在具体开展的过程之中，对面临的问题要做出一个新的判断。

第五个是新理念，要树立社区矫正工作新理念来指导我们的工作。

第六个是新要求，《社区矫正法》对社区矫正工作提出了新要求，要采取相应的举措来应对工作中所出现的问题。

第七个是新路径，在社区矫正工作中，如何遵循《社区矫正法》的精神，来寻找新的突破的路径，这是必须考虑的。

第八是新挑战，《社区矫正法》实施之后，不能只关注个人生活工作中面对的新挑战，更要关注社区矫正工作中的新挑战。

三、对"八新"的具体解读

下面围绕着这八个"新"来给大家讲几个方面的问题，由于时间限制，只讲其中的几个"新"，共同探讨一下。首先要认识到社区矫正工作的新特征、社区矫正法的整体评价。刚才张荆教授对《社区矫正法》的评价是非常高的，但是实务部门却感觉落差比较大。为何会出现这样的情况，这就需要从几个角度来看：

（一）认知新特征：整体评价

第一，从整体上来看，我认为《社区矫正法》具有坚实的社会基础。社区矫正法本身与《刑法》《刑事诉讼法》《监狱法》等法律都有衔接，且是以长达17年的实践探索经验为基础和《社区矫正实施办法》为蓝本而制定出来的，应该说该法的制度基础还是比较坚实的。

第二，立法目的和立法整体思路非常明晰。刚才张荆教授已经解释得非常清楚了，社区矫正工作的目的是什么？实务部门的同志对这个问题的认识，我感觉是非常到位的，就是促进社区矫正对象顺利融入社会。当然这次立法规避了社区矫正的性质问题，没有强调刑罚的惩罚性，也并未赋予社区矫正工作人员警察身份和相应的监管职责。

同时我也注意到王顺安教授关于《社区矫正法》立法目的的观点。他列举了五个立法目的，一是为了维护推进和规范社区矫正工作；二是保障刑事判决、刑事裁定和暂予监外执行决定的正确执行；三是提高教育矫正的质量；四是促进社区矫正对象顺利融入社会；这一点我认为是《社区矫正法》立法的核心目的；五是预防和减少犯罪。这是王顺安教授在谈到立法目的的时候总结出来的。

第三，平衡了各方诉求，回归到了社区矫正的本质上。刚才张荆教授也讲了，社区矫正的本源是由下到上的一个发展过程，而咱们国家的社区矫正是由上到下的发展过程。这次立法把整个《社区矫正法》的价值追求回归了社区矫正的本质上。这种回归让《社区矫正法》具有独立的法律地位。

第四，具有独立的法律地位。

第五，确立了我国刑事执行法律的双轨制。也就是监狱法和社区矫正法、监狱的矫正和社区的矫正，形成了一个刑事执行的法律的双轨制。

第六，社会力量参与社区矫正的法定化。《社区矫正法》对充分调动社会各方面力量参与社区矫正工作，作了许多的规定，如国家鼓励和支持企业事业单位、社会组织、志愿者等社会力量参与社区矫正；居委会、村委会可以引导志愿者和社区群众利用社区资源，通过多种形式来进行必要的教育帮扶；社区矫正机构可以通过公开择优购买服务、项目委托的方式来委托一些社会组织提供心理辅导、社会关系改善这些专业化的帮扶，以不断提高矫治质量。同时对共青团、妇联、未成年保护组织和其他社会有关组织，如何共同做好社区矫正工作也作了规定。

（二）认知新变化：与原规定的不同之处

《社区矫正法》对社区矫正工作带来了若干新变化。包括：一是重新界定了社区矫正的性质问题。司法部社区矫正管理局姜爱东局长在新闻发布会讲话的时候，表述的是刑事执行活动，我认为这就是对它的一种性质的表述。二是对适用社区矫正的罪犯称呼问题，定位于社区矫正对象，这样回归为一种平和的、被社会所接受的一个称呼，避免了标签化效应。三是规范了执行地的认定。执行地认定在规定之中更加详细、更加具体化。四是高度重视信息化的建设。五是参与主体分工更加明晰，增加了新的内容。六是明确了社区矫正对象的权利和义务，更加具体化了。七是管理时效的规定更加细化、统一和具体。八是关于电子定位的限制性规定。过去电子定位遵循的是普遍性原则，对每一个社区矫正对象都要用手机或者手环的形式进行定位监控，那么现在法律就进行了严格的限制。这就是《社区矫正法》的一个新的变化，是与原来规定不同的。

（三）明确新要求：实践中应处理好的五大关系

新要求主要表现在实践中应处理好与各方面的关系：一是政府主导与社会参与之间的关系，如何摆正二者的位置。二是主管部门与执行部门之间的关系，法律规定了司法行政机关是主管部门，社区矫正机构是执行部门，还有其他部门，比如说公检法，是要相互配合的。三是社区矫正机构工作人员与社区矫正对象的关系。四是社区矫正工作人员与社会工作者志愿者的关系，主要是社区矫正工作人员和社会力量中的参与人员二者的权利义务职责如何划分的问题。他们的边界在什么地方体现？五是社区矫正机构与公安、检察院、法院以及监狱之间的关系问题。这些都明确了新的要求。

（四）树立新理念和寻求新路径：下一步怎么做

接下来讲的重点，就是如何树立新的理念和寻求新的路径。我们下一步怎么做，在讲到这个问题的时候，我特别强调了一点，这个要注意：基于我国国家治理体系和治理能力现代化建设，社区矫正工作在《社区矫正法》的规范之下，总的发展目标必然是社区矫正工作现代化，构建社区矫正治理体系，提升社区矫正治理能力，将是社区矫正工作的核心任务，也是社区矫正工作深化改革和转型提质的要求。

那么针对这样一个问题，我想从以下几个方面来解读：

（1）社区矫正工作的理念和工作的主导方向发生了变化。在《社区矫正法》实施之前，因为过去的行刑理念就是要强调社区矫正对象是罪犯，要遵循《刑法》《刑事诉讼法》的规定，以严格的管理，实现对社区矫正对象的矫正和教育。现在可以总结为由过去的"刑""罚""管""教"转变为"控""矫""育""帮"。控，就是控制，通过严格的监管控制社区矫正对象内在的危险性，控制社会风险；矫，就是采取必要的措施，对社区矫正对象进行矫正教育；育，是用中国式的教育来使它发生转化；帮，就是社会帮扶。由此延伸出：其一，社区矫正立法的价值新趋向："西天取经"理论：社区矫正就像唐僧取经，社区矫正对象就是"孙猴子"，我们的目的不是为了念"紧箍咒"让其难受，体现惩罚性，而是为了使矫正对象修成正果，回归社会。其二，社区矫正工作新定位："麦田守望人"理论，守望麦田，防止破坏，有人破坏，及时制止；制止无效，及时报警。我们对社区矫正工作人员的定位是：社会安全的守望者，社会危险成员的管控者。王顺安教授延伸出十大理念："①不是为了惩罚报应而是为了预防；②不是为了剥夺或限制自由而是为了自由；③不是为了群众专政而是为了民主；④不是为了监督管理而是为了法治；⑤不是为了拘束控制而是为了安全；⑥不是为了思想改造而是为了矫正；⑦不是为了特殊管教而是为了感化；⑧不是为了帮困扶助而是为了人权；⑨不是为了损害修复而是为了正义；⑩不是为了赦免宽容而是为了和谐。"

第一，社区矫正不是为了建构"惩罚的城市"或"惩罚的社区"，而是为了社会的健康发展。结合过去的经验教训，对犯罪人的管理应当是与时俱进的。

第二，遵循法治精神。全国人大常委会法工委刑法室王爱立主任曾说过："通过适度监管和有针对性的一些矫正措施，充分发挥社会各方面的力量来进行矫治教育，有利于社区矫正对象顺利回归社会。"在这里，强调适度监管，而不是严格管理，这体现了整个社会对社区矫正对象的宽容、法律对犯罪的宽容，这是为了感化他们。

第三，实现人权保障和社会公平正义。打击犯罪，惩罚罪犯，改造罪犯，倡导的是社会的公平正义，需要对社区矫正对象的权利有一定的限制性，但矫正教育社区矫正对象是个别正义。社区矫正对象顺利融入社会，是社区矫正工作的核心任务；协同社会各方面组织，正确地开展矫正教育措施，是社区矫正力量的源泉。

第四，社区矫正中的用警问题。如何理解《社区矫正法》的价值追求，我认为是淡化了刑罚执行的性质，更多是做好监督管理与教育矫正，这才是核心。《社区矫正法》淡化惩罚功能，强化矫正教育的功能。因此，《社区矫正法》采取了协作用警的方案，而不是直接用警、借调用警或延伸用警的方案。

那么为何有些同志认为社区矫正工作要用警呢？一是认为社区矫正对象是罪犯。二是社区矫正对象有千分之二再犯罪率，认为社区矫正对象有一定的人身危险性。三是工作中与公安机关的协调不畅。我也认真思考过社区矫正的工作不能直接用警的理由，但是一讲这个，很多同志的反弹情绪比较大，甚至有些同志表示会辞职，但对待问题，应该理智地讨论，而不能意气用事。对于用警的第一个理由，《社区矫正法》已经出台了，法律就是法律，管理法律意义上的罪犯不是一定要用警察管理。在《社区矫正法》的规定里面，涉及用警的内容是很少的。协作用警也一直是实践中的常态做法，那么提出行政处罚，需要向公安机关提供相应证据材料，经审核后，由公安机关来进行处罚。在这个问题上，需要大家注意，这应是社区矫正工作变化最大的地方。以前强调社区矫正对象是罪犯，现在法律强调社区矫正对象的概念，把它中性化了，没有再强调它的标签化。

对于用警的第二个理由，即社区矫正对象有千分之二再犯罪率，我调研了一下，我国 2017 年公安机关立案数是 600 多万起，报案数是 1500 万起，分别是 0.43% 和 1.8%，那么千分之二与之进行比较，远远低于社会公众的犯罪数。大家思考一下，在这种情况之下，就没有必要用警。对于社区矫正对象的人身危险性而言，包括管制、缓刑、假释和暂予监外执行，能够采取这些行刑执行措施的都是犯罪情节轻微的，主观恶性比较小，放在社会不会再犯罪的罪犯，尽管人身危险性肯定也有，但是没有必要过度夸大。

　　最后对于社区矫正工作中的协调用警不畅的问题，这是客观存在的，但主要是制度设计问题。刚才张荆教授也说得非常清楚，立法把任何需要用警的问题都交给公安机关负责。根据原有的借调用警、直接用警、延伸用警的做法，从法律角度来看，一直都有争议。在这里，强调这个问题时，我需要特别说明一下，最近，在河南省的信阳市，社区矫正委员会成立之后，采取协同用警方式，我认为是值得学习的。河南省的社区矫正委员会由河南省政法委书记作为委员会主任，这是自上而下的，信阳市社区矫正委员会也是政法委书记作为主任，很好地解决了用警权的问题。具体做法，为了解决用警不畅的问题，他们的办法是让公安机关抽调一部分民警直接到社区矫正机构，协助社区矫正机构去解决工作中的问题。这个的路径方式在全国来说，虽然还没有大规模宣传，但我是非常支持的，对其我也会继续调研。

　　（2）社区矫正法治化是目标。社区矫正的法治化，这是我们将来要长期坚持奋斗的目标。一是法治以权利为本位。要处理好权利与权力之间的关系：保护矫正对象的合法权利，防止公权力侵犯矫正对象的权利。讲求权利平等、机会平等、规则平等；反对特权，反对差别对待，反对歧视。在权利与义务的关系上，明确"权利是目的，义务是手段"。二是法治，是良法善治。良法：追求个别正义之法。惩罚、监禁是以恶治恶，矫正教育是善法，以善治恶。善治标准的十个要素：合法性、法治、透明性、责任性、回应性、有效性、参与、稳定、廉洁、公正（俞可平教授的标准）。三是出台以"细则"为代表的各种法规和规定。在咱们国家，社区矫正法治化发展的道路仍然很长。举个例子，前一段时间，公、检、法司开了个视频会议，在视频会议上，关于检察机关针对认罪认罚建议判缓刑这一类的罪犯委托社区矫正机构进行社会调查评估问题。人民检察院的一位领导就说，法律没有禁止，就是可以委托，法律没有禁止就可以做吗？对于这种观点，我是持怀疑态度的，因为这在法律上是说不过去的。对于公权力，是"法无授权即禁止"。各地在制定工作细则的时候，大家注意一点，上海市制定的规范性文件，不是叫工作细则，而是上海市《关于贯彻落实〈中华人民共和国社区矫正法实施办法〉的实施细则》依据《社区矫正法实施办法》而制定出来的。其中该细则的第六章，规定人民检察院就认罪认罚的犯罪嫌疑人，建议人民法院判处缓刑和管制的，可以委托开展调查评估。《社区矫正法》和《社区矫正法实施办法》都没有规定检察机关可以委托，但是在这个规定当中规定可以委托。这就出现了一个问题：地方性的实施细则也好，或者办法也好，能不能自我扩权？能不能把它的执法外延无限地扩大？这是我们大家需要思考的一个问题，也是我所担忧的地方。目前河南省的细则也有相同的规定。我感觉《社区矫正法》已经把这种情况剔除在外了，如果说可以委托，《社区矫正法》就应该规定了。结果地方的这种规范性文件超过了法律范围，超过了"两高两部"规定的范围，我不知道这是不是合适的。所以说，社区矫正法治化是长期的工作目标，应按照《社区矫正法》的规定实现良法善治。

（3）转变"刑罚执行"理念，确立"社区本位"理念。《社区矫正法》颁布以后，我们最迫切的一个问题是要转变刑罚执行的理念，确定社区本位的理念，利用社会力量来从事社区矫正。刚才我也说到社区矫正本质上的回归，就是社区矫正是社会的共同责任。司法行政机关和社区矫正机构，只是主管这项工作，但是真正起作用的是社会力量，社会力量才是这项工作的重点。而现在最大的问题是民间的力量正在逐步地萎缩，因为政府机构介入之后，总是在强调它的刑罚惩罚性。即使《社区矫正法》已经出台了，很多人还是感到愤愤不平。在基层调研的时候，跟大家交流，不少同志还一再强调刑罚执行，法律为什么不规定刑罚惩罚性？所以说，需要帮助广大同志转变刑罚执行的理念，学习社区矫正法的理念，才能把这个工作做好。

（4）秉持社会工作价值理念。《社区矫正法》中4次提到"社会工作"，3次提到"志愿者"，7次提到"社会组织"，3次提到"社会力量"，充分体现了动员社会力量参与社区矫治工作的立法初衷，是贯彻落实党的十九届四中全会提出的系统治理、依法治理、综合治理、源头治理，不断完善社会主义法治体系要求的重要体现。社会工作的价值理念：尊重、平等、接纳、保密、价值中立等。社会工作：善于发掘服务对象的优势，帮助服务对象自助自立。社会工作者可充分发挥社会工作的专业价值理念的作用，与矫正对象建立良好的专业关系，充分发掘矫正对象的优势，给予他们鼓励和支持，协助他们回归社会。

（5）建立社会工作介入社区矫正服务的机制。社区矫正介入服务的机制，最主要的是建立政府主导下的社区矫正工作的"四社联动"机制。"四社"：社会组织、专业社会工作者、社会志愿者、其他社会力量。"四社联动"：以社区为平台，社会组织为依托，专业社会工作者为支撑，社会志愿者及其他社会力量为补充，各方力量各司其职，形成合力，推进社区矫正工作有效运行。

（6）构建"党委领导、政府主导、多元合作"的参与主体间的合作共治共享的结构体系。社区矫正工作现代化需要"政府—社会—市场"等力量，各自发挥积极作用，相互补位，合理配备社区矫正资源。

"党委领导、政府主导、多元合作"的参与主体间的合作共治共享机制是以制度化的方式对社区矫正工作各个参与主体的地位、作用和形式进行规定和确认，使得社区矫正工作参与主体地位明确、职责明晰、参与有序，各方行动协调、稳定、常态。

（7）构建法律规则和道德规范相结合的社区矫正教育方法体系。社区矫正工作机制要遵循法治的规则，这是由法律的性质和作用决定的。在社区矫正的国家层面，以法治为根本，以德治为辅助。而在社会层面，则强调以德治为主导，以法治为辅助。法律是国家意志的体现，是在社会治理中强制性的、正规性的社会规范，是任何政党、社会团体、社会组织和社会公民必须遵循的基本准则。

（8）构建以法治化为核心的社区矫正功能体系、制度体系、运行体系和监督体系。一是社区矫正功能体系：包括社会动员、组织协调、监督管理、服务沟通、资源配置五个方面；二是社区矫正制度体系：包括三大基本制度：法律制度、激励机制、协作机制；三是社区矫正运行体系：包括从上到下、从下到上、横向互动三部分内容；四是监督体系：由《人民检察院刑事诉讼规则》第十四章所规定的"刑罚执行和监管执法监督"，尤其是第四节"社区矫正监督"构成。

结　语

社区矫正立法是牵一发而动全身的工作，绝对不是单一问题的法律规制。最为关键的是，在中国，立法就意味着利益之争：利益的平衡、妥协和分配。《社区矫正法》的出台，不能解决所有问题，但是可以解决很多问题。尽管存在的问题还有很多，还需要逐步地解决，需要各方达成共识。《社区矫正法》

新的价值取向，对我们的社区矫正工作从宏观制度设计，到中观工作原则、工作理念，再到微观的工作方式和方法，都是又一次新的挑战！要求我们有新的作为。在新的挑战面前，你准备好了吗？

王顺安：连春亮教授今天的演讲十分精彩，有深度、有高度、有广度。你对社区矫正的理论与实务以及《社区矫正法》都理解得很透彻，让我们开阔了视野，提高了境界，同时加强了社区矫正法制宣传的法律意识和法治方向。关于法律目的，其实你写了八个"新"，可能是因为时间问题，你只提到了五个"新"。但即便你超时了，可你讲得非常好，含金量特别高。有很多理念、观点以及语言的金句。我个人认为是值得学习借鉴甚至是带有一定的推广意义的。谢谢你！给我们上了一课。当然有些问题我们还可以进一步研究，总之可圈可点。[1]下面有请中国政法大学刑事执行法学博士后马聪给大家演讲，下面的时间交给马聪。

马聪[2]（嘉兴学院法律系讲师）：

今天我在论坛发言的题目是"社区矫正适用率与'重罪重刑'刑法结构改革"。核心观点其实就一句话：中国社区矫正适用率偏小、偏低。从制度根源来讲，造成这一现象的原因不在于《社区矫正法》，也不在于现有的刑法规定特别是其中关于非监禁刑规定的对象问题，同时也不在于以前所谓的重刑主义、"严打"，而在于罪刑结构，具体而言就是刑法中形成的重罪重刑结构，这才是导致社区矫正适用率低的制度性障碍和根本性问题。因此要从刑法的角度来讨论我国社区矫正发展方向以及社区矫正制度适用倒逼刑法改革、刑事诉讼法改革，甚至我国整体的国家治理体系的现代化和法治化。

一、社区矫正适用规模障碍的观点述评

首先，因为社区矫正适用规模扩大的障碍，导致现在适用率比较偏小。

---

〔1〕 因根据发言者本人意愿，此处没有刊发中央司法警官学院司法人权研究中心主任贡太雷同志的发言。

〔2〕 马聪，先后获得河北大学法学学士、中国人民大学法学硕士、北京大学法学博士。2015年10月起任教于嘉兴学院法律系。独著《刑罚一般预防目的的信条学意义研究》，与王顺安合著《中国特色社区矫正基本制度问题研究》，另在《法学》《河北法学》《检察日报》等期刊和报纸发表代表性文章10余篇，参与国家社科重点项目1项，国家社科一般项目1项，省部级项目3项。

障碍有很多，我大体上梳理了一下，有三大方面的学术观点和立场：一是我国社区矫正适用规模比较小是因为重刑主义和"严打"政策造成的；二是因为社区矫正立法与适用的制度与技术缺陷，比如，法律比较模糊及以前没有《社区矫正法》；三是我国《刑法》《刑事诉讼法》中非监禁刑的立法技术缺陷。这三个观点在我看来都是有些问题的。

（一）重刑主义与"严打"政策

有关重刑主义和"严打"政策是导致社区矫正适用率偏小的制度障碍，这个结论是不正确的。反思第一点，重刑主义的概念和说法，本身就是一个比较模糊的问题，是从国家的立场去谈，或是从社会公众的立场去谈，或是从学者的立场去谈，持这个观点的人都没有讲清楚。另外一点，用重刑主义来论证社区矫正适用规模比较偏小的说法，事实上是根本没有把重刑主义的参照对象说清楚，到底是和谁比，和中国古代的刑罚比？是和西方当代的刑罚比，还是和日本的刑罚比？当然这种说法大部分是拿中国和日本的刑罚来比的。

结论有以下几点，先来说重刑主义。第一点，动辄将我国刑法冠以重刑主义并不恰当。我国《刑法》以《宪法》为根据，经最高立法机关制定，基本与社会公众的整体价值观念和立场是相符合的，符合大众基本的正义直觉。第二点，对于学者立场上的重刑主义说法，存在参照对象不明的问题。第三点，我国社会公众的确有重用刑罚的非理性因素，但国家也在力图引导和重塑大众消除这种非理性因素。在这种状态下，还把重刑主义当作社区矫正适用规模偏小的核心原因是不恰当的。

有关"严打"有这么几点。第一点，"严打"不宜全盘否定。第二点，"严打"中出现的具体问题与"严打"政策的制定和立意是两回事。第三点，"严打"必须配合社会治安综合治理建立长效机制，这其中就有社区矫正的问题。第四点，如否定"严打"，"宽严相济"刑事司法政策中的"严"如何体现？扫黑除恶如何大力开展？因此，重刑主义和"严打"政策不是影响社区矫正适用规模偏小的根本原因。

（二）社区矫正立法与适用的制度与技术缺陷

有很多人从社区矫正立法和制度适用的缺陷来谈社区矫正适用规模偏小的问题。但是现在的问题是，社区矫正全国性的立法已经有了，细则也有了，而且近20年的实践已经将主体、对象和职责等都基本完善了，为什么社区矫正适用率仍然上不去？可以预估，社区矫正的适用率在当前的一段时间内是不可能有大规模变化的。

（三）非监禁刑的立法技术缺陷

还有人从非监禁刑的立法技术缺陷去谈，主要是刑法学界的人，他们谈的一直是关于管制、缓刑、假释和暂予监外执行的与刑法相关规定有一定模糊和操作性差的问题。但事实上国家已经认识到了该问题，在《刑法修正案（八）》和《刑法修正案（九）》之后，涉及这四类社区矫正对象的有关《刑法》《刑事诉讼法》中的规定正在进一步地完善。但是，可以看到社区矫正适用规模在整体上还是没有太大的变动。

二、社区矫正适用规模障碍的制度根源问题

从刑法的具体规定来谈这个问题，这种思路是比较恰当的，尤其是执行问题，从制约执行的上位法，也就是从刑法，特别是罪刑结构的角度考虑社区矫正适用规模的问题，是比较符合法治的发展方向的，也同样有助于从根本上解决中国社区矫正适用规模偏小的制度性问题。社区矫正适用规模偏小的制度性根源在于我国刑法的重罪重刑结构，而没有赋之于轻罪轻刑的结构。

从罪刑结构考虑我国社区矫正使用率的意义有三点：一是比较规范和科学；二是为现有违法犯罪和制裁体系改革提供制度性保障；三是有助于实现国家治理的现代化和法治化。

三、社区矫正适用规模扩大的制度性措施在于重罪重刑刑法结构的调整

（一）我国刑法至今从总体上仍然呈现出重罪重刑并有强化的倾向

一是我国刑法至今从总体上仍然呈现出重罪重刑并有强化的倾向，死刑和无期徒刑适用比较多，适用范围比较广泛。二是司法实践当中长期监禁刑适用率非常高。在司法实践中有一个怪现象：90%能判处拘役的，法官几乎不判缓刑。这恐怕和原有的三级制裁体系有很大关系。三级制裁体系的存在是使刑法成为重罪重刑结构的一个根本性的原因。三是重罪重刑的倾向有所扩大。如《刑法修正案（八）》《刑法修正案（九）》中修改数罪并罚、限制减刑以及终身监禁甚至严格限制死刑立即执行政策下死缓扩大适用，意味着中长期监禁的比例增加，也就意味着监狱的负担会更重。这三年的扫黑除恶行动，凡是涉黑涉恶的对象都判得比较重，都是五年到十年，甚至有十年

到十五年之间的。

（二）三级制裁体系已经发生重大变革，重罪重刑结构势必要调整

重罪重刑的结构不管是从立法上还是从司法上，都是现实存在的一种实际情况。重罪重刑结构的形成源于计划经济下的"三级制裁体系"，轻的就是行政处罚、治安管理处分，中间的是长期被剥夺自由的，但是不经过审判的劳动教养，还有所谓长期性的剥夺自由的制度，即最重的刑法。当然现在可以看到，国家正在力推"三级制裁系统"改革，劳动教养、收容等都废掉了。如今计划经济已经不复存在，三级制裁体系已经发生重大变革，因此重罪重刑结构势必要调整。从现状来看，重罪重刑有这么三个问题：一是法益保护不完善。二是保护效果欠佳。首先，行政权力和刑事权力同时对违法犯罪进行规定，存在制度设计的细节不清和界限不明的问题；其次，行政权力和刑事权力的界限不清楚、不明确导致了处理效率低下、处理任意性和制度性腐败的可能。这几年有关行政法和刑法处罚之间的界限问题也一直是刑法领域讨论的热点。三是公众对法律的忠诚度不高，对法律的公信力认知不足。

在这种意义上，重罪重刑的问题这么大，必须要改革，但改革怎么改，其中最好的思路就是在此基础上延伸刑法的触角，以降低起刑点为基本思路扩大犯罪圈，逐渐实现刑事执行机构单独分享犯罪的处置权力，这个是为社区矫正适用的扩大提供根本性的制度保障。很简单，比如轻微犯罪数量多了，在短时间内犯罪圈就扩大了，自然会带动管制和缓刑的进一步提高，当然也会带动管制、缓刑和拘役之间的界线包括法律具体明确规定的清晰化。其次犯罪总量在短期内提高，监狱在短期内扩容不能实现的情况下，必然会连带和激活假释和监外执行的适用率，迫使这类罪犯也更多适用社区矫正。这个思路的核心就是以轻罪轻刑的制度体系来从根本上带动社区矫正的适用数量。

四、以重罪重刑结构调整为制度措施提高社区矫正适用率的法治意义

（一）实现刑法精确化的保障

建立轻罪轻刑体系，扩大犯罪圈，表面上会产生更多的犯罪，但事实上，这种制度即轻罪加上轻刑可以从整体上稀释和改变我国刑法重罪重刑的结构，特别是可以逐渐减少行政机关在违法行为处置上的权力。

（二）建立现代刑事制裁体系的制度根据

强化刑事司法和法院在处理犯罪中的核心地位，弱化行政权对犯罪处置

的自由裁量。

(三) 实现国家治理现代化和法治化的制度基础

由司法权行使对犯罪的处置，是符合国际标准的做法，使"不经审判不能剥夺自由"的国际标准得到贯彻。充分发挥司法和法院而不是行政权力在犯罪处置过程中的基础和核心作用。降低刑事司法领域制度性腐败的可能性，自由裁量权的行使有相应的规则。所以在这种情况下，可以看到治理现代化和法治化的要求在轻罪轻刑的体系下能够得到比较好的实施和落实。一是建立轻罪，辅之以社区矫正等刑罚执行措施，可以提高司法公信力；二是真正贯彻社会治安综合治理以及宽严相济的刑事政策；三是最为重要的，可以为我国社会秩序的整体稳定以及国家治理体系结构优化提供强有力的法律保障，并为国家治理现代化和法治化的长期目标实现提供更好的具有秩序性和稳定的时空条件和环境。

以社区矫正适用率提高为契机，推进刑法结构改革，从长远上来看对于刑法整体的发展和改革具有重要的倒逼意义。我简单举几个例子：一是推进刑罚种类的进一步发展和完善，可以考虑在适当的时候将社区矫正演变为刑罚种类，比如说增加刑罚种类，扩大刑罚种类的类型，把五种主刑扩大到十种。二是推进轻刑的刑罚执行方式的现代化、多样化。三是推进监狱改革，特别是带动假释和监外执行的改革。我曾听到全国人大法工委的同志讲，制定《社区矫正法》有一个重要目的，是希望以立法的方式来带动假释适用率的提高。四是推进前科制度的改革以及前科消灭、赦免等制度的现代化。当然，轻罪轻刑这种制度的配备同时也对刑事诉讼程序有重要影响，如推进刑事速裁、不起诉、和解、谅解协商以及简易程序的进一步深入发展等。五是在刑法理论当中的一些意义，彻底反思现有刑法基础理论，如现在大行其道的刑罚谦抑理论、标签作用的负面效果，贴上犯罪标签了，对这个人是不好，那么标签理论有没有问题，我们看到了很多资料，国外多标签理论也不是铁板一块，对标签理论进行否定的不在少数。其次还有非犯罪化理论、犯罪构成条件的入罪和出罪理论、宽恕理论、刑罚概念以及特性等。希望可以用社区矫正适用率提高这么小的一个问题，在真正的推行过程当中来实现刑法的现代化和法治化革命。最后我再强调一遍核心观点，社区矫正适用率的提高根源还在于重罪重刑结构正在往轻罪轻刑的方向调整。

王顺安：感谢他的这次演讲。演讲内容和课件的质量都非常的高，从刑罚一体化的高度来俯瞰社区矫正。这也是我所期盼的，可以给大家带来启发性、引领性的演讲。我们的《社区矫正法》以及进行的社区矫正工作是最后法、底线法。但同时要有前瞻精神，要向前看，接受《刑法》《刑事诉讼法》的实体法和程序法的执行后果，并受其制约。《社区矫正法》以它的经济、人道、文明、民主、社会化，顺应了社会的发展趋势成为全球共识，其中很重要的一个问题就是要成规模化，有规模才有效益。我们经过了十几年的发展，社区矫正对象由过去的占整个罪犯的极少的部分，约有两三万人，到现在已经达到了七十多万人，这已经是非常显著的成绩了。但是同世界各国相比，矫正对象在整个罪犯的比例，加拿大约是80%，美国约是90%，全世界普遍在50%以上，而我们仅仅是1/3，这与我们的期待，与整体全球化的发展都不相符。因此，我们学校的老校长徐显明在对社区矫正进行调研之后，多次作为人大常委会委员提意见的时候，一再强调社区矫正的规模太小，与我们刑法的文明、地位、效益不相符。那么，我们这个社区矫正就起到一个很重要的作用，可以起到支撑未来扩大化的趋势。但是，这个规模我们能不能承受得了，反过来我们社区矫正的规模，为什么到现在这个程度还是这么的艰难。其中有实体法的问题，也有程序法的问题。更重要的还是实体法的种类，整个刑法结构正处于第二阶段，其他发达国家是第三、第四阶段。所以，我们社区矫正的工作意义重大。通过我们的努力，矫正对象的数量，已经从两三万人上升至七十多万人，这是个了不起的成绩。将来我们有信心将比例扩大到百分之五十，甚至百分之六七十。感谢马聪博士后的引领性演讲，希望各位在研究《社区矫正法》的时候一定要上下求索以达到新的境界。

下面我们有请北京政法高等职业学院颜九红教授来演讲，她的题目是"设立专业社区矫正执法官之建议"。她做了精心准备，课件十分精美，下面的时间交给她。

颜九红（北京政法职业学院教授）：

一、社区矫正是刑罚执行领域的革命性变革

张荆教授在他的演讲中提出《社区矫正法》的四大执法难点，其中的第一点就是关于吸纳、培养、留住优秀的社区矫正人才，稳住队伍的问题，这也是我想讲的问题。

（一）社区矫正在我国的概况

社区矫正是 20 世纪 60、70 年代，在行刑社会化思潮的影响之下，欧美国家基于实用主义和经济节俭原则的出发点，对短期自由刑具有巨大负面效益进行反思，创制了多种基于社区的行刑方式和制度，从而使自由刑从执行机构封闭、机械、僵化的刑种变为开放处遇、机动、灵活、具有刑罚个别化特点的刑种。

2003 年社区矫正在我国开始试点，2009 年全国试行，2011 年刑法明文规定，2019 年 12 月 28 日《社区矫正法》正式颁布，2020 年 6 月 18 日"两高两部"颁布《社区矫正法实施办法》。这里呈现出几组数字：第一组是社区矫正对象的数量。截至 2019 年 12 月 28 日，全国累计接受社区矫正对象 478 万人；累计解除社区矫正对象 411 万人；近年来每年新接受社区矫正对象 50 余万人；2019 年新接受社区矫正对象 57 万人，解除矫正 59 万人；2019 年全年正在列管社区矫正对象 126 万人。第二组数字是成本。有统计，江苏在 2008 年的监禁刑执行成本为每人每年超过 14 000 元。同期社区矫正成本为每人每年 2500 元，社区矫正成本不到监禁成本的 18%。云南在 2009 年的监禁执行成本为每人每年 12 000 元，同期社区矫正成本为每人每年 1000 元，社区矫正成本不到监禁成本的 12%。第三组数字是成效。诚如各位专家所说，社区矫正是推进国家治理体系和治理能力现代化的重要内容，也是贯彻宽严相济刑事政策的重要体现。社区矫正期间，社区矫正再犯率维持在 0.2% 的较低水平。

（二）问题的提出

《社区矫正法》第 16 条规定得相当好，即"国家推进高素质的社区矫正工作队伍建设。社区矫正机构应当加强对社区矫正工作人员的管理、监督、培训和职业保障，不断提高社区矫正工作的规范化、专业化水平"。它提出了社区矫正工作队伍应当高素质、规范化、专业化，并应给予职业保障的要求。根据这一条的规定，张荆教授说，在《社区矫正法》的起草过程中就怎样来界定《社区矫正法》的性质这一问题有很大的争论，但是不管怎么样来界定《社区矫正法》，毫无疑问，《社区矫正法》与《监狱法》一样，都是刑罚的执行法，《社区矫正法》中的暂予监外执行还是《刑事诉讼法》规定的执行法。再对比分析《社区矫正法》和《监狱法》对机构的法律性质定位，《监狱法》第 2 条第 1 款规定："监狱是国家的刑罚执行机关。"而《社区矫正法》的第 2 条就规定得比较窄，即"对被判处管制、宣告缓刑、假释和暂予监外执行的罪犯，依法实行社区矫正。对社区矫正对象的监督管理、教育帮扶等活动，适用本法"，并没有对社区矫正有明晰的法律性质定位。再看社区矫正和监狱法对机构的规定，《监狱法》第 10 条规定："国务院司法行政部门主管全国的监狱工作。"第 11 条规定："监狱的设置、撤销、迁移，由国务院司法行政部门批准。"《社区矫正法》第 8 条第 1、3 款规定："国务院司法行政部门主管全国的社区矫正工作。县级以上地方人民政府司法行政部门主管本行政区域内的社区矫正工作。地方人民政府根据需要设立社区矫正委员会，负责统筹协调和指导本行政区域内的社区矫正工作。"第 9 条规定："县级以上地方人民政府根据需要设置社区矫正机构，负责社区矫正工作的具体实施。社区矫正机构的设置和撤销，由县级以上地方人民政府司法行政部门提出意见，按照规定的权限和程序审批。司法所根据社区矫正机构的委托，承担社区矫正相关工作。"由此可以看出，《监狱法》对监狱机构的规定清晰、明确、上下级科层制干净利落，但是《社区矫正法》对社区矫正机构的规定却非常繁冗、啰唆。第三个对比人员的规定，《监狱法》第 12 条第 2 款明确写道"监狱的管理人员是人民警察"；《社区矫正法》第 10 条到第 13 条对社区矫正机构中的人员的规定是"社区矫正机构应当配备具备具有法律等专业知识的专门国家工作人员"，同时根据需要可以有社会工作者参加工作，居民委员会、村民委员会依法协助社区矫正机构做好社区矫正工作。第四个对比是经费的规定，《监狱法》第 8 到第 9 条规定，国家保障监狱改造罪犯所需经费，同时监狱依法使用的土地等资源受法律保护，任何组织和个人不得侵占、破坏。我在参加监狱法论坛的时候曾了解到，并非所有的监狱经费都得到了充足保障。再看《社区矫正法》第 6 条有"各级人民政府应当将社区矫正经费列入本级政府预算"的规定，但因为我国幅员辽阔，县级人民政府的社区矫正经费能不能列入预算，其实还是有疑问的。从比较的角度看经费保障问题，监狱的经费保障力度还是胜过社区矫正工作对经费的保障力度的。

再看实践中的做法，地方性的经验很重要。从 2003 年开始，北京政法职业学院就参与了北京市社区矫正试点的各项工作，有比较丰富的调研经验。全国各地建立社区矫正工作队伍，普遍由司法行政部门的执法工作者、社会工作者、社会志愿者组成。但是队伍之中，实际上承担社区矫正主责的是镇街司法所的司法助理员，这个能不能算得上是专门国家工作人员呢？很多省、市、自治区都采取了借调监狱、戒毒警察参与社区矫正监督管理的举措，来弥补司法助理员在罪犯矫治方面的专业性和权威性不足的问题。但是，监狱、戒毒所警察参加社区矫正工作，属于借调或者抽调而来，他们的人事、档案等还在原单位，因此，这种不稳定的关系一方面会影响被借调或者抽调的干警的业绩考核、职务升迁，另一方面也给社区矫正工作队伍的稳定性、长期性、专业性、规范性等带来一系列问题。

（三）问题的归纳

社区矫正想要成功运行，就必须拥有一支训练有素的职业工作者队伍，这样才能谈到职业保障问题。第一，社区矫正机构和监狱都负责国家刑罚执行，但是从两法对比来看，在机构的定位、人员、经费上，社区矫正的配置明显低于监狱；第二，尽管《社区矫正法》规定社区矫正机构的工作人员应为专门国家工作人员，但实际上远远没有做到；第三，承担社区矫正主责的司法助理员，并非专职于社区矫正工作，且在社区矫正工作中存在专业执法素质不够、执法严肃性权威性不足等问题。我认为关键就是社区矫正执法人员长期性机制阙如，各个司法所基本上没有社区矫正专职助理员，抽调监狱的警察和抽调戒毒的警察，这一机制短期来说具有积极的效果，但是长期而言却存在权责不清、管理不顺的问题。以北京市大兴区为例，截至2019年9月底，北京市大兴区共抽调监狱警察28人任矫正干警，每个司法所配备矫正干警1人至2人，另有司法社工65人，每个司法所配备司法社工2人至3人，还有"40、50"人员47人担任社区矫正志愿者；在管社区矫正对象318人，刑满释放安置帮教对象1368人。

二、学界、实务界的争论

关于社区矫正执法工作人员身份的资格，历来争论不休，在理论界存在三种观点：第一种观点是警察说，这个学说就是要赋予社区矫正执法人员以司法行政警察的执法身份，纳入警察编制；第二个是矫正官说，是建立一支专门负责社区矫正工作，且拥有公务员身份，具有社区矫正执法权的专业的、专职的社区矫正官队伍；第三个是两步说，就是首先确立警察制，在条件成熟后再确立缓刑官和假释官制。相对于理论界的意见分歧，实务界比较一致的倾向于应授予社区矫正执法人员人民警察的身份，纳入警察编制。

三、比较法视野下的社区矫正工作人员

这里主要讲美国、荷兰、英国、加拿大和德国的简要情况。2000 年，司法部预防犯罪研究所统计的缓刑和假释各国比例数字：加拿大将近 80% 是最高的，澳大利亚是 77%，新西兰是 76%、法国是 72%，美国是 70%，韩国和俄罗斯都略低一点，但也都将近 50%。

（一）美国

美国是最早开展社区矫正的国家之一，社区矫正数量规模大，截至 2016 年 12 月 31 日的数据：美国的总服刑人数是 660 万人，其中监禁的人数是 216 万人多一些，社区矫正的人数是成年人的假释和缓刑人数是 400 万人，社区矫正人数占总服刑人数的 68%。美国的监狱处于超押的状态，尤其是加利福尼亚州，不堪重负。

美国的社区矫正工作人员身份，是缓刑官和假释官。由于机制不一样，大多数假释官和缓刑官属于政府工作人员，有一部分属于法院工作人员，但社区矫正的管理部门大多是矫正局，矫正局的职责有两项，即管理监狱和管理社区矫正。美国政府的社区矫正管理机构分联邦和州两个层面。在联邦层面，所有从监狱中出来的人员包括假释、受监督的释放、强制的释放和现役军人的假释，均归属联邦法院系统。在州层面，社区矫正工作大多由矫正局管理。

美国对社区矫正工作人员的专职性、专业性和法律性要求高于警察，美国警察的准入学历标准，在绝大多数州高中毕业即可，而缓刑官和假释官的标准比较高，至少需要学士学位，或完成与缓刑假释工作相关的训练且足以证明学习程度相当于学士学位的职业发展项目。实践中，美国所有缓刑和假释机构还设定至少具有刑事执法、社会学、心理学、社会工作专业学士学位的应聘门槛。缓刑官和假释官需要具有应对各式各样罪犯的能力，尤其是针对欺骗伎俩和敌意表露，能通过适当的方法行使监督管理，同时还要有效处理与警察、检察官、法官等执法者、司法者的关系，处理好社会服务范围内的各种各样的事务，比如，罪犯的处遇、福利就业和教育等。

美国的缓刑官和假释官的压力比较大，因为缓刑、假释的比例在 60% 到 70%，所以缓刑官和假释官承受的案件压力普遍比警察高。缓刑官和假释官既要负责惩处犯人，具有威慑性和强制力，同时又要扮演治疗师、行动导师，

以便帮助犯罪人重建自我，这具有福利性。他们不断处于威慑性和福利性双元角色的冲突之中，加之不断增加的高风险犯罪人数量和公共安全问题，都使得社区矫正官的心理压力不断地增加。

（二）荷兰

荷兰最早担任社区矫正工作的是缓刑官，最早成立的缓刑局是属于独立的私人组织，这跟美国类似。长期的实践运作使得荷兰的缓刑局已发展成为高度专业性的机构。1947年，荷兰修改缓刑法，要求缓刑官必须经过社会工作者的专业培训，这一点和我们的《社区矫正法》不同，我国要求的是具有法律等专业知识的专门国家工作人员。2004年，荷兰政府赋予该国司法部更多的协调、控制机能，通过委托制监督和协调缓刑机构，缓刑机构仅在受政府机关委托时履行他们的职责。

缓刑官负责任务刑的执行，什么是任务刑（task penalty）？1989年的时候，荷兰通过八年的试点开始以后在刑法中增设规定社区劳动服务令作为刑罚种类之一，这是来自英国的经验。2001年的时候，荷兰修改刑法，将任务刑规定为主刑，就是比监禁刑要轻缓，比罚金要严厉，属于限制人身自由的刑罚种类。任务刑是在社区服务令上发展起来的，后来还发展了包括学习培训令。任务刑就是既可以是服务社区劳动令，又可以是学习培训令，还可以是两者的结合。

专司缓刑工作的缓刑官均为专业人员，需要有在高等教育学府的社会个案工作教育背景。同时缓刑机构和法院、检察机关、监狱密切合作、恪守合约，这些合作伙伴对缓刑机构的认可度很高。当然缓刑官有效工作的背后，是司法威慑力，缓刑官是致力于为犯罪人养成具有正能量的新行为习惯创造条件，努力去发掘那些可以改变犯罪人行为的动因，并提供一系列支持。而司法威慑是激发这些犯罪人改变的动因，犯罪人如果不和缓刑官合作的话，不遵守社区服务令的规定，缓刑局将立即向检察官报告，检察官则会迅速作出收监执行决定。

荷兰社区矫正工作成效显著。在2017年的时候，荷兰全境的监狱总床位是13 500张，仅有8400名犯人在监，监舍空置率多达1/3多。荷兰司法部继2013年关闭19座监狱后，2018年又关闭4座监狱。荷兰监禁刑人数越来越少的原因很多，其中一个主因是荷兰的社区矫正工作富有成效，法院更愿意判处非监禁刑，从而使荷兰的监狱监禁人数大幅下降。

（三）英国

英国国家犯罪人管理局下设缓刑局，缓刑局负责社区矫正工作，缓刑官属于专业人员，专职从事社区矫正工作。缓刑官与警察的合作非常密切，国家犯罪人管理局的犯罪人管理者首先对犯罪人进行调查评估，甄别犯罪人的风险等级，为法官提供量刑建议。在缓刑、社区服务令等非监禁刑执行中，缓刑官与执法警察顺畅合作、信息共享，共同预防并解决犯罪人重新犯罪问题，保证社区矫正各种犯罪人干预项目如矫正项目、社区劳动、培训等的正常运行。

（四）加拿大

加拿大的缓刑和假释比例大概是全球最高的，这和该国的公众认知是一致的，加拿大人认为监狱矫正的效果比不过社区矫正，所以就更愿意社区矫正。把犯罪人放在社区内为社区做贡献对社会最有利，已成为加拿大人的社会共识。加拿大的社区矫正也是由缓刑官来负责的，不少宗教组织、非政府组织也对缓刑犯和假释犯提供帮助，参加缓刑和假释工作的社会工作者在社会上的声誉很高，他们被称为"社区的良心"。有效的社区矫正项目不仅能够对犯罪进行软处理，还提供了一种惩罚犯罪与回归社会的结合，有利于犯罪人以有益于社会的身份回归社区。

（五）德国

德国于 1895 年确立了缓刑制度，最开始和荷兰一样起源于民间组织，第二次世界大战之后受英国的影响成立了专门的缓刑帮助机构。最早的时候，德国的缓刑帮助对象仅仅是未成年犯，工作内容主要是扶助其生活，提出相应建议。后来德国的缓刑帮助范围已经扩大到了成年人。德国各州缓刑帮助模式不尽相同，但缓刑帮助者属于政府雇员，不具有公务员身份，也不是警察，属于政府的受雇者，与司法部会签订聘用合同，州司法部负责统一聘用人员，服务期间大概为 2 年至 5 年，由州高等法院依据辖区的案件数量来配备缓刑帮助官。以柏林州为例。柏林州司法部下辖的刑罚执行处负责缓刑、赦免执行工作，缓刑帮助官是缓刑和赦免执行工作者。德国各州缓刑帮助者的工作量都很大。柏林州的缓刑帮助者与缓刑罪犯的比例是 1:90。

比较法研究下的结论：以上各国的社区矫正工作人员都不是警察身份；社区矫正工作人员在权力位阶和监狱矫正系统上是同阶的；社区矫正工作人员是专职的；社区矫正工作人员的专业性很强；社区矫正工作人员的社会声

望很高；社区矫正工作人员与警察、检察官、法官等执法人员合作顺畅、富有成果。

四、实践问题

再看一下我国实践中的情况。第一个问题是，我国社区矫正执法权力位阶比较低。司法所管理体制比较混乱，有的挂靠在乡镇街道，有的属县级司法局，工作性质都更倾向于法律服务，而执法权应秉具的威严性和强制力比较稀薄。实践中，有的司法所因担心社区矫正对象脱管、信访或闹事而受到行政问责，深陷"以服务换执法"的误区，影响社区矫正执法权力的严肃性、威慑性。第二个问题是司法所工作超负荷，社区矫正的专业性受到影响。举一个例子，学界有提出，要多提高缓刑、假释的比例，在适用缓刑、假释之前都有一个社区矫正前调查评估，这是一个专业性非常强的工作，应按照法律不打折扣地来完成，但是实践的情况往往是，在对被告人的社会危险性和对所居住社区的影响进行专业性调查评估的过程中，司法所工作人员会不自觉地避免作出缓刑的建议，因为缓刑就意味着社区矫正对象人数的增加，而这将远远超出司法所的工作负荷。那么，为什么会超负荷？这是因为社区矫正执法人员的数量不足，大多数司法所人员配备有限，像北京市大兴区司法所的干警普遍也只有 1 名到 2 名，除了所长，有的司法所连司法助理员都没有，为数不多的司法所工作人员要承担社区矫正、安置帮教、人民调解、普法宣传等九项工作职责，应接不暇，尤其是现在要求制作各种各样的报表，使得他们的工作更加繁琐不堪。

从监狱和戒毒所抽调警察，目前看来也不是长远之计，毕竟社区矫正对象是在社区，他的生存、生活、求学、择业、家庭、交友等还要依赖社区矫正执法人员予以关注和联络，因为社区矫正本身具有威慑性和福利性的双元特性，所以对社区矫正执法人员专业性的要求更高，而这一点目前无法保障。

此外，社区矫正工作人员的稳定性不足。要保障专业的人员从事工作，在实践之中，就存在招录人员的时候各地的准入门槛不一样的问题。这个招录门槛迄今为止并没有专业性的标准保障。另外，司法所和基层政府这些组织关系的密切性，又使得社区矫正工作人员的调整性比较大，常处于工作调动之中，所以难以保持社区矫正工作的专职性。

可以说，目前我国社区矫正工作岗位是一个流动性比较大，人员不稳定的岗位。尤其是偏远的乡村地区，专业性和专职性的社区矫正工作人员的是比较稀缺的。乡村社会发展水平虽然在不断提高，但其社会建设相对于沿海地区还是比较稍微迟缓，想留住人才比较困难。司法所工作人员少，工作强度大，无法抽出足够时间用于社区矫正工作，而同时社会工作者的专业能力恐怕也难以和社区矫正工作的需求相匹配。

最后，提出一些不成熟的意见和建议。但凡立法，诚如方强教授所说，立法后工程首先是人的因素，首先要解决执法权力的位阶、层级，机构人员的身份资格和职业保障，这样才能为社区矫正执法人员的执法活动提供法律依据和专业保障。我认为，应当配备专职和专门的社区矫正执法官，以便做好、做大、做强社区矫正工作队伍。社区矫正具有惩戒、帮助、服务这三重属性，由此就决定着社区矫正执法的风险性和高度专业性是融合在一起的，因此就应当配备一支专职而不是兼职、稳定而不是暂时、专业而不是兼业的社区矫正执法官队伍。2019 年 1 月 15 日，习总书记对政法队伍建设提出明确的要求，要求政法系统把专业化建设摆在更加重要的位置来抓。

刚才马聪博士讲了重罪重刑的问题，也看到 2017 年、2018 年我国全国刑事法院一审的刑事案件的数据前十位都没有特别重的重刑。第一位，从 2017 年、2018 年开始，危险驾驶罪的数量超过盗窃罪，第三位是故意伤害罪，第四位是寻衅滋事罪，这都是比较轻缓的犯罪。就目前而言，刑事司法改革的趋势是，刑罚的处罚范围不断扩大。最近的几个刑法修正案，包括《刑法修正案（十一）》，都存在预备犯独立化、帮助犯正犯化的现象。可以说，刑法的干预力度在不断加强，轻刑化的趋势比较明显，所以适用社区矫正比例应该会不断提高。但就目前而言，社区矫正工作人员素质的提高还有一定困难。在工作人员保障不足、工作实绩也不能提高的情况下，如果没有专职、专业的执法官队伍来迎接这一个挑战，是不敢放开实施社区矫正的。监狱在押犯目前是一个饱和的状态，从 1979 年至 2012 年，监狱在押犯从 62 万人飙升到 164 万人，但是监狱的数量却一直未有变化。2012 年全国共有 681 座监狱，在押犯和监狱数量的比例从 1988 年平均每所监狱在押犯 1557 人，2012 年达到 2400 人，2013 年监狱实际在押犯数量已超关押总量的 1/2。张明楷教授提出，应该扩大缓刑适用的范围，提高缓刑的适用率，这个建议很好。立法界希望能够提高假释的比例，也都是非常好的建议，这对于我国刑罚执行文明化将是一个非常大的促进。

最后由此之故，强烈呼吁建立一支专职化、专业化的社区矫正工作队伍。我国 17 年的社区矫正实践解决了一个有没有社区矫正的问题，现在要解决一个社区矫正好不好的问题，而《社区矫正法》的一些规定条款，例如该法第 16 条规定"国家推进高素质的社区矫正工作队伍建设"，要求"不断提高社区矫正工作的规范化、专业化水平"，是为专职、专业社区矫正官队伍建设打下重要的法律基础。在这个基础之上，建立一支专职社区矫正官队伍，并对这支队伍进行符合其岗位专业性需求的教育、制度化培训，就可以使社区矫正工作再迈上一个新的台阶。

王顺安：感谢颜九红教授的演讲，她吐字清楚，语言流畅，逻辑清晰，课件精美。她的分享无论是对研究者、实务工作者，还是学生都非常受用。再次向颜九红教授表示感谢。下面我们有请同样是来自实务部门的上海杨浦区司法局徐琪副科长演讲，她的题目是"《社区矫正法》的分类矫正问题"，下面的时间交给她。

徐琪[1]（上海市杨浦区司法局社区矫正管理科副科长）：

近几年来，杨浦区社区矫正中心在社区矫正领域硕果累累，连续三年荣获上海市社区矫正大比武团体一等奖，2018 年被评为"上海市司法行政先进集体"，2019 年荣获司法部"社区矫正先进集体"的称号。目前，杨浦区共有在册社区矫正对象 351 人，其中缓刑 336 人，暂予监外执行 11 人，管制 2 人，假释 2 人。这几年来，杨浦区一直紧扣矫正矫治、帮扶工作的现实需求，以问题为导向，着力填补教育矫正方面的短板问题。今天我也想和大家分享我局在分类教育矫正方面所取得的一些成就，或者说实际的一些经验。我发言的题目是"《社区矫正法》分类矫正问题"。

一、分段教育聚焦"入矫系扣"，加快"转"的步伐

第一，向大家介绍一下分段教育。根据社区矫正对象接受矫正的时间进行划分，分为入矫的初期阶段、中期的矫正阶段、后期的解矫阶段。在入矫的初期阶段，杨浦区聚焦入矫"系扣"的特色，在《社区矫正法》出台的背

---

〔1〕 徐琪，上海市杨浦区司法局社区矫正科副科长。

景下，对新入矫社区矫正对象开展需求问卷测试，对象点击专门链接便可进行需求问卷的测试。测试内容主要为矫正教育课程的选修类别、技能特长的统计、参与公益活动意愿情况及对公益活动感兴趣的领域，对于测试结果会进行比较细致的分析，作为制定社区矫正集中教育计划的数据支撑，同时还将测试结果与矫正方案的个别化制定相结合，结合《社区矫正法》的相关规定，以契约管理、协议承诺的形式，明确社区矫正对象应享有的权利与所承担的义务。

在实践过程中，我局提炼出了一套比较规范的程序，叫入矫整训的"五课""二训""一考试"。"五课"的第一课是"社矫法规宣讲课"，杨浦区司法局结合上海市社区矫正管理局的一些规定，通过宣讲课的形式，向社区矫正对象解读《社区矫正法》《社区矫正法实施办法》；第二课是"爱国主义教育课"，中国的国歌《义勇军进行曲》诞生在杨浦区，在此背景下，杨浦区司法局和杨浦区国歌展示馆合作，把社区矫正对象的第一堂爱国主义教育课放在国歌展示馆，邀请他们参观，同时还会在国歌展示馆的地下停车库进行队列训练；第三课是"在刑意识法制课"，杨浦区司法局在分析大量案例的基础上，通过以案释法的形式，让社区矫正对象明确其所处的阶段及身份；第四课是"心理调适辅导课"，杨浦区司法局和南汇区精神卫生中心机构达成合作，不单单为社区矫正对象提供心理教育辅导，还为有心理治疗需求的社区矫正对象提供服务；第五课是"拒绝重犯警示课"，杨浦区司法局以社区矫正中心的矫正民警为主干，选取司法部案例库里一些比较有代表性的案例，为社区矫正对象进行以案释法的解析。"二训"是指队列训练、社区服务实训，为扎实开展社区服务实训，杨浦区司法局和杨浦区体育馆合作，每个月开展四次实训，进行公益活动。"一考试"是杨浦区的特色，对于入矫满三个月的社区矫正对象，我们会对他们进行社区矫正基础知识的转段考试，考试内容为社区矫正法宣讲课及拒绝重犯警示课程所授课的内容，来考察他们是不是有真正的理解和掌握。

《社区矫正法》颁布以后，杨浦区司法局也在分段教育方面进行了新的探索，通过专家研讨、互融互学、线下课堂、线下展示的宣传形式，分层次、有重点、多形式地开展《社区矫正法》的宣传学习活动。2020年4月15日，我局独创的《一图了解社区矫正法》普法知识电子书上线，并由于该电子书网上的点击阅读量比较大，现在制作了《一图了解社区矫正法》的纸质读本，把《社区矫正法》的宣传模式从线上变为了线下。这一举措是非常必要且极有意义的，在社区矫正普法宣传时，其实有一些老百姓对社区矫正这项工作并不是很清楚，他们很容易联想到牙齿矫正，我相信现在线上的实务界的同志对这个"笑话"不会感到陌生。通过《一图了解社区矫正法》，杨浦区辖区的社区矫正对象和基层群众对《社区矫正法》开始有了一定的了解，了解到原来社区里面也有这方面的社区矫正对象，但他们并不是什么穷凶极恶的歹徒，不会戴着有色的眼镜看待社区矫正对象，并会支持社区矫正对象融入社会。杨浦区司法局也开展了一系列的线上宣传活动，比如，通过微信公众号的"云端微考堂"组织社区矫正工作人员包括专职干部、社区矫正对象一起参与线上答题。为了增强社区矫正对象的学法用法意识，我们还有针对性地把社区矫正对象变为社区普法志愿者，让他们一起加入到《社区矫正法》的宣传过程中来。

二、分类教育聚焦"杨浦特色"，运用"心"的力量

接下来，为大家介绍一下杨浦区社区矫正工作的特色。2018年，杨浦区司法局和杨浦区文化局签订了"关于开展中华传统文化融入社区矫正工作的框架协议"，合作给社区矫正对象开展技能培训班，培训老师由非遗传承的继承人担任，课程中教的都是传统文化，希望通过传统文化的熏陶，能够让我们的社区矫正对象有一定的自信和自立。同时也结合杨浦区的地域特色，开展了"印象杨浦、爱在杨浦"的主题教育活动，这些活动都是用传统文化与社会主义核心价值观熏陶和引领社区矫正对象悔罪自新。2018年，我局很荣幸被上海市社区矫正管理局确定为全市首个"社区矫正中华优秀传统文化教育示范点"。同时注重打通社区矫正对象的心路。杨浦区司法局和南汇精神卫生中心开展心理矫正合作项目，依托南汇精神卫生中心高素养的医师、心理咨询师团队，形成了一个程式的工作模式，对所有入矫的社区矫正对象都会进行心理量化评估，对于特殊的社区矫正对象会制定比较个性化的私人心理服务。如2020年8月中旬，双方合同对未成年社区矫正对象开展了一次心理的疏导沙龙，就未成年与父母之间的沟通和父母的亲子教育进行了一次比较系统课程。2019年至今，已对789名社区矫正对象进行了心理量化的评估，共开展了17场心理健康教育，对12名特殊对象开展了为期一年的专家订制式心理调适课程。同时杨浦区司法局在疫情防控期间借势而上拓展教育矫正

新内涵，开辟了"杨矫直播间"，主要是借助在线学习平台，广泛吸收专业的项目化团队，联合区检察院、民政、人社、教育等多部门，丰富教师团的人员结构，形成了社区矫正线上教育和线下教育的互补模式。"杨矫直播间"的在线平台非常专业，工作人员能够借助该平台的后台监控实时掌握社区矫正对象是不是在听我们的课，如果社区矫正对象离开了直播间，我们的系统后台是会有显示的，目前我们一共开展了75节在线直播课程，共有3628人次参与。

三、分级教育聚焦"警醒谨守"，彰显"刚"的重势

第三块，来谈一下分级教育。根据上海社区矫正管理局的制度规范及社区矫正对象的犯罪类型等因素，将社区矫正对象分为一、二、三级，其中二级社区矫正占大多数，占90%以上，一级社区矫正对象主要是处于在矫初期阶段及重点人员，对于一级社区矫正对象在日常管理的时候我们是比较严的。在特殊重大的时间节点，区司法局会组织社区矫正重点、重要对象以及受到警告等处罚后被调整为一级的对象进行集中面询警示教育活动，要求对象在规定的时间内到矫正中心报道，且矫正民警会适时查询对象的动态。从2016年社区矫正集中报道面询制度建立起，杨浦区司法局累计开展面询60余场，面询2300余人次。

这里还要介绍一下分级教育里的"五不"解矫承诺，社区矫正对象临解矫期间容易出现麻痹大意的心理，错误认为马上要解矫了就可以不遵守相关的规定。对此，我局创立了"五不"矫正的承诺仪式，在这个仪式上，所有的解矫对象都要在仪式板上签署"铭记教训不忘社矫事、拒绝重犯不走回头路、遵纪守法不负帮教心、自尊自强不弃新生梦、融入社会不成另类人"的承诺状，2018年4月至今共举办了30场，907名矫正对象接受仪式并顺利回归社会。《社区矫正法》颁布之后，我局充分发挥民政、教育、共青团的职能优势，开展了过好几次就业培训。例如，2020年上海市司法局申报的"两类人员职业技能基地"品牌工作项目，就是和辖区内的专业宠物诊疗机构签订了技能培训的协议。这个项目的特点就是考虑宠物诊疗行业相对来说准入门槛比较低，对于对象来说投资回报率比较高，掌握了这个技能，对于矫正对象的谋生来说是比较好的职业。

以上就是和大家分享的杨浦区分类矫正方面的工作。最后我总结一下，

第一个"分段教育"，主要强调入矫在刑教育，助力社区矫正对象去自省；第二个"分类教育"，结合杨浦区的特色，在教育矫正工作中融入家国文化，来熏陶社区矫正对象如何自立；第三个"分级教育"，是如何培养技能教育激励社区矫正对象自信。三分教育体系体现了上海的社区矫正"监管为基，执法为魂，教育为本，帮扶为辅"的总方针，当然接下来杨浦区司法局将夯实基础，以不断追寻新目标为导向，突出我们的效能！

王顺安：非常感谢这么精彩的发言，我第一次了解到上海的社区矫正已经发展到如此高的水平，恐怕在世界上也属于前列了。如此这般恐怕你们要付出了更多的心血，我个人认为你们是能够起到引领作用的，但还是要注意在法治的框架下，先搞好基本的东西再搞特殊的。恐怕在全国要达到这个水平需要一定的时间。但这对我们是一次非常好的教育、示范，也让我大开眼界。我个人认为社区矫正的分类主要还是根据《刑法》规定的犯罪的性质、《刑事诉讼法》以及《社区矫正法》规定的权责来展开比较好。统一、集中性的教育不太提倡，但必要的集中教育，尤其是刚入矫和矫正期满时，可以适当地进行。否则仍然可能存在交叉感染，形成"矫友"以及在我国某些地方形成黑社会组织等问题。还是更强调个别教育，适当的集中教育为辅，当然这个有待探讨，再次感谢徐琪副科长的分享。下面我们欢迎天津工业大学的教授，中国犯罪协会副会长刘晓梅教授给大家演讲。她的题目是"社会力量参与社区矫正相关问题研究"，下面的时间交给她。

刘晓梅（天津工业大学教授）：

王顺安教授组织的此次论坛，使社区矫正的理论界和实务界相结合，聚焦《社区矫正法》出台后的法治建设中出现的问题，进行广泛而深入的探讨。今天我发言的题目是"社会力量参与社区矫正相关问题研究"。

一、社会力量参与社区矫正的立法的进程

首先梳理一下社会力量参与社区矫正的立法进程。党的十八届四中全会明确指出"建立健全社会组织参与社会事务、维护公共利益、救助困难群众、帮教特殊人群、预防违法犯罪的机制和制度化渠道"。这对社会力量参与社区矫正工作有了明确定位。2012年3月，"两高两部"颁布的《社区矫正实施

办法》明确规定"社会工作者和志愿者在社区矫正机构的组织指导下参与社区矫正工作。有关部门、村（居）民委员会、社区矫正人员所在单位、就读学校、家庭成员或者监护人、保证人等协助社区矫正机构进行社区矫正"。2014年11月，司法部、中央综治办、教育部、民政部、财政部、人力资源和社会保障部联合出台了《关于组织社会力量参与社区矫正工作的意见》，明确社会力量参与社区矫正工作的基本方法，实现路径和措施保障。特别是2020年7月实施的《社区矫正法》，其一大亮点是吸取了全国各地基层的好经验、好做法，鼓励和引导社会力量参与社区矫正，并对社会力量的主体作出了具体规定，分为社会工作者、基层群众自治组织、与社区矫正对象有密切联系的主体等。根据现行法律规定，社会力量的主体无非分为两大类：一类是有偿服务；另一类是无偿服务，但在实践中该两类都出现了一些问题。

二、学术观点综述

对社会力量参与社区矫正，不少学者都有相关的著述，有比较深入的探讨。例如，吴宗宪教授对社会力量参与社区矫正的有关理论进行的综合论述："利用社会力量开展社区矫正工作，是社区矫正的本质特征之一。"这一论述界定了社会力量的概念，认为"社区矫正中的社会力量，是指在社区矫正中可以利用的社会人力，组织和社会、技术、资金等的总称。其中，社会人力具有核心的地位"。同时还将社会力量分为矫正社会工作者、社区矫正志愿者和其他社会力量。田兴洪教授主张："社区参与性是社区矫正的基本特征之一，缺少了社区参与或者社区参与乏力，社区矫正的宗旨和目的就难以实现。"

有学者通过调查问卷发现，民众认为社会力量中，基层群众性自治组织等应该发挥更大的作用。连春亮教授认为社区矫正工作应当秉持社会工作的价值理念，并且还梳理了《社区矫正法》的相关内容，其中4次提到了社会工作，3次提到了志愿者，7次提到了社会组织，3次提到了社会力量。还有学者基于福利多元化、公民权利、社会排斥、社会工作等力量视角，对实现社区矫正的再社会化，强化社区矫正功能等进行了研究，指出了社会工作介入社区矫正的重要性和必要性。张荆教授认为，在实践中有北京的阳光中途之家、上海的新航社工服务组织、浙江的关心桥驿站等社会力量参与。目前很少有关于天津的经验总结，事实上天津的社会力量在参与社区矫正工作中也发挥了相应的作用，例如，"爱恩"社区矫正基地。

三、立法对社会参与提供了法律保障

《社区矫正立法》是在尊重基层首创之上，总结吸收各地充分依靠基层组织和社会力量开展社区矫正工作的经验，为打造共建、共享、共治的社会治理格局而出台的立法。其中与社会力量相关的立法条文，是希望通过社会力量参与社区矫正工作，实现《社区矫正法》的立法目的。《社区矫正法》第1条开宗明义地提到了《社区矫正法》的五个立法目的：一是为了推进和规范社区矫正工作；二是保障刑事判决、裁定和暂予监外执行决定的正确执行；三是社会力量参与社区矫正有利于提高教育矫正的质量；四是有利于促进社区矫正对象顺利融入社会；五是利于预防和减少犯罪。

立法在社会力量参与社区矫正方面有五大亮点：一是首次明确了政府购买服务的经费保障内容，并做了专门的规定；二是确立了监督管理和教育帮扶两大核心任务，进行有针对性的帮扶，个别化的矫正是当前社区矫正实务中的工作亮点，当然各地会有不同的特点；三是注重社会关系修复和社区矫正对象融入社会；四是鼓励和引导多元社会力量参与社区矫正；五是充分保障社区矫正对象享有的合法权益。

社会力量参与社区矫正都有相关的法条来做支撑。例如，《社区矫正法》第6条第1款规定："各级人民政府应当将社区矫正经费列入本级政府预算。"但各地的经济发展水平不一样，财政保障水平必然不一致，所以投入到社区矫正工作中的经费肯定不一样。经调研发现，即使是同一个地区，前一年和今年的经费也有可能相差一倍。政府预算必须和社区矫正对象的人数和工作质量挂钩。随着行刑结构的调整，社区矫正对象人数可能还会有所提高，因此财政经费的保障力度的加强是一个关键。

四、社会力量参与矫正项目开展效果显著

经调研发现，近来心理咨询机构、精神类医院的就诊人数都有增加。原因在于经济增速放缓使得部分民众面临就业压力，而社区矫正对象的就业问题则更加突出，进而容易引发群体焦虑。同时，我国虽以举国之力将新冠肺炎疫情控制得很好，但是新冠肺炎疫情之后的心理问题治疗，如各种焦虑、各种抑郁，还未引起足够的重视，社区矫正对象的各种心理问题将更严重。

社会力量参与社区矫正，特别是在心理矫正、教育帮扶这一核心任务上，我认为还是大有可为的。当然，教育帮扶的内容是比较多元的，旨在利用多种形式，对社区矫正对象进行法治、德治等教育，激发起内在道德素质和悔罪意识，消除可能重新犯罪的因素。例如，"爱恩"公司心理咨询师曾针对4个未成年社区矫正对象组织特色同质小组活动。这些矫正对象仅因为吃饭时邻桌的声音过大，进而发生肢体冲突，把对方打伤了，既没有前科，也没有主观恶意。基于此，"爱恩"公司的心理咨询师针对他们正处于青春期，情绪易冲动的问题，组织了活动，取得了很好的效果。特别是在新冠疫情防控期间，这4名未成年人的就业成了问题。为此心理咨询师与司法所所长一起形成合力对他们进行帮扶，帮他们找到了一份在酒楼打工的工作。其中，外地的未成年人还能住在酒楼提供的宿舍里，这样既帮助其解决了生活问题，还对他们的心理进行了调适，矫正了他们的易冲动问题，促使其对今后的前途路径做出正确选择，拒绝再犯罪，实现再社会化。

《社区矫正法》还对社会关系修复和社区矫正对象融入社会做了专门的规定："社区矫正机构可以根据社区矫正对象的个人特长，组织其参加公益活动，修复社会关系，培养社会责任感。"这个规定正是恢复性司法理念的具体体现。社会力量推动社区矫正对象弥补被害人受到的损害，以及修复被害方和加害方的关系。"爱恩"公司曾有一个经典的案例：任某（男，35岁，已婚，因酒驾被判处缓刑），在被羁押看守所期间错过了妻子的生产，孩子出生后一直由妻子和岳母照顾，因为不能得到岳母的理解，与妻子陷入"冷战"，与母亲崔某共同生活。崔某对儿子因酒驾被判刑所导致的"失业"和"家庭不和"感到心理压力较大。"爱恩"公司的督导师了解相关情况后，就修复任某家庭关系提出了指导方案，以期修复家庭关系。驻所社工促成任某与妻子面对面沟通，在任某得到妻子的理解后，任某主动到丈母娘家接回妻儿。心理咨询师通过求助者中心疗法积极倾听崔某的倾诉，降低其不合理认知，充分发掘自身资源，接受现实，促使儿子积极面对生活，促进和谐家庭关系。针对犯罪后单位将任某解雇的情况，"爱恩"公司安置帮教基地为任某提供了地铁安检员和金发信材料有限公司两个工作岗位的招聘信息。通过恢复性的做法来帮助对象解决生活的问题，实现社区矫正对象的再社会化。

《社区矫正法》还授权社区矫正机构通过购买社会工作服务或者通过项目委托等方式，为社区矫正对象提供心理辅导、社会关系改善等专业化帮扶。

《社区矫正法》第 13、40、41、42 条都对政府通过购买服务进行专业化帮扶有专门规定。这里值得一提的是就业问题，我国有六百多部法律、法规限制了有犯罪前科的人从业，最典型的就是实践中很多酒驾入刑的对象。危险驾驶罪目前已成为超过盗窃犯罪的第一大类型犯罪，很多社区矫正对象均因酒驾丢了工作，这种就业的歧视显然是不合适的，特别是这种恶意不深的过失犯罪。所以，我们应当采取一些措施，让他们获得重新走向社会的机会。目前，"爱恩"公司设置了社区矫正安置帮教基地，为社区矫正对象提供就业信息。但从运作情况来看，有一些社区矫正对象或安置帮教对象，错误的就业认知问题比较严重，需要心理辅导来加以调适。有些人说："我没有就业，你们要帮我找，你们不是有基地吗？要找挣钱多，活不累，还要有弹性工作时间，还要赚快钱。"这种错误的就业认知在现在的就业形势之下必然是难以得到满足的，这也是社会力量参与社区矫正过程中遇到的比较突出的问题。

五、社会力量参与对修复社会关系的意义

《社区矫正法》实施以后，基于恢复性司法理念，深化指导社会力量参与社区矫正修复社会关系工作，对加强我国社区矫正对象的社会关系的修复能力是很重要的。在理念上，恢复性司法与社区矫正以促进社会关系修复为根本目标，二者具有高度契合性。恢复性司法理念旨在修复因犯罪行为而遭受破坏的家庭关系或社会关系，并要求参与主体彼此处于平等的地位，以共同协商矫正方案和矫正评估效果。

在修复社会关系工作中，面对不同类型的主体，不同的专业队伍会通过制定不同的矫正方案因人而异地开展工作，使得教育帮扶工作具有针对性和专业性，促进社区矫正对象顺利复归社会以及修复破裂的社会关系。精准帮扶是社会力量参与社区矫正工作的标准，例如社会力量对社区矫正对象的教育帮扶。在原来的工作方式下，集中教育安排哪一天来对象就得来，但《社区矫正法》出台以后，各地都会给社区矫正对象一个时段选择机会，周末也可以来，把单选变成多选。上海市杨浦区的徐琪副科长介绍的经验做法：给社区矫正对象做一个问卷，然后根据问卷结论再制定个性化的矫正方案。公益活动也要让社区矫正对象有选择，如社区矫正对象原来跟家庭关系处得不好，心理健康教育就可以侧重于亲情关系方面，如社区矫正对象情绪不能自

控，就可以做正面呼吸方面的心理健康教育。就业方面的信息推荐也得根据社区矫正对象的爱好、特色来提供。

六、天津市社区矫正中的社会参与特色

天津的"爱恩"公司的模式是心理督导师加上社工，提倡服务的专业化。"爱恩"公司在天津市的若干个区，开展社区矫正的心理矫正，开创了天津市特色社会工作服务的新模式。应当说，"爱恩"公司是天津市预防减少犯罪工作体系、创新社会治理的重要组成部分，发挥了积极作用。

七、购买社会服务是实现社区矫正工作专业化重要途径

通过政府购买服务来推进社区矫正工作，是今后社区矫正社会化、专业化、人性化的必然趋势。现在实践中所存在的主要问题：一是社区矫正小组执行能力弱化，有偿服务机构的供给服务难以跟进，无偿服务供给难以持续，这些都导致社会力量参与社区矫正的优势、价值、作用难以被充分发挥出来；二是社区矫正机构和社会力量之间的合作还处于不稳定的、很难以持续的初级阶段。在实践中，社区矫正小组由于缺乏相应的制度支持和激励机制，缺失相应的组织交流平台，使得其执行能力较微弱，很多矫正小组成员在对社区矫正对象进行惩治、矫治、帮扶、心理辅导的具体实践过程中没有起到实质作用。所以，如何通过制度体系建设来进一步理顺和规范社区矫正小组、专业社区矫正机构及其社会的权责，形成国家和社会在社区矫正实践中"良性互动、互利共赢、协商共治"的局面，是我们在推进社区矫正工作常态化、法治化和社会化进程中必须应对的一个问题。对这一问题，我认为国家应当积极培育和推动专业社区矫正服务机构的发展，为专业的社会服务组织参与社区矫正工作搭建相应的工作平台。从目前的实践来看，许多心理咨询机构对社区矫正对象、安置帮教对象的帮助还不是很专业。所以，各个省市应当积极培育和孵化专业的社区矫正第三方机构，培养航母级的"心理+"社会工作服务机构，进而更好地协助司法行政机关做好专业化的社区矫正工作。

最后，在本次论坛上，张荆教授和颜九红教授都谈到了高素质的社区矫正官队伍建设，这一点我也很认同。我最近就在推动天津的司法局、民政局、人力社保局坐在一起，对司法社工的理念、技能标准等进行统一，提升其专

业性。此外，我认为，还应当完善社区矫正志愿者的参与激励机制，让更多的志愿者参与到社区矫正工作中来，同时通过体制机制来保障志愿者的参与。

王顺安：非常感谢刘晓梅教授的分享，她演讲的逻辑非常清晰，我感觉其实还可以进行深化。她提到了专业司法社工以及资源整合这两个问题，如果这两个问题没有解决，而是走形式，是万万不行的，是体现不了社会化的。所以，只有依靠专业的社区矫正工作人员，在其有限、必要地执行社区矫正工作的前提下，购买专业的社会社工，再加上志愿者的参与才是一个法治的路径和发展的方向。谢谢刘晓梅教授，以后我们会再请您做一个专题讲座。下面有请我的好朋友，浙江省台州市社区矫正管理局的周孟龙局长做演讲，这也是我所期待的，他的题目是"贯彻执行《社区矫正法》若干问题的思考"，下面的时间交给您。

周孟龙[1]（浙江省台州市司法局社区矫正管理局局长）：

我发言的题目是"贯彻实施《社区矫正法》若干问题的思考"，大致可概括为三个方面的内容：第一个是《社区矫正法》的重要意义；第二个是《社区矫正法》实施一百天以来存在什么问题，挑战在哪儿；第三个是《社区矫正法》实施过程中既然存在问题和挑战，那么如何从宏观和微观层面上推进其法治化进程。

一、《社区矫正法》的重要意义

首先，《社区矫正法》的出台彻底地解决了社区矫正法律依据不足的问题。正如王顺安教授和张荆教授都谈到的，《社区矫正法》推进了社区矫正工

---

　　[1]　周孟龙，台州市司法局四级调研员、社区矫正管理局局长，司法部预防犯罪研究所台州社区矫正科研基地负责人，北师大刑科院社区矫正研究中心兼职研究员，上海政法学院社区矫正研究中心兼职研究员。曾任基层公安派出所所长、市公安局预审监管支队负责人，轮岗交流到市司法局后从2003年社区矫正试点工作开始至今，一直主管社区矫正工作，长期从事社区矫正实践与理论研究，组织领导台州市社区矫正队伍建制建设，规范化、信息化建设等工作，多次受到司法部主要领导及分管领导与姜爱东局长的批示肯定。其撰写的论文及调研文章多篇在《中国司法》《司法所工作》等杂志及有关社区矫正与刑罚执行研讨会论文集上发表，其承担的司法部部级课题《中国特色的社区矫正制度研究》子课题《社区矫正执法规范化研究》专章编入该书，由法律出版社出版。2016年6月，组织了首届浙江台州社区矫正论坛，高铭暄、陈光中、赵秉志、陈卫东、王平、吴宗宪等法学家、社区矫正专家学者与实务工作者参加，并编印出版了论文集，为推动社区矫正立法起到了积极的作用。

作制度化、法治化、科学化的发展，同时也为其进一步发展留下了很多的空间。其次，从立法价值取向的角度来看，《社区矫正法》追求预防犯罪和人权保障的双重价值理念，有利于推进社区矫正对象的再社会化。再者，《社区矫正法》倡导科学矫正，鼓励充分发挥信息化等科技手段的作用，有利于推进社区矫正的监管与帮扶的信息化和规范化建设。最后，《社区矫正法》推动了社会力量进一步、深层次参与社区矫正工作，实现了社区矫正这一社会治理方式的现代化。

二、《社区矫正法》实施过程中所面对的问题与挑战

《社区矫正法》实施过程中面对的问题和挑战是什么？当前，台州市共有600多万人口，去年社区矫正对象人数是3400多人，现在社区矫正对象4000多人，社区矫正对象数量尚呈较快增长趋势。究其原因，当前我国认罪认罚从宽制度推进、刑罚轻缓化、假释力度加大，导致缓刑和假释的人数增多。台州市社区矫正对象的数量如此巨大，但《社区矫正法》实施一百天以来，因违反监管规定而被司法行政机关处以警告的对象只有5人，相对于去年来说大大地减少，且提起减刑1人；其次，今年社区矫正对象请假1个月以上的有25人次，6个月以上跨市县活动的外出审批达到30人。

这个过程中，我们认为主要有五项问题或者说挑战必须值得重视：

第一是社区矫正机构建设的问题。我们必须尽快设立具有执法主体资格的社区矫正机构。虽然《社区矫正法》明确规定了"地方人民政府根据需要设立社区矫正委员会，负责统筹协调和指导本行政区域内的社区矫正工作"。但委员会是组织领导与协调机构，并且职责是比较简单的，其级别、名称、规模都没有明确的规范与标准，不能代替社区矫正机构，因此社区矫正机构的成立，特别是县级机构，是非常紧迫与必要的。实践中，编制部门认为《社区矫正法》的相关规定比较笼统，没有可以参照的标准模式，难以协调和审批。在社区矫正机构设置方面，台州还是先行一步的。比如，就下属县市区的矫正局内规划设置几个科室，乡镇（街道）中心片区设置矫正中队的规格，怎么设置，多次向党委政府及编委进行了汇报与沟通，但这只是地方性的局部经验，社区矫正机构的规格、组成及运行机制等必须符合法律与政策规定的框架。对此，浙江省省级的公、检、法、司几部门联合出台了一个会议纪要，作出在社区矫正机构未设立的当下，暂时由司法局作为社区矫正的

执行主体（比如，进行法律文书的制作、执法事项的审批、盖章）的决定。但这是不符合矫正法的规定的。浙江省人民检察院的同志到台州市检查工作时，我就提出了这个问题，省检察院刑检部主任也表示认同我的观点，认为这种做法与法律规定存在一定的矛盾。其次，台州市的社区矫正机构队建制模式解决了社区矫正专门机构执法的主体资格问题，保障了相应的执法力量，得到了司法部的肯定和推广，全国也有很多地区到台州来交流学习，但目前编制部门尚未批准社区矫正机构成为独立法人，这是存在问题的。当然，我们正在报批协调当中。

第二是社区矫正工作缺少专门的刑事执行力量。王顺安教授讲到社区矫正立法是革命化的改革，《社区矫正法》这一刑事法律要发挥保障刑事执行、维护社会安全、保障人权的作用，我们就要解决执行力量的问题，这也是社区矫正工作的关键问题。这一点，张荆教授、颜九红教授、刘晓梅教授之前都有提到。我认为，社区矫正工作力量是关键，没有人做，社区矫正便无从开展，而社区矫正的专门执行力量更是关键之关键。《社区矫正法》规定社区矫正的职能是在监督管理的同时开展教育帮扶，虽然需要社会力量的广泛参与，但社会力量需要专门执行力量作为主体引导，如果我们的专门执行力量没有或缺少，如何去组织与引导社会力量？比如前面王义兵（编者注：南通市社区矫正管理局局长）讲到的，把社区矫正比喻为对一个病人施行一台手术，而专门从事社区矫正执法的主体力量为手术主刀医生，同时还需要有麻醉医生、护士、助理医师、病人家属等协作配合才能把手术做好。台州市专门从事社区矫正的刑事执行力量其实也不足，而且工作压力大，干警的不满情绪日益增长，许多中队长宁愿当司法所所长也不愿意当中队长。从当前机构改革的情况来看，县级司法所的专职人员缺少，很多地区的司法所目前融入了四个平台的改革，正在整合司法所，一人所、二人所、无人所并存，司法所如何开展社区矫正工作？委托其组织社区矫正工作，而司法所却没人干，即便有一些人手也没有能力干，若是完成不了社区矫正工作任务，那这项刑事执行制度也就等于虚设了。台州市目前社区矫正中队的工作人员与社区矫正对象的比例也还是比较悬殊的，大的中队有5名干警，小的中队只有2名干警，如临海市杜桥社区矫正中队管辖了285名社区矫正对象，专职干警却只有2人，专职社工只有7人，所以很难完成调查评估、日常监管、奖惩考核及组织教育、公益活动、走访等工作任务，更不要说做好精细的教育帮扶工作了。

第三是在原有的思维理念下，容易形成相对固化、陈旧的工作理念和工作模式。《社区矫正法》第 4 条明确规定："社区矫正对象应当依法接受社区矫正，服从监督管理。社区矫正工作应当依法进行，尊重和保障人权。社区矫正对象依法享有的人身权利、财产权利和其他权利不受侵犯，在就业、就学和享受社会保障等方面不受歧视。"就执行过程中，台州市有个例子：有个在高考入学的时候犯了强制猥亵罪的社区矫正对象，法院等他入学将近一个学期的时候判决适用社区矫正，这让我们比较纠结。如果将这件事告诉学校，按照教育部门的规定，学校可能会开除他，他本人和家长感觉到压力很大，后来经过努力协调，让他顺利就学，挽救了一个人，也帮助了一个家庭。所以，我们要转变工作理念，监管执法行为要规范化、合法化、人性化与科学化，特别是从事基层一线日常监管的工作人员，要改变原来偏颇的安全观，突破传统的严防死守、以管代防、以管代矫以及重安全监管、轻帮扶教育的思想，树立正确的刑事执行理念。我是从公安机关交流轮岗到司法行政部门的，自开展社区矫正试点工作以来，我的工作岗位从基层处长到矫正处长，再到矫正局长，一直从事社区矫正工作。就我个人而言，我的工作理念与思路，既不是重管主义，也不是轻管主义。我认为社区矫正工作一定要刚柔并济、管教结合，以教为主，这样才能真正做好矫正工作。

第四是部门之间存在衔接配合问题。《社区矫正法》的出台，从法律层面明确了社区矫正相关各部门的职责任务，极大地改善了配合衔接问题，给社区矫正机构履行刑事执行职能带来了新的机遇。但是，法律规定还存在着原则性、局限性等问题，一些监管执法职责与部门的作为存在边界不清等问题。因此，部门衔接工作相关规定还是比较原则与粗糙的，如调查评估相关规定就不够细化与规范。之前，重庆、四川等地的公安机关侦查部门曾发函要求我们对未成年犯罪嫌疑人进行调查评估，我们回复称法律没有授权规定，只有社区矫正的决定机关才可以委托调查评估。浙江省规定检察机关可以委托矫正机构调查评估，考虑到检察机关在提起公诉的时候就已经对法院作出量刑的建议，检察机关委托调查评估前置能够提高刑事司法效率，所以我认为这应该是非常务实的做法。其次，法院核实社区矫正执行地时也存在一些问题，有时审判人员因为时间紧、任务重，仅仅简单地将执行文书发给矫正对象户籍地或工作单位所在地而非居住地的矫正机构。在实务中，生活在管辖地域交界处的社区矫正对象，工作地和居住地不可能一致，让工作地社区矫正机构去监管居住在另一地区的对象虽然不切实际。为此，只能在接受法院的执行书并办理入矫后，再进行委托监管或者变更执行地，这给矫正工作带来了诸多不便。再次，实践中有的基层法院把撤销缓刑、假释收监执行的执行文书直接发到矫正机构，而不是发给《社区矫正法》明确规定了的负有追查、追捕、收监工作职责的公安机关，这样可能会导致执行时机上的贻误。有个例子，本市一个区的法院把撤缓收监文书在周五即将下班时发到区司法局，经过协商之后下周一发到公安机关执行，为此造成了本该及时收监执行的社区矫正对象逃之夭夭。

第五是保障机制存在严重缺陷。随着《社区矫正法》的全面贯彻实施，社区矫正的监管执法智能化、信息化建设，智慧矫正中心建设，执法场所设施建设及交通工具的配备，社区矫正机构队伍的奖励与培训教育，专职社区矫正社工及社会力量参与社区矫正工作等都需政策机制及必要经费的保障。但是，在实践中，政策与经费保障却远远不能适应社区矫正全面履职的实际需求，保障机制的缺失造成了社区矫正工作面临诸多困境，直接影响与制约了社区矫正工作的正常、有效开展，降低了社区矫正工作的质量与效率。

三、如何从宏观和微观层面上推进法治化的进程

由于我国社区矫正的实践时间相对较短，因此社区矫正的立法也仅仅是对原有模式的肯定与发展。基于此，我们应如何破解困境与形成矫正工作的新局面？前面专家学者也讲到了这个内容，这既要与国际社区矫正制度接轨相适应，又要符合中国特色，我们要在规范执法的基础上不断完善、探索与研究，赋予社区矫正工作更大的发展和创新空间。我认为具体需要从六个方面去思考：

第一是转变思维方式与工作模式。我们要转变片面强调安全防范为主的思维模式，彻底改变与放弃重管轻矫、重罚轻教的工作观念，坚持尊重接纳和鼓励支持的原则，坚持教育为主与处罚为辅的原则，真正做到以矫为主、以管促矫、管矫结合，使矫正工作依法得到良性的发展。思想认识非常重要，尤其是对于从事一线工作的同志，也包括我们的专职社工，因为专职社工在长期的社区矫正工作中也会逐渐准行政化、准刑事执行主体化。

第二是构建一体化的刑事执行体系。监禁与非监禁刑事执行活动的使命都是惩治犯罪、维护社会安全、保障人权，只是犯罪的轻重程度与受惩罚处

遇不同。所以我们应依照中央关于健全社区矫正制度的精神，以建立刑事执行一体化体系为导向，以构建统一的刑事执行制度与干警队伍为目标与切入点，对整个刑事执行队伍进行科学合理的规划编制，调整布局。如提升监狱的假释力度，大大降低监狱的工作量，使罪犯处遇实现"轻重平衡"的状态，进而使监狱民警力量节省下来，再分流到社区矫正机构。这也符合《社区矫正法》关于"社区矫正机构应当配备具有法律等专业知识的专门国家工作人员，履行监督管理、教育帮扶等执法职责"，"国家推进高素质的社区矫正工作队伍建设"等相关规定的要求。当前，我们其实都只是"准社区矫正机构"，由于与法律相配套的人事编制与政策保障滞后，体制与机制的弊端非常明显，工作上人少事多、疲于管教，存在一定的执法履职风险，教育矫正也难以真正落实到位。为此，我们应该采取有力措施，加强调查研究：首先，从顶层设计上解决人员编制紧缺问题；其次，地方要依靠党委政府抓紧协调编制部门，尽快审批设立县级社区矫正管理局，下设实体作战的执法大队以及若干个派出片区执法中队，作为专门的社区矫正刑事执行机构。这是刑事执行一体化的务实途径，也是避免当前司法所因乡镇四个平台改革而难以实现有人、有能力依法履职的尴尬情况的有效举措。

第三是推进社区矫正工作的信息化建设。当前，企业管理也好，社会管理也好，都有信息化、数字化的背景。为此，随着信息化的高速发展，社区矫正工作也必须运用高科技、智能化的手段，依托大数据来有效地完成监督管理、教育帮扶等工作。总的来说就是强力推进"智慧矫正"建设，实行数字化改革创新，实现数字法治，提高刑事执行效率。

第四是建立部门衔接配合的规范化标准。有教授也讲到，标准如果太多，可能会导致我们无所适从。但我认为，如果没有标准更是寸步难行，特别是目前在《社区矫正法》的规定尚比较原则，实施办法规定尚不健全完善的情况下，必须要在不违反立法旨意的前提下，依法建立健全与规范社区矫正的监督管理与教育帮扶工作机制及相关细化规定，特别是要解决部门衔接过程中的一些问题。专家学者和实务部门同志也都清楚，社区矫正多部门的衔接往往是靠人来协调的，但这只能解决部分问题，不能从根本上解决问题。特别是针对人民法院与公安机关如何依照社区矫正的规定和要求来规范职责，促使其依法履职，配合社区矫正机构做好刑事执行，必须要有相应的详细规定与操作规范，并建立工作与责任清单，以此减少推诿扯皮现象，使社区矫正工作真正能够落地。

第五是推进社区矫正社会化。社区矫正工作是社会治理现代化的重要内容，离不开党委、政府的统一领导，专职社工也好、村居基层组织及志愿者也好，只有全社会的参与才能真正解决社区矫正工作中的力量不足问题，也才能真正体现社区矫正的本质内涵。这个问题的关键是：一方面要加大政府购买社会服务的力度，另一方面要加紧培育专业化的社会团体组织。

第六是改革与强化保障机制建设。这既宏观又具体。台州市共有 9 个县区，但市级社区矫正经费不到 40 万元。就经费问题，我曾与财政部门进行过沟通，将社区矫正机构履职的相关涉及的项目、经费清单化，通过 2 个小时的解释说明，财政部门基本赞同增加拨款。只有得到财政部门认可和理解，我们才能解决现有的信息化建设、执法用车、办案补贴、场所设施等难点问题。当前，国务院财政部门核算给司法行政机关的有三大经费，即司法行政机关经费、监狱部门经费、戒毒经费，司法行政机关经费项目除了社区矫正经费还有普法宣传经费、法律援助经费、司法所经费等。社区矫正经费属于司法行政机关基层科目经费序列，可见，定义较早且范围较窄，属于基层司法行政工作项目列支，没有对社区刑事执行大项目进行模块设置与预算，所以实际拨款也少，难以满足当前社区矫正工作的实际需求。这就要求顶层予以组织测算与增加额度。按照今后刑事执行改革的趋势，监狱只关押罪犯总量的百分之二三十，那么社区矫正经费必须要像监狱戒毒一样作为独立大项科目由财政预算列支，这也是必然的趋势。

最后，值此本届论坛，我也借此机会介绍一下，台州市是司法部预防犯罪研究所的社区矫正科研基地，也是北师大刑科院的教学科研基地，欢迎各位专家学者及各地实务部门的领导、同志们光临台州指导工作！不妥之处，请予斧正。谢谢！

王顺安：谢谢周孟龙局长的演讲，他讲得非常接地气，非常有水平，实事求是，代表了社区矫正地市级单位的水准，甚至领先平均水平。我觉得今天从周孟龙局长到刘晓梅教授，再到徐琪副科长、颜九红教授，以及最后的王义兵局长，这个顺序是我特意安排的，因为这是 2003 年社区矫正最早的 6 个试点地区的其中 5 个。只有你们这些领头羊做好了，中国的社区矫正才有标杆，才有方向。感谢周孟龙局长他讲的"八个问题""六个思考"，令我非常受益。因为时间问题我不再进行更多的点评。下面有请我的师弟，东南大学教授博士生导师李川教授演讲，他是来自江苏的，这也算是代表江苏的社区矫正工作作技术总结，时间交给你。

李川[1]（东南大学教授）：

今天我发言的题目是"《社区矫正法》立法亮点与适用问题"。

谢谢王教授，非常荣幸有机会能够参加这一关于《社区矫正法》的重要论坛，我一直听下来，觉得自己学习到了很多。我有很多关于《社区矫正法》的亮点、问题想讲，但前面的很多专家和领导都已经讲过了，另外考虑到时间问题，我不再面面俱到地讲前面已经讲过的、重复的东西，就讲几个我觉得重要的点。其实，关于我所讲的点，报纸有一个关于"社区矫正法出台的八大亮点"的约稿，我写了这样的文章，也发到报纸上了。《社区矫正法》的立法亮点是大家有目共睹的，我就只选几个重要的方面来向大家介绍一下。

一、立法明晰工作目标和界限

总的来讲，立法的亮点很多，包括确立了监督管理、教育帮扶的任务，社会力量的参与，保障社区矫正对象合法权益，设立社区矫正委员会等内容。但我特别想强调的是其中的一个亮点，即《社区矫正法》的第 1 条："为了推进和规范社区矫正工作，保障刑事判决、刑事裁定和暂予监外执行决定的正确执行，提高教育矫正质量，促进社区矫正对象顺利融入社会，预防和减少犯罪，根据宪法，制定本法。"

《社区矫正法》第 1 条的提示很重要，即在强调提高教育矫正质量的后面有一句非常重要的话，"促进社区矫正对象顺利融入社会"。这是以前并未强调的，但这恰恰是指明社区矫正未来发展方向的关键之处，也是我非常关心、想提出来讨论的问题。在《社区矫正法》第 1 条的内容公布出来之前，我其

---

〔1〕　李川，法学博士，教授，博士生导师。2015 年入选"双千计划"在江苏省司法厅挂职副处长。2016 年入选江苏省高校"青蓝工程"中青年学术带头人，2019 年江苏省第五届优秀青年法学家。美国宾夕法尼亚大学访问学者（2007 年）、德国马尔堡大学访问学者（2009 年）。近年来在《中国法学》《法学研究》《法律科学》等 CSSCI 刊物发表论文二十多篇，多次被《人大复印报刊资料》转载，出版专著两部。近年来主持国家社科基金两项，主持江苏省社科、最高人民检察院、团中央、司法部、江苏省哲社重点课题等省部级项目七项，其他课题十多项。以主要参与人身份参与国家社科基金重大子课题项目和一般项目、教育部人文社科项目等其他多项国家和省部级课题。

实也有这样的讲法、这样的思路。当时，东南大学在江苏参与了很多社区矫正实践，而江苏在 2017 年的一些做法，跟《社区矫正法》第 1 条规定的"顺利融入社会"是密切相关的。以前将社区矫正工作划分为了管理、教育、帮扶三大任务，常常是提管理就非常清晰，管理到什么程度，有安全底线，形成了成熟的体系，但提到教育的时候却有不太清晰的地方，如教育到什么程度，这个见仁见智，有各种各样的见解——有人说要消除人身危险性，有人说要达到没有社会危害性。我在江苏做调研的时候也有这样的困惑，教育应尽量地去做，但是教育到什么程度，到底有什么样的标准，却都不清楚。

再者，对于所谓的危险性评估的准确性、评估到什么样的阶段才算是完成了教育任务也有一些不同的看法。我认为，《社区矫正法》第 1 条提出的关于教育方面的理念很好。但在实践中，当我们把社区矫正对象教育改造好，可能只是自我感觉教育改造好了，进行危险性评估的结论是没有什么危险。但是，过了一段时间，社区矫正对象可能又会重新犯罪，这种情况其实和以前监狱的刑释犯重新犯罪有同样的问题，当然目前社区矫正的问题可能还不是那么明显。例如，在研究青少年犯罪的问题时，我发现了一个非常明显的情况，有很多青少年在社区矫正、在监狱都表现得很好，但在解矫、释放之后却又会违法甚至犯罪。所以，我们不知道对社区矫正对象教育到什么程度才好，而且教育之后怎么去保持，但这次《社区矫正法》的第 1 条"顺利融入社会"之规定就恰恰提到了一个解决方案，就是在教育的时候把教育和帮扶两者结合为一个任务来讲，这有一个非常重要的目的，就是解决社区矫正对象融入的问题。有时候对某社区矫正对象你觉得改造好了，但是如果原来导致他犯罪的社会因素没有改变，周围的社会因素没有改变，周围的社会排斥没有改变，在这种情况下，即便解矫了，他回到社会之后也还是会被社会排斥，可能还会继续犯罪。

前面也有很多专家讲到了标签的问题，帮扶也好、教育也好，其实都应该有一个目的，融入社会便是教育改造非常重要的目的。为什么我要特别强调这一点呢。其实，从犯罪学理论上来讲这并不稀奇，在犯罪学理论上一直有这样的提法，修复、回归社会具有重要意义。但在实践中我们会发现，要想做到这一点并不容易，因为缺乏一个系统的、体系化的做法。当然，以前还缺乏立法上的支持，即立法上没有特别强调这一点，或者说让一定要达到这个目的。同时，在这种情况之下，也欠缺一个机制。所以，我觉得《社区矫正法》有一个重要意义，即明确了这样一个立法目的，明确了这个机制。立法要求工作人员在教育社区矫正对象时，不仅要关心他的社会危险性，或者人身危险性，还要关心他能不能融入社会。关于这一点，江苏的工作实践是有心得和特色的，毕竟江苏省是最早进行社区矫正试点的地区，也一直在非常努力地探索。我以前在江苏省司法厅挂过职，2017年江苏省司法厅开展了一个"社区矫正损害修复"项目，主要是想探索未来社区矫正到底往什么样的方向发展。在探索的过程中，除了巩固管理方面上的一些做法，对教育要达到什么样的要求、什么样的程度，我们从这个角度来思考，吸取了一些传统的所谓"修复性司法"的做法，但又不是简单的"修复性司法"，而是更强调回归社会，修复社会损害的理念。最终，江苏形成了以"四个层面的修复"为目的的整体社区矫正损害修复方法，这个方法在江苏25个地市社区矫正机构进行了试点，取得了非常好的效果。我认为，这个方法之所以能取得非常好的效果，恰恰是因为其与《社区矫正法》第1条"融入社会"的规定吻合。以前的帮扶就是培训技能、帮助解决家庭困难，但现在江苏开展社区矫正是真正的关心社区矫正对象。比如，在解矫或者以后非常长的一段时间内，矫正对象能不能顺利融入社会成为一个正常的社会人，能不能依靠自己的正常人格去生活，杜绝长远的犯罪可能性，这其实是一个非常精细的活。在整个工作开展中，我们充分考虑了"四个层面"的因素，包括规范的教育、被害人的协调和谅解、整体的社会秩序谅解、社区的参与等，在"四个层面"因素的基础上通过系统性机制和工作取得了很好的效果。江苏省自2017年开始做这件事，到2019年时成果已十分显著。2019年江苏省召开了成果鉴定会议，当时司法部的领导也来了，对这个做法给予了高度肯定，认为这是"江苏智慧"的贡献。所以我们看到立法也确立了这一方向，非常欣喜，证明我们是对的，对我们下一步工作的顺利开展起到了非常大的鼓舞作用。

二、把握立法对四类对象的特点和工作具体要求

另外一个问题是社区矫正的四类对象的分类管理，这个问题大家都不陌生，也都发现这次《社区矫正法》对四类对象有着非常清晰的、分门别类的、细化的规定。我认为，国家立法肯定要留下一定的适用空间，所以不能够规定得太详细，但是在做社区矫正研究的时候我一直有这样的困惑，很多专家也写了，社区矫正的四类对象的差别非常大。虽然四类对象同样都叫社区矫正对象，要进行社区矫正，但在来源、定性上的差别却很大。例如，缓刑本身就有很多争议。我想表达一个观点，也是最近在研究过程中出现的一个困惑，即暂予监外执行。在基层调研过程中我发现，暂予监外执行对象在实施矫正的时候跟缓刑、管制、假释的对象有些差别。暂予监外执行的情况非常特殊，像生活困难、医疗问题或者是哺育的妇女，他们大多数是跟人身健康相关的类型。国外的暂予监外执行和我们有一个非常大的差别，而这个差别会影响到社区矫正的定性，使得我们国家的社区矫正可能存在创新、独到之处。暂予监外执行在国外叫暂停刑罚执行，罪犯在外面治疗也好、哺育也好，这段时期根本不能被计入刑罚执行期间，除非有特殊情况，如贪污腐败等。这个差别值得我们再思考社区矫正的定性问题，既然暂予监外执行属于刑罚执行，那么这么一种特殊的刑罚执行，能不能与其他三种不是单纯人身危困的类型绑定在一起？有没有一些非常特殊的、针对性的规定？这是需要好好思考的。我最近也在思考这个问题。而且是不是一定要将暂予监外执行设置为刑罚执行制度，是否可以参考其他的做法，将其作为暂停刑罚执行。这样社区矫正的压力可能也会小一些。像南通的王义兵局长，他那里有很多的创新，我也参观过"矫务长制"。该制度针对暂予监外执行这种特别特殊的情况专门组建了一个中队、一个支队，进行个性化的个别操作。我认为这非常有意思，社区矫正对这方面规定得不是那么细，但在具体适用的过程中，这几类不同的主体互相间都有着非常大的差异，是不是应该有一些具体细化的措施。

总的来说，社区矫正的未来发展方向一直是大家非常关心的重要问题。这次《社区矫正法》里面有很多条文，不仅是原则上讲到修复社会关系，更是出现了修复社会关系的字眼。对比以前来说，我认为，这是社区矫正法律适用过程中应更加重视的地方，毕竟也是未来社区矫正发展的一个方向。据我所知，江苏省司法厅最近有一些调研论证，就是在讨论如何把本身的损害修复做法继续做好，这也是为了更好地贯彻《社区矫正法》的规定。

王顺安：感谢李川教授，他说出了许多问题，我们可以在下一次论坛中进行讨论。他刚分享了《社区矫正法》第1条的内容，帮助罪犯顺利融入社会。谈到了他的想法，同时提出了现在需要解决，但是很难马上解决的暂予监外执行的管理问题。这也是我们大家共同关心的问题，倡导社区矫正对象不能一视同仁地对待。虽然我们听过罪犯一律平等，但是《刑法》《刑事诉讼法》规定的性质本身就是不同的，权利和义务也是有差别的。暂予监外执行是刑事诉讼法规定的内容，而《刑法》就没有规定。国外称此为"暂停刑罚执行"，我非常认同这一说法。我们再次感谢李川教授。下面由实务界的王宁副主任给大家演讲，她来自检察机关，由一个对我们进行法律监督的部门来演讲，这也是难得的机会。我们欢迎！

王宁（安徽省检察院第五检察部副主任）：

非常感谢给予我这次宝贵的机会，能够来汇报、交流法律监督机关的一些工作。刚刚听了各位专家学者的演讲，我觉得受益匪浅，有很多的内容还需要时间去消化，在这里我想和大家分享一下检察机关从事社区矫正工作的相关的情况。2019年10月31日，中共第十九届中央委员会第四次会议通过了《中共中央关于坚持和完善中国特色社会主义制度　推进国家治理体系和治理能力现代化若干重大问题的决定》，这是我们今天讨论《社区矫正法》贯彻实施的重大政治意义和法治意义。我发言的题目是"从检察机关履行社区矫正监督职责浅谈《社区矫正法》的贯彻适用"，主要包括三个方面。

一、社区矫正法律监督工作近年来开展情况

对被判处管制，宣告缓刑、假释的罪犯实行法律监督，一直是检察机关法律监督的有机组成部分。

（1）简单回顾社区矫正在我国试点情况。社区矫正工作在我国经历了2003年试点、2005年扩大试点、2009年全面试行和2014年全面推进四个阶段，社区矫正已在国内呈现蓬勃发展的良好态势。

（2）社区矫正法律监督发展回顾。例如从1986年起，最高人民法院、最高人民检察院、公安部、劳动人事部就管制、剥夺政治权利、宣告缓刑、假释作出了一系列相关规定。2003年7月，"两高两部"联合印发了《关于开展社区矫正工作的试点通知》，其中第3条"分工负责、密切配合，共同做好社区矫正试点工作"明确规定了人民检察院要加强法律监督，第一次明确了检察机关对社区矫正工作的法律监督职责。多年来，最高人民检察院制定或会同相关部门制定了相关规范性文件，例如，2005年最高人民检察院监所检察厅制定了《关于加强监外执行检察工作的意见》、2006年制定了《关于在社区矫正试点工作中加强法律监督的通知》、2007 年制定了《关于加强对监外执行罪犯脱管、漏管检察监督的意见》、2008 年制定了《人民检察院监外执行检察办法》。在这些办法中，对监外执行的开展程序进行了比较详细的规定。同时，最高人民检察院在多年来还组织开展了多项社区矫正专项检察活动，推动社区矫正法律监督在全国规范化开展。

（3）安徽省社区矫正法律监督工作开展情况。接着汇报安徽省社区矫正法律监督工作的开展情况，2005 年 1 月，"两高两部"《关于扩大社区矫正试点范围的通知》将安徽省确定为全国第二批社区矫正试点省份后，安徽省的社区矫正的机构建设、社区矫正中心建设、信息化建设和应用等多项工作取得了长足发展。

安徽省检察机关社区矫正法律监督的主要做法，概括起来就是"五个下功夫、五个着力"。一是在健全完善法律监督机制建设上下功夫，着力推进社区矫正工作的规范化实施。例如，2013 年底，为解决社区矫正对象的交付执行、收监执行难问题，在省委政法委的大力支持下，几大部门联合会签了《关于加强罪犯交付执行和暂予监外执行工作的若干规定》。这个规定对罪犯交付执行、暂予监外执行、收监执行等程序作出了明确规定，以解决交付执行衔接配合不够顺畅等问题，充实和完善了社区矫正实施程序的有关问题，也体现了对社区矫正对象的困难帮扶。2016 年省人大常委会专项听取了省检察院刑事执行检察工作报告，作出了《关于加强全省检察机关刑事执行检察工作的决定》。2016 年初，我们省检察院还将社区矫正检察监督列入了 2016 年度省检察院工作要点，提出了具体的工作措施，大力推动了社区矫正法律监督由以往的定期专项检察向常态化检察转变。二是在聚焦主责、主业，强化从监督上下功夫。三是在夯实基层基础建设上下功夫，着力激发基层社区矫正法律监督的活力。四是在推动检务公开，维护司法公正下功夫，着力强化人大、政协对社区矫正法律监督的关注度。五是在强化各职能部门协调配合积极协助帮扶安置上下功夫，着力保障社区矫正对象的合法权益。由于时间关系，这里就不再赘述。

（4）安徽省检察机关社区矫正法律监督的探索创新。近年来，安徽省检察机关还在如何推动社区矫正法律监督的工作机制上进行了探索创新，主要表现在三个方面：一是坚持以制度促规范，研究制定了社区矫正的办案监督规范。2017 年，我们在充分调研的基础上，起草了《安徽省检察机关社区矫正检察若干规定》，其中专章规定了未成年矫正活动检察，恰恰与这次的《社区矫正法》不谋而合，充分体现了社区矫正法律监督的职责定位，积极推进工作模式转变。二是坚持充分发挥社区矫正检察官办公室功能作用，实现了社区矫正检察工作向基层发展。三是坚持积极适应检察智能化要求，推进智慧社区矫正法律监督建设。

二、《社区矫正法》对社区矫正法律监督的新要求、新期待

我和大家分享的第二大部分是《社区矫正法》对社区矫正法律监督的新要求和新期待。随着《社区矫正法》的贯彻实施，我国将更加注重发挥检察机关的法律监督职责作用。社区矫正法具体条款对检察机关的监督内容作了更加明确的规定，检察监督程序也更加细化，这也意味着对检察机关提出了更高的监督要求。

（1）明确了法律监督职责。《社区矫正法》对相关法律文书的送法、监督程序的启动、审查、纠正等作出了具体规定。比如《社区矫正法实施办法》第2条第2款规定："人民检察院对社区矫正各执法缓解依法实行法律监督。"《社区矫正法》第8条第2款规定："人民法院、人民检察院、公安机关和其他有关部门依照各自职责，依法做好社区矫正工作。人民检察院依法对社区矫正工作实行法律监督。"该条款规定了检察院的职责：一方面，按照《社区矫正法》的规定，人民检察院有应该做的职能工作；另一方面，对法院、公安机关和其他有关部门的工作要履行法律监督职能。《社区矫正法》第62条规定："人民检察院发现社区矫正工作违反法律规定的，应当依法提出纠正意见、检察建议。有关单位应当将采纳意见，检察建议的情况书面回复人民检察院，没有采纳的应当说明理由。"

（2）进一步保障了检察机关的知情权。2020年与《社区矫正法》相配套的《社区矫正法实施办法》更加具有针对性和可操作性，解决了以往司法实践中存在的文书送达滞后性、随意性等问题，同时也有益于解决各相关职能部门之间对社区矫正对象动态信息的信息共享问题，也同时体现了立法机关对检察机关多年来的社区矫正法律监督工作的充分肯定。

（3）细化了各部门的工作职责。有效解决了以往工作中各部门因职能不清而难以协调解决的问题。比如，《社区矫正法》第31条规定："社区矫正机构发现社区矫正对象正在实施违反监督管理规定的行为或者违反人民法院禁止令等违反行为的，应当及时制止；制止无效的，应当立即通知公安机关到场处置。"《社区矫正法》第 32 条规定："社区矫正对象有被依法决定拘留、强制隔离戒毒、采取刑事强制措施等限制人身自由情形的，有关机关应当及时通知社区矫正机构。"《社区矫正法》第 50 条解决的是"被裁定撤销缓刑、假释和被决定收监执行的社区矫正对象逃跑的，由公安机关追捕，社区矫正机构、有关单位和个人予以协助"。为配合做好《社区矫正法》的贯彻实施工作，最高人民检察院部署开展了相关工作，推动《社区矫正法》落实、落地、落到位。

第一，修订版刑事诉讼规则专节规定了社区矫正监督。2019 年 12 月发布的《人民检察院刑事诉讼规则》第十四章"刑罚执行和监管执法监督"专节设置了社区矫正监督，明确列举规定了人民检察院对社区矫正交付执行、接受、社区矫正执法活动、社区矫正对象的刑罚变更执行等活动的监督内容。如该规则第 629 条规定："人民检察院发现人民法院、监狱、看守所、公安机关暂予监外执行的活动具有下列情形之一的，应当依法提出纠正意见……"这里面的规定非常详细、具体，为我们开展社区矫正法律监督工作提供了法律依据。

第二，制定社区矫正检察办案指引。最高人民检察院组织制定相关办案指引，为社区矫正法律监督案件办理提供办案指南。

第三，发挥典型案例指导效应。大家知道，2020 年 6 月 3 日，最高人民检察院以"加强刑罚变更执行监督，促进双赢多赢共赢"为主题召开新闻发布会，通报全国检察机关开展刑罚变更执行法律监督工作情况，并发布最高人民检察院第十九批指导性案例。这次发布的指导性案例当中，有三个案例，第一个是依法监督纠正法院已经生效的蔡某等 12 人错误减刑、假释裁定监督案；第二个是未成年罪犯减刑、假释从宽把握，并在符合法定减刑条件又符合法定假释条件时优先适用假释的罪犯康某假释监督案；第三个是对违反暂予监外执行进行法律监督，依法查办相关司法工作人员职务犯罪的罪犯王明明暂予监外执行监督案。总体来说，第十九批指导性案例体现了履行刑事执行检察职责的特点，涵盖了监督办案的范围，明确了监督办案的重点。第十九批指导性案例的发布，对于贯彻落实好《社区矫正法》有关规定作出了较为充分的诠释和说明。加快推进社区矫正法的学习贯彻和适用，要求社区矫正法律监督必须实现监督工作模式由传统的办事模式向执法办案模式的转变，强化办案思维；必须实现监督内容由过去的行政式监督向规范监督、精准监督的转变；同时更加注重监督管理与教育帮扶的有机结合，更加注重保护社区矫正对象的隐私和合法权益，促进其顺利融入社会，改造成为守法公民。

三、做好社区矫正法律监督工作的几点感悟

（1）树立正确的监督理念。要牢固树立双赢、多赢、共赢的检察新理念。要敢于监督、依法监督、规范监督、善于监督。

（2）全面履行监督职责。从监督阶段来看，我们既要监督社区矫正适用前的调查评估活动，也监督社区矫正适用后的交付执行、监督管理、教育帮扶、变更执行和终止执行等工作。从监督对象来看，既监督社区矫正活动中各相关职能部门是否依法规范执法，也要维护社区矫正对象的合法权益。从监督职责来看，既监督社区矫正活动是否符合法律法规规定，还要查办社区矫正活动中发生的渎职犯罪，办理社区矫正对象再犯罪案件。我们在工作中将更加注重把社区矫正监督与刑事执行检察其他工作有机结合起来。在具体工作中，社区矫正监督要与交付执行监督紧密结合，与社区矫正对象涉财刑判项的执行监督紧密结合，特别是加大扫黑除恶专项斗争涉及社区矫正对象的财产刑执行监督。同时，也要注重与人民法院、社区矫正机构等部门和检察机关内部各业务部门之间的沟通衔接，以期提高社区矫正法律监督的实效。

（3）进一步推动社区矫正监督工作健康发展。一是深入推进办案工作模式。把社区矫正法律监督做实，坚持以办案为中心，在监督中办案，在办案中监督的理念，进一步推进社区矫正监督工作健康发展。在办案中要强化"五化"意识，要做到社区矫正监督案件证据化、程序化、卷宗化、责任化、信息化。要注重提高法律文书的制作质量，培育典型案例，制发优秀法律文书。同时在社区矫正监督工作中对于制发的纠正违法和检察建议，我们要加强持续监督、跟踪监督，确保监督取得成效。二是优化监督方式。坚持以发现问题为导向、积极探索开展社区矫正巡回检察，促进有效解决社区矫正跟踪中存在的困难和问题。要探索防疫常态化条件下社区矫正检察的信息化、智能化检察方式，加强社区矫正检察线上检察工作。三是要进一步融入平安中国建设，加强对社区矫正对象等特殊群体的管理，防范社区矫正对象脱管、

漏管情形发生，预防和减少犯罪，共同做好基层社会治理工作，充分发挥检察机关在国家治理体系和治理能力现代化建设中的积极作用。四是加强与法院、社区矫正机构、公安机关等部门的沟通协调，提升监督效果，形成工作合力。五是积极查办司法工作人员职务犯罪。我具体汇报的内容就是这么多，欢迎大家批判指正。

王顺安：非常感谢王宁副主任的演讲，江南女子口齿清楚，表达清晰，内容丰富，我觉得也是检察系统非常优秀的一篇论文，有机会我可以帮您推荐一下。在中国的刑事司法领域，这些年来做得最好的是检察工作。尤其是监所检察工作改为刑事执行检察。这对整个刑事执行以及刑事执行法的建设都是非常重大的贡献。现在我们称之为第五部——刑事执行部。通过您这样的讲解，大家心里亮堂多了。同时，你们检察院在张检察长的带领下，办得有声有色，职能有所扩展。但是还是需要进一步地依法准确站位，确定社区矫正的法律监督是进行刑事执行监督，还是进行"刑事执行+监督管理+教育改造"所有活动的监督。其实，张军检察长的想法是进行全面监督、系统监督、同步监督，但对我们刑事执行领域的监督能否真正落实，以使我们少犯错误。同时是否也会存在一个互相监督的问题？这个方面我们还需要进行进一步探索。我们这次论坛的最后一个演讲人是何显兵教授。请我的好朋友，西南科技大学法学院副院长进行讲演，大家欢迎。

何显兵[1]（西南科技大学法学院副院长、教授）：

今天我发言的题目是"设立成年人犯罪前科消灭制度的建议——以《社区矫正法》第4条第2款为切入点"。

一、对立法条文的解读

基于《社区矫正法》第4条第2款的规定，我想到了前科制度，这是什

---

〔1〕 何显兵，西南科技大学法学院教授、副院长、硕士研究生导师，四川科大律师事务所兼职律师。任致公党中央法治委员会委员、四川省委法治委员会主任；绵阳市七届政协常委、涪城区六届政协委员；四川省检察官学院特聘检察教官、四川省人民检察院专家咨询委员会委员；四川省委统战部建言献策专家、四川省委办公厅党委信息工作专家；四川省刑法学研究会副会长、绵阳市刑法学会副会长；四川省学术带头人后备人选。主持国家社科基金项目与省级项目4项；出版专著10部；发表论文88篇，其中6篇被《中国人民大学复印报刊资料》全文转载，1篇被《中国社会科学文摘》转摘。

么意思呢？先看看《社区矫正法》第4条第2款规定的具体内容："社区矫正工作应当依法进行，尊重和保障人权。社区矫正对象依法享有的人身权利、财产权利和其他权利不受侵犯，在就业、就学和享受社会保障等方面不受歧视。"在歧视之前没有加"非法"两个字，如果望文生义，严格地从语法解释的角度来讲，就会引出困惑，或者说问题，即什么叫作"在就业方面不受歧视"？社区矫正对象能否报考公务员，能否报考国有事业单位工作人员？如果不能，显然就是歧视，如果能报考，又涉及我们的《公务员法》《公职人员政务处分法》等，比如，说航空从业人员不能有犯罪记录。按照《社区矫正法》的规定，这个不受歧视是什么意思呢？是和普通民众的全面平等，还是说不受非法歧视？前一段时间网上集中报道了一个新闻：浙江大学有一个学生犯了强奸罪，最后被判了缓刑，浙江大学没有开除他，这个人顺利毕业后在浙江找到了工作。后来该案在网上引起了很大的热议，认为强奸犯没道理不开除，必须要开除。但是，我们有一个问题，既然社区矫正对象在就学的时候不受歧视，那为什么要开除呢？开除了是不是就歧视了呢？这个和我们的《高等教育法》《义务教育法》有关系。社区矫正对象在考大学、考研究生、考博士，或者考上以后，如果他因为犯罪被社区矫正，要不要开除？如果说不开除，那么和相关的法律法规或者规定是否矛盾？从总体来讲，我认为《社区矫正法》是非常好的，社区矫正对象本来就不应该被歧视。

在中国，前科制度的效力不仅仅及于犯罪人本人，还及于犯罪人的家属。大家都清楚，你考公务员、参军，或者从事其他一些特殊工作，都要经过政审。这个政审制度牵连罪犯本人，因为有前科，好像有道理，但去牵连犯罪人的家属，而且还是终身牵连，这个是否具有正当性呢？比如说，一个人的父亲只是犯了轻罪，但犯罪人的子女却都不能考公务员。我注意对比了其他一些法律条文，比如，说马上要再次审议的《未成年人保护法（草案）》，其中有不受非法的歧视的规定，而我们的《社区矫正法》没有说非法歧视，只是说歧视。假如有一天我犯了罪，如果被判处缓刑，谁要开除我，我就会说你违反了《社区矫正法》。当然相关的主管机关单位可能就会说我违反了别的法，依据别的法就要这样，那我依据《社区矫正法》的规定，你违反《社区矫正法》了。既然就业不受歧视，那凭什么要开除我呢？当然，有的人说"就业"指的是找工作。既然社区矫正对象可以找工作，而我都已经工作了，根据当然解释的原理，也不能因为我接受社区矫正就开除我。

当然，上述讨论主要是指出《社区矫正法》的规定具有先进性，而非认为"在就业、就学和享受社会保障等方面不受歧视"就是指不能依据其他法律给予剥夺或者限制性处分。这就引出了一个问题，即前科制度的价值何在？是否需要改革？

二、前科制度的弊端

为预防犯罪，我国《刑法》第 100 条规定了前科报告制度；犯罪前科的不利后果不仅及于犯罪人，还通过政审等方式及于犯罪人亲属。这一制度强化了犯罪的非刑罚制裁力度，事实上增强了惩罚力度，具有相对合理性。但随着经济社会的发展，我国刑法通过修正案的方式大幅扩张了轻罪的范围，犯罪圈明显扩张。前科制度呈现出越来越大的弊端：第一，前科制度致使犯罪人就业困难，不利于犯罪人重返社会。犯罪人就业时隐匿犯罪前科，可能导致就业单位以此为由解除合同或者认为合同无效且不给予补偿，劳动者合法权益难以得到保障；犯罪人就业时依法报告前科，囿于传统观念又普遍存在就业歧视，使其再就业困难而导致家庭生活困难，引发诸多社会矛盾。第二，前科制度对犯罪人亲属的职业限制违反罪责自负原则，不当扩大了打击面。即使是轻罪犯的亲属，在报考公务员、航空从业人员等特殊岗位时也存在职业限制，而轻罪犯的亲属并未实施任何犯罪行为，仅因家庭出身而导致就业限制，引发了诸多社会不和谐因素。第三，前科制度对和谐社会建设的负面效应越来越大，对社会主义和谐社会建设将产生巨大的阻滞作用。第四，前科制度对轻罪的制裁力度过重。以一般被判处 6 个月以下拘役的危险驾驶罪为例，2018 年犯罪人总数已达 28 万人，2019 年 1 月至 9 月就已达 28 万人、全年超过 40 万人，已成为我国排名第一的犯罪类型。危险驾驶罪属预防性立法观指引下新增典型轻罪，犯罪人的主观恶性不大，犯罪行为本身也未造成具体社会危害，但此类轻罪犯及其亲属仍然会因为前科制度而遭受就业歧视。我国刑法规定了未成年人犯罪的前科消灭制度，但尚未建立成年人犯罪的前科消灭制度。

所以，我做了一个统计：根据 2012 年到 2019 年的最高人民法院工作报告，最近五年，人民法院每年判处的罪犯在 120 万人以上，如果我们把这个时间拉长到 20 年，全国可能存在 2000 万以上曾经被判过刑的人，这 2000 万人如果还要涉及他们的子女、亲属、近亲属，可能就变成了 2000 万的 2 倍甚至更多，导致我们全社会形成了不和谐因素。坦率地讲，要是因为参犯轻罪，就禁止子女当大学教授、做公务员或者不能提拔，这样人虽然嘴上不说，但心里肯定是对政府是有意见的，这肯定造成了不和谐因素。所以《社区矫正法》的"就业、就学、社会保障不受歧视"规定不论当初立法者写这一条是为什么，但写出来了，就代表着未来将对罪犯权利予以尊重的重要文明发展趋势。由此，可以得出一个初步的结论，就是前科制度已到了必须要改革的时候，因为前科给人造成终身的负担，并且他死了，他的子女也还要承担终身的负担，这不仅违反了刑法上的比例原则，从政治上来讲也是得不偿失的。

三、初步方案

有人认为要取消前科报告制度是显然不可能的，但以《社区矫正法》第 4 条第 2 款的思考为切入点，可以考虑建立成年人犯罪部分前科消灭制度。《中共中央关于坚持和完善中国特色社会主义制度　推进国家治理体系和治理能力现代化若干重大问题的决定》指出，"坚持以人民为中心的发展思想，不断保障和改善民生、增进人民福祉"。在推进国家治理体系和治理能力现代化伟大事业之际，努力化解各种不和谐因素、造就最大同心圆是实现伟大中国梦的群众基础。为此，借鉴既有的未成年人犯罪前科消灭制度，我建议：

（1）建立前科的时效制度。前科制度是世界通例，对于有效惩罚和保护社会公共安全具有相当价值，但目前我国刑法规定的前科制度是终身性的，不符合我国、我党"惩罚与教育相结合"的政策。因此，建议与我国刑法规定的累犯制度相匹配，建立前科的时效制度：第一，对普通犯罪，前科制度的时效为 5 年。即犯罪人在服刑完毕之日起 5 年内未再违法、犯罪，即消灭前科，免除前科报告制度和刑事罪犯亲属的就业限制。这样，既能够确保公共安全，又能够促进犯罪人在服刑完毕后积极工作、遵纪守法，有效化解不和谐因素。第二，对危害国家安全犯罪、恐怖活动犯罪、黑社会性质的组织犯罪的犯罪人，前科制度的时效为终身。根据刑法规定，前述三类罪犯在刑罚执行完毕或者赦免以后，在任何时候再犯上述任一类罪的，都以累犯论处。

为充分维护社会公共安全和国家安全，前述三类罪犯保持终身前科时效是妥当的，符合宽严相济的刑事政策。

（2）建立轻罪前科的分类消灭制度。不同犯罪的社会危害性和犯罪人的人身危险性，存在显著差异。鉴于我国犯罪类型结构发生了显著变化，轻罪比例上升而重罪比例下降，为贯彻宽严相济刑事政策和"教育、挽救、感化"的方针，建议建立轻罪前科消灭制度：第一，刑期为 6 个月以下拘役、单纯罚金的罪犯，在服刑完毕后，除危害国家安全犯罪、恐怖活动犯罪、黑社会性质的组织犯罪的犯罪人外，无条件消灭前科。被判处 6 个月以下拘役、单处罚金的轻罪犯，其行为社会危害性低、人身危险性小，除特定类型犯罪人以外，消灭其前科，既不会不利于公共安全，又有利于最大限度地化解不和谐因素。第二，被判决适用缓刑的罪犯，在缓刑考验期满后 1 年内无违法犯罪记录，即消灭其前科。适用缓刑说明犯罪人人身危险性较小，其在缓刑考验期内认罪服法，在考验期满后 1 年内无违法犯罪记录，充分说明其人身危险性基本消除，消灭其前科不会产生负面效果。

（3）前科消灭的法律效果及于犯罪人本人及其亲属。前科不仅不利于有犯罪记录的公民再就业，也对亲属产生职业限制。消灭前科，将促进有犯罪记录的公民与社会和解、充分融入正常社会；对其亲属消除职业限制，有利于最大限度地避免消极因素，构建和谐因素。

前科制度，这种终身的前科，在犯罪人已经死去以后，其效果还及于犯罪人近亲属，是不人道、不文明的，违反比例原则。社会主义核心价值观有"文明""和谐"两个词，我认为目前的前科制度已不符合当前的社会主义核心价值观，不管从政治层面，还是从法律层面，前科制度都到了必须要改革的时候。归根结底，《社区矫正法》第 4 条第 2 款应当得到切实的尊重，被彻底地贯彻落实，并且要大张旗鼓地宣传，以此为切入点，推动前科制度的改革。

王顺安： 感谢何显兵教授的发言，前科制度的改革观点新，为我们的研究指明了方向。因为时间关系，我们就尽快进入点评环节，有请王世洲教授点评。

王世洲[1]**教授点评：社区矫正的"一个前提，三项任务"**

很高兴参加这个高规格的《社区矫正法》研讨会，学习了很多新知识。我的专业是刑法学。在这次研讨会中，绝大多数朋友来自犯罪学界和刑事执行法学界，只有我和马聪老师、颜九红老师三个人来自刑法学。但是，我们刑法学者对《社区矫正法》非常重视，刑法学界对社区矫正法也非常重视。为什么呢？这就是我要讲的"一个前提，三项任务"。

一、一个前提

马聪老师和颜九红老师在阐述中国为何要出台《社区矫正法》时，谈到了社会背景的原因。其他参会嘉宾，比如浙江省台州市社区矫正管理局的周孟龙局长、北京工业大学的张荆教授、江苏省南通市社区矫正管理局的王义兵局长也对立法意义作了说明，强调这样就有法可依，执法有法律根据了，这是对的，非常好。但从刑法学的角度而言，我们更关注社区矫正的方面在于这是我国对轻罪使用轻刑罚做出的一种刑罚反应措施，是对轻刑罚执行方法的规定。如果从刑事执行法制定的角度来讲，我们可以看到《社区矫正法》的制定，应当和《监狱法》的制定联系起来。如果再加上《看守所法》，我国的刑事执行法律体系就完整了。在这个初步完整的基础上，再通过立法，最终制定一部完整的《刑事执行法》就很有可能了。

再从我国整个刑事司法制度建设角度看，应当认识到《社区矫正法》有特别重要的意义，这就表现在立法的社会背景方面，也就是《社区矫正法》

---

〔1〕 王世洲，祖籍山东省蓬莱市，出生于福建省泉州市，先后在北京大学和美国加利福尼亚大学伯克利法学院获得中美法学硕士学位，曾在欧美亚非多国进行研究讲学。

王世洲是北京大学法学院教授、博士生导师，2017年退休，现任以色列希伯来大学孔子学院院长。曾任德国洪堡基金会环保奖学金和总理奖学金遴选委员会的国际委员，德国洪堡基金会中国学术大使，《北京市实施〈中华人民共和国妇女权益保障法〉办法》起草工作专家组成员，北京市政策法规性别平等评估委员会委员，北京市海淀区、西城区人民法院陪审员，中国国际贸易仲裁委员会仲裁员。

主要研究领域：中国刑法学，外国刑法学，比较刑法学，国际刑法学。

主要学术成果：截至2020年底，王世洲先生一共独自或参与出版各种著作30部，论文、译文100篇。有著作和论文直接使用或被翻译成英、德、日、俄、韩、西班牙、乌克兰或者土耳其等国文字在国际上发表。研究成果曾获北京大学首届优秀教材奖，钱端升法学研究成果奖，北京市哲学社会科学优秀成果奖，司法部全国法学教材与科研成果奖，以及洪堡研究奖等国内外奖励。在北京大学开设的《刑法学（总论）》在2017年被教育部评为"国家精品在线开放课程"，在2020年被教育部认定为"国家级一流本科课程"。

产生的前提。具体而言，就是国家通过制定这部法律，为我国在轻罪的轻刑罚方面的扩张趋势，提供了一个执行依据和底线的保障。目前刑法在轻罪和轻刑罚方面的扩张趋势是很明显的，而对于这个趋势，有人反对，说这样违反了谦抑原则。不过，反对者的观点和其对谦抑原则的理解是否正确，这是需要进一步探讨的。从学术讨论出发，你认为应以谦抑原则来阻止轻罪和轻刑罚的扩张趋势，但那是不是也可以讨论你的这种观点是否正确？所以说，这样使用谦抑原则来批评立法的说服力是不够的，因为只讲刑法不应当制定，但不讲怎么解决社会的问题，尤其是不考虑其他非刑法的方法是不是管用的问题，是不够的！目前，我国在轻罪和轻刑罚方面的扩张趋势已经毋庸置疑。目前，《刑法修正案（十一）》正在制定，从修正案（十）到修正案（十一）才几年？之后难道说不会有修正案（十二）吗？在修正案（十一）草案提出来以后，全国人民进行了大讨论，要求补充新条款的很多。大家都看到了，修正案（十一）补充的新罪名，不再是杀人放火那样的重罪，而是高空抛物、抢夺驾驶人员方向盘这样的轻罪，被科处的刑罚也不再是十年以上的重刑，而是拘役或者时间较短的有期徒刑，所以说轻罪和轻刑罚的扩张则成了立法趋势是很清楚的。这样一来，对这些轻罪怎么处罚？轻刑罚怎么执行？就成为必须认真研究的重要问题。这样看，制定《社区矫正法》的重要意义就很清楚了。总而言之，立法的大前提我们应当先看清楚，然后就可以得出《社区矫正法》对于刑罚的执行来说是有法可依，具有重要意义的结论。

二、三个任务

在刚才的讨论中，王顺安教授、连春亮教授也都提到，《社区矫正法》的学术准备是各部法律制定中最充分的，表现在论文多、立法周期时间长。长期的学术准备为《社区矫正法》的制定，提供了很好的学术基础。学术最基础的是要解决"知道不知道"的问题。比如，在今天的讨论中，关于社区矫正法是从哪里来的这个学术要点，有人说来自美国、英国，有人说来自日本，但竟然没有一个人说是来自中国古代。别忘了中国古代就有宽宥缓刑。如果在这个问题上，用"抓字眼"的办法而不是从事情本质上去观察，这样的学术眼光是比较狭窄的。社区矫正的第一特征不就是判了刑不关押，而是让被判刑人在监狱外面的社区中执行刑罚吗？这样看，中国古代的刑罚制度有宽宥缓刑，那宽宥缓刑和社区矫正不就联系在一起了？与外国的做法进行比较时，的确不能只根据字眼进行比较，而应当按照实际发生的事情和情况进行比较。这一点，对于我们要讨论和研究的社区矫正，我认为是有重要意义的。

我们今天上午的讨论，提出了三项任务。第一项任务是"谁干？"通过讨论，很明显的是，关于社区矫正应当由谁来执行这个问题，有两个结论。第一，单纯地靠司法所是干不了的，因为司法所的人手不够。第二，大家提出了一个建议，我认为是个好主意，就是依靠社会力量，就是说，社区矫正必须通过动员社会力量一起参与，才能切实地得到执行。

随后发生的问题就是，司法所应当干什么？社会力量应当干什么？因此，我们的讨论应当解决的第二个任务就是："钱呢？"在法律中有规定，国家要拨款。但是，在讨论中，涉及了很多不给钱、拨款不到位的问题。国家要拨款，但是钱从哪来又成了一个问题。张荆教授提了一个特别好的主张，即专门机关和社会力量相结合；刘晓梅教授也提了很多建议，如社会力量参与社会矫正。这些主张都非常好，但都需要先解决钱从哪来的问题。现在，很清楚的是，钱主要靠的是国家拨款、政府拨款，法律已经规定了《社区矫正法》的执行需要由国家给钱。但是，国家给不给呢？我们看到了，国家不想给。这是政治意愿，国家和人民不愿意在这个方面花钱。因此，国家在给钱的时候，一定是千方百计地能少给一点是一点。问题是，钱少了就不够用啊！这就涉及社会力量在参与执行社区矫正时要不要钱的问题？在学术上研究这个问题时，我们是不是应当考虑，在社区矫正的执行方面，除了国家拨款之外，是不是还有其他途径呢？社区矫正问题的研究，需不需要考虑这个问题呢？如果需要，那我们整个《社区矫正法》的学术研究，就还是有欠缺的吧？今天，虽然还有很多专家没有参与，但是，我认为，我们可以考虑借鉴在监狱法研究中已经涉及的一个重要领域，既国外的私人监狱的运行模式问题。如果朝这个方向进行研究，当然是理论探讨，我们就需要考虑，在谈到动员社会力量参与社区矫正时，需要补充需要考虑商业化问题、资金来源问题，还有，政府支持社会力量时应当把钱交给谁加以分配等问题。很明显，即使在政府支持时，我认为，钱肯定至少要先拨给司法所，不然，不会乱套吗？因此，像徐琪副科科长和刘晓梅老师谈到，商业化的社区矫正公司直接从国家财政拿钱的模式，是不是应当再考察和检验一下？因此，我们可以看到，在王宁主任提到的法律监督问题时，就明显还少了一块。王宁主任非常正确非常仔细地列出了我国目前在社区矫正法律监督方面的法律根据，但是，仔细看看就会发现，在直接规定社区矫正的法律监督方面，法律根据很少，基本是一笔带过。但是，社会力量既然已经参与了社区矫正，难道在这方面就不要纳入法律监督的范围？这样，问题不就出来了？这样一来，钱，国家是要出的，但是，是不是出大头？这就需要看研究情况了。也就是说，我们需要通过对国外私人监狱的研究，通过对国内社区矫正商业化的进一步研究，为解决执行社区矫正的经费来源，找到一条符合中国国情的可行的实际道路。

第三个任务，是"干啥？"现在争论，对罪犯应当是"改造"还是"矫正"？有点太理论了。不过，连春亮教授提出的"唐僧理论"很不错，他主张像唐僧管孙猴子那样，用个"紧箍咒"来实现对孙猴子的改造问题和矫正问题。这个很有理论价值。我们社区矫正，就应当是主动矫正，就像徐琪副科长概括的那样："监管为基，执法为魂，教育为本，帮扶为辅"。王顺安教授说，我国的《社区矫正法》是世界一流的，因为这是世界上制定的第一部完整的社区矫正法。我认为，这个说法是符合实际的，我们中国人在这个领域是走在世界前列的。所以，我积极主张、积极推动我国从事社区矫正的刑事执行法专家们，完整地总结中国经验，用英文发表在国际上，让中国经验成为普世价值。我们中国人的经验，怎么就不能成为普世价值呢？！不过，我们在"干啥"这个问题上，当然还需要进一步完善。比如，刘晓梅老师提到了"精准帮扶"。精准帮扶是对的，但是，如果精准帮扶包括要帮忙找工作，不仅要找到，而且还得是能赚快钱的那种，否则就不去，这就有问题了。社区矫正不能干这个也不能这样干！对社区矫正的法律监督，不能包括帮助罪犯找个好工作，找个能赚快钱的那种工作。因此，我们需要在理论上研究，社区矫正该干啥？不该干啥？这会与连春亮教授讲到的主动矫正和被动矫正的问题联系在一起。我认为，我们还是应当抓住惩罚权这个关键要点。在社区矫正问题上，可以讨论淡化惩罚权的问题。但是，再怎么说，社区矫正也是刑事判决确定的，刑事判决的核心就是惩罚。讲淡化可以，但是，淡化到把惩罚弄没了，是不是就会发生刑事性质的基本改变了？当然，在社区矫正执行中如何体现惩罚性？这是需要认真研究的。王义兵局长提了一个非常好非常形象的"医院制思维方式"，非常精彩的说法是"精准滴灌、靶向思路"。张荆教授总结的犯罪原因理论可以归结为四点：环境原因、心理原因、病理原因、理性罪犯。如果我们把这个理论和王义兵局长的"医院制思维方式"联系在一起，和连春亮教授的"唐僧理论"联系在一起，和徐琪副科长、刘晓梅老师提出的主张和办法联系在一起，大家看，能不能解决周孟龙局长提出的问题？我看，大部分问题就已经解决了。在执行《社区矫正法》中，当然应当保护罪犯的合法权利。贡太雷教授讲到了"被限制自由人的改造和教育权利清单"，这是需要考虑的。但是，社区矫正和监狱不一样。在监狱法的研讨会上，我提到了欧洲的经验。为什么讲欧洲的经验？因为欧洲号称在保护人权方面居于全世界的最高水平。但是，即使这个全世界的最高水平，对罪犯的权利都不是那么保护的。比如，罪犯没有和老婆的同居权，这种权利在欧洲标准中是没有的。社区矫正的对象，是有一定人身自由的，但是，应该限制的是什么？我们应当看到，如果社区矫正对象和被害人是同处一个社区的，那么，在考虑被剥夺自由人的权利清单时，难道不要考虑被害人对社区矫正对象在社区矫正的环境下有什么权利吗？被害人至少应当有否定权吧？应当有权不允许这个罪犯怎么行动的权利吧？不然，不仅仅是社区矫正法，也不仅仅是刑事执行法，整个刑事司法制度都要从根本上被动摇了。这就是我们刑法学者特别关注并且特别积极地参加社区矫正法研讨的一个重要道理。在刑罚执行中，贯彻的是特殊预防，也就是让罪犯在刑罚执行过程中不能犯罪，在刑罚结束之后不想再犯罪，与此同时，在这个框架范围内，通过刑罚（也就是刑罚的执行）来威慑其他人，也就是吓唬其他人，让他们不敢犯罪。如果对罪犯的权利保护得比不犯罪的人都还要好，那不是乱套了？社区矫正中应当干啥？矫正应当如何进行？我认为，惩罚权是一个核心，是一个基础，是一块基石。比如，在上海，如果社区矫正对象不参加"五课二训一考试"，应当怎么办？社会力量是应当参与社区矫正的，但是，司法所应当对这些社会力量的工作至少进行监督和指导吧?! 对于怎么监督、怎么指导的问题，需要研究。我觉得，可以考虑在写鉴定方面进行设计。如果政府对社会力量说，你对社区矫正对象进行社区矫正两年，政府给你们一笔钱，你怎么管我不管，反正这两年司法所都给你拨钱，那不会形成社会力量参与社区矫正的公司光赚钱不干活的局面？那不就糟了?! 也许，我们可以考虑使用写鉴定的办法，鉴定跟着社区矫正对象走，不仅影响社区矫正对象的再就业，而且在社区矫正对象再次犯罪时可以使社会力量免责。社区矫正要实现百分之百的零再犯罪是不可能的，或者说特别特别困难的，在一个特定的地区也许可能，在整个国家就非常非常困难了。有了社区矫正结束时的鉴定档案，社区矫正对象再犯罪时，就可以判断社会力量有没有责任。是不是有更好的方法，我们应当加强研究和讨论，并且，在实践中继续寻找和总结。

我们明确了问题，进行了讨论，我认为，今天的研讨会是非常成功的。

二、 论坛综述

  2020 年 10 月 11 日下午，首届线上社区矫正法治论坛顺利召开，此次论坛由中国政法大学犯罪与司法研究中心、海德智库社区矫正法治研究院主办，社区矫正宣传网协办，会议以《社区矫正法》法治意义与适用问题为主题，由中国政法大学犯罪与司法研究中心主任、海德智库社区矫正法治研究院院长王顺安教授主持。

  与会专家学者分别围绕"社区矫正法的执法难点""针对性地消除矫正对象可能重犯因素——应该从矫正方案开始""如何认知《社区矫正法》""《社区矫正法》的实施认知与反思""社区矫正适用率与'重罪重刑'刑法结构改革""设立专业社区矫正执法官之建议""《社区矫正法》的分类矫正问题""社会力量参与社区矫正相关问题研究""贯彻实施《社区矫正法》若干问题的思考""《社区矫正法》立法亮点与适用问题""《社区矫正法》的检察监督问题""设立成年人犯罪前科消灭制度的建议——以《社区矫正法》第 4 条第 2 款为切入点"进行了演讲与分享。与会人员从不同角度，或旁征博引，阐述观点，或结合工作实践，介绍经验，演讲既有理论的深度，又有实务的温度，具有很强的针对性和指导性。

  王顺安教授认为，如何理解《社区矫正法》的法治意义对推进社区矫正工作有重大意义。立法的意义在于有助于科学认知社区矫正，实现了制度的移植与本土化，助力社区矫正领域的研究。制定《社区矫正法》是完善刑事执行制度，统一刑罚执行体制，建设社会主义法治国家的重要举措。

  北京工业大学法学教授、中国预防青少年犯罪研究会顾问、北京改革和发展研究会副会长张荆教授认为《社区矫正法》的诞生是立法改革的重要尝试，立法过程集中了专家的意见、实务部门的经验，立法部门的提前介入和统筹，该法的出台是社区矫正事业的里程碑。社区矫正执法的难点在于如何吸纳、培养、留住优秀的社区矫正工作人员，这对稳定队伍非常重要。如何进行有针对性的科学矫正需要在实践中不断总结探索。各部门之间的协调与民间参与仍要做进一步的制度性安排。尤其是在民间参与上，特别要注意的是要尊重民间力量，主动弱化行政力量，重视平等协商。

南通市司法局社区矫正管理局王义兵局长认为，优化社区矫正方案设计是推进社区矫正工作法治化的重要途径。目前，南通市通过实践推出了"矫务长制"的工作机制，并将矫正方案定位为实施社区矫正活动的总施工图，是精准矫治的前提和基础，以矫正方案科学设计实现"规范执法、分类管控、精准矫治、损害修复、智慧矫正"。

河南司法警官职业学院学报编辑部、河南省学术技术带头人、河南省青少年研究所特邀研究员连春亮教授认为，开展社区矫正工作必须要有法治思维，对立法后的社区矫正工作要秉持"八个新"，即新高度、新特征、新变化、新判断、新理念、新要求、新路径、新挑战。由过去的"刑""罚""管""教"转变为"控""矫""育""帮"，转变"刑罚执行"理念，确立"社区本位"理念，坚持社会工作价值理念，将社区矫正的法治化作为长期坚持奋斗的目标。

中央司法警官学院司法人权研究中心主任贡太雷同志认为，《社区矫正法》的实施，是社区矫正制度设计的一个拓展，是社会平安治理体系的又一次完善。社区矫正可以被定性为司法执行，而社区矫正法的实施同时也是法治化的又一步推进，是落实保护人权的宪法原则的重要举措。社区矫正立法后，需要进行理念反思，重视机制衔接，实现执法工作法治化。

嘉兴学院马聪博士认为，刑法中形成的重罪重刑结构，是导致社区矫正适用率低的制度性障碍和根本性问题。重罪重刑的问题改革思路需要延伸刑法的触角，以降低起刑点为基本思路扩大犯罪圈，逐渐实现刑事执行机构单独分享犯罪的处置权力。改革内容应当包括建立轻罪轻刑体系，扩大犯罪圈。强化刑事司法和法院在处理犯罪中的核心地位，弱化行政权对犯罪处置的自由裁量权。

中国人民大学法学博士、北京政法职业学院颜九红教授认为，社区矫正是刑罚执行领域的革命性变革。社区矫正想要成功运行，就必须拥有一支训练有素的职业工作者队伍。从比较法的视野出发，对比美国、荷兰、英国、加拿大和德国的社区矫正工作人员情况，我国需要解决执法权力的位阶、层级，机构人员的身份资格和职业保障问题，这样才能为社区矫正执法人员的执法活动提供法律依据和专业保障。

上海市杨浦区司法局社区矫正管理科徐琪副科长从矫治、帮扶工作的现实需求等方面介绍了杨浦区在开展"三分教育"工作过程中的经验。"分段教育"，强调入矫在刑教育，助力社区矫正对象自省；"分类教育"，结合杨浦区的特色，在教育矫正工作中融入家国文化，来熏陶社区矫正对象如何自立；"分级教育"，通过培养技能教育激励社区矫正对象建立自信。三分教育体系体现了上海的社区矫正总方针"监管为基，执法为魂，教育为本，帮扶为辅"。

天津工业大学法学院刑事法学研究中心主任刘晓梅教授认为，《社区矫正法》是在尊重基层首创之上，总结吸收各地经验，并充分依靠基层组织和社会力量开展社区矫正工作的实践，为打造共建、共享、共治的社会治理格局而出台的立法。其中关于社会力量相关的立法条文是希望通过社会力量参与社区矫正工作，实现《社区矫正法》的立法目的，而通过政府购买服务来推进社区矫正工作，是今后社区矫正社会化、专业化、人性化的必然趋势。

浙江省台州市司法局四级调研员、社区矫正管理局局长、北师大刑科院社区矫正中心兼职研究员、上海政法学院社区矫正中心兼职研究员周孟龙局长认为，要从宏观和微观层面上推进社区矫正法治化的进程。需要从转变思维方式与工作模式、构建一体化的刑事执行体系、推进社区矫正工作的信息化建设、建立部门衔接配合的规范化标准、推进社区矫正社会化等五个方面开展。

东南大学法学院教授、博士生导师、东南大学中国犯罪预防与社会修复研究中心执行主任李川教授认为，社区矫正法的实施，实现了通过立法明晰工作目标和界限，有利于正确把握立法对四类对象的特点和工作的具体要求。江苏在坚持立法精神基础上，形成了以"四个层面的修复"为目的的整体社区矫正损害修复做法，在江苏25个地市社区矫正机构进行了试点，取得了非常好的效果。

安徽省检察院第五检察部王宁副主任从检察视角出发，认为《社区矫正法》对检察机关进行社区矫正法律监督提出了新要求、新期待。安徽省检察机关在推动社区矫正法律监督的工作机制上进行了探索创新，主要表现在三个方面：一是研究制定了社区矫正的办案监督规范；二是坚持充分发挥社区矫正检察官办公室职能作用；三是推进智慧社区矫正法律监督建设。

西南科技大学法学院副院长何显兵教授认为，目前的前科制度不仅是终身制，而且及于犯罪人子女，显然违反了比例原则，同时造成社会不和谐。所以改革的思路应当为：对于普通犯罪，前科应该确定一个时效；重罪和部分特殊犯罪可以保留前科，但前科的效果不能及于罪犯的子女，除非是基于国家安全的需要、政治的特殊需要。对于轻罪，尤其是特别轻的，6个月以下的拘役、管制、单处罚金的罪犯，原则上不应该有前科。

北京大学法学院教授、博士生导师，以色列希伯来大学孔子学院中方院长王世洲教授进行了点评。王教授高度评价了此次论坛的价值和意义，并结合12位理论和实务专家的演讲，认为《社区矫正法》的完善对将来制定刑事执行法具有重要意义。一是从刑法学角度来讲，要更加关注社区矫正是国家对轻罪和轻刑罚的反应措施，是对轻刑罚的执行方法总结；二是国家轻罪轻罚的扩张趋势正处在发展的过程中，社区矫正法的完善与监狱法的完善要联系起来，再加上看守所法的完善，有利于国家的刑事执行法律体系的初步完整。

王教授对此次会议进行了总结，认为在社区矫正来源方面，要认识到我国古代宽宥缓刑制度是社区矫正制度发展的重要本土化资源；在制度建设方面，要着力解决谁来干、干什么、经费谁出的问题；在社会力量参与方面，经费来源不能单一依靠国家。同时认为，应该认识到刑事执行核心还是惩罚，只是要关注执行过程中惩罚性如何体现，学者不仅要关注执行期间不犯罪的问题，更要关注执行完毕后不想犯罪的问题。

此次论坛无论从邀请的学界专家教授，实务部门领导的学术影响力、社会代表性，还是从演讲的主题内容、课件形式和精彩表达，抑或涉及的社区矫正法的深度、广度和高度来看，都达到了国内的极高水平，充分发挥了社区矫正法治论坛的学习、交流、宣传和研究目的，亦产生对社区矫正法的普法宣传和对社区矫正工作人员培训的溢出功能与效应。

三、 论坛报道

媒体报道[1] | 首届社区矫正法治论坛顺利召开

2020 年 10 月 11 日下午，首届线上社区矫正法治论坛顺利召开，此次论坛由中国政法大学犯罪与司法研究中心、海德智库社区矫正法治研究院主办，社区矫正宣传网协办，会议以"《社区矫正法》法治意义与适用问题"为主题。

此次会议由中国政法大学犯罪与司法研究中心主任、海德智库社区矫正法治研究院院长王顺安教授主持。北京工业大学法学教授、中国预防青少年犯罪研究会顾问、北京改革和发展研究会副会长张荆教授，南通市司法局社区矫正管理局王义兵局长，河南司法警官职业学院学报编辑部、河南省学术技术带头人、河南省青少年研究所特邀研究员连春亮教授，中央司法警官学院司法人权研究中心主任贡太雷同志，嘉兴学院马聪博士，中国人民大学法学博士、北京政法职业学院颜九红教授，上海市杨浦区司法局社区矫正管理科徐琪副科长，天津工业大学法学院刑事法学研究中心主任刘晓梅教授，浙江省台州市司法局四级调研员、社区矫正管理局局长、北师大刑科院社区矫正中心兼职研究员、上海政法学院社区矫正中心兼职研究员周孟龙局长，东南大学法学院教授、博士生导师、东南大学中国犯罪预防与社会修复研究中心执行主任李川教授，安徽省检察院第五检察部王宁副主任，西南科技大学法学院副院长何显兵教授分别围绕"社区矫正法的执法难点""针对性地消除

---

[1] 该报道刊发于海德智库公众号、社区矫正宣传网公众号。

矫正对象可能重犯因素——应该从矫正方案开始""如何认知《社区矫正法》""《社区矫正法》的实施认知与反思""社区矫正适用率与'重罪重刑'刑罚结构改革""设立专业社区矫正执法官之建议""《社区矫正法》的分类矫正问题""社会力量参与社区矫正相关问题研究""贯彻实施《社区矫正法》若干问题的思考""《社区矫正法》立法亮点与适用问题""《社区矫正法》的检察监督问题""设立成年人犯罪前科消灭制度的建议——以《社区矫正法》第4条第2款为切入点"进行了演讲与分享。

北京大学法学院教授、博士生导师,以色列希伯来大学孔子学院中方院长王世洲教授进行了点评。王教授高度评价了此次论坛的价值和意义,并结合12位理论和实务专家的演讲,认为社区矫正法的完善对将来制定刑事执行法具有重要意义。王教授认为:在社区矫正来源方面,要认识到我国古代宽宥缓刑制度是我国社区矫正制度的重要来源;在制度建设方面,要着力解决谁来干、干什么、经费谁出的问题;在社会力量参与方面,经费来源不能单一依靠国家经费。同时认为应该认识到刑事执行的核心还是惩罚,只是要关注执行过程中惩罚性如何体现,学者不仅要关注执行期间不犯罪的问题,更要关注执行完毕后不想犯罪的问题。

各位实务和理论专家们围绕社区矫正法的法治意义与适用,从不同角度,或旁征博引,阐述观点,或结合工作实践,介绍经验,演讲既有理论的深度,又有实务的温度,具有很强的针对性和指导性。论坛无论从邀请的学界专家教授和实务部门领导的学术影响力、社会代表性,还是演讲的主题内容、课件形式和精彩表达,抑或涉及的社区矫正法的深度、广度和高度都达到了国内的极高水平,尤其是具有国际广泛影响的刑法学专家王世洲教授,以"第三只眼"在看社区矫正,对大会12位嘉宾演讲的内容点评得锦上添花,充分发挥了社区矫正法治论坛的学习、交流、宣传和研究的目的,亦产生对社区矫正法的普法宣传和对社区矫正工作人员培训的溢出功能与效应。

第三编

学习习近平法治思想　促进社区矫正法实施

——纪念《社区矫正法》通过一周年暨第二届社区矫正法治论坛

一、 论坛实录

王顺安教授致辞：

大家下午好，经过长时间的筹备，在各位专家教授朋友、社区矫正宣传网纪金锋主编及其团队、海德智库研究院领导的帮助和支持下，社区矫正法治论坛第二期筹办成功。

《中华人民共和国社区矫正法》于 2019 年 12 月 28 日由第十三届全国人民代表大会常务委员会第十五次会议通过，自 2020 年 7 月 1 日起施行，是我国第一部全面规范社区矫正工作的基本法律。从世界各国在此方面的法律规定来看，只有我国的《社区矫正法》才是由主权国家的最高立法机关制定，并适用于全国的基本法律，开创了刑事执行法律的先例。《社区矫正法》在完善中国特色社会主义刑事执行法律制度，推进国家治理体系和治理能力现代化发展方面发挥着重要的作用，是贯彻落实习近平总书记关于社区矫正工作重要指示的具体举措，同时也表明了中国在人权司法、建设社会主义法治体系，尤其是完善刑事执行法律体系方面的坚定决心和突出作为。在《社区矫正法》通过一周年之际，中国政法大学犯罪与司法研究中心联合海德智库社区矫正法治研究院，以及在社区矫正理论与实践部门颇具影响力的社区矫正宣传网，共同举办社区矫正法治线上论坛，以纪念中国特色的《社区矫正法》颁布一周年。

本次会议的主题是"中国特色《社区矫正法》的功能作用与价值取向"，着重介绍各地宣传贯彻《社区矫正法》的主要成果以及《社区矫正法》在实践中存在的各种问题和困惑，力所能及地通过民间智库、学术机构、社团组织对《社区矫正法》实施的现状进行第三方分析与评估，总结《社区矫正法》的优点，指出《社区矫正法》的不足，尤其是针对《社区矫正法》在实施过程中的现实问题、紧迫问题，提出有的放矢的解决方案，为《社区矫正法》这个全人类、全世界范围内率先制定的国家刑事执行基本法的健康成长作出我们的点滴贡献，对《社区矫正法》未来的修订和完善进行展望。此次活动我们邀请了社区矫正领域以及其他相关领域的专家学者、社区矫正机构工作者。其中司法部、最高人民检察院、全国人大法工委的领导专家莅临指导并将发言，我相信本次会议将获得圆满的成功，在此我向与会的嘉宾表示感谢。

我的老朋友、老领导，最高人民检察院刑事执行检察厅原厅长袁其国，现在是中国廉政法制研究会常务副会长、秘书长。他给了我很大的鼓励、支持和帮助。同时，袁厅长曾在最高人民检察院原有的监所检察机构的基础上率先提出了刑事执行检察的概念，推动了我国刑事执行检察概念的发展，推动了我国刑事执行检察理论和刑事执行法研究，并转化为刑事执行检察实践，深受理论界与实践部门的拥戴，其理论观点见诸各报刊。最高人民检察院原检察长还受全国人大常委会的邀请，在全国人大常委会上专门就刑事执行检察工作作了报告，并取得了全国人大立法机关的高度评价。此外还有老朋友，司法部社区矫正局刑罚执行处原处长，现司法部法律援助中心副主任金勇领导，及我们的法大校友，全国人大法工委刑法室，全程参与社区矫正立法工作的马曼女士。

接下来，我来简单讲一讲中国特色《社区矫正法》的功能作用和价值取向，抛砖引玉式地把点滴心得奉献给大家。

一、如何理解中国特色的《社区矫正法》

（1）全球范围内第一部由主权国家最高立法机关制定并通过的社区矫正基本法。

（2）《社区矫正法》与《监狱法》相对应且范围更宽泛，属于非监禁的刑事执行法。目前，此定位只被中国的学者和专家提出，因为刑事执行法只在俄罗斯、丹麦被用以对所有生效刑事判决、裁定、决定，包括刑罚和非刑罚方法指引活动的总规范进行概括，德国定位了刑罚执行，但现在专家学者，认为德国的也应该是刑事执行法。刑事执行法的定位是社区矫正法的发展趋势，社区矫正法属于非监禁的刑事执行法。

（3）《社区矫正法》是融公法、行政法、组织法、实体法、程序法、执行法、监督管理法和教育帮扶于一炉的综合性刑事执行法。我国社区矫正不是简单的刑事执行，而是具有中国特色的刑事执行，不只是要执行，还要注重教育人、帮扶人，让罪犯更好地再社会化，回归社会，融入社会。

（4）《社区矫正法》是贯彻宽严相济刑事政策、实现国家治理体系和治理能力现代化，健全社会主义法律体系的重要内容。社区矫正在体现了宽的同时，其刑罚执行和严格监督管理又体现了严。对于重新犯罪、发现漏罪、违反监督管理行为的社区矫正对象，可以撤销社区矫正并收监执行，可以对再犯罪的社区矫正对象进行数罪并罚。社区矫正更是体现出了社会治理体系和治理能力的现代化要求，即对罪犯进行治理，不仅要有监狱行刑矫正，还要有社会力量参与，且在罪犯居住地社区开展的行刑、管理、教育帮扶，以弥补监狱固有的不足，对轻微违法犯罪人员更好地去标签化，促使其重新做人，化消极因素为积极因素。

（5）《社区矫正法》适用于被判处管制刑、宣告缓刑、裁定假释、决定和批准暂予监外执行的对象。

（6）《社区矫正法》统一了社区矫正的管理体制，工作机制和执法队伍，目前困难很大，但法律来规定了、来确立了。

（7）《社区矫正法》突出了人权和法治精神，人权保障既体现在社区矫正四类对象的人权保障上，也体现在社区矫正工作机构及社区矫正工作人员的人权保障上，旨在推进社区矫正对象顺利融入社会。

（8）《社区矫正法》充分强调了刑事司法机关在社区矫正过程中的系统联系和衔接配合。《社区矫正法》明确规定，社区矫正工作虽然由司法行政机关主管、主抓、主负责，但这不是一项单一主体能够完成的工作，而是一项必须要有法院、检察院、公安机关、民政、教育、社会福利等多部门，尤其是党和政府来参与、来领导才能完成的系统性工作。

（9）社区矫正十分重视监督管理，并在有利于社区矫正对象的工作、学习与生活的前提下，在居住地充分利用社区资源开展教育帮扶工作。这使得我国的社区矫正工作既与国际接轨，又体现了中国特色。

（10）《社区矫正法》将党委领导、政府负责、司法行政机关主管、政法各机关联动、社会力量参与的体制机制予以法律化、规范化、制度化。这既是中国社区矫正的最大特色，也是其他国家难以模仿学习的特色。

二、社区矫正的功能作用

社区矫正的功能从法的功能而言是对人的功能，法的功能是对人的行为的规范作用，主要是指引、评价、预测、强制、教育五大方面的功能和规范性作用。法的作用主要是指法的社会作用和社会正效应，是法为实现一定目的而发挥的作用。该作用是维护社会秩序与和平，推进社会变迁，保障社会整合，控制与解决社会纠纷与矛盾，促进社会价值和目标的实现。《社区矫正法》显然具有法一般的社会作用，但同时也具备特有的宗旨性的社会功能作用，即中国社会转型，在全面建成小康社会，实现两个一百年目标之际，要化解纠纷构建和谐社会，向更高水平的平安中国、法治中国发展。

社区矫正具体有五大方面的作用：

第一，在《社区矫正法》第一章的目的、任务、原则中体现，包括以下具体章节中涉及的诸多方面的任务，如第 40 条强调社会参与，第 42 条提出了修复社会关系体现恢复性司法的理念。《社区矫正法》主要是通过非监禁性的行刑、监管、教育、矫正处遇等活动实现监督管理与教育帮扶相结合，专门机关和社会力量相结合，采取分类管理、个别化矫正来消除可能重新犯罪的因素，从而提高教育矫正质量，促进社区矫正对象顺利融入社会，帮助其成为守法公民，这是总的引领。其中《社区矫正法》第七章专门重点规定了未成年人社区矫正特别规定，正好为《未成年人保护法》《预防未成年人犯罪法》的修订提供了前提性的铺垫。昨日，全国人大常委会第十三届常委会第二十四届会议通过了《刑法修正案（十一）》草案与《预防未成年人犯罪法》（修订草案），其中有许多内容与《社区矫正法》和社区矫正工作紧密相关，尤其是将《刑法》第 17 条修改为："已满十六周岁的人犯罪，应当负刑事责任。已满十四周岁不满十六周岁的人，犯故意杀人、故意伤害致人重伤或者死亡、强奸、抢劫、贩卖毒品、放火、爆炸、投放危险物质罪的，应当负刑事责任。已满十二周岁不满十四周岁的人，犯故意杀人、故意伤害罪，致人死亡或者以特别残忍手段致人重伤造成严重残疾，情节恶劣，经最高人民检察院核准追诉的，应当负刑事责任。……"《社区矫正法》第七章的未成年人社区矫正特别规定正好与此对应。《刑法修正案（十一）》对微罪进行了大量的规范调整，其刑法适用，如第 133 条增加了一条："对行驶中的公共交通工具的驾驶人员使用暴力或者抢控驾驶操纵装置，干扰公共交通工具正常行驶，危及公共安全的，处一年以下有期徒刑、拘役或者管制，并处或者单处罚金。……"这会导致社区矫正对象的数量大幅增加。

第二，针对集中性教育和机构场所的规制，《社区矫正法》将杜绝侵犯人权、限制自由乃至剥夺自由等现象。

第三，社区矫正法对过分提惩罚和不正确适用改造理念的纠正。《社区矫正法》主要是帮助罪犯成为守法公民，让社区矫正对象顺利融入社会，主要是针对可能引起再犯的原因。

三、规范

一是由政策到法律；二是将好的社区矫正试点工作经验和做法提升为制度和法律规定；三是对程序性的问题进行了规范；四是对实体性的问题进行了规范。

四、功能作用的保障

一是组织保障；二是经费保障；三是科技保障；四是人权保障；五是职能保障；六是措施保障；七是体制保障；八是责任追究。

五、存在大量的留白

在概念的定义没下、性质没确定的前提下，《社区矫正法》使用了"社区矫正对象"这一概括性的称谓。《社区矫正法》留下了教育帮扶的具体措施方式的空白，让各省市县的同志们去创造性地探索。

总之，我们要认真地学法、遵法、守法，才能更好地发挥《社区矫正法》的功能作用与价值取向。

王顺安： 现在进入致辞和演讲环节。第一位有请我的老领导、老朋友，最高人民检察院刑事执行检察厅原厅长、中国廉政建设法法制研究会常务副会长、秘书长，袁其国老师讲话。

袁其国[1]（中国廉政法制研究会常务副会长、秘书长，最高人民检察院刑事执行检察厅原厅长）：

非常感谢王顺安教授的邀请并安排我发言。借此机会，我想讲四个方面的内容。

---

〔1〕　袁其国，中国廉政法制研究会常务副会长、秘书长，最高人民检察院刑事执行检察厅原厅长，全国检察理论专家，享受国务院特殊津贴。

一、祝贺

我代表中国廉政法制研究会对论坛的顺利召开表示衷心的祝贺。同时，作为一名刑事执行检察领域的老检察官，也非常高兴能参与到纪念《社区矫正法》颁布实施一周年这样的一个活动中来。过去，作为检察官，我是社区矫正工作的积极参与者；现在，作为中国廉政法制研究会的工作人员，我是《社区矫正法》实施的热情关注者。因为社区矫正工作的健康运行关键在于相关的职能部门，即司法行政机关、公安机关、检察机关和法院是否忠诚、干净、有担当。只有忠诚、廉洁和有担当，才能真正符合有关机关制定《社区矫正法》的初心。

二、检察监督要善于抓重点

如何充分发挥检察机关的职能作用，促进社区矫正立法的顺利实施？我认为，检察机关应当主要通过办案来实现。从社区矫正工作的特点来看，主要是对四类案件进行重点监督：一是对减刑的案件；二是对终止社区矫正案件的监督，如撤销缓刑、撤销假释，对暂予监外执行的社区矫正对象的收监执行；三是逮捕社区矫正对象的案件；四是对执行机关脱管、漏管社区矫正对象的案件。检察机关如果对以上四类案件的监督到位了，就可以体现对社区矫正工作实实在在的监督，而不是停留在纸面上，更不是停留在口头上。

三、要善于运用检察建议

检察建议作为检察监督的常用手段，被写入了《人民检察院组织法》[1]。检察建议，顾名思义，就是提出一些意见和建议。当然这种建议不是一般意义上的建议，而是以国家强制力作为后盾的。检察机关作为法律监督机关，在落实《社区矫正法》的时候，既要维护《社区矫正法》的严格执行，还要积极维护社区矫正对象的合法权益。如何维护？要依靠检察建议。

2020 年 12 月 22 日，中央电视台的《焦点访谈》栏目播放了《社区矫正的监督之眼》。该片通过三个现实案例来体现检察机关在《社区矫正法》实施中的作用：

---

〔1〕《中华人民共和国人民检察院组织法》，以下简称《人民检察院组织法》。

第一个作用是保证《社区矫正法》正确实施到位，减少脱管、漏管现象的出现。片子中的案例一：内蒙古社区矫正对象李某通过手段将手机定位签到APP"正行通"的指纹设置为其母亲的指纹，脱离了社区矫正机构的监督管理，最后被检察院发现了，内蒙古自治区人民检察院于是向自治区司法厅提出立即改正"正行通"手机APP签到方式的检察建议。现在，内蒙古全自治区已进行了相应整改，用人脸识别取代了传统的手机指纹鉴定签到技术。我认为，该技术可以在全国推广。

第二个作用是维护社区矫正对象权益。该片中的案例二：2020年是新冠疫情肆虐全球的一年，安徽省阜阳市的社区矫正对象张某在疫情暴发之后，主动请战，向社区矫正机构提出到武汉参加抗疫，并且在安徽医疗队完成任务准备撤离后，再次申请参与湖北省的抗疫工作。检察机关了解后，认为张某的行为属于立功，便主动发出检察建议，建议阜阳市司法行政机关对张某提请减刑。

第三个作用是促进发挥民营企业在国家经济战线中的作用。当下，为解决民营企业经营困难问题，我国已经采取了方方面面的措施。该片中的案例三，江苏省扬州市的社区矫正对象曹某在新疆有一些企业，他想去做一些生产经营上的安排，但按照社区矫正的有关规定及当时疫情的严峻态势，会给对其的监督管理带来诸多不便。如何既保障企业复工、复产，又保证监管落实到位？检察院提出了检察建议，派出社区矫正工作人员随曹某一同到新疆。

以上案例均体现出检察机关在社区矫正工作中是大有可为的，同时也说明社区矫正工作是一项社会工程、一项系统工作，离不开社会各界的理解和帮助。

四、对"郭某思案"的一点思考

不久前，北京市的一批司法工作人员因为"郭某思案"受到了处理。北京市监察委和北京市政法委倒查，涉及了与郭某思减刑相关的人员，教训是很深刻的。郭某思于2004年杀害了自己的同学兼女友，原判无期徒刑，实际上2004年至2019年7月共在监狱服刑15年。大量的减刑没有对郭文思发挥本有的教育作用。郭刑满释放后在超市对一个72岁的老人大打出手，导致这名老人死亡。还有一个案件，2013年，北京刑满释放人员韩某出狱后不到一年，仅仅因为停车争执，就把人家睡在童车中的一名女婴一把抓起来摔死了。这两个案件的罪犯都是刑满释放人员，都是原判无期徒刑的重刑犯，且都是经过减刑出狱的。如何防止此类事件再次发生，值得我们深思。在监狱服刑的罪犯一旦刑满释放，他们就是自由人，社会基本上会对其失去控制和监管。是不是要取消减刑？这是不可能。减刑是必需的政策。没有减刑这一激励措施，监狱就不好管理。而且，也不可能让被判无期徒刑的罪犯永远待在监狱。我认为，可以把一些极具社会危险性的重刑罪犯经减刑程序减出来的刑期改为假释期，把这些人作为社区矫正对象纳入社区矫正机构的监督范围，让这些人意识到，自己并没有完全成为自由人，并会因此收敛自己的行为。当然，这只是个人的思考，还需要进一步的研究。

再次感谢王顺安教授，感谢同志们给我这个机会，让我谈了一些不成熟的意见。

王顺安：谢谢！非常感谢老领导，讲得太好了。从四个方面讲述了《社区矫正法》的立法意义和社区矫正工作的重要性。我们从事这方面工作，要忠诚、有担当、不忘初心。在严格执法外还讲了如何发挥检察的作用，大概分为四个方面：决定、撤销、逮捕、对于脱管漏管的责任追究。其次，要善于运用检察建议，他从《焦点访谈》12月22日的三个案子来展开论述，说明了法律监督的重要意义。最后又升华到一个更高的程度，提到了我们社区矫正适用对象假释的欠缺，同时提出了他的构想。针对北京的"郭某思案""韩某案"提出不能仅仅减刑就出狱而刑满释放，而应学习类似于美国的"扇形折叠"，以便更好地对离开监狱的罪犯进行跟进性管理，避免其盲目冲动，导致摔婴儿、打老人等类似的悲剧发生，同时也摧毁了自己的人生。我认为，袁其国老厅长、老领导的这个报告非常精彩。理论联系实际，以案说法，站得高看得远，给我们上了一堂非常生动的课。感谢袁厅长。

下面有请我的老朋友，司法部社区矫正管理局刑罚执行处原处长，之前也曾在燕城监狱担任处长。他经历了不同的刑事执行，在监禁刑罚以及非监禁刑的两大领域经验丰富，做人低调，而现在的工作也与我们的社区矫正紧密相关。请到他来给我们做演讲，非常荣幸。下面有请金勇副主任来给我们做演讲。

金勇[1]（司法部法律援助中心副主任）：

各位同仁大家好，非常感谢王顺安教授和社区矫正宣传网在今日举办了

---

〔1〕 金勇，司法部法律援助中心副主任。2010年至2020年从事社区矫正工作，参与了社区矫正立法。

这么具有意义的论坛来纪念《社区矫正法》通过一周年。对于自己能够参加，能够就社区矫正谈一谈自己的看法，我感到非常荣幸。作为曾经在社区矫正领域工作较长时间的自己，看到社区矫正的当下，看到这么多的专家、同仁热心于推动社区矫正这项事业不断高质量发展，我感到非常高兴。借此机会，我就社区矫正未来的发展表达自己的看法，请各位专家和同仁予以批评指正。

一、《社区矫正法》有力地促进和保障了社区矫正的创新发展

《社区矫正法》的颁布实施，有力地促进和保障了社区矫正的创新发展，一是随着《社区矫正法》的深入贯彻实施，带动了社区矫正工作法治化、规范化的发展，如社区矫正的法律属性，原本在立法的过程中坚持刑罚执行定性，后来在立法的过程当中回避了该问题，但其执行人民法院的刑事判决是毋庸置疑的。二是《社区矫正法》严格执法、公正执法、依法办事的思想理念、行为标准，正在社区矫正工作的各个领域中不断深化和落实，不同行业参与社区矫正工作的依法行政和依法执行的规范化程度越来越高。三是社区矫正的配套制度体系越来越完善，《社区矫正法》出台之后，我国很多省市依照《社区矫正法》《社区矫正法实施办法》制定了本省市实施细则，也为社区矫正工作的衔接配合制定了专门制度。随着时间的推移、法律实施的深入，更多的专项制度也将很快出台，以指导工作实践，如关于执行地的确定问题。

随着《社区矫正法》的贯彻落实，以往社区矫正工作中的关键问题、难点问题将会逐步有所突破。一是社区矫正机构、队伍的建设问题，该问题已经得到了越来越多的重视，较以往有了突破。《社区矫正法》正式实施至今，已有不少省、市、县成立了社区矫正委员会。社区矫正委员会就如同社区矫正全面试点过程中成立的社区矫正领导小组，涉及很多部门，是将社区矫正领导小组的做法固定为法律制度，而且所能发挥的效果更好，对社区矫正的推动和发展起到了很好的作用。二是社区矫正工作机制在不同层面、不同行业更加顺畅，社区矫正各参与部门的职责更加明确，如原来的《社区矫正实施办法》因为法律位阶较低，导致实践中时常发生部门之间衔接配合不协调的问题。当下，该问题随着《社区矫正法》的实施有了很好的改善，各部门职责的履行有了制度的刚性约束，依法办事、依法履职、相互配合，共同促进社区矫正工作的开展。再如《社区矫正法》第 47 条第 1 款规定："被提请撤销缓刑、假释的社区矫正对象可能逃跑或者可能发生社会危险的，社区矫

正机构可以在提出撤销缓刑、假释建议的同时，提请人民法院决定对其予以逮捕。"该条款在很大的程度上解决了收监的关键问题，减少了因社区矫正对象逃跑而给社会造成的威胁，降低了社区矫正机构和社区矫正工作人员的工作风险，这是《社区矫正法》带来的新变化、新保障。三是《社区矫正法》为社区矫正工作的改革和发展提供了广阔空间，《社区矫正法》在 2019 年刚刚颁布的时候，学界和实务界中存在不同的声音。但是，如果我们从立法层面来看，《社区矫正法》在第十三届全国人民代表大会常务委员会第十五次会议上全票通过，是我国立法史上很少有的现象，参与社区矫正立法的部门在整个立法过程中对社区矫正逐渐形成了共识。虽然针对《社区矫正法》中的一些条款，有很多学者和实务部门认为是有所欠缺的，但当前的条款在目前这个阶段都是取得了最大共识的，是有利于维护刑罚的严肃性和权威性的，必将在执行过程中发挥良好作用。

另外，《社区矫正法》中还有很多的条款需要我们去认真研究，去开拓其中的含义。如袁其国厅长刚刚讲到的定位管理问题。定位管理的相关条款一直饱受争议，许多同仁认为其会弱化监督管理手段，无法保障社区矫正的安全。但是从《社区矫正法》的整体设计来看，其实除了定位管理外，社区矫正执行机关在严格执行时仍有相关的措施可以采取，比如 APP 在目前情况下可以很好地对社区矫正对象进行采取信息化监督。所以说，《社区矫正法》的很多条款均为社区矫正的未来发展留了空间。再举例，《社区矫正法》规定对社区矫正工作中做出贡献的组织、个人，按照国家有关规定给予表彰、奖励，2019 年与 2020 年国家部委及各省都对全国的社区矫正工作人员做出了表彰，增强了社区矫正岗位的吸引力，增强了从业人员的职业荣誉感。《社区矫正法》中类似的条款还有很多，需要我们在贯彻法、落实法的过程中去充分理解、挖掘条款中的内涵。

二、社区矫正工作面临的风险和挑战

《社区矫正法》为社区矫正机构及队伍的建设提供了法律保障，但距离普遍建立起职责明晰的社区矫正机构还有一段不小的距离，距离建立起一支专业化、职业化、规范化的社区矫正执行队伍还有一定的距离。我们要认真总结一些试点地区的探索经验，并进行推广。

《社区矫正法》中的一些好条款需要实践的不断完善，就目前情况来看，社区矫正工作的任务还很重，还需要大家共同努力、扎实推行，使其沿着法治轨道健康发展。

随着《社区矫正法》的贯彻落实，也会不断有新情况发生。如在常态化疫情防控前提下如何做好社区矫正工作？怎么样履行好监督管理职责，以确保社区矫正对象不脱管、不漏管、不发生违法犯罪行为？

三、社区矫正的未来展望

回顾《社区矫正法》颁布之前的十年，是我国社区矫正探索的十年，是立法的十年，从最初试点到扩大试点，到全面试点，再到全面推开，最后到2019年12月《社区矫正法》颁布出台。目前，我国的社区矫正已经进入了一个新的历史阶段。随着经济社会的不断发展，随着全面依法治国在不断推进，随着现代化法治国家的建设进程不断加快，社区矫正工作未来必将迎来一个高质量的发展局面。

一是在党和政府的工作布局中对社区矫正的重视程度越来越高。《社区矫正法》颁布实施以后，社区矫正委员会在很短的时间内成立，这是很少见的。而且，目前各地对社区矫正委员会的领导班子选配都是高规格的，反映出了社区矫正工作的价值。二是社区矫正在"十四五"法治建设当中的作用越来越明显。《法治社会建设实施纲要（2020-2025年）》给社区矫正提出了明确要求，提出社会治理体制机制是"党委领导、政府负责、民主协商、社会协同、公众参与、法治保障、科技支撑的社会治理体系"。由于切合社区矫正的规律，因此在法治中国建设、平安中国建设中，社区矫正工作的任务将更加具体、重要，发挥的作用也将更加明显。

作为一名原来从事过社区矫正工作的人员，我深信随着国家现代化建设的不断推进，随着大家的不断努力，社区矫正的未来将非常美好，将在新征程上大有作为。

王顺安： 好，谢谢金勇老朋友、老领导，肺腑之言啊，表明了金勇副主任对社区矫正的爱。毕竟投入了这么多年的心血，看着社区矫正从无到有，从小到大，恐怕在金勇的心中是舍不得。金勇副主任虽然不再具体从事社区矫正工作，但希望您在新的岗位上能更上一层楼，关心社区矫正。我个人觉得您今天讲得非常实在。下面到了专家演讲环节，第一位就请我的师弟，我们论坛的好朋友，著名的刑事法学专家，尤其是刑事执行专家，对社区矫正贡献颇多的李川教授。他主持的恢复性司法工作达到了很高的水准，并且有关的工作理念方法也被纳入了《社区矫正法》。[1]有请李川教授给大家演讲。

李川（东南大学教授）：

我今天的发言，更多的是起到抛砖引玉的作用，同时也希望借助此次机会进行学习，能与各位领导、专家多多交流。今天我发言的主题是"《社区矫正法》实施以后的理论和实践的可能发展"，就理论和实践两者活动互动的角度谈一下《社区矫正法》通过以后有哪些新的发展空间和机会。

《社区矫正法》颁布之前，我在江苏开展了一个有关社区矫正损害修复的试点。《社区矫正法》颁布之后，我发现其中的一些立法精神和原则，与该试点是一致的，这让我非常欣喜，一方面从立法当中受到启示，另一方面也证明了之前试点的发展方向的正确。接下来，我将结合江苏省社区矫正项目试点中的要点及个人的理解来谈。

一、《社区矫正法》对理论和实践的导向作用

《社区矫正法》可以很好地引导社区矫正回归到教育矫正和融入社会的本位，《社区矫正法》开宗明义，明确提出社区矫正的目的包含提高教育矫正质量与促进社区矫正对象顺利融入社会，虽然此内容在以前的一些文件和精神上也有提及，但远远不及在立法中体现的意义。

回顾社区矫正制度产生的原因及产生的意义，不是为了更好地惩罚和监督管理犯罪人，而是为了更好地对其进行教育矫正，更恰当地处置轻刑犯，是在发现监狱制度发挥效果不佳，发现社区矫正对象融入社会存在诸多问题的情况下才被提出的，进而由非原则做法变为制度性做法，最终进入了刑事司法的实践。这也是江苏省社区矫正损害修复项目研究追求的一个重要目标。教育矫治非常重要，但教育矫治应该要达到何种效果，发展的方向在哪，不同的人有不同的看法。

促进社区矫正对象顺利融入社会的表述，体现出了社区矫正相对于监狱

---

〔1〕 因根据发言者本人意愿，此处没有刊发全国人大常委会法治工作委员会刑法室马曼同志的发言。

矫正所具有的必不可少的功能，即不跟社会脱节、标签化少、能够使矫正对象更好地融入社会，这是进步。在更为广泛的意义上，从社区矫正未来宽阔的发展空间意义上来看，其实以后刑罚的教育矫治部分功能可以借助社区矫正得到扩展。如《刑法修正案（十一）》规定，以专门教育矫治替代对未成年犯的收容教育。专门教育矫治制度在国外是一个广义概念的社区矫正的一部分，将未成年犯放置于学校，或拘禁外的其他矫治场所，采取保安处分或教育矫治措施。很明显，社区矫正的应用面未来是可以加以扩展的，也是可以多样化的。

从世界刑罚的发展角度来看，非监禁刑是在不断发展的，形式扩充、数量增加。《社区矫正法》回归到教育矫治的本位上，可以囊括更多需要保安处分的形式，可以向刑事执行的方向更好地发展。这是第一点，意义很大，值得研究，但社区矫正对象如何实现融入社会，如何通过教育矫治实现该目标，依靠曾经一定程度上流于形式化的教育矫治是绝对不可行的。如"双八"制度就很容易流于形式化，其一旦流于形式化，就无法找准教育矫治所要达到的目标。因此，融入社会才是我们希望社区矫正对象能够达到的目标，也只有社区矫正对象融入了社会我们才能为其巩固教育的效果，才能防止其长远的再犯。《社区矫正法》不仅仅在第 1 条对此进行了规定，其他很多条款也体现了融入社会或社会关系修复的精神，如在对矫正执行地的确定方面，有一个有利于矫正对象的原则。今年江苏省司法厅的重点课题之一就是研究社区矫正对象融入社会的机制。

二、是否要在《社区矫正法》中明确惩罚表述

当下，理论界与学术界存在一些争论，即社区矫正作为刑事执行方式是不是应该具有一定惩罚性？《社区矫正法》中是否应该出现惩罚性的表述？《社区矫正法》规定了两个大的核心任务：一是监督管理，二是教育帮扶。其相较于曾经的三大任务更为明确，明确地把教育和帮扶有机结合在一起。在监督管理这一块，个人理解，监督管理存在一定的维护刑事执行的惩罚性，社区矫正限制了社区矫正对象的人身权利，一方面是出于安全考虑，另一方面则带有一定的惩罚考虑。但是，针对社区矫正所带有的惩罚考虑是否需要在《社区矫正法》中明确，我认为不需要特别地予以再强调，毕竟将监督管理强调与落实，惩罚功能其实已经实现了，刑事执行的惩罚已经得到了有效

保障。对于监督管理到底怎么更好地体现出惩戒色彩，我们必须听取实务界的声音。我在长期的社区矫正实践调研中发现，基层往往对如何在实践中对社区矫正对象进行震慑，让其意识到社区矫正带有惩罚性的特征十分困惑。就此，我们想了很多办法，如社区矫正入矫仪式化，在庄严的入矫氛围中让社区矫正对象明晰自身犯罪人的身份，处于受惩罚的状态，人身自由已被限制。监督管理是在实现惩罚效果，虽然说教育矫治是本位，但社区矫正作为一个刑事领域的制度，该有的惩罚功能，即便是有限的惩罚功能，还是要发挥出来的。

三、对社区矫正对象的权利保障

基层经常会因为理解不深导致产生一种误解，即错误认为《社区矫正法》更多地强调了对社区矫正对象的权利保障，或者说是更严格的权利保障措施，是对社区矫正工作有一定的限制，限缩了社区矫正日常工作的手脚。这是两极化的思维，一个多另一个便少，权利大权力便小。回到社区矫正立法的出发点，我们都知道立法是有一定的层级的。无论是宪法还是刑事基本法，都强调了要保障个人的权利，不论是不是犯罪人都要保障其基本权利。因此，《社区矫正法》出台之前，其实社区矫正对象的权利保障就已经蕴含，不能说因为《社区矫正法》的出台，做了一些更明确的规定，权利保障就变得更重要了。例如，《社区矫正法》对定位装置的严格使用作出了规定，很多人说这个规定会让以前很多的试点探索变得举步维艰，由常规使用变为非常态化的使用，很多实务工作者将不知道该怎么面对这样的情况。其实，如果我们仔细考量《社区矫正法》如此规定的目的，就会发现其只是一种对权利的保障，是人权保障的一种界限。我们都知道定位装置涉及个人信息权，全球定位系统（GPS）信息是一种个人信息。无论是《民法典》还是未来要出台的《个人信息保护法》，都会把 GPS 作为非常重要的信息，虽然法律上允许刑罚执行机关掌握这种信息，但也要遵循必要性、知情同意等原则。我认为，这是在寻求立法的协调一致，使《社区矫正法》与个人信息保护立法和规定相统一。

四、个人权利保护方面值得关注

在个人权利保护方面，我国的《社区矫正法》规定得比较简单。横向观察国外各种形式的法，从严格限制人身自由的居家矫正到非常宽泛限制地域的矫正，各种形式所限制人身自由的范围大小是不一样的。但是，我们的《社区矫正法》受限于刑事基本法的规定，没办法像国外那样根据人身危险性——扩展。《社区矫正法》并没有在这个方面做太多的规定，尤其是当前刑事基本法的控制之下，可能会导致实务部门在进行实践和试点时要非常谨慎、非常困难，担心违反相关的法律规定。比如说，国外的中途之家晚上不能离开十分普遍，在我国就非常难以见到。未来的立法和司法怎么协调这个问题，需要我们在理论和实践上进行努力。

王顺安：江苏省是我国社区矫正工作开展得最早，也是工作最扎实的省份。江苏省的社区矫正模式在国家的很多文件包括这次《社区矫正法》中都有很好的体现。现在有请江苏省社区矫正工作管理局的沈叶波副局长给大家演讲，欢迎您。

沈叶波[1][江苏省司法厅社区矫正管理局（社区矫正管理总队）副局长]：

各位领导、专家、嘉宾下午好，很荣幸能够参加为纪念《社区矫正法》通过一周年而举办的社区矫正法治论坛，也感谢三家主办单位为江苏省社区矫正宣传工作提供了难得的平台。刚刚王顺安教授褒奖了我们江苏省的社区矫正工作，感谢的同时我也深知我们还有进一步提升的空间。我本人作为省级机构的社区矫正执行者、实践者，将围绕论坛的主题进行发言，题目是"社区矫正制度的先行和规范"，主要是介绍江苏省在《社区矫正法》实施背景下进行的社区矫正工作制度修订和完善等方面的工作。

一、江苏省社区矫正工作情况

江苏省作为2003年的全国社区矫正试点省份之一，最早批次启动社区矫正工作，其发展历程和全国发展相对同步。江苏省是东部沿海省份，共有13个地级市，近100个被纳入考核的县（市、区），自全面推开社区矫正工作

---

〔1〕 沈叶波，江苏省司法厅社区矫正管理局（社区矫正管理总队）副局长，多年从事社区矫正工作，具有系统的理论知识和丰富的实践经验，近年来，代表江苏省社区矫正实务部门，参与了司法部"智慧矫正"相关标准制订；对《社区矫正法》《社区矫正法实施办法》等出台，提出了诸多有建设性的意见和建议。

后，社区矫正对象数量处全国前列，目前累计接收社区矫正对象 45 万人，解矫 41 万人，截至 11 月底，在册社区矫正对象 35 200 多人。今年，江苏省的社区矫正工作可以总结为五个关键词，"规范执法、分类管控、精准矫治、损害修复、智慧矫正"。

二、江苏省社区矫正工作制度的发展及建立情况

2012 年《社区矫正实施办法》出台后，江苏省的配套制度是"一个流程，两个办法"。

一个流程是江苏省的社区矫正工作流程。在此流程之下，有《江苏的社区矫正对象监督管理办法》。该办法对照《社区矫正实施办法》细化了管理和执行方面的制度，由江苏省"两院两厅"签订，体现社区矫正监督管理是公检法司共同进行。

两个办法之一是《社区矫正对象教育矫正办法》，由江苏省司法厅出台，该办法共由 7 章 21 条组成，涉及教育学习、心理矫正、社区服务、适应性帮扶与未成年社区矫正对象矫正。通过《社区矫正法》的调整，社区矫正三大任务变为监督管理和教育帮扶两大任务，这个办法要做相应的调整和完善。之二是 2014 年出台的《江苏省社区矫正工作条例》，该条例推动了江苏省的社区矫正机构和人财物的保障。

为助力国家治理体系和治理能力现代化，2014 年底，江苏省社区矫正工作推出了三个清单，包括刑罚执行权力清单、社区矫正工作的责任清单、社区矫正对象的义务清单，明晰了设区市、县级司法局、基层司法所各级所需承担的工作职责，提供了工作指导依据。从三个清单转化到各项社区矫正业务模块，江苏省于 2017 年底制定出台了《江苏省社区矫正工作标准》，由 38 项工作规范组成，其中监督管理类 30 项、矫正帮扶类 5 项、基础保障类 3 项。

在《社区矫正法》出台之前，江苏省为贯彻落实《社区矫正实施办法》制定提出了一个流程、两个办法、社区矫正工作条例，权力清单，工作规范工作标准。在《社区矫正法》通过之后，江苏省面临着修订完善社区矫正工作制度的问题。工作实施细则是对《社区矫正法》和《社区矫正法实施办法》进一步的细化，让基层一线的社区矫正机构、工作人员有一个具体的、指导性的工作规范。江苏省在修订完善社区矫正工作制度时，立足于三个原则：第一，更新、贯彻工作理念一定要紧密联系法律的执行，理论和实践切

实结合，为便利工作人员的执行提供相应的具体条文。不脱离《社区矫正法》及《社区矫正法实施办法》的内容，《社区矫正法》及《社区矫正法实施办法》规范了公、检、法等部门的权责、履行，如《社区矫正法实施办法》从第 6 条至第 10 条，对公、检、法、司、社区矫正机构、受委托的司法所的职责都进行了具体规定，强调协作配合，同时强调分类管理、因人施教、个别化矫正。如取消"双八"的规定，注重社会力量参与。我们必须将这些内容落实、落细、落地到工作中。第二，体现江苏省社区矫正制度的延续性。社区矫正制度必须保证基层一线社区矫正机构的工作延续，这就需要制度的延续。一直以来，江苏省工作标准、工作规范被执行得最为规范，我们要在这个基础上进行调整、完善。第三，体现实用性和可操作性，江苏省既要严格落实上级的部署要求，落实法律的规范，又要通过制度的修订和完善将法律规定和政策要求落实到具体实践工作中。江苏省社区矫正工作制度的修改贯彻了《社区矫正法》。如该法第 2 条第 2 款："对社区矫正对象的监督管理、教育帮扶等活动，适用本法。"江苏省一直紧扣"监督管理"和"教育帮扶"八个字。《社区矫正法实施办法》第 32 条第 1 款规定："社区矫正机构应当根据有关法律法规、部门规章和其他规范性文件，建立内容全面、程序合理、易于操作的社区矫正对象考核奖惩制度。"江苏省以此为思路修正完善社区矫正制度，在监督管理方面对原来的工作规范进行调整，将原有工作规范的 38 项规定修改为 32 项，明确体现了主体、内容、职责、程序，包括报告、会客、请假，也包括提请刑事执行变更方面的程序，且其中既体现了法律的权威、严肃，又体现了刑事执行的惩罚性质。在教育矫正方面，刚刚有专家提到现在的教育矫正和公益性活动没有强制性的问题。作为实务工作者，我认为，教育矫正是必要、应当的，《社区矫正法实施办法》也明确提出要根据社区矫正对象的特长开展公益活动。因此，江苏省正在考虑制定《江苏省社区矫正教育帮扶工作指引》，名称中的"指引"体现出了与监督管理的不同，内容中会体现出江苏省正在进行的损害修复理念，并在该指引的基础上制定了《江苏省社区矫正损害修复工作指引》，形成了一个在教育帮扶方面的体例、体系，以供基层一线工作人员使用。在考核奖惩方面，江苏省正在制定《江苏省社区矫正对象考核管理办法》，且已经在部分县市区实行。

　　江苏省社区矫正制度的修正和完善，很好地体现了《社区矫正法》和《社区矫正法实施办法》的内容和精神。在此我要谈一本书，是理论界和实务界共同参与编写的《社区矫正导论》。该书对实践有一定的指导意义。如将教育矫正分为入矫教育、常规教育、解矫教育，在入矫教育里规定了认罪悔罪、身份意识、权利义务、行为规范，既体现了教育的内容，也体现了惩罚的内容；在常规教育中包含了形势政策、法制道德、文化技能培训、公益活动教育、心理矫治；在解矫教育里规定了总结指导教育、安置帮教指导教育。

三、江苏省损害修复工作的开展

江苏省损害修复的工作得到了李川教授、王顺安教授等专家的指导，这项工作与恢复性司法紧密联系在一起，核心是社区矫正作为刑事执行的重要组成，既要惩罚违法犯罪人，矫正其犯罪心理和行为恶习，同时也应注重修复被犯罪行为损害的社会关系。根据犯罪的危害属性，损害修复人为四类对象，即社区矫正对象、受害人、受害社区、受损害的社会关系，融入了教育刑理念和恢复性司法理念。今年，江苏省开展了深化提升年活动，提升了损害修复工作。损害修复工作是江苏省的特色，特别是在教育矫正方面与教育帮扶方面，损害修复工作的内容既有教育帮扶，又有监督管理，同时还关注受害人、受害社区。

习总书记在视察江苏的时候，对江苏的整体工作提出了"争当表率，争做示范，走在前列"的要求，我想这也是我们江苏省社区矫正工作的应有之义，谢谢大家。

王顺安：感谢江苏省社区矫正工作管理局沈叶波副局长的精彩演讲，向我们介绍了江苏省的先进经验和做法。江苏省在全国一直走在前列，有很强的示范意义。下面我们有请甘肃省司法厅社区矫正管理局李建成局长介绍甘肃省的实践情况。

李建成[1]（甘肃省司法厅社区矫正管理局局长）：
今天我发言的主题是"《社区矫正法》实施中的难点问题探究"。

―――――――――

〔1〕 李建成，甘肃省司法厅社区矫正管理局局长，坚持用法治方式破解社会治理难题，其起草的甘肃司法行政系统刑罚执行一体化制度、"三调联动"制度、人民调解司法确认制度等经验做法在全国推广。参与全国司法行政系统理论研究规划课题研究，主编《人民调解理论与实务》，合编《甘肃社区矫正监督管理教育读本》，在国家级和省级报刊刊登 50 余篇文章。

一、深入贯彻落实《社区矫正法》

（1）提高政治站位，迅速安排部署。一是省司法厅召开专题会议，研究深化《社区矫正法》学习贯彻的方案。二是迅速向省委省政府汇报，并组织和动员社区矫正参与部门全面学习宣传、贯彻落实《社区矫正法》。三是在全省社区矫正委员会上深入学习领会唐一军部长在电视电话会议上的重要讲话精神，准确理解和把握《社区矫正法》的立法精神、总体要求、结构内容、目标任务、制度亮点等。四是将学习宣传贯彻实施《社区矫正法》列为今年司法行政系统的重点工作任务。

（2）加大宣传力度，创新宣传形式。一是充分利用传统媒体和新媒体，开展多种形式学习宣传活动。在甘肃司法网、甘肃丝路法雨、甘肃法制报宣传平台推送学习内容，开展网上《社区矫正法》知识竞答活动，活动访问488 801人次，共172 298人参与答题，在全省持续形成了学习宣传热潮。二是指导各地通过发放宣传海报及手册、印制宣传图片、悬挂宣传标语等多种形式开展宣传活动。通过组织开展"守初心、担使命、明职责、当先锋暨学习宣传《社区矫正法》主题党日"等主题宣传活动，提高社区矫正工作在群众中的知晓度，引导社会各界关心、支持社区矫正工作，推动我省社区矫正工作健康发展。三是在甘肃政法大学设立社区矫正研究中心，为推动我省社区矫正制度的发展与完善提供理论基础，加强我省社区矫正理论与实务的研究和探讨，为我省社区矫正的科研、教学、培训搭建了专业学术平台。

（3）加强横向联动，形成工作合力。一是设立甘肃省社区矫正委员会。进一步建立健全我省社区矫正工作机构设置，加强与有关部门的衔接配合，依法加强社区矫正机构和委员会建设，推进社区矫正高素质队伍建设，积极组织和引导社会力量广泛参与社区矫正工作，推进全省社区矫正工作跨越式发展。二是定期召开联席研判会议。定期组织相关部门及市（州）司法局相关工作人员召开分析研判会议，全面排查工作中存在的安全隐患，分析解决遇到的难题重点，形成工作合力，进一步强化对社区矫正对象的监督管理，推进社区矫正规范化建设，确保全省社区矫正安全、稳定。三是做好信息对接。充分发挥社区矫正信息平台功能作用，加强与法院、检察院、公安等部门的协调机制，完成与法院、检察院信息的对接试点工作，完善硬件配备和软件研发，实现刑事司法信息共享。

（4）强化工作保障，全力推进落实。一是强化领导机制建设。督导市县两级提升沟通协调和请示汇报力度，加快设立各级社区矫正委员会进度。二是强化工作力量配备。针对社区矫正基层工作力量薄弱问题，主动加强与省级相关部门的沟通对接，争取编制部门支持，专门充实基层社区矫正机构。三是强化执法装备配置。加大资金支持力度，争取专项资金，在落实每名社区矫正对象800元监管补助经费的基础上，为86个县区社区矫正中心、1378个司法所购置了实时社区矫正执法记录仪、660部4G电子定位装置，不断推动智慧矫正建设。四是强化政策支持。省司法厅成立了3个调研组，采取实地调研方式，深入全省14个市（州）、86个县（市、区）开展调研，广泛听取意见建议，全面摸清全省各地社区矫正工作实情，找准瓶颈障碍，坚持问题导向，提出对策建议，形成高质量的调研报告。

二、《甘肃省社区矫正工作细则》重点条款

《甘肃省社区矫正工作细则》共由10章107条组成，第一章为总则，第二章为调查评估，第三章为交付执行，第四章为监督管理，第五章为教育帮扶，第六章为审批事项，第七章为考核奖惩，第八章为解除和终止，第九章为保障和监督，第十章为附则。

三、《社区矫正法》实施中遇到的难点问题

《社区矫正法》是我国乃至世界上第一部由主权国家立法机关制定的社区矫正专门立法，凸显了中央对社区矫正工作的高度重视：其意义十分重大：一是社区矫正具有了真正意义上的法律依据；二是明确了社区矫正工作的基本属性和工作目标；三是明确了社区矫正工作的领导体制和工作机制；四是明确了社区矫正机构的法律地位及法律责任；五是明确了社区矫正工作的主要任务和执行程序；六是明确了社区矫正工作的专业要求和保障制度，但其在理论与实践方面仍存在运行机制不完善、工作制度不健全、工作保障不到位、执法标准不一致、执法理念有偏差五个方面问题和困难，亟待得到有效解决。

四、贯彻落实《社区矫正法》的具体措施

（1）深入学习宣传贯彻《社区矫正法》。严格落实责任，按照"谁执法，

谁普法"的原则,认真落实普法主体责任;营造浓厚氛围,全方位开展《社区矫正法》学习宣传活动,营造全社会理解、支持、积极参与社区矫正工作的浓厚氛围;强化作风转变,坚持问题导向,改进工作作风,注重调查研究,认真收集、汇总《社区矫正法》实施中发现的问题,及时解决社区矫正工作中存在的短板。

(2)依法健全完善社区矫正工作体制机制。依法设立社区矫正委员会,进一步加强社区矫正机构建设,不断促进部门协作机制建设。

(3)依法加强社区矫正监管教育。进一步加强分类管理,实现精准监管;进一步做细教育帮扶,实现精准教育;进一步严格执法,依法规范执法行为。

(4)切实维护社区矫正安全稳定。强化社区矫正重大风险的分析研判;强化社区矫正常态化疫情防控工作;强化做好社区矫正安全隐患排查工作。

(5)大力推进"智慧矫正"建设。进一步加强社区矫正经费保障;进一步加强智慧矫正中心建设;进一步加快推进与法院等部门信息联网共享。

王顺安:感谢李建成局长的精彩演讲,他向我们详细介绍了甘肃省的实践情况。甘肃省是西部地区省份,它的自然环境、经济社会发展水平和东部地区有很大的差异。所以甘肃省的实践经验对于我们探索西部地区、边疆地区的社区矫正如何更好地开展有非常重要的积极意义。下面我们有请安徽省合肥市包河区司法局局长、党组书记李远波局长介绍安徽的实践情况。

李远波[1](安徽省合肥市包河区司法局局长、党组书记):尊敬的各位嘉宾、各位同仁大家好,王顺安教授在我国《社区矫正法》颁布一周年之际,为我们搭建了学习交流的平台。这次论坛的13位座谈嘉宾,只有我是来自基层,我们是社区矫正任务落实的具体承担人。在此,我想结合我们的具体工作实际,向大家作简要汇报,发言的题目是"实践创新强动力,稳中求进促发展——包河区社区矫正工作情况汇报"。

合肥市包河区濒巢湖,通长江,襟五河,区域面积为340平方公里,是

---

〔1〕李远波,现任合肥市包河区司法局局长、党组书记,合肥市包河区法学会常务副会长,近年来在《安徽法治》《合肥政法》等地方政法刊物上发表了《关于试点社会组织参与社区矫正工作的若干思考》《夯实基础,强化措施,扎实开展社区矫正工作》《完善基层社会治理,促进法治包河建设》《国家治理法治化与央地新型关系构建》等多篇文章。

合肥建设发展的前沿阵地和核心区域。包河区下辖 9 个街道，2 个镇，2 个街道级大社区，57 个社区，38 个村，总人口 142 万人，是全市面积和人口第一大区，也是安徽综合实力"第一强区"。

一、包河区社区矫正工作基本情况

自 2007 年开展社区矫正工作以来，包河区始终坚持以提高罪犯矫正质量为核心，以人性化管理为重点，创新作为，扎实开展社区矫正工作。2014 年区司法局荣获全省社区矫正工作成绩突出单位称号，2015 年包河区荣获全省社区矫正工作示范区称号，2018 年区司法局荣获全省社区矫正安全稳定先进集体称号，2019 年区司法局荣获全国司法行政系统特赦实施工作突出贡献单位称号。

截至目前，全区已累计接收社区矫正对象 3771 人，累计解除 3265 人。现有在册社区矫正对象有 507 人，其中缓刑 495 人，假释 8 人，暂予监外执行 4 人，开展社区影响评估 88 人，警告 14 人次，训诫 9 人次，提请撤缓收监 2 人，所有社区矫正对象全部建立了纸质档案和电子档案，没有发生一例社区矫正对象脱管、漏管事件。

2013 年 9 月，包河区社区矫正中心正式成立，率先在全市建成了集教育矫正、监督管理、帮困扶助等多种功能于一体的新型社区矫正工作平台。矫正中心建筑面积约为 700 平方米，配备了 6 名工作人员，其中公务员 2 名（含监狱挂职民警 1 名），司法行政辅助人员 4 名。按照实战需要，共设置报到登记大厅、宣告室、信息采集室等"一厅一中心十四室"。新中心的建成为构建科学化、专业化的社区矫正工作新模式，推动社区矫正工作规范化、法治化奠定了基础。

二、包河区社区矫正工作的特色、亮点

1. 信息化与智慧矫正中心建设

（1）网上监管。我们采取手机定位、电子腕带、视频点名系统等方式，对全区所有在册社区矫正对象进行实时监管。

（2）网上教育。与合肥心理咨询师协会共同开发了社区矫正微课程，通过微课程的设立，可以掌握矫正对象的学习情况、学习心得。

2. 社会组织参与社区矫正

近年来，监外执行罪犯人数越来越多，监管责任要求越来越严格，监管任务越来越重，为解决监管力量不足的问题，我区积极引进社会组织参与社区矫正工作。包河区是合肥市首批社会组织参与社区矫正工作试点区，自2014年4月引入包河区人文社会服务中心首家社会组织参与望湖司法所的社区矫正工作以来，在一定程度上缓解了社区矫正工作人员人手不足、专业力量薄弱、帮教方式单一、心理矫治效果不明显等问题，达到了刚性执法与柔性管理的结合，促使社区矫正对象树立了正确的人生观和价值观，建立了积极向上的人生态度。为了帮助女性社区矫正对象和青少年社区矫正对象修复性格缺陷，树立生活信心和勇气，包河区司法局与合肥经开区淮生社会工作服务中心"牵手"，连续几年通过政府购买社会服务的方式，开展了"启梦行动""伙伴同行""点亮心灯，三分教育"等社区矫正服务项目。特别是"点亮心灯、三分教育"项目，得到了司法部时任副部长刘振宇的肯定，并在《法制日报》头版刊登，被誉为"包河模式"。

3. 教育帮扶方面

（1）传统国学教育。在对社区矫正对象的教育矫治方面，我们不断创新方法，力求取得实效。自2016年起，连续4年，包河区司法局与包河区人文社会服务中心共同举办了全区社区矫正工作新春汇报演出，参与者均是社区矫正对象，节目均由他们自编、自导、自演。通过汇报演出，创新了教育改造方式，丰富了社区矫正对象精神文化生活，树立了社区矫正对象良好的服刑心态，让他们更加重视社区矫正，增强服刑意识，杜绝了违法犯罪活动的再发生。这样的教育方式在全省社区矫正工作中乃是首创，得到了各级机关的一致好评。

（2）心理咨询教育。建立了心理咨询师团队（3个心理咨询机构、10名心理咨询师），制定了心理咨询量表，开展了入矫心理测评。对特殊类型的社区矫正对象，开展专题心理矫正。2017年7月，我们与安徽医科大学心理学系合作，在社区矫正中心设立心理咨询室和宣泄室，采取"专兼结合，分类矫治"的方法，综合运用心理教育、心理辅导、心理治疗、行为训练等专业化手段，对社区矫正对象的心理状况和社会适应能力进行教育和疏导，帮助他们调节不良情绪，克服心理障碍。目前正在开展的是"物质依赖症——酒成瘾的心理筛查和治疗"项目。通过心理矫正，以期最终达到使社区矫正对象自觉适应社会、融入社会，回报社会的目的。

（3）在帮扶社区矫正对象方面，我区自2015年以来，将符合最低生活保障条件的社区矫正对象纳入城市最低生活保障范围，为有需求的社区矫正对象提供技能培训和就业指导。近年来，我区协调人社、民政等相关部门为4名生活困难和有重大疾病的社区矫正对象办理了低保。2015年以来，区政府对全区近90户困难社区矫正对象家庭进行了困难帮扶，送去帮扶慰问金累计72 000元。值得一提的是，包河区的社区矫正社工们还针对在日常走访时发现的一些困难社区矫正对象，自发捐款、捐物，对他们进行帮困扶助，用实际行动感化社区矫正对象，让社区矫正对象从心接受矫正，顺利融入社会。社区矫正对象积极参与社会组织开展的"冬日暖阳"送温暖活动，自2014年以来，596名社区矫正对象为困难居民、村民送去慰问金468 979元。今年疫情防控期间，社区矫正对象累积捐款、捐物440多万元，并且参与了社区卡点值班、志愿者服务。

三、包河区社区矫正工作存在的主要问题

（1）社区矫正工作人员严重不足。区一级社区矫正中心，也就是社区矫正科，共有6名工作人员，其中公务员2名（含一名省厅下派的监狱挂职民警），司法行政辅助人员4名（政府购买公共服务岗位），但在乡镇、街道司法所，却只有1名同志负责社区矫正工作。而且，根据《社区矫正法》的规定，县级社区矫正机构与乡镇、街道司法所的工作关系是委托与被委托的关系，因此乡镇、街道矫正工作人员严重不足，严重影响到了全区社区矫正工作的质量和效果。

（2）社区矫正工作协调联动不够。主要是指社区矫正工作委员会成员单位之间协调联动不够，尤其是与法院、公安机关的联动不够。主要表现在：一是法院擅自向矫正对象透露社区影响调查评估结果，导致社区矫正对象到矫正中心吵闹。二是公安派出所民警对《社区矫正法》不是很熟悉，譬如社区矫正对象被采取治安拘留或刑事拘留等措施后，公安派出所不能及时通知社区矫正机构，导致社区矫正机构信息滞后。

（3）乡镇、街道主要领导和分管领导对社区矫正工作的重视不够。例如，矫正工作人员配备不到位，随意抽调司法所矫正工作人员等，而且《社区矫正法》针对矫正机构与司法所的矫正工作关系的规定，更加导致乡镇、街道

对社区矫正工作重视不够。

四、下一步工作的着力点

在今后的工作中，我们将认真贯彻落实《社区矫正法》和《社区矫正法实施办法》和《安徽省社区矫正工作实施细则》，认真履行监督管理、教育帮扶两大根本任务，广泛听取社会各界的意见与建议，以问题为导向，以创新为动力，以科学制定并扎实落实社区矫正个体方案为抓手，以每个社区矫正对象顺利融入社会为目标，深入推进《社区矫正法》落地见效，努力为社会持续不断输出"合格产品""放心产品"，实现社区矫正制度法律效果、政治效果和社会效果的有机统一。为此，我们将充分发挥社会组织的作用，尤其是发挥他们在社区矫正方案制定和落实方面的专业作用，扎扎实实做好每一个矫正方案，促进社区矫正对象顺利融入社会。

王顺安：感谢李局长的精彩演讲。安徽省的社区矫正工作特色明显，在机构和队伍建设上一直给予重视并扎实推进，在落实社区矫正法上，我们可以看到，他们确实用了不少心。相信安徽省的社区矫正工作一定会取得更大的进步。下面我们有请安徽的另外一位同志，安徽省人民检察院第五检察部副主任王宁检察官，给我们介绍检察机关在社区矫正中的地位和作用，尤其是如何贯彻《社区矫正法》，欢迎王宁检察官。

王宁（安徽省人民检察院第五检察部副主任）：

2019 年 12 月 28 日，注定是一个极不平凡的日子。这一天，十三届全国人大常委会十五次会议全票通过了《社区矫正法》。《社区矫正法》的颁布实施，为社区矫正工作在法治轨道上的良性、健康发展提供了基本规范。《社区矫正法》的制定，既是国家对社区矫正工作专门立法的迫切需要，更是新时代深入推进全面依法治国，实现国家社会治理体系和治理能力现代化的重要实践。《社区矫正法》贯彻实施一年来，社区矫正工作的规范化程度越来越高，专业化开展越来越具有针对性，社区矫正的监督管理和教育帮扶越来越丰富实用，为保障刑事判决、刑事裁定和暂予监外执行决定的正确执行，提高教育矫正质量，促进社区矫正对象顺利融入社会发挥了积极作用。《社区矫正法》确定了对社区矫正对象实行分类管理、个别化矫正的原则，如何在实践中做到分类管理、个别化矫正，我们认为是一个难题，值得研究探讨。

从宽严相济刑事政策和认罪认罚从宽制度的适用来看，对社区矫正对象实行分类管理是顺应国家刑事政策改革发展的迫切需要。认罪认罚从宽制度是修改后的刑事诉讼法确立的一项重要制度，是在立法和司法领域推进国家治理体系和治理能力现代化的重大举措。因适用认罪认罚从宽制度被判处缓刑进行社区矫正的人员呈上升趋势。2019 年 12 月 24 日，最高人民检察院召开新闻发布会，通报检察机关适用认罪认罚从宽制度情况。最高人民检察院党组成员、副检察长陈国庆介绍：2019 年以来，认罪认罚从宽制度适用率逐步提升，宽严相济刑事政策得到了充分体现。2019 年 1 至 9 月，认罪认罚案件不起诉处理的占 9.1%，免予刑事处罚的占 1.3%，判处缓刑的占 36.6%，判处管制、单处附加刑的占 2.1%，非羁押强制措施和非监禁刑适用比例进一步提高。随着认罪认罚从宽制度适用范围的不断扩大，今后将有更多的轻缓犯、偶犯、少年犯等因适用该项制度而被实行社区矫正。

从社区矫正的司法实践和存量数据看，对社区矫正群体实行分类管理是完善社会治安防控体系，构建基层社会治理新格局的迫切需要。依据司法部公布的官方数据，从 2003 年开始试点到 2019 年 6 月，全国累计接收社区矫正对象 431 万人，累计解除矫正 361 万人，在册社区矫正对象 70 万人。可以说，这是一个不断扩大的特殊社会管控群体。对社区矫正对象群体实行分类管理、个别化矫正，将有助于提高教育矫正质量，促使社区矫正取得预期效果。

结合司法实践，本人将从社区矫正对象外出请假管理这项具体条款的适用来谈谈社区矫正对象的分类管理、个别化矫正问题。

为深入贯彻党中央毫不动摇巩固和发展公有制经济、毫不动摇鼓励支持引导非公有制经济发展的部署，落实高检院党组平等保护民营经济合法权益的要求，2019 年 11 月 28 日上海、江苏、浙江、安徽等四省市检察、司法行政机关针对涉民营企业社区矫正对象请假难等影响企业发展的问题，共同签署了《沪苏浙皖社区服刑人员外出管理办法（试行）》。一年来，安徽省各级检察机关认真贯彻执行该项工作制度，坚持履职尽责，服务战略大局，积极探索解决规范社区矫正对象监管和依法保障经济社会发展的矛盾，努力将社区矫正对象监督管理融入推进长三角更高质量一体化发展，服务企业复工复产。

一、提高政治站位，充分发挥探索创新社区矫正对象管控新举措对助推长三角一体化高质量发展的积极作用

部署长三角地区发展是党中央确定的国家战略。随着长三角区域一体化发展规划的逐步实施，沪苏浙皖一体化不断推进，走出去更加便捷，更增进了长三角地区内部之间的交流，促进了劳动力、资本、技术的融合。从安徽省情看，安徽省是农业人口大省，也是人口流出大省，每年都有大量的劳动力资源向上海、江苏、浙江等省流动，劳务输出的态势将会长期存在。从社区矫正工作实际看，随着刑罚轻缓化和认罪认罚从宽制度的适用，判处缓刑、裁定假释等适用社区矫正的社区矫正对象不断增多，社区矫正对象群体的就业需求和相关涉民营企业的发展生存压力持续存在。为解决面临的难题，沪苏浙皖等四省市检察、司法行政机关积极制定《沪苏浙皖社区服刑人员外出请假外出管理办法（试行）》（以下简称《外出管理办法》），突破了2012年"两高两部"制定的《社区矫正实施办法》关于社区矫正对象"只有就医、家庭重大变故等原因，才可以请假外出"的规定，探索创新扩大社区矫正对象的活动范围，列举规定外出请假的具体情形，有效保障了社区矫正对象正常的工作、生活需要，切实发挥了检察机关依法保障经济社会发展、营造良好法治环境的积极作用。

二、加大执行力度，确保社区矫正对象外出管理制度落实、落细、落到位

一是加强学习领会制度内涵。各级检察机关会同司法行政机关开展教育学习，向社区矫正对象解读《外出管理办法》的有关内容。为减少新冠疫情常态化的条件下对企业复工、复产的不利影响，有些地方检察院会同司法局召开了保障民营企业社区矫正对象合法权益座谈会，解读《外出管理办法》《社区矫正法》等有关规定，鼓励社区矫正对象放下思想包袱，规范办理外出请假手续，努力使生产经营活动不受影响。二是以联席会议促制度执行。各地利用联席会议通报《外出管理办法》执行情况，并学习借鉴各地对社区矫正对象外出期间开展实时监督管理的有益经验和做法。三是列入社区矫正巡回检察重点内容。借鉴监狱巡回检察的有益经验，探索社区矫正巡回检察，以巡回检察推进社区矫正对象外出请假管理制度落实执行。四是探索建立社区矫正对象外出请假快速便捷办理机制。探索借助微信申请、网上办理等信

息化手段促进请假外出审批程序快速高效办理。五是探索建立社区矫正对象外出同城托管机制。执行地社区矫正机构通过与托管地采取"一月一通报"方式，每月共享动态管控信息，并及时向检察机关通报管控情况。

三、增强监督实效，确保社区矫正对象外出管理工作的法治化、规范化发展

全省检察机关坚持"双赢多赢共赢""在办案中监督、在监督中办案"的新时代检察新理念，不断适应法治中国建设、国家治理体系和治理能力现代化的要求，坚持服务保障"六保""六稳"、服务民营经济等中心工作，切实在社区矫正监督履职尽责上下功夫，努力提升社区矫正监督实效。

坚持把"强监督"与服务保障民营企业健康发展紧密结合起来。以保障民营经济发展为主线，从一个个社区矫正对象的具体管理入手，以点带面，务实创新。

坚持把"强监督"与社区矫正对象外出请假管理规范化开展紧密结合起来。放开社区矫正对象外出管理，不等于放松管理。各级检察机关坚持以依法监督保障该项工作法治化、规范化开展，切实维护非监禁刑事执行的严肃性。各地检察机关从重点管控对象请假、经常外出请假、长时间请假、请销假程序、档案管理等方面加强对社区矫正对象外出请假的管理。外出期间，通过微信视频、定位手机等信息化核查方式，了解掌握其生活及思想动态。

坚持把"强监督"与对未成年社区矫正对象的关爱保护紧密结合起来。对初犯、偶犯未成年社区矫正对象，更加注重教育帮扶，挽救失足青少年，帮助其顺利融入社会，改造成为守法公民。

四、几点思考

(1) 对社区矫正对象必须切实实行分类管理。①对管制、缓刑、假释、暂予监外执行罪犯应区别监督管理；②对涉及不同罪名的社区矫正对象应区别监督管理；③对初犯、偶犯、老年犯、未成年犯、女性社区矫正对象等应区别监督管理；④对因适用认罪认罚从宽制度而实行社区矫正的罪犯，应区别监督管理。

(2) 监督管理与教育帮扶并重。《社区矫正法》第四章和第五章分别专章就社区矫正对象的监督管理和教育帮扶作出了具体规定，从体例编排上看，

监督管理在前，教育帮扶在后，两者孰轻孰重，学界、实务界的观点不一。笔者认为，对社区矫正对象应体现监督管理和教育帮扶并重的社区矫正理念，既不能强调教育帮扶而忽视甚至降低对其监督管理的规定要求，也不能一味强调履行监督管理职责而放弃对其教育帮扶的规定任务，两者之间的关系应是不枉不纵，在社区矫正中进行同部署、同实施、同对待、同考量，促进社区矫正工作高质量发展。

（3）社区矫正机构应切实担负起分类个别化矫正职责。《社区矫正法》第9条第2款规定："司法所根据社区矫正机构的委托，承担社区矫正相关工作。"个人理解本条款内容有两层含义：第一，司法所是依据《社区矫正法》的授权履行工作职责，司法所不等同于社区矫正机构，两者是不同的履职主体；第二，司法所基于专门法律授权承担的社区矫正工作应是有限的，主要是一些程序性、可以简单操作的事务性工作，而对于分类监督管理、个别化矫正的工作内容，应由社区矫正机构行使，注重体现非监禁刑事执行活动的性质，依法维护非监禁刑事执行的司法权威和严肃性，充分发挥社区矫正在国家治理体系和治理能力现代化建设中的重要作用。

王顺安：感谢王宁副主任的精彩演讲，她向我们介绍了检察机关在社区矫正中是如何发挥法律监督职能，受益颇多。检察机关的地位和作用毋庸置疑，法律监督为我们更好地开展社区矫正工作提供了坚强的法治保障。下面我们有请中国政法大学刑事司法学院在读博士原静，让我们从法院的视角来看《社区矫正法》。

原静[1]（中国政法大学刑事司法学院在读博士）：

各位学界、实务届的老师和嘉宾大家好，今天很高兴能够与大家就社区矫正的主题进行交流探讨。根据论坛的安排，并结合个人认识，我发言的主题是"《社区矫正法》一周年——人民法院参与社区矫正工作情况调研"。

---

〔1〕　原静，女，中国政法大学刑事司法学院在读博士。所撰写的案例曾入选审判案例要览，另有多篇论文在中国法学青年论坛、全国法院系统学术讨论会、京津沪渝法治论坛、"双百"首都法学家等征文活动中获奖，并在中国法学会《司法改革（内刊）》《法律适用》《东方法学》等刊物发表多篇论文。

一、人民法院在社区矫正工作中的身份定位

我国当前社区矫正的模式，是司法行政机关负责指导管理、组织实施，人民法院、人民检察院、公安机关予以配合，其他社会主体积极参与的形式。根据《社区矫正法》与《社区矫正法实施办法》，人民法院在社区矫正工作的地位为社区矫正的决定者和衔接配合者。

人民法院在社区矫正工作的地位为社区矫正的决定者已是共识，不容置疑，因为量刑是社区矫正启动的前提程序。人民法院在社区矫正工作的地位为社区矫正的衔接配合者，此观点一直饱受争议。质疑者认为《社区矫正法》中关于监督管理和教育帮扶环节的内容并没有规定人民法院的具体职责，所以人民法院的衔接配合者身份无从谈起。但社区矫正是一项系统性工程，人民法院在社区矫正的四个阶段发挥着衔接配合的作用，即社区矫正适用前的衔接配合、对社区矫正对象交付接收的衔接配合、社区矫正对象监督管理的衔接配合、社区矫正对象收监执行的衔接配合。人民法院如何在社区矫正对象监督管理的衔接配合中起作用？在 2016 年"两高两部"《关于进一步加强社区矫正工作衔接配合管理的意见》中，具体的参与健全完善联席会议制度及情况通报制度，参与建立完善社区矫正对象信息交换平台都可以体现。最高人民法院对于社区矫正工作的观点是，社区矫正是完善刑罚执行、推进国家治理体系和治理能力现代化的一项重要制度，是以社会资源的整合为基础，以社会环境为背景，以社会干预为手段的一项社会系统工程。该观点是《关于全面推进社区矫正工作的意见》中第四部分"切实加强对全面推进社区矫正工作的组织领导"的延续。因此，我认为，仅依据《社区矫正法》就认为法院没有监督管理、教育帮扶职责的观点是不妥当的。

二、介绍北京法院参与社区矫正的情况

北京市是于 2003 年被确定进行社区矫正试点的 6 个省市之一，2003 年至 2019 年，共累积约 6 万人接受社区矫正。北京市自开展社区矫正试点以来，一直严格履职、主动作为。

（一）亮点

海淀区人民法院与海淀区社区矫正领导小组办公室、中国人民大学青年志愿者协会共同签署了《社区矫正合作协议》。这一做法开辟了社区矫正工作

的新思路，属于全国首创。顺义区人民法院和平谷区人民法院在疫情防控期间积极开展社区矫正工作，如加大对未成年社区矫正对象的回访及帮教力度，严防特殊时期出现脱管和漏管现象。2020 年 2 月，平谷区人民法院通过网上法律服务系统完成了对 9 名社区矫正对象的刑事判决。东城区人民法院先后被授予市区级社区矫正工作先进集体荣誉称号。

（二）问题

《社区矫正法》颁布前人民法院在参与社区矫正工作中存在的一些问题已经通过立法得到解决，如执行地确定难问题、原审法院对异地执行的罪犯核准难问题。近期，北京市政法委还督促有关部门修订和完善了社区矫正相关制度规范，让人民法院得以更充分、更有效地发挥在社区矫正工作中的作用。

但仍然有许多问题存在，人民法院参与社区矫正监督管理和教育帮扶方面是缺少法律层面的依据的，一些法官的工作效率饱受案件压力的影响，人民法院与其他部门的衔接配合程度有待提升，人民法院进行调查评估工作数量减少。

三、对假释制度的思考

假释案件相较于一般的刑事案件具有三个特点：

第一，庭审结构缺少利益冲突的双方主体，开庭率低，导致庭审的对抗性较弱，缺乏对抗性的诉讼性构造，假释案件庭审实质性审查的作用被弱化。

第二，假释案件的证据材料具有独立性，法院的审核难度较大，难以展开实质性的监督。

第三，假释案件的证据种类相对固定，争议焦点较为集中，有利于案件的集中审理和当庭宣判。

经过研究，我认为，应该通过加强庭审的实质化和合议的实质化来加强对假释案件的实质化审查，包括四个方面的措施：一是完善异议人制度；二是加强与执行机关的协调沟通；三是深入推进实质化合议；四是进一步强化监督管理。完善异议人制度方面，虽然法律法规对假释案件审理中的异议人制度作了一些原则性的规定，但对后续的异议人是否应当参与庭审及其在庭审中的地位还有待细化。其次，加强执行机关的协调沟通方面，假释案件的审讯较短，法官实际审理案件的时间有限，且随着假释案件实质化的深入，将需要花费更多的时间，同时实践中的集中报请情况使法官需要在有限的时间内集中审理数十件甚至上百件假释案件，建议加强与执行机关的沟通，通过改变批量移送的报送模式，加强证据的引导和制约，进一步规范执行机关提交材料的范围和方式，为开展实质化审查提供有力的支撑。最后，在深入推进实质化合议方面，通过明确、界定假释案件的庭议内容，进一步完善合议规格和细化合议团成员职责，推动解决长期存在的问题，提高办案实效。四是协调督促检察机关开展实质化监督方面，可以进一步强化院长、庭长履行监督管理职责，推动假释案件实质化审查改革任务的落实。

四、对暂予监外执行制度的思考

司法实践中，由人民法院决定暂予监外执行的案件数量并不多，所以说法官在此方面的经验是普遍不足的，相关的配套制度也不完善。根据个人分析，我发现人民法院作出暂予监外执行决定有三难：一是组织诊断、鉴别时的困难；二是对罪犯是否符合暂予监外执行条件而进行实质性审查时的困难；三是对作出暂予监外执行时是否需要附加期限限制难以准确把握。

组织诊断、鉴别的时候存在困难。根据暂予监外执行的规定，对罪犯进行病情诊断的主体是省级人民政府的指定医院。这些医院对罪犯的病情诊断往往只是对病情进行客观的描述，对是否属于保外就医严重疾病的范围不做结论。这将使缺乏相关医学专业知识的审判人员难以作出判断，如高血压、糖尿病的犯罪是否属于短期内不至于危及生命？因疾病丧失部分生活自理能力的罪犯程度是否符合？此外，患有传染性疾病的罪犯，很难找到合适的医院进行病情诊断。

对罪犯是否符合暂予监外执行条件而进行实质性审查时的困难，在大多数的案件中，人民法院在作出暂予监外执行决定时均依据罪犯申请以及执行机构出具的书面建议。需要进行开庭审理的三类重点案件，也存在一些障碍，如检察院和司法局普遍认为因哺乳期原因而决定暂予监外执行的案件，罪犯是否出庭并不影响最终的决定。暂予监外执行的审理程序属于特殊程序，法律司法解释还没有明确规定，程序还不够规范，有的法院庭审仅是十分简单的形式化审查。收监难这个因素也在一定客观程度上加速了人民法院对暂予监外执行条件审查的形式化。

对作出暂予监外执行时是否需要附加期限限制难以准确把握。举例而言，北京市一中院和二中院都遇到了重复审查比较多的情况，主要是罪犯刑期较长，且其所患的疾病基本上是高血压Ⅲ期、视网膜色素变性等长时间无法治愈或者不可逆的疾病，每次决定暂予监外执行的期限最长是一年，到期后要重新申请。

针对这三难，个人建议通过强化对罪犯暂予监外执行条件的实质性审查来彻底解决。一是确立医疗诊断和医学鉴定的双重依据，采取由相关鉴定机构根据诊断证明出具罪犯疾病属于保外就医范畴的专业意见，法官只负责审查相关材料的合法性，也建议政府将符合条件的传染病专科医院列入指定医院的范围。二是提高暂予监外执行案件庭审实质化的程度，对于处在暂予监外执行期间需要延长时间的，要在期满15日前提起。对于需要开庭审理的，应当在庭审前完成必要的调查工作，通知必要的人参加庭审，引导他们就是否符合暂予监外执行条件等重点提出相关的意见，同时赋予罪犯一定的诉讼权利，保障其权利。三是自觉接受监督，人民法院应充分听取各方意见，在作出暂予监外执行决定前，除审查申请人、鉴定机构的材料外，还要积极听取检察机关、监狱管理机关、社区矫正机构多方的意见。开庭审理过程中可以邀请人大代表、政协委员旁听。四是统一暂予监外执行的决定附加期限，避免发生因暂予监外执行犯病情好转或生活自理能力恢复而长期脱管的现象。

总而言之，人民法院应当进一步落实以审判为中心的刑事诉讼制度，通过推进实质化审查工作，不断强化与其他部门的衔接配合，推动完善人民法院参与社区矫正工作的作用发挥。

王顺安：我们感谢原静博士带来的调研报告。很难得能有法院的同志为我国研究《社区矫正法》提供全新的视角。人民法院作为社区矫正的决定机关，如何在社区矫正中发挥更大的作用，为提高社区矫正质量提供更好的助力，值得进一步探讨。下面我们有请老朋友，社区矫正研究的专家，专注十几年的学者，上海政法学院教授武玉红给我们演讲，下面的时间交给武老师。

武玉红[1]（上海政法学院教授）：

---

〔1〕 武玉红，女，上海政法学院教授。在学术期刊上发表论文71篇，出版学术专著《我国社区矫正运行机制研究》等2部，学术合著《社区矫正制度惩罚机制完善研究》等3部，主编、副主编《英国社区刑罚执行制度研究》等学术著作或集刊若干，出版教材若干。主持完成国家社科基金项目等课题8项，参与他人国家社科基金等项目若干。

感谢王顺安教授及纪金锋主编为我提供了一个学习交流的平台，相互的交流能够让我们的认识不断升华，让我国的立法更为完善。

今天我的发言将围绕之前领导、同仁已讲过的内容。首先我想谈的是刚刚检察院与法院两位领导的发言，内容非常好，其中安徽省人民检察院的王宁检察官提及的分类管理是社区矫正立法的一大亮点，可以按照犯罪类型、犯罪种类来对社区矫正对象进行分类，如财产犯罪归一类、暴力犯罪归一类、毒品犯罪归一类。可以按风险评估，按照需求评估来分类，江苏省在这一块做得非常好。可以按照阶段来分类，如入矫阶段侧重认罪服法，过一段时间可以上调或下调，解矫阶段侧重巩固成果。可以按照成年人与未成年人分离，未成年人重在教育，还可以按照性别等来划分。这些为个别化矫正提供了可能。

刚刚大家提到最多的内容还是刑事执行，虽然现在自上而下关于社区矫正制度的法律属性都认为是刑事执行，但如此定性准确吗？我认为并不完全准确。刑事执行是指将立案、起诉、审判、执行诉讼活动中生效的法律文书付诸实施，所以按照《刑法》《刑事诉讼法》的相关规定，刑事执行包括刑事强制措施，与社区矫正肯定无关。其次，刑事执行包括刑罚执行，如拘役、管制、驱逐出境、剥夺政治权利等。占社区矫正适用比例最大的缓刑被规定在《刑法》第四章"刑罚的具体运用"中，管制刑被规定在《刑法》第三章"刑罚"中，我们很容易得出社区矫正属于这一块的结论。再次，刑事执行包括特殊处遇措施，对于免于刑事处罚的精神病人需要进行强制治疗。分析可得，刑事执行的对象既然包括犯罪嫌疑人、被告人、罪犯，所以用刑事执行来概括社区矫正也是不准确的，社区矫正仅是刑事执行中的刑罚执行中的一部分。有学者表示，将社区矫正定性为刑事执行可以为日后社区矫正的适用范围扩大提供期待，如不满16周岁的、免于刑事处罚的、专门矫治教育的、工读学校的都有可能被纳入，但这其中的一些行为连行政处罚都算不上，如果都纳入了社区矫正，社区矫正可能连刑事执行都算不上了。

我们都知道大多法律的第1条规定表述都是为了什么根据宪法制定本法，当前的《社区矫正法》也是如此："为了推进和规范社区矫正工作，保障刑事判决、刑事裁定和暂予监外执行决定的正确执行，提高教育矫正质量，促进社区矫正对象顺利融入社会，预防和减少犯罪，根据宪法，制定本法。"既然表述中说是按照宪法来规定的，那我们可不可以参考《监狱法》第1条规定，将《宪法》第 28 条规定的"惩办和改造犯罪分子"写入《社区矫正法》？毕竟，社区矫正与监狱不能完全脱离、截然分开，是双翼的关系，监狱最低的惩罚机制要与社区矫正最高的惩罚机制存在一个坡度。我们可以从顶层设计着手，厅一级设立执行局，下分监狱和社区矫正，形成资源共享、优势互补。有学者说，监狱和社区矫正的区别在于监狱行刑强调一般预防兼顾特殊预防，而社区矫正强调特殊预防兼顾一般预防，这个观点值得探讨。其实，无论是监狱还是社区矫正，在执行阶段都是侧重于特殊预防，兼顾一般预防，目的都是让其成为守法的公民，不再危害社会，否则就变成了"杀鸡给猴看"。社区矫正与监狱矫正，在立法阶段则是侧重一般预防，立法机关通过立法在全社会召集犯罪的后果，针对不特定的人、不特定的事。《社区矫正法》的第 1 条的确是有"提高教育矫正质量"的表述，但是没有提到另外一方面。刚刚有的学者说，因为《刑法》《刑事诉讼法》已经有相应的规定了，所以《社区矫正法》不应当过分强调惩罚性，《社区矫正法》真的就不需要规定了吗？我不认可该观点。我们不能把《社区矫正法》偏差的理解为矫正法，以至于不能不能强调惩罚方面。《社区矫正法》全文中并未出现惩罚二字，整个《社区矫正法》9 章 63 条 7000 多字，只有一个惩字，还是"考核奖惩"。也有同仁说"考核奖惩"的惩体现出了惩罚性，因为对违反监管规定、违反法律法规的社区矫正对象要进行训诫、警告、提请公安处罚甚至收监。但《社区矫正法》赋予社区矫正机构独立的强制措施的执行权仅仅是训诫和警告，其他都需要提请，惩罚性太弱了，而且这些是对社区矫正对象适用社区矫正后违法违规行为的对应措施，那么对适用社区矫正以前的犯罪行为的否定评价呢？社区矫正对象是来社区矫正机构求温暖吗？与《社区矫正法》征求意见差不多的时候，教育部也发布了一个《中小学教师实施教育惩戒规则（征求意见稿）》。其中第 3 条第 1 款规定："本规则所称教育惩戒，是指教师和学校在教育教学过程和管理中基于教育目的与需要，对违规违纪、言行失范的学生进行制止、管束或者以特定方式予以纠正，使学生引以为戒，认识和改正错误的职务行为。"该规则内有一般惩戒 7 项、较重惩戒 6 项、严重惩戒 5 项，而我们社区矫正工作人员却不敢这样惩戒社区矫正对象。《中小学教师实施教育惩戒规则（征求意见稿）》规定了将承担校内公共服务任务作为较重的惩戒手段，《预防未成年人犯罪法》规定对最严重不良的未成年人可以采取训诫，责令其参加社区服务等活动，《社区矫正法（一审稿）》本来也规定有社区服务，但在正式稿中被取消了。刚刚有领导说，社区矫正设置社区服务没有法律依据，其中上位法中有法律规定，《刑法》第46条规定，"凡有劳动能力的，都应当参加劳动，接受教育和改造"。刚刚也有实务部门的同仁说，西北地区没有可供组织活动的场地，没有时间保障，但我们不能因此而取消劳动，正确的做法是完善劳动。况且，一个冒犯了校纪校规的熊孩子都要遭受惩罚，一个冒犯了国家大法、突破了行为底线的犯罪人为何无须遭受惩罚。

在保障人权问题方面，《社区矫正法》第4条规定"社区矫正工作应当依法进行，尊重和保障人权"，这非常好。该条还有一句"在就业、就学和享受社会保障等方面不受歧视"，我不久以前到一个地方进行调研，在跟假释人员座谈的时候发现他们没有一个找到了正式的工作，不过这种情况也跟我们《刑法》中的前科报告制度有关。所以，从人权保障角度来看，我国应当废除前科报告制度。《宪法》规定"任何公民都享受宪法和法律规定的权利"，社区矫正对象作为公民中的特殊群体，只要不是法律所禁止的、所限制的，同样享有宪法和法律规定的权利，但社区矫正对象的权利有不完整性、独特性，更不能够凌驾在普通公民之上。马上就要元旦了，各地社区矫正机构又在送温暖了，这是极其错误的行为。我们不能因为社区矫正对象的特殊身份而给予额外的关照。社区矫正对象可能遇到的问题会比普通群众更多，但也应该被纳入整个社会的保障体系，按照国家的标准享受救济，否则就是对社会上其他弱势群体的不公平。另一方面，我现在觉得社区矫正执法工作人员更像弱势群体，现在许多地区以社区矫正对象的犯罪严重程度来反推执法工作人员的主观罪过形式。社区矫正对象仅仅脱管了还好，如果社区矫正对象犯罪了，执法工作人员也要被判刑。这是极其不正常的现象。《中小学教师实施教育惩戒规则（征求意见稿）》专门规定了"教师正当实施教育惩戒，因意外或者学生本人因素导致学生身心造成损害的，学校不得据此给予教师处分或者其他不利处理"。这样的保护是《社区矫正法》所没有的，未来还是应该要在社区矫正立法中完善职业的保障。

对于刚刚有领导说的警察问题，我们要这样思考：如果社区矫正不需要警察的话，那为什么要借调警察。一方面《社区矫正法》没有写入警察，另一方面现实中又借调大量警察，既然没必要那就不要借调。有人说借调警察是为了加强社区矫正的执法性，这样的观点是错误的。借调监狱警察是刑事执行,但借调戒毒警察并不是刑事执行。另外,戒毒警察的风险和责任都比社区矫正机构工作人员低,而且都是警察编制,社区矫正为何不能设置警察。有领导就《联合国囚犯待遇最低限度标准规则》谈到了社区矫正警察设置问题,规则中规定假释的监督不能委于警察,而应该结合有效的社会援助,但是若从整体的角度去看规则,我们便会发现里面还提到,因为各个国家的法律、社会经济具有差异,所以不是所有的规则都能够适用,不是任何时候都能够适用,因此规则已经考虑到了各个国家不同的情况,可以因地制宜。我不能说社区矫正一定要警察,而是觉得目前没有更好的替代,为此不妨尝试建立社区矫正警察队伍,而且在法律中也找不到对社区矫正警察设置有限制的规定。《刑法》第 94 条规定:"本法所称司法工作人员,是指有侦查、检察、审判、监管职责的工作人员。"社区矫正当然是执行和监管,而执行正是《人民警察法》的重要内容。未来,我们要按照十八届四中全会提出的推进法治专门队伍正规化、专业化、职业化的要求开展工作。

最后简单地谈一下《社区矫正法》第 10 条规定的"履行监督管理、教育帮扶等执法职责"。帮扶怎么能够成为执法职责?不是所有的社区矫正对象都需要帮扶。这让民政局情何以堪,让社会保障局情何以堪:

王顺安:武教授讲得很好,对社区矫正的性质研讨,一直是社区矫正的争议问题和关键问题。如何理解社区矫正法的含义,发掘条款背后的含义也是今后我们所有人都应当努力的方向。下面我们有请中国政法大学教授、博士生导师,顾永忠教授发言:

顾永忠 [1](中国政法大学教授、博士生导师):

各位专家、各位朋友大家好!我是从事刑事诉讼法学的教学和研究的,所以对犯罪学、监狱学了解不多。王顺安教授邀请我参加这次活动,我觉得自己没有什么发言权,但是又有兴趣听一听。听了大家的发言我的收获很大,对社区矫正的理论和实务方面有了很多新认知和新了解。

2012 年,我参与了《刑事诉讼法》的修改,其中就涉及怎么把社区矫正写进《刑事诉讼法》的问题。当时,司法部的同志积极参与和呼吁建立一支

---

〔1〕　顾永忠,中国政法大学教授、博士生导师、中国刑事诉讼法学会副会长、中国律协刑事辩护专业委员会副主任。

社区矫正警察队伍，据说是要一二十万人的规模。后来在和立法机关的有关同志私下交流的时候我了解到，建立社区矫正警察队伍的问题，如果想通过《刑事诉讼法》来解决，恐怕是很难的，建立一支一二十万人的警察队伍不是小事情；国家编制能不能增加这么多；社区矫正的性质该如何认识也是个问题。

关于社区矫正的定性问题，目前大家普遍认为社区矫正是刑事执行行为，刚才武玉红老师提出了不同的看法，认为应该是刑罚执行行为，那么哪个更为恰当？我个人还未想好，更缺乏研究，但我们可以做一些分析。社区矫正适用的四种对象应该说并不完全属于刑罚执行活动。应该说，对管制犯的管制属于刑罚执行活动。依据《刑法》第77条的规定，被宣告缓刑的犯罪分子，在缓刑考验期满之后原判刑罚便不再执行，说明缓刑考验期不算刑罚执行，撤销后才要收监执行，那时才是刑罚执行活动。假释也同样，依《刑法》第86条的规定，假释考验期满视为原判刑罚执行完毕，但如果假释被撤销了，需要把没有执行完的刑罚收监后再执行，说明在监外执行的时间也不算刑罚执行。由此我们可以看出，社区矫正具有多重性。再以监外执行来看，其是一种刑罚的执行活动，但这种执行与监狱执行存在本质的不同，虽然在法条中看不出来，但对一个人产生的后果是很不一样的！为什么会这样？因为监外执行主要是基于人道主义。

综上，我们对社区矫正性质的认识，恐怕不能用单一思维来思考，而是要采取多元思维。我国长期以来一直有集中统一思维的习惯，有时候总想把一件事情说得那么清楚、那么明白，但实际上社区矫正并不是简简单单就可以说清楚的。我曾在全国人大法工委召开的征求意见会上发言说，对于社区矫正的定性问题，我们要用多元思维来认识、来界定，只有这样我们才能真正顺应初衷所在。

到底如何定性社区矫正？我觉得可以表达为特殊的刑罚执行行为或特殊的刑事执行行为，关键点在"特殊"二字，我们把"特殊"二字理解透彻了，社区矫正的法律属性就不难理解了。

一是执行对象特殊，管制、宣告缓刑、裁定假释、暂予监外执行这四类对象，属于不同的性质。二是执行方式的特殊，社区矫正的执行不是在监狱条件下，也不是在羁押条件下，执行对象已经回归社会。为什么要让他们回归社会，需要我们认真去深思！如果社区矫正单纯是为了惩罚，那么管制犯、缓刑犯一开始就应当收监，已经在监狱服刑的人员也没有必要假释、暂于监外执行，毕竟犯了罪就该受惩罚，怎么还能让他们出去呢？所以，当决定不对社区矫正对象采取羁押性刑罚的时候，当决定把社区矫正对象从羁押状态下解除的时候，就有几个重要的前提。一是要考虑其表现及所罪行是否有必要在监狱服刑；二是考虑人道主义方面，暂于监外执行的适用条件是罪犯已无法在监内继续执行了，所以变更执行方式；三是考虑执行的目的，社区矫正的四种适用情况其实是四种目的。我们从特殊性上来认知社区矫正，将其定性为特殊的刑罚执行方式或特殊的刑事执行方式，在目前对社区矫正定性众说纷纭，没有达成共识的情形下，多多少少可以解决一点问题。

基于社区矫正定性为特殊的刑罚执行或特殊的刑事执行，我们对社区矫正的执行需要有非常清醒的、正确的认识。我很认同安徽省检察院王宁检察官的发言，与我不谋而合。对于社区矫正执行的内容，《社区矫正法》提出八个字"监督管理、教育帮扶"，那监督管理和教育帮扶又怎么做呢？是分类管理，是矫正个别化。分类管理包含以下几点内容，一是社区矫正四类对象本身的不同，这也是社区矫正执行过程中当中最大的分类，这个分类管理是依法来管理的，管制怎么执行，缓刑怎么执行，暂予监外执行怎么执行，假释怎么执行，在《刑法》《刑事诉讼法》中都有明确的规定，我们按照《刑法》《刑事诉讼法》来执行就可以，没有发挥的空间，更没有逾越的空间。以社区矫正机构能不能组织社区劳动为例，我个人认为除非法律上有规定，不然就不应当开展这种组织性、强制性的劳动，甚至增加考核内容的劳动。当然，社区矫正对象出于自愿去做一些公益性的劳动，或者倡导其去做一些公益性的劳动是可以的。二是原来犯罪性质和原因的分类，这是极具价值、极具意义的一种分类。社区矫正对象为什么会犯原来那种罪，犯罪的原因是什么，都会影响社区矫正日常工作的开展。三是个人情况的分类，如社区矫正对象的身体情况、家庭情况、就业情况、性别、是否成年等。所有这些都是分类管理个别化应当充分考虑到的。

因时间关系，我就谈这么一些不成熟的观点，与在社区矫正领域的专家学者和实务工作者进行交流，谢谢！

王顺安：谢谢顾老师的发言。顾教授说得很好，对社区矫正的理解要正确。要理解社区矫正的特点具体表现在什么地方，只有把这些问题搞清楚了，工作才能开展得好。还有要加强对罪犯的分类，你不分类，工作搞"一刀切"，那效果就会不到位。下面我们有请福建农林大学金山学院副教授，中国政法大学刑事司法学院博士研究生李红梅给我们做精彩演讲。

李红梅（福建农林大学金山学院副教授，中国政法大学刑事司法学院博士研究生）：

各位老师，大家好！我是王顺安老师的学生。今天，我将借《社区矫正法》颁布一周年之际，将关于《社区矫正法》的粗浅的认识进行以下阐述，如有不对之处，请各位老师批评指正。

我通过中国知网（CNKI）平台，以"社区矫正"作为关键词搜索后发现，仅仅在中文期刊上，自2004年开始，文献数量上了三位数字。之后，到今年，"社区矫正"的研究虽然呈现下降趋势，但是依然保持在三位数以上。2020年，中文期刊文献有306篇。

与往年的研究方向相比，《社区矫正法》、社区矫正法律关系当中的工作主体和矫正对象等，成了2020年研究的重点。比如，出现了大量的以研究《社区矫正法》的立法宗旨、意义、特点、价值、存在的问题等为主题的文章。以下几点粗浅的看法，就是来自于我对2020年公开发表的这些文献的学习。

一、优点——我认为，是"质"的变化

我个人认为社区矫正制度从没有到有，再到立法的这样一个过程，是"质"的变化。主要原因有：

（一）实现了刑事政策法律化的变化

无论是监狱矫正还是社区矫正，都是国家治理体系不可或缺的组成部分，更是考验一个国家治理能力的重要指标。政治关系通过传导给刑事政策从而影响到刑法法律的适用，刑事政策成了连接政治关系和刑事法律的关键环节。刑事政策与刑事法律相比最大的优势就在于灵活性。在适应的范围上和深度上，可以向纵向和横向伸缩。在试点试用的过程中可以不断总结经验、不断完善，将好的政策不断推广，最后再将成熟的刑事政策法律化是必然趋势。特别是在我们国家，我认为法律领域的"先政策，后法律"，是一个符合我们国家实际的具有中国特色的做法，《社区矫正法》就是最好的一个例子。在国

外有几百年历史的社区矫正制度在我国得以立法化，必须从政策起步，必须寻求本土化的路径。

（二）体现了法律法规体系的完备化

建设中国特色社会主义法治国家法治体系，必须形成完备的法律法规体系、高效的法治实施体系、严密的法治监督体系、有力的法治保障体系和完善的党内法规体系等。完备的法律法规体系，是中国特色社会主义法治体系的前提，是法治国家、法治政府、法治社会的制度基础。高效的法治实施体系，是指执法、司法、守法等各个环节有效衔接、高效运转、共同发力，实现效果最大化的法治实施系统。对于监狱内矫正的罪犯，我国1994年有了《监狱法》，使监狱矫正工作的开展有了法律依据。但是，直至2012年，管制犯、缓刑犯、假释犯、暂予监外执行和被剥夺政治权利的罪犯却由公安机关监管。因此，罪犯矫正的工作重点在监狱，而对上述五类犯罪在监管方面也许做到了，但是教育矫正却被忽视了。同时，同样是罪犯改造，监狱内的由司法行政系统负责，监狱外的由公安系统负责，形成了执法系统不一致现象。比较尴尬的是，对于上述五类罪犯还没有独立的专门的法律作为依据。这是很明显的法律体系不完备的现象，最起码是刑事执行领域的法律不完备。与此相比，在部分发达国家，监狱外的罪犯的矫正成了重要的矫正对象。人们的刑罚观念上有了非常大的变化，监狱外的罪犯的积极矫正在各项制度的配套下，对社会产生了积极的影响。我国社区矫正制度从试点，再到《社区矫正法》的颁布，是一种法律法规体系的完备化的表现。连春亮老师在《〈社区矫正法〉出台的意义与特点》（载《犯罪与改造研究》）中认为，《社区矫正法》的出台，使社区矫正工作被纳入了法治化轨道，完善了我国刑事立法与司法体系，弥补了我国社区矫正刑事执行法的空白，同时也是矫正对象人权保障的"大宪章"。我们不仅有了《社区矫正法》，"两高两部"还制定了《社区矫正法实施办法》，各省还陆续出台了因地制宜的实施细则等规范性文件。

（三）促进了该项工作运行的科学化

鲁兰研究员认为《社区矫正法》的重大蕴意是：该法律明确了以促进社区矫正对象顺利回归社会为宗旨、明确了社区矫正对象的执行地、明确了电子定位的依据、设置了合理的社区矫正对象的请假制度等。

再比如说，《社区矫正法》确立了社区矫正法律关系当中的各群体的称呼，结束了像"社区矫正人员"这样的模糊的、容易引起争议的名称。类似的还有很多，在此我就不一一列举具体的内容了。总而言之，相比于立法之前，《社区矫正法》将政策层面上的很多内容，还有很多不规范的内容进行了规范化。将立法前政策性的规定，因为政策的灵活性、可执行也可以不执行性的一些问题，通过立法赋予了法律强制力。比如说，吴宗宪老师在《我国〈社区矫正法〉的重要价值》（载《中国司法》）中从10个方面总结了《社区矫正法》的重要价值。吴老师认为，该部法律"采用了较好的立法结构"。他认为："特别是其中的第2章有关机构和人员的规定、第8章有关法律责任的规定，具有较大的合理性。"

二、缺点——我认为是实践操作困难的问题

我国的《社区矫正法》的法律位阶较高，是一部由国家最高立法机关制定的法律。我国的《社区矫正法》也是国际社会社区矫正历史上的一个里程碑。我们已知的国家中，这种规格的法律寥寥无几，并与《监狱法》形成了刑事执行领域的较为完整的法律体系。从立法的技术性而言，在具有一定科学性的同时还具有前瞻性。

关于《社区矫正法》存在的缺陷，张荆老师阐述得比较全面。他认为，社区矫正工作还存在人才培养与队伍稳定、有针对性的科学矫正、部门之间的协调配合与监督，以及民间对社区矫正理解与积极参与等诸多难点。下面我将主要针对张荆老师文章中没有提及的一些问题进行补充。

（一）人才培养与队伍稳定有难度

我认为，在很多基层，不仅是社区矫正工作队伍实现专业化太难，甚至保证这个队伍工作人员配备的够不够，稳不稳定都是一个很大的问题。在很多地方的基层社区矫正工作人员中，社工的比例实在是太大了。而由政府聘用的这些社工们的工资待遇等非常低，与司法所的工作人员同样的工作，却享受着不同的待遇。因此，不是这个队伍好不好、专不专业的问题，而是有没有、稳不稳定的问题。我认为，这才是最大的不稳定因素。特别是经济不发达地区的农村，这种现象更加严峻。有些司法所，国家工作人员只有一个人，一个司法所所长带着一群社工开展工作。关于政府购买社区矫正服务项目，因为各地经济发展水平参差不齐，财政能力和社会服务组织必须两者具备才能实现购买服务。

（二）有针对性的科学矫正有难度

比如，第 11 条规定的，"社区矫正机构根据需要，组织具有法律、教育、心理、社会工作等专业知识或者实践经验的社会工作者开展社区矫正相关工作"。这一点实施起来难度很大。

再比如，第 24 条规定的，"社区矫正机构应当根据裁判内容和社区矫正对象的性别、年龄、心理特点、健康状况、犯罪原因、犯罪类型、犯罪情节、悔罪表现等情况，制定有针对性的矫正方案，实现分类管理、个别化矫正。矫正方案应当根据社区矫正对象的表现等情况相应调整"。在实践中，这些基本上都是放在一起矫正的，因此这个很难实现。

（三）部门之间的协调配合与监督有难度

张荆老师只是提到了：社区矫正机构与公安机关的协调配合、社区矫正机构与法院的配合、社区矫正机构与检察机关的关系、三个部门之间的关系等存在问题。

社区矫正性质上属于刑事执行，但是，我个人认为社区矫正同时又是一种社会管理方式，应该是一种社会管理领域的问题。想要提高执法的质量，不能只依靠公、检、法、司等机关。一个社区矫正对象，既是犯人又是相对自由的社会成员，作为一个服刑人员，他没办法享受自由人所享有的全部权利，但是他们又与自由人一起在自由社会当中生活。因此协调就业、就学、养老、医疗、困难帮扶等各方面的制度和政策，应当与社区矫正工作相协调。

（四）民间对社区矫正理解与积极参与有难度

社区矫正工作在民间的知晓度不高。一方面和我们开展社区矫正工作的时间不久有关。另一方面也与我国的去"标签化"工作做得比较好有关。但是，这也正是社会关注度不够、大家不了解的一个重要原因。还有就是，在某种程度上社会成员对周边的社区矫正对象的包容度不够，歧视、排斥、抱怨等现象大量存在。人们喜欢把慈善或者帮扶行为做到福利院、疗养院等慈善机构，却不愿意帮扶罪犯。这种传统的重刑思想只能有望于随着社会的不断发展，人们观念的转变而改善。

三、优化路径——我认为要加强实践操作中的各项配套政策

不知道大家有没有关注到学者们一直谈论的《社区矫正法》的问题，事实上我始终认为，不是《社区矫正法》本身的问题，而是实践中操作较难的问题。其实是我们在实际操作中达不到《社区矫正法》的规定的要求。这不是法律的问题，而是我们社会本身存在的问题。比如说，开展工作最重要的保障——财政。教育层面上，我们是否有专门培养这类社会工作者。全国在操作层面上有一个最低的统一标准等。以下是我不成熟的建议：

（一）社区矫正相关社会机构要健全

首先，社区矫正机构的建设必须足够强大，人员配备必须到位。社区矫正对象的人数逐年增加，同时我们对提高假释率的呼声也高涨。还有就是在轻罪刑事案件领域，认罪认罚从宽制度必然会提升社区矫正的适用率，但本来就比较脆弱的社区矫正工作队伍是否有能力迎接这种挑战？其次，社区的功能要健全，还有就是社工组织、义工组织、志愿者组织等这些组织之间的关系必须厘清。同时，必须建构科学的相关组织体系，要大力支持和发展这些组织，使这些组织在社区矫正工作中真正发挥社会性优势。

（二）社区矫正处遇模式的多样化

与发达国家相比，我们国家的社区矫正模式过于单一。罪犯的矫正，要么是监狱矫正，要么就是社区矫正，没有过渡性的处遇模式。

（三）相关政策和制度要完善

比如说，未成年人就学政策、教育相关的法律法规要有明确的规定，这些规定必须要与《社区矫正法》在法律规定上相衔接。在成年人就业方面要有明确的法律法规或者政策作出不歧视的规定，作为保障就业的强有力依据。罪犯医疗保险的相关政策必须要做到位，在困难帮扶上不能因重刑思想而剥夺罪犯被帮困救助的权利。我说的这些相关政策和制度必须要有明确的法律法规或者政策作为依据，不能为了怕担责而怕作事，持有含糊不清的态度或者故意规避不管。

（四）加强监督体系

除了检察监督，还应当加强监察监督、党内监督等。还有对于非国家工作人员的品德作风的监督都必须要加强。

王顺安：谢谢你精彩的演讲。你的研究很充分，也把存在的问题说得很透彻。社区矫正法出来后，如何贯彻落实法律是一个大问题。我们要有担当精神，面对问题要勇于探索，把法律落到实处。下面我们有请最后一位嘉宾，福建心理咨询师协会副会长、爱恩心理创始人吴痕，介绍社会组织参与的相关情况。

吴痕[1]（福建心理咨询师协会副会长、爱恩心理创始人）：

从 2012 年开始，我们机构以社会组织的身份开始配合司法行政机关对社区矫正对象进行心理辅导、心理矫治工作，2014 年尝试犯罪风险评估，2016年开展教育矫治，2018 年参与社区矫正非执法性的辅助工作，2019 年参加社区矫正系列技术标准的编写。目前，我机构以专业社会力量的身份参与了贵州、四川、湖北、广东、福建、浙江、天津等省（市）级及部分地市、县级社区矫正工作，有一定的工作模式与经验，是社会力量参与社区矫正工作的专业机构。

今天我报告的内容是根据《社区矫正法》《社区矫正法实施办法》以及"智慧矫正"相关的技术标准，从社会组织的角度来阐述社会力量参与社区矫正工作的依据、途径，分享我们现有的工作内容与经验，不足之处请大家批评与指正。

司法部、民政部等六部门于 2014 年联合出台意见提出，"鼓励引导社会力量参与社区矫正工作"。而《社区矫正法》不仅明确了社区矫正的工作目标和原则，像李川教授所说那样，教育与回归应成为社区矫正工作的主旋律，提倡社区矫正专门机关与社会力量相结合，还进一步明确规定"鼓励、支持企业事业单位、社会组织、志愿者等社会力量依法参与社区矫正工作"。

《社区矫正法》要求社区矫正机构根据需要，组织具有法律、教育、心理、社会工作等专业知识或者实践经验的社会工作者开展社区矫正相关工作，为社区矫正对象在教育、心理辅导、职业技能培训、社会关系改善等方面提供必要的帮扶，是该法的核心内容之一。随后，司法部牵头所修订的《社区矫正法实施办法》以及一系列的技术规范也逐步明确了社会力量参与社区矫正工作的具体内容与相应要求。

《社区矫正法》明确了社会力量参与的途径，是继《反家庭暴力法》之后我国第二部鼓励"社会工作"参与的法律，个人认为，其对推进社会力量

---

　　[1]　吴痕，福建心理咨询师协会副会长、爱恩心理创始人。公安部刑侦犯罪心理专家组成员、全国自杀援助中心心理干预治疗师、北京市公安局干警心理导师、犯罪心理咨询师、抗震援助联盟心理治疗专家组成员、中国科学院心理研究所签约 EAP 咨询师、厦门市社区矫正专家组成员、厦门市强戒所心理导师。

参与社会治理发展具有重大意义。

上述法律与相关规定均表明，社区矫正工作模式已逐渐形成以政府为主导，与社会共同开展多维度合作开展社会治理模式，形成了人人有责、人人尽责的局面，努力实现社会共建共治，共享和谐的社会发展环境。

依据近几年参与社区矫正工作的实践与研究，个人认为社会力量在分类管理、个别化矫正，有针对性地消除社区矫正对象可能重新犯罪的因素以实现预防与减少犯罪的工作过程中，具有不可替代的作用与价值。

根据《社区矫正法》与《社区矫正法实施办法》，以及社区矫正工作的实际情况，作为提供社会力量参与社区矫正工作的专业机构，主要开展以下八项工作。

一、协助开展社区矫正前的调查评估

《社区矫正法》规定受社区矫正决定机关委托的社会组织，可以对拟适用社区矫正的被告人、罪犯的社会危险性和对所居住社区影响进行调查评估。

从价值的角度来思考，社会调查评估的核心目的是判断调查对象是否具有社会危险性、是否可以实现有效监管，进而判断是否可以适用社区矫正，因此更应看重调查对象表现的积极因素和消极因素。社会学、心理学相关知识在调查过程中呈现出重要作用。从调查对象的个人、家庭、生活、就业、社会关系、违法犯罪史、认罪悔罪态度及服刑表现、生活态度和政治倾向等情况来分析其社会危害程度，这应是专业机构为委托方提供客观评价的参考依据。

目前社会力量参与调查评估还处于尝试阶段，相信以后将会以更专业、独立的方式来呈现出调查对象是否适合社区矫正作出客观评价，提供一个数据供参考。2015 年，我们受托某区级司法局的委托调查，对 183 名调查对象开展审前调查，法院的采信率为 88%，较之前有所提高。

二、参与社区矫正小组

《社区矫正法》规定，社区矫正机构应当根据社区矫正对象的情况，为其确定矫正小组，负责落实相应的矫正方案。矫正小组可以由司法所、居民委员会、村民委员会的人员，社区矫正对象的监护人、家庭成员，所在单位或者就读学校的人员以及社会工作者、志愿者等组成，开展以下工作：

（1）按照矫正方案，开展个案矫正工作；

（2）督促社区矫正对象遵纪守法，遵守社区矫正规定；

（3）参与对社区矫正对象的考核评议和教育活动；

（4）对社区矫正对象走访谈话，了解其思想、工作和生活情况，及时向社区矫正机构或者司法所报告；

（5）协助对社区矫正对象进行监督管理和教育帮扶；

（6）协助社区矫正机构或者司法所开展其他工作。

其中，社会力量在第（2）（3）（4）（5）项承担了主要工作内容。

三、受托对社区矫正对象提供犯罪风险评估

社区矫正机构应当根据社区矫正对象被判处管制、宣告缓刑、假释和暂予监外执行的不同裁判内容和犯罪类型、矫正阶段、再犯罪风险等情况，进行综合评估，划分不同类别，实施分类管理。对不同类别的社区矫正对象，在矫正措施和方法上应当有所区别，有针对性地开展监督管理和教育帮扶工作。

社会力量可以利用发展心理学、犯罪心理学、社会学相关知识、利用心理评估、心理咨询技术，为社区矫正机构在对社区矫正对象管理过程中进行再犯罪风险状况评估，为分类管理提供相应参考意见。

犯罪风险评估在司法部的"智慧矫正"系统标准和总体技术规范中有相应具体描述。在入矫、在矫、解矫阶段应采用不同的方式进行评估与犯罪画像。

四、受托开展心理辅导与心理矫正

在《社区矫正法》与《社区矫正法实施办法》中均明确提及根据社区矫正对象的心理健康状况，对其开展心理健康教育、实施心理辅导。

上述"智慧矫正"的标准中应用了心理矫正概念，在心理健康评估、心理辅导、心理咨询的基础上，更强调针对高风险社区矫正对象，主动介入缓解其在矫期间对抗情绪，矫正不良思想，实现预防重新犯罪。

心理矫正与心理辅导相比，更强调了主动性、预防性与有效性，像贡太雷教授刚才所说，专业的人做专业的事会更有效率。

五、受托对社区矫正对象开展教育活动

《社区矫正法实施办法》规定，社区矫正机构、受委托的司法所要有针对性地对社区矫正对象开展教育矫正活动。

社会力量可根据需要，采用集中教育、网上培训、实地参观等多种形式开展集体教育；组织社区矫正对象参加法治、道德等方面的教育活动；根据社区矫正对象的心理健康状况，对其开展心理健康教育。

社会力量应有更多资源与力量，比如课程设计，网络培训具有优势，对社区矫正机构来说，采取合作的方式比自行开发更加经济与合理，更符合政府采购的资金安排模式。

六、协助未成年人社区矫正工作

社区矫正机构、司法所应当选任熟悉未成年人身心特点，具有法律、教育、心理等专业知识的人员负责未成年人社区矫正工作，并通过加强培训、管理，提高专业化水平。国家鼓励其他未成年人相关社会组织参与未成年人社区矫正工作，依法给予政策支持。

社区矫正机构为未成年社区矫正对象确定矫正小组，应当吸收熟悉未成年人身心特点的人员参加。

社会力量参与未成年人社区矫正工作有身份便利、介入方式灵活、专业度较强等优势。

七、组织公益活动

社区矫正对象应当按照有关规定和社区矫正机构的要求，定期报告遵纪守法、接受监督管理、参加教育学习、公益活动和社会活动等情况。

社会力量在组织公益活动的内容、方式、人员安排方面会更加灵活便捷，应可以为矫正机构提供强有力的支持。

八、协助职业技能培训与帮扶

国家鼓励企业事业单位、社会组织为社区矫正对象提供就业岗位和职业技能培训，社会力量可协助对就业困难的社区矫正对象提供职业技能培训和就业指导帮助，该项工作在社会力量的参与方面具有必需性。

　　综上所述，个人认为《社区矫正法》注重把过去社区矫正工作中的成熟经验、有效做法上升为法律，对过去实践中社会力量参与社区矫正的价值做出了肯定，鼓励社会力量参与社区矫正工作。因此，我认为社会力量应以《社区矫正法》及相关政策为契机，按照"司法行政组织实施、社会机构专业服务、社会力量共同参与"的工作思路，在形式上以矫正小组为基础，利用社会资源、吸纳社会力量参与，在内容上注重矫正方式与恢复性司法理念相结合，促进社区矫正对象的社会关系修复。

　　总的来说，《社区矫正法》为促进社会力量参与社区矫正工作提供了广阔探索与发展的空间，在帮助社区矫正对象顺利回归社会、建立预防和减少特殊群体重新犯罪的社会综合治理机制上，凸显了专业社会力量与社会服务的必要性与相应价值。

　　王顺安：感谢吴痕会长的坚持。这么长的会议，最后一位嘉宾发言，依然掷地有声。社会组织参与社区矫正是非常重要的组成部分。国家或者说司法行政机关如何与社会组织协调，打好交道，对开展好社区矫正有很重要的意义。同时，这也是如何贯彻落实《社区矫正法》的重要内容。吴痕会长给我们提供了很好的思路。那下面我们有请论坛的老朋友，王世洲教授对我们今天的论坛进行点评。

　　王世洲教授点评：今天的论坛，我认为是非常有意义的，把社区矫正的理论和实践方面的问题都展示出来了。我的点评就从这两个方面进行，一个是理论方面的问题，另一个方面是实践方面的问题。

　　在理论方面的问题，大家讨论的很多。我看主要还是基本概念问题。其中，理论方面的核心问题是，社区矫正是不是一种惩罚？有学者认为，如果承认社区矫正是一种惩罚，就会把社区矫正法中的这种不关押的惩罚，与监禁法中的那种关押的惩罚混同。那么我们在争论社区矫正是不是一种惩罚时，就应当指出这个问题的价值和意义在哪里。在社区矫正法中，立法者对这个问题的回答很聪明、很谨慎、很准确。法律用语指出，社区矫正是一种"监督管理，教育帮扶"。因此，实践部门就紧抓着这个法律用语。我认为，我们应当清楚地承认，监督管理，就是《社区矫正法》中关于惩罚的表现。也就是说，惩罚与惩罚之间是不同的。在《监狱法》中的惩罚和在《社区矫正法》中的惩罚，肯定存在着不同。不看语境地进行文义解释，是没有意义的，而且会发生错误。有学者主张，社区矫正不是一种刑罚执行方式，并且举例认为，因为缓刑、假释不是刑种，所以社区矫正就不是执行刑罚。这明显有问题吧？无论如何，缓刑、假释虽然是不被关押的，仍然是罪犯呀！法律规定的社区矫正适用对象，就是罪犯。这就可以清楚地看到，在《社区矫正法》状态下的惩罚表现形态，就是监督管理、教育帮扶。在理论研究中，应当追求语言的精确性，但是，我们必须清楚，那么精确地表达，是为了说清楚什么事情，有什么用处。无谓的争论无助于澄清问题。我支持对基本概念的研究要狠抓不放。清楚地认识社区矫正的对象是罪犯，对于我们深化刑事执法的研究有重大意义。比如，我们这个论坛开展的对罪犯权利的研究，就可以和《宪法》论坛、《监狱法》论坛合作，进行多领域多角度的研究，深化对问题的认识。如何深化？你看，惩罚在社区矫正中的表现，就是监督管理加教育帮扶。当然，这里的"教育"，和教育法中的教育，和对普通人的教育，那是不一样的。我们用准确优美的中文说清楚基本概念，这样的讨论对立法、执法及思想的清理就很有意义，就能够发挥很大的作用。

我们在思考社区矫正中罪犯的权利问题时，除了一般的权利和义务应当相称的问题之外，还应当注意《社区矫正法》中是先讲监督管理，再讲教育帮扶的规定，两者是并重的，但有先后。给我印象最深的是安徽省和江苏省的报告。江苏省的经验非常系统，各个方面都有规范。安徽是在检察部门中进行分类管理。以申请外出为例，尽管申请的人员都是社区矫正对象，但是，对不同的人，批准的标准、权限、期限以及可以享受的待遇，却是不一样的。为什么？因为罪行不一样，表现不一样。说到底，就是对这个社区矫正对象，信任的程度还不一样。在社区矫正中，社区矫正的对象有义务向国家证明，自己已经重新成了一个值得国家、社会和社区矫正机构信任的人。当然，应当明确，信任不信任在我，如何表现在你；在不信任你的情况下，你就应当服从监督管理。当然，审批的决定也不能那么专横、不能那么任性，否则，又要引入反腐败的问题了。当然在研究教育帮扶中的"帮扶"含义时，一方面应当注意《社区矫正法》中的帮扶含义与对帮扶困难家庭是不一样的；另一方面在社区矫正对象是贫困家庭时，就可以适用对贫困家庭的帮扶。但仍要注意社区矫正对象的背景。

在法学研究的过程中，我有一种很强烈的感觉。一部法律出来之前，学者们经常要花十几年甚至更长的时间进行理论研究。但是一部法律的制定，就会把大家的学术成果全部吸收，这样，在一部法律颁布之后，学者们的学术储备就清零了。在刑法、社区矫正法以及其他很多法律方面都是这样。因此，在一部法律颁布之后，我们的理论研究工作就应当赶紧考虑新题目，思考新角度，赶紧根据新问题，开展新研究。在社区矫正法颁布实施之后，我们关于社区矫正的理论研究应当注意研究方向问题。我们应当一方面更多地关注各省市关于社区矫正的规定，总结自己的经验；另一方面仔细研究国际规定，比如，加强对正确理解《曼德拉规则》的研究，开展对设立管理假释罪犯的警察的必要性问题的研究，这些都是很好的研究课题。

事实上，实践方面提出的问题，都具有很强的理论研究价值。比如大家谈得很多的执法力量问题。根据今天的介绍，合肥一个司法所有一厅一中心十四室，配备有两个公务员编制、四个辅警编制可以使用，管理着 300 到 500 名社区矫正对象，我认为，一个司法所配备了这样的力量是足够的。这里说的是司法所，还不是社区矫正机构，社区矫正机构的工作人员肯定会更多。一个司法所，应当配备多少力量合适？这可能会涉及国家治理中，警察与普通公民的比例问题。我国的警察比例是比较低的。在警种上，英国的警种有四十三种，我国没有那么细致。在警民比例上，英国是三百五十比一，美国是四百比一，我国是一千一百至一千二百比一。不过我们有大量的海关、工商、卫生监察方面的等与国外类似的执法力量还没有算上。但是，专门的社区矫正警察队伍是否需要专门建立，这个可以研究。

从论坛的报告中，我看社区矫正的实务部门，原来关注的是争经费、争人员，现在已经开始注意抓手段，抓制度建设了，这是非常重要的转变。随着《刑法修正案（十一）》的通过，大量轻罪已经出现，社区矫正的压力将持续增大。我们社区矫正理论研究的重点，也应当随之转变。今天，在江苏省、安徽省和甘肃省的报告中，都提出了这方面的问题。比如，在那个社区矫正对象到新疆做生意的例子中，司法所还需要配一个人去陪同监督。这合适吗？如果这么干，那社区矫正的执法队伍要配多少人才够呀？其实，这个工作是不是可以采取和借鉴《刑法》中的执法手段，在社区矫正中使用类似具结悔过那样的手段，要求社区矫正对象具结保证呢？是否可以创设其他有效的方式呢？还有，对于安徽刚才提到的漏管案例，就是法院在判决后没有将相关的文书移送给司法局的问题，这属于两个部门之间的衔接问题。那个关于保外就医的案例，是在时间方面没有衔接好，属于同一个单位内部的衔接问题。这些问题都可以从理论上进行研究，对完善我们的社区矫正制度，都很重要的。我们的社区矫正理论研究，应当加强研究，才能继续为立法、司法和执行工作，提供必要的学术成果。

当然，现在的社区矫正实践工作，除了应当继续注意要钱和要人之外，还应当注意相关问题。刚才有报告提到，为帮扶对象送慰问金，共计送了几十万，可是，钱是哪来的？无论是国家出还是帮扶对象出，是不是都有问题？前面那个陪社区矫正对象去新疆做生意的案例，陪同的社区矫正工作人员前往新疆的花费，是国家出还是帮扶对象出？这都有问题。还有，社区矫正的预算方面的研究，也应当得到应有的重视。不做好研究，怎么反腐败呢？前面报告中提到社区矫正的重点检察范围，非常好，全都是围绕着社区矫正可能产生腐败的地方。但是，这些还不够，因为一切可能与钱有关的地方，都是可能滋生腐败的，都需要加以梳理和进行研究。

在《社区矫正法》颁布实施以后，大家的报告涉及两个刑事执行法中的两个重点领域。一个是社区矫正范围内，公权力和罪犯之间的关系。另一个是社区矫正的机构组成、设置、相互关系等属于行政法的问题。对这些基本问题的研究都非常重要，都必须加强。

我们的社区矫正的实施中还存有很多的问题，但我们仍然应当对我国社区矫正的前景充满信心。正如王顺安教授说的，我国的《社区矫正法》是世界上第一部法典化的社区矫正法。我们做好自己的工作，是能够得到全世界的羡慕的。我们要有文化自信。

二、 论坛综述

　　为了贯彻落实习近平法治思想尤其是关于社区矫正工作的重要指示，正确解读《社区矫正法》的立法宗旨、功能作用、价值取向和基本内容，介绍各地宣传贯彻社区矫正法的主要成果，对《社区矫正法》的实施现状及效果进行分析与评估，研究与展望《社区矫正法》实施过程中存在的问题与未来的发展，中国政法大学犯罪与司法研究中心联合海德智库社区矫正法治研究院、社区矫正宣传网于 2020 年 12 月 27 日成功地举办了社区矫正法治论坛。本次论坛共历时 7 小时，共有 3 位特邀嘉宾致辞演讲，13 位嘉宾主题发言，有 200 余人在线聆听了会议。会议由中国政法大学刑事司法学院教授、博士生导师，犯罪与司法研究中心主任，海德智库社区矫正法治研究院院长、中国法学会律师法学研究会副会长王顺安主持。

一、对《社区矫正法》的解读

　　中国廉政法制研究会常务副会长、秘书长，最高人民检察院刑事执行检察厅原厅长袁其国认为充分发挥检察机关在社区矫正法律监督中的职能作用，要通过办案来实现，主要是对减刑案件、终止社区矫正案件、逮捕社区矫正对象的案件脱管、漏管的社区矫正对象的案件进行重点监督。检察机关在落实《社区矫正法》的时候，应当通过检察建议的方式，既要维护《社区矫正法》的严格执行，也要维护社区矫正对象的合法权益。

　　司法部法律援助中心副主任金勇认为《社区矫正法》有力地促进和保障了社区矫正的创新发展，带动了社区矫正工作法治化、规范化。随着《社区矫正法》的贯彻落实，以往社区矫正工作中的关键问题、难点问题将逐步有所突破。在《社区矫正法》的实践中，需要对相关的条款进行认真研究，拓展其中的含义。与此同时，也要勇于面对社区矫正工作面临的风险与挑战。

全国人大常委会法制工作委员会刑法室马曼介绍了《社区矫正法》的立法背景和争议问题、立法难点。在立法过程中，社区矫正的性质和功能定位、社区矫正警察队伍设置、社区矫正机构的设置、教育和公益活动的性质是贯穿立法过程中的四大焦点问题。最终社区矫正法采取了灵活务实的方式，为今后社区矫正制度的发展预留了足够的拓展空间。

东南大学中国犯罪预防与社会修复研究中心执行主任、法学院教授、博士生导师李川认为《社区矫正法》开宗明义，明确提出社区矫正的目的包括提高教育矫正质量与促进社区矫正对象顺利融入社会，是引导社区矫正回归到教育矫正和融入社会的价值本位的体现。要正确认识惩罚和罪犯权利保障之间的关系，克服两极化思维误区，《社区矫正法》应回归到教育矫治的本位上，可以囊括更多需要保安处分的形式，朝刑事执行的方向发展。

二、实务部门落实《社区矫正法》概况

江苏省司法厅社区矫正管理局（社区矫正管理总队）副局长沈叶波以"社区矫正制度的先行和规范"为题，介绍江苏省在《社区矫正法》实施背景下进行的社区矫正工作制度修订和完善等方面的问题。其中江苏省坚持损害修复性工程建设，形成了鲜明的江苏特色，特别是在教育矫正方面与教育帮扶方面，损害修复工作的内容既有教育帮扶，又有监督管理方面，同时关注受害人、受害社区。

甘肃省司法厅社区矫正管理局局长李建成介绍了甘肃省深入贯彻落实《社区矫正法》的情况，从提高政治站位、加大宣传力度、加强横向联动、强化工作保障等方面展示了甘肃省落实《社区矫正法》的各项举措。

安徽省合肥市包河区司法局局长、党组书记李远波以"实践创新强动力，稳中求进促发展——包河区社区矫正工作"为主题介绍了安徽省合肥市包河区社区矫正工作的特色和亮点。通过信息化与智慧矫正中心建设、重视社会组织参与社区矫正、加强帮扶教育，实现社区矫正制度法律效果、政治效果和社会效果的有机统一。

三、对《社区矫正法》如何指导实践工作的探讨

中央司法警官学院司法人权研究中心主任贡太雷认为，需要对《社区矫

正法》的功能与价值进行逆思考。当实践中表现出的问题在于《社区矫正法》实施之前的行政化管理经验和惯性，而《社区矫正法》是按照司法工作人员的身份来界定的，这给社区矫正工作带来了极大的压力。同时随着平安中国建设，司法所和政法机构将会更加紧密，形成块状化的管理，但是社区矫正却需要强调条块管理。所以当务之急，要先成立社区矫正的专业机构。在刑罚执行一体化中，让监狱机关用司法的思维来监督社区矫正工作的推进，才能迎来社区矫正真正意义上的春天。

山东省淄博市临淄区金岭司法所孙毅认为要依据《社区矫正法》正确认识教育学习和公益活动的性质。《社区矫正法》将教育学习和公益活动规定在第五章"教育帮扶"而非第四章"监督管理"，这就明确了其性质并非监督考察措施。在《社区矫正法》实施后，开展教育学习和公益活动，要明确组织主体，由社区矫正机构组织更有利于专业化发展。引入第三方社会服务参与对社区矫正对象的教育，解决师资力量不足，教学内容匮乏的问题。开展工作时，需充分考虑社区矫正对象的合理现实需求及实效。

上海政法学院武玉红教授认为社区矫正的刑事执行的定性并不完全准确。社区矫正与监狱不能完全脱离，不能截然分开，是双翼的关系，监狱最低的惩罚机制要与社区矫正最高的惩罚机制存在一个坡度，可以从顶层设计着手，厅一级设立执行局，下分监狱和社区矫正，形成资源共享、优势互补。在保障人权问题方面，要依法保障，社区矫正对象作为公民中的特殊群体，权利有不完整性、独特性，不能够凌驾在普通公民之上。

中国政法大学教授、博士生导师，中国刑事诉讼法学会副会长，中国律协刑事辩护专业委员会副主任顾永忠认为社区矫正适用的四种对象总体不属于刑罚执行。对社区矫正的性质认识，要采取多元思维，可以表达为特殊的刑罚执行行为或特殊的刑事执行行为，包括执行对象特殊、执行方式的特殊、考虑执行目的特殊。从特殊性上来认知社区矫正，也是解决性质争议的一个途径。

吉林司法警官职业学院副教授、法经济学博士、社会学博士后孔祥鑫从社区矫正的基本理念和立法倾向角度分析，认为从历史角度概括社区矫正的基本理念影响了社区矫正立法的倾向……

福建心理咨询师协会副会长、爱恩心理创始人吴痕认为《社区矫正法》要求为社区矫正对象在教育、心理辅导、职业技能培训、社会关系改善等方面提供必要的帮扶，这是该法的核心内容之一，明确了社会力量参与的途径，对推进社会力量参与社会治理发展具有重大意义。《社区矫正法》对促进社会力量参与社区矫正工作提供了广阔探索与发展的空间，在帮助社区矫正对象顺利回归社会，建立预防和减少特殊群体重新犯罪的社会综合治理机制上，凸显了专业社会力量与社会服务的必要性与相应价值。

福建农林大学金山学院副教授、中国政法大学刑事司法学院博士研究生李红梅认为《社区矫正法》的优势在于实现了质的变化，包括刑事政策的法律化、法规体系的完备化、矫正工作的科学化。但社区矫正工作仍有不少困难，包括人才培养与队伍稳定有难度、有针对性的科学矫正有难度、部门之间的协调配合与监督有难度，这是立法后仍然很难解决的实施中面临的问题。

四、人民法院和人民检察院要积极参与社区矫正工作

中国政法大学刑事司法学院在读博士原静认为人民法院在社区矫正工作的地位为社区矫正的决定者已是共识，不容置疑。社区矫正是系统性工程，人民法院共在社区矫正的各个阶段发挥着衔接配合的作用。人民法院应当进一步落实以审判为中心的刑事诉讼制度，通过推进实质化审查工作，不断强化与其他部门的衔接配合，推动完善人民法院参与社区矫正工作的作用发挥。

安徽省检察院第五检察部副主任王宁认为《社区矫正法》的制定，既是国家对社区矫正工作专门立法的迫切需要，更是新时代深入推进全面依法治国，实现国家社会治理体系和治理能力现代化的重要实践。从申请外出这个角度而言，检察机关应提高政治站位，加大执行力度，增强监督实效，确保社区矫正对象外出管理工作法治化、规范化发展。

北京大学法学院教授、博士生导师，以色列希伯来大学孔子学院院长王世洲教授进行了点评，王世洲教授认为在理论研究方面，对社区矫正的基本概念还是要狠抓不放，但需要继续升华刑事执法的研究。《社区矫正法》的研究，完全可以和《宪法》《监狱法》的研究合作，将多领域的研究结合在一起，对立法、执法及思想理论的梳理就能够起到很大的作用。在《社区矫正法》颁布实施以后，社区矫正理论研究的题目和角度需要赶紧奋起直追，理论研究中理论视野要开阔，思路要深入、逻辑要清楚；在实践工作方面，社区矫正的压力将持续增大，应该要注意抓在社区矫正实践中的工作重点，即注意抓手段，抓制度建设。在立法意义及影响方面，我国是世界第一个制定

法典化的社区矫正法的国家，是制度自信、文化自信的体现，做好中国的社区矫正工作，能为今后向世界各国宣传社区矫正的中国经验奠定坚实基础。

最后，王顺安教授对会议进行了总结。王顺安教授认为社区矫正的功能从法的功能而言是对人的功能，法的功能是对人的行为的规范作用，主要是指引、评价、预测、强制、教育五大方面的功能和规范性作用。《社区矫正法》显然具有法一般的社会作用，但同时也具备特有的宗旨性的社会功能作用，即中国社会转型，即全面建成小康社会，实现两个一百年目标之际，要化解纠纷构建和谐社会，向更高水平的平安中国法治中国发展。本次会议的主题是中国特色《社区矫正法》的功能作用与价值取向，着重介绍各地宣传贯彻《社区矫正法》的主要成果以及《社区矫正法》在实践中存在的各种问题和困惑。本次会议参与主体突破传统，通过民间智库、学术机构、社团组织对《社区矫正法》实施的现状进行第三方分析与评估，总结《社区矫正法》的优点，指出《社区矫正法》的不足，尤其是针对《社区矫正法》在实施过程中的现实问题、紧迫问题，提出有的放矢的解决方案，为《社区矫正法》这个全人类、全世界范围内率先制定的国家刑事执行基本法之一的非监禁刑事执行的健康成长做出我们的点滴贡献，为《社区矫正法》未来的修订和完善进行展望。

三、 论坛报道

媒体报道[1] | 第二届社区矫正法治论坛顺利举行

2019 年 12 月 28 日，《中华人民共和国社区矫正法》经十三届全国人大常委会第十五次会议全票表决通过，自 2020 年 7 月 1 日起施行，成为我国全面规范社区矫正制度的基本法律。为了正确解读社区矫正法的立法宗旨、功能作用、价值取向和基本内容，介绍各地宣传贯彻《社区矫正法》的主要成果，对社区矫正法的实施现状及效果进行分析与评估，研究与展望社区矫正法实施过程中存在的问题与未来的发展，12 月 27 日，中国政法大学犯罪与司法研究中心联合海德智库社区矫正法治研究院、社区矫正宣传网成功举办了第二届社区矫正法治论坛，有 200 余人在线聆听了会议。

本次论坛由中国政法大学刑事司法学院教授、博士生导师，犯罪与司法研究中心主任，海德智库社区矫正法治研究院院长、中国法学会律师法学研究会副会长王顺安主持。作为论坛主办方之一，广东国智律师事务所顾问、中央司法警官学院司法人权研究中心研究员、社区矫正宣传网创办人纪金锋在论坛上致辞。

论坛伊始，王顺安围绕《社区矫正法》的功能作用与价值取向，从多个角度进行了详细解读。

随后，围绕检察监督的重点与社区矫正对象权益的保护、对社区矫正未来发展展望、立法中的四个焦点等备受关注的热点问题，特邀嘉宾中国廉政

---

〔1〕 该报道刊发于 2020 年 12 月 30 日刊发于法制网。

法制研究会常务副会长、秘书长，最高人民检察院刑事执行检察厅原厅长袁其国，司法部法律援助中心副主任金勇，全国人大常委会法制工作委员会刑法室马曼分别进行专题发言。

东南大学中国犯罪预防与社会修复研究中心执行主任、法学院教授、博士生导师李川从理论与实践互动角度，阐述了未来社区矫正发展的方向。中央司法警官学院司法人权研究中心主任贡太雷提出了社区矫正法功能与价值的"逆思考"观点。江苏省司法厅社区矫正管理局（社区矫正管理总队）副局长沈叶波，甘肃省司法厅社区矫正管理局局长李建成，安徽省合肥市包河区司法局局长、党组书记李远波介绍了实务部门工作开展的情况和特点。中国政法大学刑事司法学院在读博士原静，安徽省检察院第五检察部副主任王宁以法院、检察院的工作视角，阐述对法检系统参与社会调查评估、对象分类管理等社区矫正工作内容开展情况的看法。此外，上海政法学院教授武玉红，中国政法大学教授、博士生导师、中国刑事诉讼法学会副会长、中国律协刑事辩护专业委员会副主任顾永忠，吉林司法警官职业学院副教授、法经济学博士、社会学博士后孔祥鑫，福建农林大学金山学院副教授、中国政法大学刑事司法学院博士研究生李红梅，福建心理咨询师协会副会长、爱恩心理创始人吴痕分别结合自身工作，对《社区矫正法》实施以来的成效与出现的问题、社区矫正的基本理念与我国《社区矫正法》的立法倾向等内容进行了主题分享。

最后，王世洲从社区矫正机构建设、理论与实务实践研究要加强等角度进行了犀利点评，指出社区矫正的若干基本概念仍需在进一步实践中不断发掘正确含义，理论研究要坚持"多批评，少表扬"，研究视野要开阔，思路要深入，逻辑要清楚，才能为立法、司法、执法的各部门提供"智慧支持"。

本次论坛在充分肯定《社区矫正法》的特点、亮点和重大理论与实践意义的基础上，指出了需要深化与完善的地方，在《社区矫正法》颁布实施后，应该理顺工作体制机制，加强矫正机构和队伍建设，切实提高社区矫正工作水平。

媒体报道[1] | 学习习近平法治思想　促进社区矫正法实施
——纪念《社区矫正法》通过一周年　第二届
社区矫正法治论坛顺利召开

2019年12月28日，《中华人民共和国社区矫正法》经十三届全国人大常委会第十五次会议全票表决通过，成为我国全面规范社区矫正制度的基本法律，该法是贯彻落实宽严相济刑事政策、健全完善中国特色社区主义刑事执行制度、全面推进依法治国和国家治理体系及其治理能力现代化的重要举措。

为了贯彻落实习近平法治思想尤其是关于社区矫正工作的重要指示，正确解读《社区矫正法》的立法宗旨、功能作用、价值取向和基本内容，介绍各地宣传贯彻《社区矫正法》的主要成果，对《社区矫正法》的实施现状及效果进行分析与评估，研究与展望《社区矫正法》实施过程中存在的问题与未来的发展，中国政法大学犯罪与司法研究中心联合海德智库社区矫正法治研究院、社区矫正宣传网于2020年12月27日成功地举办了第二届社区矫正法治论坛。本次论坛共历时7小时，共有3位特邀嘉宾致辞演讲，13位嘉宾主题发言，有200余人在线聆听了会议。

本次论坛由中国政法大学刑事司法学院教授、博士生导师，犯罪与司法研究中心主任，海德智库社区矫正法治研究院院长、中国法学会律师法学研究会副会长王顺安主持。作为论坛主办方之一，广东国智律师事务所顾问、中央司法警官学院司法人权研究中心研究员、社区矫正宣传网创办人纪金锋在论坛上做了主题致辞。

论坛伊始，王顺安教授围绕《社区矫正法》的功能作用与价值取向，从多个角度进行了详细解读。

随后，围绕检察监督的重点与社区矫正对象权益的保护、社区矫正发展未来的展望、立法中的四个焦点等备受关注的热点问题，特邀嘉宾中国廉政法制研究会常务副会长、秘书长、最高人民检察院刑事执行检察厅原厅长袁其国，司法部法律援助中心副主任金勇，全国人大常委会法制工作委员会刑法室马曼同志分别进行了专题发言。

其他参会嘉宾的发言也精彩纷呈，有不少亮点。东南大学中国犯罪预防

---

〔1〕　该报道刊发于海德智库公众号、社区矫正宣传网公众号。

与社会修复研究中心执行主任、法学院教授、博士生导师李川从理论与实践互动角度阐述了对未来社区矫正发展的展望。

中央司法警官学院司法人权研究中心主任贡太雷，提出了《社区矫正法》功能与价值的"逆思考"新颖观点。

江苏省司法厅社区矫正管理局（社区矫正管理总队）副局长沈叶波，甘肃省司法厅社区矫正管理局局长李建成，安徽省合肥市包河区司法局局长、党组书记李远波作为司法行政部门的领导，各自介绍了本地实务部门工作开展的情况和特点。

中国政法大学刑事司法学院在读博士原静，安徽省检察院第五检察部副主任王宁从法院、检察院的工作视角，阐述对法检系统参与社会调查评估、对象分类管理等社区矫正工作内容开展情况的看法。

此外上海政法学院教授武玉红，中国政法大学教授、博士生导师、中国刑事诉讼法学会副会长、中国律协刑事辩护专业委员会副主任顾永忠，吉林司法警官职业学院副教授、法经济学博士、社会学博士后孔祥鑫，福建农林大学金山学院副教授、中国政法大学刑事司法学院博士研究生李红梅，福建心理咨询师协会副会长、爱恩心理创始人吴痕分别结合自身工作，对《社区矫正法》实施以来的成效与出现的问题、社区矫正的基本理念与我国《社区矫正法》的立法倾向等内容进行了主题分享。

最后，王世洲教授从社区矫正机构建设、理论与实务实践研究要加强等角度进行了犀利点评，指出社区矫正的若干基本概念仍需在进一步实践中不断发掘正确含义，理论研究要坚持"多批评，少表扬"，研究视野要开阔，思路要深入，逻辑要清楚，才能为立法、司法、执法的各部门提供足够的"智慧支持"。王顺安教授最后对会议进行了总结。

本次论坛活动强调纪念性、实务性和学术性，在充分肯定《社区矫正法》的特点、亮点和重大理论与实践意义的基础上，也指出了需要深化与完善的地方，尤其是需要落实习近平总书记关于社区矫正的重要讲话精神，在《社区矫正法》颁布实施后，更应该理顺工作体制机制，加强矫正机构和队伍建设，切实提高社区矫正工作水平！

后　记

社区矫正的昨天、今天、明天

敖 翔

2020 年 1 月 2 日，《中华人民共和国社区矫正法》通过后的第五天，作为社区矫正宣传网编辑的我，特约中国政法大学王顺安教授，就社区矫正制度的性质发表了专题文章《从刑罚执行到刑事执行——谈谈对社区矫正性质的初浅认识》。此文发表后，反响强烈，不少社区矫正工作人员在社区矫正宣传网公众号留言，发表了自己的看法。王顺安教授对我、对社区矫正宣传网在弘扬法治精神、传播法治思想方面所做的努力和展现出的法律职业素养表示了充分肯定，并希冀和社区矫正宣传网携手合作，举行社区矫正法治论坛，一起为健全完善中国特色社区主义刑事执行制度、全面推进依法治国和国家治理体系及其治理能力现代化作出贡献。

按照法治论坛的举行计划，2020 年 10 月 11 日下午，首届线上社区矫正法治论坛顺利召开；2020 年 12 月 27 日也成功地举办了第二届社区矫正法治论坛。两次论坛的圆满成功，为在社区矫正法颁布实施后的制度深化与完善、工作体制机制的顺畅，社区矫正机构和队伍建设的加强，提供了宝贵的智力支持。在论坛结束后，王顺安教授希望由社区矫正宣传网编辑团队来负责论坛的参会嘉宾发言实录和论文稿件整理、汇编成书工作，且具体由我来牵头负责此项工作。对此，一方面，我深感荣幸，因为这是对我个人能力的一种充分肯定；另一方面，我也深感责任重大，毕竟汇编成书并能够顺利出版也是一件富有难度和挑战性的工作。从 2020 年的 12 月到 2021 年的 3 月，我用了 4 个多月的时间进行了后期整理汇编工作，对于参会嘉宾的视频剪辑、音频转换、文字稿件的录入、文集汇编的体例结构构思、文章的具体内容修改等工作，我都秉持"工匠精神"，精心雕琢、精益求精，希望能够为全面提升社区矫正工作的现代化水平提供一份"宝贵的书卷"。

在社区矫正法治论坛文集结束后，看着30多万字的书稿，我感觉总算了结了一个心愿，也回顾了自己过去10年与社区矫正的不解之缘，心中也是感慨万分。社区矫正立法的发展之路，昨天是不平凡的历史道路，今天是不平凡的现实之路，明天更是不平凡的未来之路。

社区矫正的昨天，可谓是"瓜熟蒂落终有时，水到渠成水自流"。社区矫正立法之所以"长路漫漫"，原因在于社会会控制是中国社会管理和统治的观念和传统治理模式，与此相适应，对稳定和安全的模糊而过度的期待和要求仍然是民众的普遍心理。在社会基础领域，在官民对立或对应的"二元"或"两极"对立的中国传统社会里，一直缺乏介于政府和公民个人之间的"第三方力量"。而我国的社区矫正也正是在这种困难的环境下，从无到有，走过了十几年的探索之路，逐渐摸索出中国特色的社区矫正工作法治化路径，并最终经由立法得到了认可，正如党的十八届四中全会指出的，法律乃治国之重器，先进的理念也必然要求一部优质的法律来保障实施。

社区矫正的今天，可谓是"雄关漫道真如铁，而今迈步从头越"。从《社区矫正法》的内容来看，立法对社区矫正制度的价值取向和功能定位突出了罪犯社会复归的立法价值，明确了消除可能重新犯罪因素的工作目标：一是要通过多种形式，加强对社区矫正对象的思想教育、法制教育、社会公德教育，矫正其不良心理和行为，使他们悔过自新，弃恶从善，成为守法公民。二是帮助社区矫正对象解决就业、生活、法律、心理等方面遇到的困难和问题，以利于他们顺利适应社会生活。同时，采用社区矫正对象这个法律术语，也体现了立法者坚持对轻缓罪犯去标签化，重视人权保障，减少社会歧视和排斥的立法价值取向。因此，我们应当思考如何通过法治思维和法治方式调整社区矫正工作模式的发展方向。

社区矫正的明天，可谓是"长风破浪会有时，直挂云帆济沧海"。《社区矫正法》是我国社区建设长足发展、社会治理能力现代化提升和刑罚体系的不断完善、刑事司法改革的深化的必然产物。《社区矫正法》的通过，也标志我国正式进入了"社区矫正的法治时代"。未来的社区矫正法治化道路，就是要坚持惩罚犯罪、保护人民，保障国家安全和社会公共安全，维护社会秩序的刑事司法制度总目标，并在此目标之下，完善《刑法》《刑事诉讼法》对不同类型的罪犯处遇制度，丰富并有与之对应的法律义务内容。同时，要深刻认识依法进行监督管理和开展教育帮扶是社区矫正工作内容的"一体两面"，两者是有机统一的辩证关系。这也正是《社区矫正法》为何提出了"两个结合"，采取分类管理、个别化矫正，有针对性地消除社区矫正对象可能重新犯罪的因素的目标。再者，在当代中国，随着政治国家与市民社会二元社会结构的逐渐发育，国家与社会双本位犯罪预防模式的理念逐渐深入人心，多元主体共同治理犯罪得到了广泛倡导。而《社区矫正法》正传达出了一个明确的信号，那就是未来的社区矫正工作，更重视实现督导罪犯养成行为自律，帮助其重建家庭、社会支持系统，能够正确应对和处理人生的各种危机和困难，避免重新犯罪。这需要强调主体"多元性"，以司法行政机关为主，各行政部门协调联动，开发和鼓励社会力量积极参与，尤为注重"社区"与政府的协调合作。

最后，作为文集编辑者之一，我衷心地希望文集出版后能让更多的社区矫正工作人员，不管是新同志，还是老同志，都能更加深刻地理解《社区矫正法》是实现国家治理能力和治理体系现代化的新要求的具体举措，也是落实宽严相济的刑事司法政策，推进国家治理体系和治理能力建设的重要制度。作为一名政法干部，要牢固树立法治理念、法治思维，构筑刑事执行工作理念，深刻理解社区矫正作为我国刑事司法制度中的重要内容，要恪守正当程序和合法性原则，在今后的具体执法工作中，注重规范自身行为，不断提升刑事执法能力。

附　录

《关于社区志愿者的京都宣言》
支持罪犯重返社会（京都厚生宣言）

任　昕　李红梅*译

我们是世界社区志愿者支持罪犯大会的参与者。

在 2021 年 3 月 7 日第十四届联合国预防犯罪和刑事司法大会上，确认了《2030 年可持续发展议程》《多哈宣言》和每届联合国预防犯罪和刑事司法大会的宣言，以及联合国在预防犯罪和刑事司法领域的相关标准和规范，特别是《联合国非拘禁措施最低限度标准规则》（《东京规则》），该规则鼓励公众参与，作为在罪犯、其家属和社区之间保持联系和促进团结的一个基本要素。

回顾 2014 年在东京举行的亚洲见习干事志愿者会议，来自日本、韩国、菲律宾、新加坡和泰国的见习干事志愿者以及来自中国和肯尼亚的观察员参加了会议，分享各国缓刑官员志愿方案的做法和面临的挑战，并认识到缓刑官员志愿作用的重要性，以及《东京规则》，其中呼吁建立缓刑官员志愿全球网络并继续相互合作。

认识到厚生系统是以公民个人的活力发展起来的，并在日本制度化了一个多世纪，是世界上最成功和最实际的社区志愿者支持罪犯重返社会的系统之一。作为实现罪犯重返社会、预防犯罪和建设和平与安全社区的有效措施之一，现已成为全球关注的焦点。

注意到肯尼亚社区缓刑志愿人员、菲律宾志愿缓刑助理和泰国志愿缓刑官员等社区志愿人员以及亚洲、欧洲和北美洲其他支持罪犯监管和重返社会的社区志愿人员所作的努力，为了在各自国家和地区的刑事司法从业人员与

---

*　任昕，中国政法大学博士研究生。

公众之间建立有效的伙伴关系，声明如下：

1. 我们认识到社区支持和公众理解在促进罪犯监督和改造、鼓励前罪犯作为社区成员过上健康生活以及防止再次犯罪方面的关键作用。

2. 我们认识到像厚生这样的社区志愿者的价值，他们与具有专业知识的专业缓刑官一起工作，为罪犯提供帮助。他们站在好邻居的立场上，与违法者并肩作战，倾听他们的关切，发展互信，有时热情、有时严格地给予指导。他们的支持使罪犯能够重新确立自己的身份，重新进入社区，独立生活，而不必再次犯罪。

3. 我们认识到，这些社区志愿者的努力符合 2015 年联合国通过的《2030年可持续发展议程》所载的"不让任何人掉队"的原则，我们相信，国际社会必须做出更多的全球努力，来阐明和促进这一问题社区志愿者的重要作用。

4. 为了实现上述目的，我们邀请联合国预防犯罪和刑事司法委员会（CCPCJ）建立一个国际社区志愿者网络，负责监督和帮助罪犯重返社会，提供技术援助，并敦促会员国颁布法律，使社区志愿者成为志愿者，以促进志愿工作、提高公众认识和建立社区志愿者制度。我们还请中央刑事法院制定一项减少再犯罪的联合国示范战略，以解决再犯罪问题，鼓励利用这一领域的社区志愿者，并设立支持罪犯重返社会的社区志愿者国际日——"厚生日"。

5. 为了落实这一宣言，我们将定期开会审查其执行情况，并为罪犯重返社会社区志愿者的发展提供永久性的刺激。

Kyoto Declaration on Community Volunteers Supporting Offender Reintegration
(KyotoHogoshi Declaration)

We, the participants in the World Congress for Community Volunteers Supporting Offender Reintegration, in the 14th United Nations Congress on Crime Prevention and Criminal Justice, 7 March 2021,

Acknowledging the "2030 Agenda for Sustainable Development", the Doha Declaration and the declaration of each United Nations Congress on Crime Prevention and Criminal Justice, the relevant United Nations standards and norms in the area of crime prevention and criminal justice, in particular the United Nations Standard Minimum Rules for Non – custodial Measures (the Tokyo Rules), which encourages public participation as an essential element to keep ties and foster solidarity among offenders, their families and the community

*Recalling*the Asia Volunteer Probation Officers Meeting held in Tokyo in 2014, in which Volunteer Probation Officers from Japan, Korea, the Philippines, Singapore and Thailand, as well as observers from China and Kenya, shared practices and challenges of their countries' volunteer probation officers programmes and recognized the importance of the role of volunteer probation officers, and its Tokyo Declaration, which called for the establishment of a global network of volunteer probation officers and their continued mutual cooperation,

*Recognizing*the fact that the hogoshi system, which has been developed with the vitality of private citizens and institutionalized in Japan for over a century and is one of the most successful and practical systems of community volunteers supporting offender reintegration in the world, now catches the global spotlight as one of the effective measures for achieving the reintegration of offenders, and furthermore the prevention of crime and construction of peaceful and secure communities,

*Noting*the efforts which have been made by the community volunteers such as community probation volunteers in Kenya, volunteer probation assistants in the Philippines and volunteer probation officers in Thailand, and other community volunteers supporting offender supervision and reintegration in Asia, Europe and North America, for the development of effective partnership between the criminal justice practitioners and the general public in respective countries and regions,

Declare the following:

1. We recognize the pivotal role of community support and public understanding for the promotion of offender supervision and rehabilitation, the encouragement of a sound life of ex–offenders as members of the community, and the prevention of reoffending.

2. Werecognize the value of community volunteers such as hogoshi who interact with and provide support for offenders as fellow citizens working with professional

probation officers who have expert knowledge. They stand side by side with offenders from the good neighbour's point of view, attentively listen to their concerns, develop mutual trust, and give guidance to them at times warmly, at times strictly. Their support enables offenders to re-establish their identities, re-enter the community and live their lives independently without reoffending.

3. We recognize the effort of such community volunteers is in line with the principle of "*No one will be left behind*" which is encapsulated in the "2030 Agenda for Sustainable Development" adopted by the United Nations in 2015. We are convinced that more global efforts have to be made internationally to shed light on and promote the significant role of community volunteers.

4. In order to achieve the above-mentioned purposes, we invite the United Nations Commission on Crime Prevention and Criminal Justice (CCPCJ) to build an international network of community volunteers in the supervision and reintegration of offenders, to provide technical assistance and to urge member states to enact laws to anchor community volunteers for the purpose of fostering volunteering, raising awareness among the public and establishing systems of community volunteers. We also invite the CCPCJ to formulate a United Nations model strategy for reducing reoffending in order to tackle issues on reoffending and encourage the utilization of the community volunteers in this field, and to establish the International Day for Community Volunteers Supporting Offender Reintegration, "Hogoshi Day".

5. In order to follow up this Declaration, we will gather regularly to review its implementation and to provide a permanent stimulus for the development of community volunteers in offender reintegration.

《加州刑法典》（第 3 编第 2.05 章）

第 3450 条

（a）本章的名称是 2011 年释放后社区监管法（Postrelease Community Supervision Act of 2011）。

（b）州议会认定并宣布下列全部事项：

（1）州议会重申其对减少罪犯再犯罪的承诺。

（2）尽管近二十年来矫正开支大幅增加，全国刑满释放人员的再收监率仍然保持不变甚至恶化。全国数据显示 40% 的刑满释放人员在释放后的 3 年内被重新收监。在加州，曾服刑人员的再犯罪率高于全国平均水平。

（3）依赖将假释人员因技术性违规重新收监的刑事司法政策无法保障公共安全。

（4）加州必须将其刑事司法资源再投资到支持社区矫正项目和循证实践中。上述举措能让本州在其刑事司法系统的大量投入在公共安全领域带来更多回报。

（5）将某些重罪犯刑满释放后重返社区的监管交由经社区处罚、循证实践和先进监管策略强化的地方社区矫正项目能够让成年重罪假释人员对公共安全的影响趋于积极，并促进他们成功回归社会。

（6）社区矫正项目需要地方公共安全实体和县建立合作机制，对从州立监狱假释的罪犯实施和扩大适用社区处罚。各县按照本法第 1230 条（b）款（2）项的规定在当地建立的社区矫正合作机制（Community Corrections Partnership）应当负责开发矫正项目和保证释放后社区监管的被监管人取得应有

的结果。

（7）财政政策和矫正措施应当根据各县的司法再投资策略作出相应的调整。"司法再投资"（Justice reinvestment）是一项基于数据的举措，它能够减少矫正和相关刑事司法开支，将节省的资源用于提升公共安全水平。司法再投资的目的是更加有效地管理和分配刑事司法相关人员（criminal justice populations），节约资金以用于能够在让罪犯承担责任的同时提升公共安全水平的循证策略。

（8）"社区处罚"（Community-based punishment）是指针对罪犯和违反管理规定的人采取的监禁性、非监禁性的制裁和教育措施。中间制裁（Intermediate sanction）可以由地方公共安全实体直接实施或委托公共或私人矫正服务提供者实施。中间制裁包括但不限于以下事项：

①在看守所（jail）内执行的 10 天以下的短期"快速"（flash）监禁。

②严密的社区监管。

③电子监控或 GPS 监控下的居家监禁。

④义务性社区服务。

⑤改造性司法项目，例如对被害人的义务性赔偿、与被害人和解。

⑥根据本法第 1208 条的规定在暂停服刑项目（furlough program）中工作、受训、受教育。

⑦根据本法第 4024.2 条的规定在工作释放项目（work release program）中工作以代替监禁。

⑧每日报告。

⑨强制性住宿式或非住宿式物质滥用治疗。

⑩强制性毒品抽检。

⑪母婴护理项目。

⑫提供组织、监管、戒毒、戒酒、扫盲、就业指导、精神治疗中的一种或多种或其他干预的住宿式社区项目。

（9）"循证实践"（Evidence-based practices）是指经科学研究表明能够减少缓刑、假释或释放后监管人员再犯罪的政策、程序、项目和措施。

第 3451 条

（a）除（b）款规定的外，2011 年 10 月 1 日起从监狱释放的或者根据本法第 2900.5 条视为刑期已满的重罪犯应当接受自释放之日起 3 年以下的社区监管。社区监管由刑满释放人员所在县的缓刑部门实施，其实施应当符合经科学研究表面能够减少释放后监管人员再犯罪的，包括但不限于监管政策、程序、项目和措施的循证实践。其他法律与本条存在冲突的，适用本条。

（b）本条不适用于因下列情形在监狱服刑后释放的人员：

（1）犯本法第 1192.7 条（c）款规定的严重的重罪。

（2）犯本法第 667.5 条（c）款规定的暴力性重罪。

（3）因本法第 667 条（e）款（2）项或第 1170.12 条（c）款第（2）项被判处刑罚（译者注：即因"三振出局"法被判处无期徒刑的）。

（4）犯能导致其被分类为高风险性犯罪者的任何罪。

（5）根据本法第 2962 条，需要接受州立医院管理部（the State Department of State Hospitals）治疗作为假释条件的。

（c）

（1）本章规定的释放后监管由县缓刑部门按照各县监事会（board of supervisors）指定的释放后策略执行。

（2）州矫正与改造部（The Department of Corrections and Rehabilitation）应当在符合本章规定的罪犯从州立监狱释放时告知其本章规定的要求和他/她向县缓刑部门报告的责任。州矫正与改造部或县缓刑部门还应当告知符合本章规定的假释人员和释放后被监管人员本章规定的要求和他/她向县缓刑部门报告的责任。在将需要释放后监管的人释放前 30 日，州矫正与改造部应当参照本法第 3003 条（e）款对假释人员的规定，将全部相应信息通报将要监管该人的县。

（d）按照（a）款接受释放后监管的人，如果后续查明其本应按照本法第 3000.08 条的规定假释，但其已经接受监管满 60 日，该人应当继续适用（a）款接受释放后监管。

第 3452 条

（a）根据本章应当接受释放后社区监管的人在被从州立监狱释放前应当被告知他/她将接受释放后社区监管。被转入释放后社区监管的假释人员在被从州立监狱释放前应当被告知他/她将接受释放后社区监管。

（b）关于释放后社区监管的告知应当明确下列事项：

（1）该人的释放日期以及按照本章该人接受释放后社区监管的最长期限。

（2）负责该人释放后监管的县机构的名称、地址和电话。

（3）如果该人违反释放条件，他/她无论是否被起诉都有可能被收监于县看守所。

第 3453 条

释放后社区监管应当附带以下条件：

（a）被监管人应当被告知释放条件。

（b）被监管人应当遵守一切法律。

（c）被监管人应当在释放后两日内向县监管机构报告。

（d）被监管人应当遵守县监管机构的命令和指示。

（e）被监管人应当按照县监管机构的要求向其报告。

（f）被监管人及其住所和财产应当在任何时候、无论有无搜查令都可以由县监管机构的代理人（agent）或执法人员（peace officer）搜查。

（g）被监管人如果在州外被发现应当放弃引渡权。

（h）

（1）被监管人应当将自己的住所报告县监管机构，并在改变住所（或原本无住所的人建立住所）后的 5 日内将新住所报告县监管机构。

（2）本条中的"住所"指被监管人经常居住（不论该人实际在其中居住的天数多少）的一个或多个地点，例如，一个能用街道地址确定的遮蔽处或建筑物，包括但不限于房屋、公寓楼、汽车旅馆、旅馆、游民收容所、房车或其他车辆。如果被监管人没有住所，其应当向县监管机构报告自己无住所（transient）。

（i）

（1）被监管人应当将自己的工作、教育或训练单位报告县监管机构。如果被监管人有改变工作、教育或训练单位的可能或打算，其应当报告县监管机构。

（2）如果被监管人找到了新工作，其应当在入职起 3 个工作日起向县监管机构报告新工作。

（j）被监管人如果被逮捕或者被传唤应当立即告知县监管机构。

（k）被监管人未经县监管机构允许不得离开住所 50 英里以外。

（l）被监管人未经县监管机构允许不得离开所在县或州超过 2 天。

（m）被监管人不得持有枪支、弹药或任何形似枪支、弹药的物品。

（n）被监管人不得拥有、使用或有权使用列于 Section 16140, subdivision

（c）of Section 16170，Section 16220，16260，16320，16330，or 16340，subdivision（b）of Section 16460，Section 16470，subdivision（f）of Section 16520，or Section 16570，16740，16760，16830，16920，16930，16940，17090，17125，17160，17170，17180，17190，17200，17270，17280，17330，17350，17360，17700，17705，17710，17715，17720，17725，17730，17735，17740，17745，19100，19200，19205，20200，20310，20410，20510，20610，20611，20710，20910，21110，21310，21810，22010，22015，22210，22215，22410，24310，24410，24510，24610，24680，24710，30210，30215，31500，32310，32400，32405，32410，32415，32420，32425，32430 32435，32440，32445，32450，32900，33215，33220，33225，or 33600 中的任何武器。

（o）

（1）除本款第（2）项及本条（p）款规定的情形外，被监管人不得拥有刀身长于 2 英寸的刀。

（2）被监管人可以拥有一把刀身长于 2 英寸的菜刀，但该刀只能在被监管人住所的厨房内放置和使用。

（p）出于工作需要，经县监管机构书面批准，被监管人可以使用一把刀身长于 2 英寸的刀，但必须始终持有批准文件以备随时检查。

（q）如果被监管人因违反任何释放条件被处以在市或县看守所执行的、不超过连续 10 日的"快速监禁"，其必须放弃听证的权利。

（r）被监管人必须参与县监管机构推荐的改造项目。

（s）当有相当理由认为被监管人违反了其释放条件时，县监管机构雇佣的执法人员，或任何执法人员依县监管机构的指令，无论有无逮捕令都可以逮捕被监管人。

（t）被监管人必须遵守法庭命令，按照与缓刑犯相同的标准支付赔偿和罚金。

第 3454 条

（a）由各县监事会按照本法第 3451 条（a）款建立的各县监管机构应当建立审查程序，以评估和改善每个被监管人的释放后监管项目。任何附加的释放后监管条件应当与被监管人所犯的罪、再犯的可能性或犯罪历史合理相关，并不得与法律相抵触。

（b）由各县监事会按照本法第 3451 条（a）款建立的各县监管机构可以

根据公共安全的需要附加本法第 3453 条规定以外的、合理的释放后监管条件，包括使用本法第 1210. 7 条规定的电子监控、提供合适的改造和治疗服务、安排合适的鼓励并对涉嫌违反监管条件的情形做出合适的反应 [包括但不限于即时的、结构化（structured）的中间制裁，最高可按照本法第 3015 条移交重返社会法庭（reentry court）或在市或县看守所执行快速监禁] 鼓励使用快速监禁作为违反释放条件的处罚。

（c）本章中"快速监禁"是指因被监管人违反释放后监管条件将其关押在市或县看守所内一段时间。关押的时间可以为 1 个~10 个连续日。快速监禁是各县监管机构都能采用的惩罚手段。与撤销社区监管（revocation）导致的较长刑期相比，快速监禁更短、可以更频繁地使用、对被监管人工作和家庭的干扰更小，用于惩罚被监管人违反释放条件较为合理。

第 3455 条

（a）如果县监管机构按照其评估程序认定本法第 3454 条（b）款规定的中间制裁不适宜，县监管机构应当向本法第 1203. 2 条规定的法庭申请撤销、变更或终止释放后社区监管。在按照本条发起的程序中，被监管人可以书面放弃聘请律师的权利、承认自己违反了释放后社区监管条件、放弃听证、接受对其释放后社区监管的调整。上述申请应当提交一份包含关于申请的其他信息的书面材料，包括释放后社区监管的相关条款、条件和被监管人涉嫌违规的具体情形、被监管人的历史和背景以及县监管机构的建议。司法委员会（Judicial Council）应当参照适用法庭规则和惯例，建立实施本款的全州统一程序，包括监管机构报告应包含的最少内容。如果认定被监管人确实违反了释放后社区监管条件，撤销听证官有权：

（1）修改条件后将被监管人重新置于释放后社区监管下，可以附加在县看守所监禁一段时间。

（2）撤销并终结释放后社区监管，将被监管人投入县看守所监禁。

（3）将被监管人移交本法第 3015 条设置的重返社会法庭或本庭指定的其他循证项目。

（b）

（4）在释放后社区监管期间，如果执法人员有相当理由相信被监管人违反了任何释放条款或条件，该执法人员有权在无逮捕令或其他程序的情况下逮捕被监管人并将其移送县监管机构。此外，县监管机构雇佣的人员有权申请对被监管人的逮捕令，上述逮捕令由法庭或其按照政府法 71622.5 条指定的听证官签发。

（5）县监管机构依据本条提出撤销、变更或终止释放后社区监管的申请后，如果申请所涉被监管人没有到场参加听证会，或基于维护司法公正的理由（for any reason in the interests of justice），法庭或其指定的听证官有权签发对被监管人的逮捕令；如果上述被监管人到场参加了听证会，法庭或其指定的听证官基于维护司法公正的理由有权决定将被监管人收监。

（6）如果被监管人按照本条规定被逮捕，无论有无逮捕令或撤销申请，法庭可以决定释放被监管人并将其置于监管之下，监管条款和条件由法院确定；但正在执行快速监禁的被监管人除外。

（c）撤销听证会应在提交撤销申请后的合理期间内举行。除非本条（b）款第 3 项另有规定，如果优势证据表明被监管人对公共安全构成不合理的威胁，或被监管人一旦被释放便不会到场参加听证会，或有其他基于司法公正的理由，县监管机构有权决定是否羁押被监管人至其第一次出庭。

（d）本条（a）款第（1）项、第（2）项规定的监禁应在县看守所执行，时间每次不超过 180 日。

（e）被监管人自首次进入释放后社区监管之日起 3 年后，不得根据本编继续受监管或羁押，但其监管因本法第 1203.2 条或第 3456 条（b）款中止的除外。

第 3456 条

（a）县监事会按照本法第 3451 条（a）款建立的释放后社区矫正监管机构应当对被监管人保持监管，直到出现下列情形之一：

（7）被监管人受释放后社区监管满 3 年的，应当立即解除监管。

（8）被监管人在释放后社区监管期间连续 6 个月未因违反监管条件受到监禁处罚的，县监管机构可以立即解除监管。

（9）被监管人在释放后社区监管期间连续 1 年未因违反监管条件受到监禁处罚的，应当在 30 日内解除监管。

（10）对被监管人的管辖权依法消灭。

（11）对被监管人的管辖权转移给另一个县监管机构。

（12）对被监管人的管辖权因监管被撤销听证官依申请撤销而消灭。

（b）因被监管人逃跑导致监管中止的时间不计入任何监管时长。

第 3456.5 条

（1）地方监管机构与治安官（sheriff）或当地矫正机关负责人（correctional administrator）协调一致后，可以要求从县看守所或当地矫正设施释放、应接受释放后社区监管的人员在释放后 2 日内向一名监管代理人或指定的地方监管机构报到。

（2）本条不禁止地方监管机构要求被监管人在释放后 2 日以下的期限内向指定的监管代理人报到。

（b）对于在本法生效之日前被判处刑罚的、适用本条规定的在押人员，如果其预定释放日期是假期或周末的前一日，治安官或地方矫正机关负责人可以提前 1 日至 2 日将其释放。

第 3457 条

州矫正与改造部对受本章约束置于释放后社区监管下的人员无管辖权。

第 3458 条

任何受本章约束的人不会因违反其释放后监管协议的任何条件被重新送入监狱。

第 3460 条

（a）当监管机构发现释放后社区监管的被监管人不再永久居住在其管辖范围内，且此次更换住所得到其许可或没有违反被监管人的监管条款和条件，该监管机构应当在 2 周内将任何从州矫正与改造部获取的被监管人释放前信息传输给被监管人住所地的指定监管机构。

（b）接收信息的监管机构在核实被监管人永久居住在本地后，应当对被监管人行使管辖权和监管权。

（c）本条中的住所指被监管人惯于居住而非出于工作、学习等特殊或临时原因所居住的地点。一人只能有一个住所。

（d）除非被监管人表明其有能力在不违反释放后监管条件和条款的前提下于其他县永久居住，监管机构不必将其管辖权转移给其他县监管机构。

第 3465 条

被监管人及其住所和财产应当在任何时候、无论有无搜查令都可以由县监管机构的代理人（agent）或执法人员（peace officer）搜查。

Postrelease Community Supervision Act of 2011

Penal Code section 3450.

(a) This act shall be known and may be cited as the Postrelease Community Supervision Act of 2011.

(b) The Legislature finds and declares all of the following:

(1) The Legislature reaffirms its commitment to reducing recidivism among criminal offenders.

(2) Despite the dramatic increase in corrections spending over the past two decades, national reincarceration rates for people released from prison remain unchanged or have worsened. National data show that about 40 percent of released individuals are reincarcerated within three years. In California, the recidivism rate for persons who have served time in prison is even greater than the national average.

(3) Criminal justice policies that rely on the reincarceration of parolees for technical violations do not result in improved public safety.

(4) California must reinvest its criminal justice resources to support community corrections programs and evidence-based practices that will achieve improved public safety returns on this state's substantial investment in its criminal justice system.

(5) Realigning the postrelease supervision of certain felons reentering the community after serving a prison term to local community corrections programs, which are strengthened through community-based punishment, evidence-based practices, and improved supervision strategies, will improve public safety outcomes among adult felon parolees and will facilitate their successful reintegration back into society.

(6) Community corrections programs require a partnership between local public safety entities and the county to provide and expand the use of community-based punishment for offenders paroled from state prison. Each county's local Community Corrections Partnership, as established in paragraph (2) of subdivision (b) of Section 1230, should play a critical role in developing programs and ensuring appropriate outcomes for persons subject to postrelease community supervision.

(7) Fiscal policy and correctional practices should align to promote a justice reinvestment strategy that fits each county. "Justice reinvestment" is a data-driven approach to reduce corrections and related criminal justice spending and reinvest savings in strategies designed to increase public safety. The purpose of justice reinvestment is to manage and allocate criminal justice populations more cost effectively, generating savings that can be reinvested in evidencebased strategies that increase public safety while holding offenders accountable.

(8) "Community-based punishment" means evidence-based correctional sanctions and

programming encompassing a range of custodial and noncustodial responses to criminal or noncompliant offender activity. Intermediate sanctions may be provided by local public safety entities directly or through public or private correctional service providers and include, but are not limited to, the following:

(A) Short-term "flash" incarceration in jail for a period of not more than 10 days.

(B) Intensive community supervision.

(C) Home detention with electronic monitoring or GPS monitoring.

(D) Mandatory community service. (E) Restorative justice programs, such as mandatory victim restitution and victim-offender

reconciliation.

(F) Work, training, or education in a furlough program pursuant to Section 1208.

(G) Work, in lieu of confinement, in a work release program pursuant to Section 4024. 2.

(H) Day reporting.

(I) Mandatory residential or nonresidential substance abuse treatment programs.

(J) Mandatory random drug testing.

(K) Mother-infant care programs.

(L) Community-based residential programs offering structure, supervision, drug treatment, alcohol treatment, literacy programming, employment counseling, psychological counseling, mental health treatment, or any combination of these and other interventions.

(9) "Evidence – based practices" refers to supervision policies, procedures, programs, and practices demonstrated by scientific research to reduce recidivism among individuals under probation, parole, or postrelease supervision.

Penal Code section 3451.

(a) Notwithstanding any other law and except for persons serving a prison term for any crime described in subdivision (b), all persons released from prison on and after October 1, 2011, or, whose sentence has been deemed served pursuant to Section 2900. 5 after serving a prison term for a felony shall, upon release from prison and for a period not exceeding three years immediately following release, be subject to community supervision provided by a county agency designated by each county's board of supervisors which is consistent with evidencebased practices, including, but not limited to, supervision policies, procedures, programs, and practices demonstrated by scientific research to reduce recidivism among individuals under postrelease supervision.

(b) This section shall not apply to any person released from prison after having served a prison term for any of the following:

(1) A serious felony described in subdivision (c) of Section 1192. 7.

(2) A violent felony described in subdivision (c) of Section 667. 5.

(3) A crime for which the person was sentenced pursuant to paragraph (2) of subdivision (e) of Section 667 or paragraph (2) of subdivision (c) of Section 1170. 12.

(4) Any crime where the person eligible for release from prison is classified as a High Risk Sex Offender.

(5) Any crime where the person is required, as a condition of parole, to undergo treatment by the State Department of Mental Health pursuant to Section 2962.

(c) (1) Postrelease supervision under this title shall be implemented by a county agency according to a postrelease strategy designated by each county's board of supervisors.

(2) The Department of Corrections and Rehabilitation shall inform every

prisoner subject to the provisions of this title, upon release from state prison, of the requirements of this title and of his or her responsibility to report to the county agency responsible for serving that inmate. The department shall also inform persons serving a term of parole for a felony offense who are subject to this section of therequirements of this title and of his or her responsibility to report to the county agency responsible for serving that parolee. Thirty days prior to the release of any person subject to postrelease supervision by a county, the department shall notify the county of all information that would otherwise be required for parolees under subdivision (e) of Section 3003.

Penal Code section 3452.

(a) Persons eligible for postrelease community supervision pursuant to this title shall enter into a postrelease community supervision agreement prior to, and as a condition of, their release from prison. Persons on parole transferred to postrelease community supervision shall enter into a postrelease community supervision agreement as a condition of their release from state prison.

(b) A postrelease community supervision agreement shall specify the following:

(1) The person's release date and the maximum period the person may be subject to postrelease supervision under this title.

(2) The name, address, and telephone number of the county agency responsible for the person's postrelease supervision.

(3) An advisement that if a person breaks the law or violates the conditions of release, he or she can be incarcerated in a county jail regardless of whether or not new charges are filed.

Penal Code section 3453.

A postrelease community supervision agreement shall include the following conditions:

(a) The person shall sign and agree to the conditions of release.

(b) The person shall obey all laws.

(c) The person shall report to the supervising county agency within two working days of release from custody.

(d) The person shall follow the directives and instructions of the supervising county agency.

(e) The person shall report to the supervising county agency as directed by that agency.

(f) The person, and his or her residence and possessions, shall be subject to search at any time of the day or night, with or without a warrant, by an agent of the supervising county agency or by a peace officer.

(g) The person shall waive extradition if found outside the state.

(h) The person shall inform the supervising county agency of the person's place of residence, employment, education, or training.

(i) (1) The person shall inform the supervising county agency of any pending or anticipated changes in residence, employment, education, or training.

(2) If the person enters into new employment, he or she shall inform the supervising county agency of the new employment within three business days of that entry.

(j) The person shall immediately inform the supervising county agency if he or she is arrested or receives a citation.

(k) The person shall obtain the permission of the supervising county agency to travel more than 50 miles from the person's place of residence. (l) The person shall obtain a travel pass from the supervising county agency before he or she may leave the county or state for more than two days.

(m) The person shall not be in the presence of a firearm or ammunition, or any item that appears to be a firearm or ammunition.

(n) The person shall not possess, use, or have access to any weapon listed in Section 12020, 16140, subdivision (c) of Section 16170, Section 16220, 16260, 16320, 16330, or 16340, subdivision (b) of Section 16460, Section 16470, subdivision (f) of Section 16520, or Section 16570, 16740, 16760, 16830, 16920, 16930, 16940, 17090, 17125, 17160, 17170, 17180, 17190, 17200, 17270, 17280, 17330, 17350, 17360, 17700, 17705, 17710, 17715, 17720, 17725, 17730, 17735, 17740, 17745, 19100, 19200, 19205, 20200, 20310, 20410, 20510, 20611, 20710, 20910, 21110, 21310, 21810, 22010, 22015, 22210, 22215, 22410, 32430, 24310, 24410, 24510, 24610, 24680, 24710, 30210, 30215, 31500, 32310, 32400, 32405, 32410, 32415, 32420, 32425, 32435,

32440, 32445, 32450, 32900, 33215, 33220, 33225, or 33600.

(o)(1) Except as provided in paragraph (2) and subdivision (p), the person shall not possess a knife with a blade longer than two inches.

(2) The person may possess a kitchen knife with a blade longer than two inches if the knife is used and kept only in the kitchen of the person's residence.

(p) The person may use a knife with a blade longer than two inches, if the use is required for that person's employment, the use has been approved in a document issued by the supervising county agency, and the person possesses the document of approval at all times and makes it available for inspection.

(q) The person agrees to waive any right to a court hearing prior to the imposition of a period of "flash incarceration" in a county jail of not more than 10 consecutive days for any violation of his or her postrelease supervision conditions.

(r) The person agrees to participate in rehabilitation programming as recommended by the supervising county agency.

(s) The person agrees that he or she may be subject to arrest with or without a warrant by a peace officer employed by the supervising county agency or, at the direction of the supervising county agency, by any peace officer when there is probable cause to believe the person has violated the terms and conditions of his or her release.

Penal Code section 3454.

(a) Each supervising county agency, as established by the county board of supervisors pursuant to subdivision (a) of Section 3451, shall establish a review process for assessing and refining a person's program of postrelease supervision. Any additional postrelease supervision conditions shall be reasonably related to the underlying offense for which the offender spent time in prison, or to the offender's risk of recidivism, and the offender's criminal history, and be otherwise consistent with law.

(b) Each county agency responsible for postrelease supervision, as established by the county board of supervisors pursuant to subdivision (a) of Section 3451, may determine additional appropriate conditions of supervision listed in Section 3453 consistent with public safety, including the use of continuous electronic monitoring as defined in Section 1210.7, order the provision of appropriate rehabilitation and treatment services, determine appropriate incentives, and determine and order appropriate responses to alleged violations, which can include, but shall not be limited to, immediate, structured, and intermediate sanctions up to and including referral

to a reentry court pursuant to Section 3015, or flash incarceration in a county jail. Periods of flash incarceration are encouraged as one method of punishment for violations of an offender's condition of postrelease supervision.

(c) "Flash incarceration" is a period of detention in county jail due to a violation of an offender's conditions of postrelease supervision. The length of the detention period can range between one and 10 consecutive days. Flash incarceration is a tool that may be used by each county agency responsible for postrelease supervision. Shorter, but if necessary more frequent, periods of detention for violations of an offender's postrelease supervision conditions shall appropriately punish an offender while preventing the disruption in a work or home establishment that typically arises from longer term revocations.

Penal Code section 3455.

(a) If the supervising county agency has determined, following application of its assessment

processes, that intermediate sanctions as authorized in subdivision (b) of Section 3454 are not appropriate, the supervising county agency shall petition the revocation hearing officer appointed pursuant to Section 71622.5 of the Government Code to revoke and terminate postrelease supervision. At any point during the process initiated pursuant to this section, a person may waive, in writing, his or her right to counsel, admit the violation of his or her postrelease supervision, waive a court hearing, and accept the proposed modification of his or her postrelease supervision. The petition shall include a written report that contains additional information regarding the petition, including the relevant terms and conditions of postrelease supervision, the circumstances of the alleged underlying violation, the history and background of

the violator, and any recommendations. The Judicial Council shall adopt forms and rules of court to establish uniform statewide procedures to implement this subdivision, including the minimum contents of supervision agency reports. Upon a finding that the person has violated the conditions of postrelease supervision, the revocation hearing officer shall have authority to do all of the following:

(1) Return the person to postrelease supervision with modifications of conditions, if appropriate, including a period of incarceration in county jail.

(2) Revoke postrelease supervision and order the person to confinement in the county jail.

(3) Refer the person to a reentry court pursuant to Section 3015 or other evidence-based program in the court's discretion.

(4) At any time during the period of postrelease supervision, if any peace officer has probable cause to believe a person subject to postrelease community supervision is violating any term or condition of his or her release, the officer may, without a warrant or other process, arrest the person and bring him or her before the supervising county agency established by the county board of supervisors pursuant to subdivision (a) of Section 3451. Additionally, an officer employed by the supervising county agency may seek a warrant and a court or its designated hearing officer appointed pursuant to Section 71622. 5 of the Government Code shall have the authority to issue a warrant for that person's arrest. (5) The court or its designated hearing officer shall have the authority to issue a warrant for any person who is the subject of a petition filed under this section who has failed to appear for a hearing on the petition or for any reason in the interests of justice, or to remand to custody a person who does appear at a hearing on the petition for any reason in the interests of justice.

(b) The revocation hearing shall be held within a reasonable time after the filing of the

revocation petition. Based upon a showing of a preponderance of the evidence that a person under supervision poses an unreasonable risk to public safety, or the person may not appear if released from custody, or for any reason in the interests of justice, the supervising county agency shall have the authority to make a determination whether the person should remain in custody pending a revocation hearing, and upon that determination, may order the person confined pending a revocation hearing.

(c) Confinement pursuant to paragraphs (1) and (2) of subdivision (a) shall not exceed a period of 180 days in the county jail.

（d）A person shall not remain under supervision or in custody pursuant to this title on or after three years from the date of the person's initial entry onto postrelease supervision, except when a bench or arrest warrant has been issued by a court or its designated hearing officer and the person has not appeared. During the time the warrant is outstanding the supervision period shall be tolled and when the person appears before the court or its designated hearing officer the supervision period may be extended for a period equivalent to the time tolled.

Penal Code section 3456.

（a）The county agency responsible for postrelease supervision, as established by the county board of supervisors pursuant to subdivision（a）of Section 3451, shall maintain postrelease supervision over a person under postrelease supervision pursuant to this title until one of the following events occurs：

（1）The person has been subject to postrelease supervision pursuant to this title for three years at which time the offender shall be immediately discharged from postrelease supervision.

（2）Any person on postrelease supervision for six consecutive months with no violations of his or her conditions of postrelease supervision that result in a custodial sanction may be considered for immediate discharge by the supervising county.

（3）The person who has been on postrelease supervision continuously for one year with no

violations of his or her conditions of postrelease supervision that result in a custodial sanction shall be discharged from supervision within 30 days.

（4）Jurisdiction over the person has been terminated by operation of law.

（5）Jurisdiction is transferred to another supervising county agency.

（6）Jurisdiction is terminated by the revocation hearing officer upon a petition to revoke and terminate supervision by the supervising county agency.

（b）Time during which a person on postrelease supervision is suspended because the person has absconded shall not be credited toward any period of postrelease supervision. Penal Code section 3457.

The Department of Corrections and Rehabilitation shall have no jurisdiction over any person who is under postrelease community supervision pursuant to this title.

Penal Code section 3458.

No person subject to this title shall be returned to prison for a violation of any condition of the person's postrelease supervision agreement.

Penal Code section 3460.

(a) Whenever a supervising agency determines that a person subject to postrelease supervision pursuant to this chapter no longer permanently resides within its jurisdiction, and a change in residence was either approved by the supervising agency or did not violate the terms and conditions of postrelease supervision, the supervising agency shall transmit, within two weeks, any information the agency received from the Department of Corrections and Rehabilitation prior to the release of the person in that jurisdiction to the designated supervising agency in the county in which the person permanently resides.

(b) Upon verification of permanent residency, the receiving supervising agency shall accept jurisdiction and supervision of the person on postrelease supervision.

(c) For purposes of this section, residence means the place where the person customarily lives exclusive of employment, school, or other special or temporary purpose. A person may have only one residence.

(d) No supervising agency shall be required to transfer jurisdiction to another county unless the person demonstrates an ability to establish permanent residency within another county without violating the terms and conditions of postrelease supervision.

Penal Code section 3465.

Every person placed on postrelease community supervision, and his or her residence and possessions, shall be subject to search or seizure at any time of the day or night, with or without a warrant, by an agent of the supervising county agency or by a peace officer.